COMO OS SEGUIDORES FAZEM OS LÍDERES

Preencha a **ficha de cadastro** no final deste livro
e receba gratuitamente informações
sobre os lançamentos e as promoções da Elsevier.

Consulte também nosso catálogo
completo, últimos lançamentos
e serviços exclusivos no site
www.elsevier.com.br

BARBARA KELLERMAN

COMO OS SEGUIDORES FAZEM OS LÍDERES
Followership

As lições dos profissionais que influenciam seus superiores e tornam-se os verdadeiros agentes de mudança

Tradução: Teresa Félix

Do original: *Followership*
Tradução autorizada do idioma inglês da edição publicada por Harvard Business Press
Copyright © 2008, by Barbara Kellerman

© 2010, Elsevier Editora Ltda.

Todos os direitos reservados e protegidos pela Lei nº 9.610, de 19/02/1998.
Nenhuma parte deste livro, sem autorização prévia por escrito da editora, poderá ser reproduzida ou transmitida sejam quais forem os meios empregados: eletrônicos, mecânicos, fotográficos, gravação ou quaisquer outros.

Copidesque: Shirley Lima da Silva Braz
Revisão: Jayme Teotônio Borges Luiz e Roberta Borges
Editoração Eletrônica: Estúdio Castellani

Elsevier Editora Ltda.
Conhecimento sem Fronteiras
Rua Sete de Setembro, 111 – 16º andar
20050-006 – Centro – Rio de Janeiro – RJ – Brasil

Rua Quintana, 753 – 8º andar
04569-011 – Brooklin – São Paulo – SP – Brasil

Serviço de Atendimento ao Cliente
0800-0265340
sac@elsevier.com.br

ISBN 978-85-352-3567-8
Edição original: ISBN 978-1-4221-0368-5

Nota: Muito zelo e técnica foram empregados na edição desta obra. No entanto, podem ocorrer erros de digitação, impressão ou dúvida conceitual. Em qualquer das hipóteses, solicitamos a comunicação ao nosso Serviço de Atendimento ao Cliente, para que possamos esclarecer ou encaminhar a questão. Nem a editora nem o autor assumem qualquer responsabilidade por eventuais danos ou perdas a pessoas ou bens, originados do uso desta publicação.

CIP-Brasil. Catalogação-na-fonte
Sindicato Nacional dos Editores de Livros, RJ

K38c   Kellerman, Barbara
            Como os seguidores fazem os líderes : as lições dos profissionais que influenciam seus superiores e tornam-se os verdadeiros agentes de mudança / Barbara Kellerman ; tradução Teresa félix. – Rio de Janeiro : Elsevier, 2009.

            Tradução de: Followership
            ISBN 978-85-352-3567-8

            1. Liderança. 2. Comportamento organizacional. I. Título.

09-4684.   CDD: 658.4092
                                                 CDU: 005.316:46

Para meu pai,
Ernest F. Kellerman

O jovem Alexandre conquistou a Índia...
Sozinho?
César venceu os gauleses.
Não levava consigo sequer um cozinheiro?
Felipe, o Grande, chorou ao ver afundada sua frota.
Ninguém mais chorou?

BERTOLT BRECHT

Agradecimentos

Jonathan Greenwald e Samir Randolph foram indispensáveis desde o primeiro dia. Peter Pollard e Dave Simonson pesquisaram como ninguém mais. Rod Kramer, Joseph Nye, Todd Pittinsky e Seth Rosenthal forneceram informações muito importantes. E quando eu tinha dúvidas, Nathanial Fick, Leonard Grob, Michele McAloon e Todd Rogers me davam boas respostas.

A Autora

BARBARA KELLERMAN é professora conferencista em Liderança Pública da James MacGregor Burns Academy, na John F. Kennedy School of Government, da Harvard University. Foi diretora-executiva fundadora do Center for Public Leadership da Kennedy School, de 2000 a 2003; de 2003 a 2006, atuou como diretora de pesquisa do Centro. Foi docente nas Universidades de Fordham, Tufts, Fairleigh Dickinson, George Washington e Uppsala. Também atuou como decano de estudos graduados e pesquisa na Fairleigh Dickinson University e como diretora do Center for the Advanced Study of Leadership, na Academy of Leadership da University of Maryland.

Recebeu seu diploma de BA da Sarah Lawrence College, e seu MA, MPhil, e PhD (1975, em Ciências Políticas) na Yale University. Foi agraciada com uma bolsa de estudos da Danforth Fellowship e três bolsas de estudos Fulbright. Possui título honorário da Ripon College. Na Uppsala (1996–1997), obteve a Cátedra Fulbright em Estudos Americanos.

É autora e editora de diversos livros, como *Leadership: Multidisciplinary Perspectives*; *The Political Presidency: Practice of Leadership*; e *Reinventing Leadership: Making the Connection Between Politics and Business*. Seus livros mais recentes são *Bad Leadership: What It Is, How It Happens, Why It Matters* (2004) e um volume coeditado (com Deborah Rhode), *Women & Leadership: The State of Play and Strategies for Change* (2007). Kellerman aparece sempre na mídia em veículos como CBS, NBC, PBS, CNN, NPR e BBC, e na Rádio Bloomberg. Contribuiu com artigos e análises para, entre outros periódicos, o *The New York Times*, *Washington Post*, *Boston Globe*, *Los Angeles Times* e *Harvard Business Review*. É conferencista no mundo todo; recentemente esteve em Berlim, Londres, Moscou, Roma, São Paulo e Xangai.

Introdução

"O abate de um elefante"

EM MEADOS DOS ANOS 1930, George Orwell publicou uma história sobre um policial britânico lotado na Birmânia, quando esse país era uma das joias da coroa britânica. Responsável por manter a lei e a ordem, o oficial era desprezado pelos birmaneses, pelos quais era oficialmente responsável, o que posteriormente aumentou sua convicção de que "o imperialismo era coisa do diabo".[1] Inexperiente e ainda desconhecendo as coisas do mundo, ele detestava seu emprego, principalmente porque a cidade na qual se encontrava se revoltava em silêncio contra a legislação britânica.

Certo dia, o jovem oficial, que era Orwell, recebeu uma ligação telefônica. A poucos quilômetros de distância, um elefante, que costumava ser muito mansinho, de repente teve um surto de selvageria (algo a que, aparentemente, os elefantes estão dispostos), destruindo uma feira e matando um homem. Havia a expectativa de que Orwell chegasse imediatamente, controlasse o problema e corrigisse a situação.

Assim que Orwell entrou em cena, uma multidão de birmaneses se juntou, empolgada com a possibilidade de que, ao empunhar um rifle sob o braço, propiciariam diversão, matando o elefante. Mas Orwell não queria matá-lo. Além disso, quando ele e a multidão cada vez maior localizaram o animal, este já voltara a seu estado pacífico normal, "arrancando punhados de grama, batendo-as contra seu joelho para limpá-las e enchendo a boca com elas".

Orwell escreve que, assim que viu o elefante, "teve certeza absoluta" de que não deveria matá-lo. Tratava-se não somente de uma questão grave matar um elefante em atividade, como também Orwell deixava bem claro que não tinha estômago para matar um animal que "era tão perigoso quanto uma vaca". Sua ideia era certificar-se de que o elefante estava novamente calmo e depois voltar para casa.

Mas a multidão bem atrás dele e em plena perseguição aumentara – e já se aproximara de duas mil pessoas violentas. "Todos contentes e entusiasmados com a diversão", estavam convencidos de que o elefante deveria ser morto, e que Orwell tinha de ser o atirador. Naquele momento, Orwell teve a impressão de que a situação mudara. Já não havia mais opção: ele tinha de matar o elefante. Embora fosse a única pessoa em posição de autoridade, a única de posse de um rifle grande, Orwell se sentiu impotente, totalmente incapaz de conter "dois mil bramidos pressionando-o a agir, de maneira irresistível".

À medida que a história chegava à sua inexorável conclusão, as diferenças radicais entre Orwell e os birmaneses aumentavam ainda mais. No fundo, Orwell sentia que seria um "assassinato matar o elefante". Mas ao mesmo tempo, sabia que se não fizesse o que esperavam dele, ou até mesmo se fracassasse no serviço, "aqueles dois mil birmaneses me perseguiriam, me pegariam, me arrebentariam e me reduziriam a um cadáver sorridente".

Então, Orwell puxou o gatilho e atirou na besta, descrevendo com grande sensibilidade e com detalhes a morte lenta e terrível. Foram necessários mais alguns tiros para terminar com a raça do elefante. Mas antes dos últimos "suspiros torturados" que "continuavam firmemente correndo contra o tempo", Orwell, que não conseguia mais suportar tudo aquilo, saiu de cena.

Por um lado, a narrativa de Orwell é de cunho político – sobre uma nação subjugando a outra, um ato de imperialismo que, para ele, era abominável. Mas por outro lado, é uma parábola emocionante sobre pessoas comuns aprisionadas em uma relação complexa – entre aqueles que ostensivamente possuem poder, autoridade e influência, e os que não possuem. "O abate de um elefante", uma história aparentemente simples de um homem sobrecarregado, encontra-se no final de um conto edificante no qual sabedorias complexas, se não convencionais, são invertidas. O homem na posição de autoridade e também com poder de fogo era incapaz de fazer o que queria. Ao contrário, aqueles que não têm autoridade nem poder de qualquer natureza tinham seus métodos. Eles queriam que Orwell atirasse no elefante e convenceram-no a fazê-lo. Mas seja qual for o poder que acertou nesse caso, não era um poder como habitualmente concebido. Era o poder dos muitos subordinados que, mobilizando-se como multidão, obrigavam seus superiores a fazer sua vontade.

Por um lado, o conto de Orwell é comum, no sentido de que ele, o oficial britânico, a figura de autoridade, é o protagonista. Por outro lado, é atípico, porque, com algumas poucas pinceladas, pinta uma imagem na qual o abate de um elefante – um ato que finalmente assume significado quase mítico – é determinado não por um oficial britânico, mas por aqueles que se encontravam ostensivamente abaixo dele. De modo semelhante, por um prisma, a narrativa de Orwell parece sugerir que o triunfo dos impotentes sobre os poderosos é um fenômeno bem natural, ainda que não previsto com frequência. Mas sob outra perspectiva, "O abate de um elefante" pode ser interpretado como uma história sobre aberração, com um final surpreendente totalmente concebido para perturbar.

Este livro sobre seguidores tem a ver com o conto exemplar de Orwell. O livro se desassocia deliberadamente da abordagem centrada em líderes, que domina nosso raciocínio sobre como poder, autoridade e influência são exercidos. Ele afirma que obcecar os superiores à custa dos subordinados é distorcer a dinâmica existente entre eles. E transmite a seguinte mensagem: subestimar ou subavaliar a importância daqueles que Shakespeare citou certa vez como subalternos significa enfraquecê-los. Enquanto nos fixarmos nos líderes à custa de seguidores, perpetuaremos o mito de que estes não têm importância.

Ao longo do último trimestre do século XX, a ideia de liderança ganhou novos ares. Primeiro, nas forças armadas (que há muito tempo já atentara para o fato), depois na América Corporativa e, finalmente, nos setores públicos e sem fins lucrativos, fomos persuadidos de que a liderança eficaz era de grande importância. Convencemo-nos ainda mais de que a boa liderança pode ser transmitida – ou seja, que as pessoas podem aprender a ser bons líderes. Na realidade, há poucos anos, o investimento em ensino e desenvolvimento da liderança chegou a se aproximar dos $50 bilhões.[2] Teoria e prática acionaram uma explosão de interesses – detonaram o que chamo de *indústria da liderança*, na qual, entre outros aspectos, um grande número de pessoas gera uma grande quantidade de dinheiro.[3]

Ao mesmo tempo, instaurou-se o conceito de *followership*. Isso não quer dizer que os estudiosos em liderança, em particular, tenham deixado de reconhecer que a liderança é uma relação entre um líder e, pelo menos, um seguidor. Em vez disso, deve-se destacar que, indiscutivelmente, inclusive agora, valorizamos demasiadamente o primeiro, e subestimamos o último. Presume-se que os líderes sejam tão mais importantes do que os seguidores, que nosso interesse comum recai sobre a *liderança*, não sobre os *seguidores*. Na realidade, a própria palavra em inglês *followership* dá margem a dúvidas. Procure a palavra em inglês em um dicionário e, provavelmente, não encontrará. Digite a palavra em inglês no computador e é provável que ela seja rejeitada, ou porque está com erro de grafia ou porque não pertence ao idioma inglês.[4] Pesquise na Web e os resultados também afirmarão: talvez algumas centenas de milhares de resultados para *followership*, em comparação a um bilhão ou mais resultados relacionados à palavra *liderança*. Conclusão: com toda a conversa fiada em relação à importância da relação entre líderes e seguidores, a mensagem que recebemos é que o primeiro é primordial e o último fica de lado.

Ao atribuir à edição americana deste livro o título *Followership: How Followers Are Creating Change and Changing Leaders*, faço uma reivindicação. Afirmo que os seguidores são importantes – tão importantes quanto os líderes. Mas há um pequeno problema. Como demonstra o conto de Orwell, nem sempre fica bem claro exatamente quem são os líderes e quem são os seguidores. Como os birmaneses, que insistiam no abate do elefante, podem ser considerados *seguidores* sob qualquer âmbito convencional dessa palavra? Independentemente da classificação que lhes é atribuída, foram eles, e não o homem realmente responsável, que determinaram o resultado. Desse modo, onde demarcamos o limiar entre os chamados líderes e os designados seguidores?

Examine a seguir uma história semelhante, muito mais recente. Lawrence Summers se tornou presidente da Harvard University em 2001. No que pese a impopularidade de sua personalidade desde o início, Summers comandou a universidade com certo sucesso nos primeiros anos de seu mandato. Mas quando cometeu o erro de sugerir que poderiam ou deveriam existir motivos "intrínsecos" pelos quais as mulheres obtinham menos êxito na ciência e engenharia do que os homens, um grupo do corpo docente se indignou até o ponto de uma rebelião. Treze meses depois, as objeções à sua presidência se tornaram tão fortes e tão insistentes que Summers concluiu finalmente que não havia outra opção, a não ser abdicar.

Os membros do corpo docente não são *seguidores*, como geralmente essa palavra é interpretada. Entre outros aspectos, em geral, os membros efetivos do corpo docente não podem ser demitidos. Além disso, essa é uma história parecida com a contada por Orwell: o suposto líder perdeu o controle porque aqueles que supostamente deveriam seguir em frente se recusaram a fazê-lo. Em geral, os reitores comandam e os membros do corpo docente ficam satisfeitos por serem comandados. Mas aqui a situação era inversa. Nesse caso, o reitor da Harvard University era obrigado a se curvar para o mais rebelde entre os membros do corpo docente.

Este livro contém histórias de todos os tipos de seguidores, desde aqueles que permanecem em estado de espera e não fazem nada até aqueles que são agentes de mudança. A despeito disso, não se sabe quem é exatamente o seguidor, motivo pelo qual são necessários alguns esclarecimentos, logo de início.

- Os seguidores podem ser definidos por sua *hierarquia*: são subordinados que têm menos poder, autoridade e influência do que seus superiores.
- Os seguidores também podem ser definidos por seu *comportamento*: concordam com o que outra pessoa deseja e pretende.

Em geral, a hierarquia e o comportamento andam de mãos dadas. Ou seja, normalmente, aqueles que se encontram em posições subordinadas apoiam aqueles que estão em posições superiores. Entretanto, como acabamos de constatar, às vezes a hierarquia e o comportamento se desviam um do outro. Ocasionalmente, os classificados como superiores obedecem, enquanto os classificados como subordinados comandam. O presidente George W. Bush foi retratado várias vezes, principalmente durante seu primeiro mandato e em relação à Guerra no Iraque, como fantoche do vice-presidente Dick Cheney. Não obstante a posição inferior de Cheney, tinha-se a impressão de que ele estava no controle, enquanto Bush, seu suposto superior, dançava conforme a música como uma marionete.

É importante distinguir hierarquia de comportamento. Para usar outro exemplo das complexidades pertinentes, examine o caso do delator. Por um lado, a *hierarquia* determina que os delatores sejam seguidores. Ou seja, estando localizados em algum lugar na hierarquia organizacional, diferente do topo, espera-se que obedeçam àqueles em posição superior à deles. Mas por outro lado, ao se recusarem a atender seus líderes e gerentes, que eles consideram incompetentes, imorais ou ambos, os delatores não se *comportam* como seguidores, em hipótese alguma. Na realidade, se orquestrarem com êxito o equivalente organizacional a um golpe palaciano, o comportamento triunfará sobre a hierarquia. Em outras palavras, os delatores bem-sucedidos não serão mais seguidores. Ao gerarem a mudança, eles se tornaram líderes.

Para evitar confusão, e para os propósitos deste livro, defino os seguidores pela hierarquia: *os seguidores são subordinados que têm menos poder, autoridade e influência do que seus superiores e que, por conseguinte, geralmente, mas não invariavelmente, obedecem às normas*. Algumas vezes, os seguidores são formalmente designados, como nas hierarquias organizacionais em que aqueles posicionados no final e no meio são subordinados aos posicionados mais acima. Outras vezes, são designados de maneira informal – por exemplo, em geral, o povo americano apoia o presidente dos Estados Unidos, mesmo que discorde dele ou o desaprove. E às vezes, os seguidores se tornam outra coisa também – transformam-se em agentes da mudança. Neste livro, discuto os três tipos – isto é, os seguidores formalmente atribuídos, os seguidores percebidos informalmente e os seguidores que terminam com mais poder e influência, se não autoridade, do que seus líderes. Seja qual for o caso, a questão é: defino os seguidores genericamente como "não líderes", de forma aleatória. Eles são desprovidos de um poder específico ou influência especial e não ocupam posições de autoridade.

Isso nos leva de volta à questão da *influência dos seguidores*. Em termos mais específicos, como defino a palavra anteriormente descrita como "suspeito"? Sabemos que não existe uma definição amplamente aceita para *liderança*. Segundo um estudioso, "há tantas definições diferentes de liderança quanto a quantidade de pessoas que já tentaram definir o conceito".[5] Até mesmo como aparentemente objetivo, um substantivo como *líder* é empregado por diferentes especialistas, de várias maneiras. Por exemplo, alguns definem a palavra líder pela hierarquia: líderes são pessoas em posições de autoridade. Outros consideram que a palavra tem conotação moral: os líderes envolvem seus seguidores em relações de influência. E ainda outros definem os líderes como os poucos que conseguem que muitos façam o que querem e pretendem, usando todos os meios necessários. Em meu livro sobre a má liderança, considerei líderes Stalin e Saddam, embora tirânicos e cruéis, e Bernard Ebbers e Dennis Kozlowski, ainda que gulosos e corruptos.[6]

Diante dessas diferenças, passando por termos tão conhecidos e muito utilizados, como *líder* e *liderança*, o que pode ser dito com bom senso sobre *followership*, uma palavra recém-descoberta? Conforme empregada neste livro, é a resposta daqueles que se encontram em posições subordinadas (os seguidores) àqueles em posições superiores (os líderes) e que *implica uma relação (hierarquia) entre subordinados e superiores, e uma resposta (comportamento) dos primeiros aos últimos*.

Até o momento, os problemas associados ao termo *seguidor* nos desencorajaram em relação a nosso trabalho. Esses problemas abrangem a sabedoria convencional de que os seguidores são menos importantes, *muito* menos importantes do que os líderes; a confusão entre hierarquia e comportamento; e o medo de ser chamado de servidor: um membro descuidado de um rebanho estúpido, um cordeirinho.[7] Entretanto, chegou o momento, está mais do que na hora de enfrentar a realidade. Como atesta eloquentemente o conto "O abate do elefante", existem mais pessoas, espalhadas em toda parte, sem fontes evidentes de poder, autoridade e influência do que supomos. Menosprezá-las implica ludibriar nosso entendimento sobre líderes e seguidores, ainda que facilitando o apelo dos primeiros e por mais elusiva que seja a atratividade dos últimos.

Na realidade, como consequência das mudanças já convergentes, os seguidores são mais importantes do que nunca. E praticamente em todos os lugares, os líderes estão mais vulneráveis às forças existentes por trás de seu controle, inclusive àquelas de escalões inferiores. Como podem atestar Howell Raines (ex-editor executivo do *The New York Times*), Riccardo Muti (ex-maestro da Sala de Concertos La Scala, de Milão), Gray Davis (ex-governador da Califórnia), Michael Eisner (ex-CEO da Disney), Carly Fiorina e Patricia Dunn (ex-CEO da Hewlett-Packard e ex-presidente do Conselho, respectivamente), Leonid Kuchma (ex-presidente da Ucrânia), Robert Nardelli (ex-CEO da Home Depot, ainda que ressuscitado muito rapidamente como CEO da Chrysler) e Paul Wolfowitz (ex-presidente do Banco Mundial), foram-se os dias em que as pessoas que ocupavam altas posições estavam em situação privilegiada e podiam fazer o que queriam e como desejavam. Por motivos que serão abordados mais adiante, os seguidores por todo o mundo estão mais arrojados e estratégicos. Há menos probabilidade agora do que antigamente de que "reconheçam seu lugar", executem o que lhes ordenam e guardem suas opiniões para si mesmos. Essa mudança, esse deslocamento pequeno mas potencialmente sísmico no equilíbrio do poder entre líderes e seguidores, é um aviso: os líderes que ignorarem ou dispensarem seus seguidores assumirão esse risco por conta própria.

Desse modo, este livro renega a abordagem centrada nos líderes, que domina nosso trabalho sobre liderança e gerenciamento. Quando focamos os seguidores, reconhecemos suas funções, até mesmo quando realizam pouco ou nada. E isso os fortalece, o que equivale dizer que nos fortalece também.

Entretanto, deixem-me, desde já, esclarecer que este livro foi escrito tanto para os líderes quanto para os seguidores. Primeiramente, como já sabemos em nossa própria experiência, a fronteira entre superiores e subordinados é indistinta. Às vezes, os líderes e gerentes obedecem; outras vezes, os seguidores comandam. Além disso, o limiar entre eles tende a mudar. Alguns de nós são seguidores na maioria das vezes, e líderes, algumas vezes. Outros são o oposto: líderes na maior parte do tempo, e seguidores ocasionalmente. Por fim, muitos são superiores e subordinados, ao mesmo tempo. Por exemplo, os gerentes de nível médio ou até os executivos de alto escalão dispõem de pessoas posicionadas abaixo e acima deles nos níveis organizacionais.

O segundo motivo pelo qual o livro tem a ver com líderes e seguidores é que todos nós somos seguidores. Somos seguidores na primeira infância e na infância, dos adultos dos quais dependemos, e depois, durante a vida, seguimos os líderes antes de liderarmos os seguidores. Jean-Jacques Rousseau foi mais longe, a ponto de afirmar que, para aprender a comandar, é necessário aprender a obedecer: "Fomos informados de como é difícil ensinar aos jovens príncipes a arte de reinar; mas sua educação parece prejudicá-los. Seria melhor começar ensinando-lhes a arte de obedecer... Reinar é uma ciência que nunca estamos tão longe de possuir como quando aprendemos muito a respeito dela, e é aquela que assimilamos melhor por meio da obediência, e não da imposição."[8]

Este livro está dividido em três partes. A Parte I examina o fenômeno dos seguidores que influenciam os líderes: ficções sobre seguidores e verdades a respeito deles; as relações entre servidores e líderes; e as diferenças entre os próprios seguidores. A Parte II consiste em histórias sobre seguidores, que transitam desde serem totalmente complacentes até totalmente comprometidos. E a Parte III vislumbra o futuro – um futuro em que os seguidores surtirão impacto muito maior do que antes.

Como antigo estudioso da liderança, tenho constatado que líderes e seguidores se confundem e se entrelaçam. Mas há percepções e percepções. Antes de escrever meu livro mais recente, *Bad Leadership: What It Is, How It Happens, Why It Matters*, eu não sentia bem lá no fundo a importância do seguidor para o líder. Hoje sei que os maus líderes não fariam o que fazem se não existissem os maus seguidores. Os líderes dependem totalmente dos seguidores. Desse modo, este livro é um produto de seu predecessor imediato, e fala sobre as funções desempenhadas pelos seguidores. Ele nos faz lembrar do que, até certo ponto, já sabemos: seguidores mais eficientes geram líderes melhores.

Segundo Orwell, é difícil detectar o poder nas mãos daqueles que são aparentemente impotentes. "Eis-me aqui", ele escreveu, "o homem branco com sua arma, diante de uma multidão nativa desarmada – aparentemente o protagonista da peça". Contudo, continuou, "na realidade, eu era apenas um fantoche manipulado pela vontade dos rostos amarelos atrás de mim". O que ele quis dizer é muito simples: fixar-se em um e insultar os demais é confundir a história e a mensagem que ela transmite.

Sumário

Introdução   xiii
"O abate de um elefante"

Parte I   Ver os Seguidores

1. Ficções   3
2. Fatos   23
3. Relações   45
4. Tipos   69

Parte II   Ser um Seguidor

5. Espectadores   89
Alemanha Nazista
6. Participantes   115
Merck

	7	Ativistas	139
		Voice of the Faithful	
	8	Fanáticos	164
		Operação Anaconda	

Parte III Futuros Seguidores

	9	Valores	195
	10	Transformações	219

	Notas	240
	Índice	264

PARTE I

Ver os Seguidores

Nós que lhe damos conselhos deveríamos estar decididos a investigar as coisas mais a fundo do que você, cuja atenção está voltada somente para o superficial.

Thucydides

CAPÍTULO 1

Ficções

A PARTIR DE 2002, a agência de publicidade McKinney & Silver veiculou um slogan que se popularizou rapidamente. Contratada para convencer as pessoas no mercado de carros especiais de que os carros Audi eram melhores do que os concorrentes, a agência criou um slogan: "Never Follow" (Nunca Siga).

O anúncio impresso "Nunca Siga" era gritante. Um anúncio de página dupla tinha uma foto de grande parte, mas não de todo o elegante Audi A6 Avant acinzentado, no lado esquerdo, e, no lado direito, a imagem da parte frontal do carro, do bico, com as palavras *Never Follow* (Nunca Siga) estampadas em belas letras brancas. Anúncios simples e brilhantes faziam tanto efeito que a solicitação curta "Nunca Siga" foi transformada de uma campanha publicitária comum em um "programa de comunicações de vários níveis homenageando os inovadores nos campos de música, filmes, literatura e esportes". Celebridades, como o lendário roqueiro David Bowie e o ator William H. Macy, foram citados como exemplos da "filosofia Nunca Siga" do Audi – como artistas talentosos que "adotaram a abordagem Nunca Siga".[1]

Com o passar do tempo, o slogan foi associado a todos os automóveis Audi e, na verdade, só foi abandonado em 2007. A questão é a seguinte: o que pesou para sua impressionante longevidade? Por que esse slogan específico, que nos advertia a *nunca* seguir, durou tanto tempo, quando tantos outros surgem e desaparecem? Porque a frase "Nunca Siga" explorava uma fobia profundamente enraizada na mente dos americanos. Ela simbolizava a aversão a ser ou ser visto como um dentre muitos agrupados em um rebanho lerdo e estúpido.[2] A palavra *nunca* carrega tudo isso. Ela diz simplesmente que não há circunstâncias concebíveis sob as quais devamos nos rebaixar tanto, a ponto de cair na submissão.

E diz, de forma igualmente simples, que ser um seguidor, em vez de um líder, significa ser o segundo melhor.

Os americanos não são os únicos a refutar rapidamente a ideia de serem seguidores. Ao anunciar sua renúncia ao cargo de primeiro-ministro, Tony Blair fez questão de declarar que a "Grã-Bretanha não era um seguidor mas, sim, um líder".[3] Entretanto, desde o início, os americanos têm demonstrado uma mentalidade antiautoritarista do "Nunca Siga", justamente na direção contrária. Em 1683, um monge missionário flamengo observou, em relação aos americanos nativos, que eles "acham que todas as pessoas devem ter opinião própria, sem serem contrariadas". Outro ainda acrescentou que não havia "nada tão difícil de controlar quanto as tribos da América". Elas não entendiam o significado de "rédea e freio". Por sua vez, os americanos nativos ficavam aparentemente surpresos com o hábito europeu das hierarquias, nas quais aqueles posicionados nos níveis inferiores submetiam-se àqueles posicionados mais acima.[4]

Até meados de 1700, a maioria dos americanos europeus presumia que seu jeito de fazer as coisas nunca deveria ser contestado. Eles estavam satisfeitos com as sociedades estratificadas, em que alguns eram ricos e outros, pobres, alguns glorificados e outros esquecidos, alguns poderosos e outros fracos. Mas a Guerra Revolucionária mudou tudo. Como escreveu o historiador Bernard Bailyn, "ela trouxe consigo argumentações e atitudes amadurecidas baseadas em argumentos eternamente repetidos, que enfraqueceram [as] premissas do *regime antigo*".[5] Não podia haver apego a uma sociedade rigorosamente estratificada durante uma década na qual a negação dos mais altos poderes constituídos "fluía das pressões coloniais e era lançada por metade dos púlpitos locais. O direito, a necessidade, a obrigação total de desobedecer à autoridade legalmente constituída se tornaram o clamor universal". No lugar da *obediência*, a *resistência* se tornou a "doutrina de acordo com a religiosidade".[6] Em outras palavras, em vez de seguir, havia uma recusa a seguir o que era considerado necessário e adequado, na época.

Tão logo os dissidentes religiosos se uniram aos dissidentes políticos – na Nova Inglaterra, um descendente da igreja chegou a negar "toda a autoridade humana em questões de fé e devoção" –, tornou-se lugar-comum, até elogiável, desafiar as pessoas em altas posições e assumir a rebeldia.[7] Foi exatamente essa atitude antigovernista, antiautoritarista, que, ao longo dos anos, passou a ser considerada o exemplo mais comum de americanismo. Como observou o cientista político Samuel Huntington, as ideias que constituíam o Credo Americano – igualdade, liberdade, individualismo, constitucionalismo e democracia – demonstram claramente que a "oposição ao poder e a suspeita do governo como a materialização mais perigosa de poder são os temas fundamentais do pensamento político americano".⁸ Ou seja, essa era uma cultura política em que qualquer coisa era melhor do que meramente ser um seguidor.

A cultura do capitalismo alimentava ainda mais o hábito da resistência. Na América do século XIX, o sonho do grande capitalista Alexander Hamilton se uniu ao idealismo democrático de Thomas Jefferson. "A consequência foi eletrizar o indivíduo democrático com uma paixão por grandes realizações e gerar um tipo de personalidade que não era nem Hamiltoniana nem Jeffersoniana, mas uma estranha combinação dos dois: os heróis de Horatio Alger."⁹ Alger escreveu histórias muito populares de pessoas que eram extremamente pobres e se tornaram extremamente ricas, nas quais jovens moços, cujos únicos recursos eram sua determinação e orientação, migravam da pobreza para a riqueza e o reconhecimento público. A moral de cada história era óbvia: as recompensas do sucesso vão para os arrojados individualistas, e não para os que se satisfazem com o conformismo. Em outras palavras, parece que agora o sistema econômico americano andava de mãos dadas com o sistema político. Ambos valorizavam o indivíduo empreendedor mais do que o grupo, como um todo.

Nossa relutância em concordar complica a vida dos líderes – e a dos seguidores também. Além disso, isso tem um preço para eles e para nós. Em um país que desde a sua concepção revolucionária honra aqueles que resistem às pessoas em cargos de autoridade, não há glória alguma em ser obediente. Na verdade, a Revolução Americana ou, mais precisamente, as ideias que a inspiraram gerou uma cultura na qual, até agora, pelo menos em determinadas circunstâncias, a *des*obediência civil é mais admirada do que a obediência civil. Não quero dizer com isso que os americanos costumam glorificar aqueles que desobedecem às leis. Como acabamos de analisar, o constitucionalismo e o Estado de direito por ele implicado estão entre nossas principais convicções. Mas é necessário destacar que não valorizamos extremamente a convenção e a conformidade. Lembre-se do protótipo americano: ele não é um homem comum, satisfeito com lugares--comuns. Em vez disso, ele é o *cowboy*, que prefere ficar sozinho a obedecer às convenções dos outros.

Alexis de Tocqueville observou em seu texto clássico, *A democracia na América*, que os americanos não "reconheciam quaisquer sinais de grandeza ou superioridade incontestáveis em seus colegas". Em vez disso, contavam com "seu julgamento próprio como o teste mais óbvio e acessível da verdade". Embora a independência à qual Tocqueville faz alusão seja, em geral, considerada admirável, ela não contribui para a capacidade de governar e liderar. Na realidade, em uma cultura nacional em que, mais uma vez nas palavras de Tocqueville, "existe uma desaprovação geral em aceitar a palavra do homem como prova de qualquer coisa", o exercício da liderança se destina a ser difícil.¹⁰ Contudo, a implicação da resistência mencionada por Tocqueville é ainda mais fundamental e de grande influência. Estão em perigo não somente as funções e as reputações dos líderes, como também as funções e reputações dos seguidores. Recusar-se a reconhecer "a grandeza ou superioridade incontestáveis" em alguém mais é colocar em risco a individualidade e a independência. Aceitar qualquer coisa aquém disso é ser subserviente – aceitar qualquer coisa abaixo disso é ser um cordeiro.

Medo de obedecer

Considerando que a palavra *seguidor* é considerada quase um insulto, certamente nos Estados Unidos ela tem sido ignorada por aqueles pertencentes ao campo da liderança. Por exemplo, o especialista em liderança, John Gardner, desaprova tanto a palavra *seguidor* que simplesmente decidiu não mais utilizá-la. "As conotações do termo 'seguidor' sugerem excesso de passividade e dependência, para torná-la um termo adequado àqueles que se encontram no extremo oposto do diálogo com os líderes", escreveu Gardner. "Por esse motivo, uso frequentemente a palavra 'constituinte'."[11] Outros estudiosos de liderança se distanciaram de modo semelhante, com base na premissa de que ser um seguidor é ser, de alguma forma, rebaixado. Desse modo, adicionalmente ao termo *constituinte*, têm sido empregados eufemismos, como *associado* ou *membro* ou *subordinado*.[12] Michael Useem, da Wharton School, avançou ainda mais. Embora um de seus livros fosse obviamente dedicado às pessoas em posições subordinadas, ao contrário de pessoas em posições superiores, ele o intitulou como *Leading Up: How to Lead Your Boss So You Both Win*. A ideia da *Preparação Psicológica (Leading Up)* significa tentar persuadir as pessoas a "se apresentarem [até mesmo] quando uma organização ou um superior não incentivar essa conduta".[13] Mas como a "liderança" de algum tipo é melhor do que a "subordinação" de qualquer tipo, Useem se justifica, adotando o primeiro termo e rejeitando o último.[14]

Até mesmo quando a palavra *seguidor* era utilizada, pairava uma forte impressão de que, de alguma maneira, deveria ser justificada, abafada. Na obra *Leadership for the Twenty-First Century*, Joseph Rost insistia em dizer que, embora os outros pudessem considerar uma condescendência, ele "não se incomodava com a palavra *seguidores*".[15] Mas depois disso, Rost desassociou-se da ideia de que os seguidores eram "passivos". Esse – ele insistia – era um antigo estilo de pensar, que refletia a dinâmica de décadas atrás, segundo a qual os líderes eram orientadores e ativos, enquanto os seguidores eram "submissos e passivos". Naquele tempo, argumentava Rost, a situação era diferente. Como ser um líder não mais significa ser superior, os seguidores não são mais considerados subordinados.

Em termos gerais, Rost era um exemplo de especialista em liderança: em hipótese alguma, eles e nós queremos ser vistos como frios calculistas de uma dinâmica na qual uma parte estava destinada a ser sempre dominante, e a outra, sempre dominada. Ao longo das duas últimas décadas, o período durante o qual o ensino e o desenvolvimento da liderança se tornaram um grande negócio, essa era a ideia principal. Ainda que, por um lado, fôssemos obcecados pelos líderes, por outro lado, não queríamos dar a impressão de que estávamos rebaixando os seguidores.

Nos últimos dois anos, nossa relutância em empregar a palavra *seguidor* diminuiu – um pouco. Hoje em dia, muito mais do que antes, queremos enfatizar que os seguidores fazem parte do processo de liderança, e usar o termo sem nos preocuparmos com o fato de estarmos sendo condescendentes. Como observou um estudioso, "um número cada vez maior de escritores argumenta que seguidores 'exemplares', 'corajosos' e 'estrelas' representam uma precondição para as organizações 'bem-sucedidas'". Ao recusarem o estereótipo comum de seguidores como "cordeiros tímidos e dóceis", esses especialistas afirmam que a boa subordinação tem sua importância – tem um grande valor.[16]

Mesmo assim, o medo de obedecer nos impediu de investigar totalmente a subordinação – e nos ludibriou a supor que o poder entre líderes e seguidores é facilmente dividido, o que não acontece. Principalmente a América das corporações se mostra relutante em admitir o óbvio: os posicionados em altos cargos no organograma geralmente dominam aqueles que estão abaixo. Para ocultar a verdade desagradável de que as relações de poder persistem, usamos uma linguagem que nos leva a pensar que as coisas são diferentes do que efetivamente são.[17] Todas as palavras e os termos na moda, especialmente na América das corporações, como *capacitação*, *participação*, *times* e *liderança distribuída*, sugerem, então, um nível de competitividade, o que, em geral, é falso. Embora muitas, se não a maioria, das hierarquias organizacionais tenham sido achatadas nos últimos anos, geralmente os líderes e gerentes permanecem no controle. Seja qual for o jargão, a verdade é que a maioria das organizações ainda tem sistemas e estruturas nos quais os superiores controlam seus subordinados.

Joanne Ciulla sugeriu que a palavra *capacitação* é a mais traiçoeira. Presume-se que os empregadores que capacitam seus empregados "para serem líderes à sua maneira" sejam os mais conscienciosos, os que mais desejam acabar com a distinção entre os posicionados acima e abaixo na hierarquia organizacional. O problema é que a promessa de capacitação costuma ser em vão, uma conversa fiada.[18] Em vez de ser indicação de verdadeira divisão do poder, o próprio uso da palavra *capacitação* é geralmente manipulador e objetiva manter os subordinados submissos, levando-os a supor que seu relacionamento com os superiores mudou, de modo fundamental.

Mais uma vez, isso não quer dizer que falar em capacitação significa, por definição, falta de autenticidade. Em seu livro recente, *True North*, Bill George e Peter Sims dão a entender claramente isso quando perguntam: "Se o respeito mútuo é a base para despertar o melhor das pessoas, quais são as etapas necessárias para capacitá-las?"[19] Mais exatamente, serve para indicar a lacuna que persiste entre o que é prometido e o que é cumprido. Usando o exemplo mais gritante de como a relação de poder mais básica na América das corporações realmente não mudou, existe esta estatística simples: durante o período de três anos, de 2003 a 2005, mais de 4,25 milhões de trabalhadores americanos foram afastados involuntariamente de seus empregos. Então, podemos dizer, no mínimo, o seguinte: nos cenários em que os superiores têm o direito de demitir seus subordinados, palavras como *capacitação* e *liderança distribuída* pertencem muito mais ao reino da fantasia do que à realidade dos fatos.

Estamos tão ávidos para evitar a própria ideia de subordinação que, às vezes, até nosso raciocínio dá voltas. "Os seguidores não fazem a subordinação" – escreveu Rost. "Eles fazem a liderança. Líderes e seguidores formam uma relação única, que representa a liderança. Não existe subordinação na nova escola de liderança."[20] Onde há lógica nisso? Como pode existir liderança mas não subordinação? Como os seguidores podem não "fazer a subordinação"? O que significa falar sobre uma "nova escola de liderança", se a dinâmica poder, autoridade e influência é endêmica à condição humana? Significa dizer que – pelo sim, pelo não –, por sua própria vivência, cada livro de William Styron se concentrava em um único tema repetitivo: "a catastrófica propensão por parte dos seres humanos de tentar dominar uns aos outros".[21]

Alguns colegas, quando lhes contei que estava escrevendo um livro sobre seguidores, insistiram em afirmar que essa coisa não existia. Todo líder é um seguidor – contestaram eles –, um conceito com o qual concordo. Mas depois eles começaram a afirmar que todo seguidor também é um líder, uma ideia da qual discordo enfaticamente. É certo que aqueles posicionados no topo do pau de sebo correm o risco de ser derrubados. Desse modo, eles não têm outra escolha, a não ser investigar, seguir, a bem da verdade, seus seguidores, só para ter certeza de que ainda estão nos trilhos. Entretanto, o contrário não acontece. No que pese que, em algumas circunstâncias, os seguidores possam exercer alguma liderança, para "preparar o caminho", em outras situações, isso não ocorre. Eventualmente, os seguidores estão sempre subordinados (ou até à mercê de) àqueles em posição de poder e autoridade. Então, devemos concluir que, embora acalentando a ideia de que os subordinados possam impactar, de modo fácil e livremente, seus superiores, essa possibilidade é disfarçada, na maioria das vezes.

A IMPORTÂNCIA DE SER UM SEGUIDOR

Não obstante o óbvio – de que os líderes, em geral, têm mais poder, autoridade e influência do que os seguidores –, ainda superestimamos os líderes e subestimamos os seguidores. A despeito do fato de que os líderes e seguidores sejam inseparavelmente enredados, cada qual definido por e dependente do outro, continuamos a nos apoiar nos primeiros e a ignorar os últimos.

Essa disposição afeta não somente o modo como agimos atualmente, mas também o modo como percebemos o passado. Usando um dos exemplos mais óbvios e extremados, embora existam alguns livros excelentes sobre os alemães que abasteceram a máquina da Alemanha Nazista, o paradigma explicativo que ainda prevalece é Hitler, responsabilizado pela Segunda Guerra Mundial e pelo genocídio que fez parte dessa guerra. Mas não há evidências de que, ainda que muitos milhões tenham morrido, inclusive seis milhões de judeus, Hitler tenha matado pessoalmente sequer um deles. Em vez disso, os judeus da Europa foram massacrados pelos seguidores de Hitler, os quais, segundo Daniel Jonah Goldhagen, "cumpriam a vontade dele".[22]

Toda essa verdade não abala quem insiste em dizer que não houve "nenhum Hitler, nenhum Holocausto".[23] Milton Himmelfarb, por exemplo, contestava que o genocídio deveria ser vislumbrado através das lentes de um único homem. "Hitler desejou e ordenou o Holocausto, e foi obedecido", escreveu ele. "Hitler assassinou os judeus porque queria assassiná-los."[24] Embora eu não negue a importância da liderança, ou sugira que Hitler tenha sido diferente da mola mestra por trás da guerra e do Holocausto, há uma grande diferença entre supor que um único indivíduo seja a explicação para tudo o que aconteceu e admitir que a situação é muito mais complexa do que a teoria da liderança do "grande homem" possa sugerir. Na verdade, Himmelfarb empregou dois verbos – *ordenou* e *obedeceu* – que enfraquecem sua argumentação. Ao darem ordens, os líderes estão, por definição, envolvendo seus seguidores na tarefa em questão. Portanto, todo alemão que obedeceu a Hitler e a seus emissários, em vez de desafiá-los, estava, de alguma maneira, envolvido no assassinato e no caos. Em resumo, embora a expressão "nenhum Hitler, nenhum Holocausto" talvez seja uma formulação necessária, não é suficiente.

Nossa tendência de vislumbrar uma grande perspectiva através do prisma dos grandes líderes não se restringe às nossas reflexões sobre o passado. Até mesmo hoje em dia, ouvimos várias vezes que deveríamos almejar a liderança, deveríamos desejar ser um líder. O que influencia a convicção geral de que os líderes determinam o destino da história humana? De onde surgiu a ideia de que existe uma "indústria de liderança" na qual os seguidores se encontram realmente invisíveis?

E se alguém for treinado para liderar, quem deverá supostamente obedecer?

Há mais de um motivo para essa visão tendenciosa das relações humanas. A essa altura, eu me concentrarei em uma delas, mais especificamente conhecida como o *romance da liderança*.[25] Fixamo-nos nos líderes e excluímos praticamente todas as outras pessoas porque eles nos ajudam a organizar um mundo que, de outra forma, estaria extremamente confuso.[26] A capacidade da mente humana é finita – de todos os lados, chegam-nos muito mais informações do que podemos assimilar. Desse modo, os líderes representam uma solução conveniente para um problema óbvio: como perceber e depois processar o que está acontecendo no mundo em que atuamos. Um líder como Bill Gates nos ajuda a entender a fantástica história da Microsoft, mesmo que toda a verdade seja muito mais complexa do que a fácil atribuição a um único homem poderia sugerir.[27]

A teoria da atribuição explica por que acreditamos indevidamente que as pessoas, em especial os líderes, têm mais poder do que efetivamente acontece. Presumimos que a extrema importância dos líderes, até mesmo quando essa premissa é comprovadamente falsa, como ao culpar Hitler por ter realmente assassinado, sozinho, seis milhões de judeus. É evidente que, até certo ponto, sabemos muito bem que a história de Hitler não pode ser contada fora de um contexto, separadamente da história do que estava acontecendo de modo geral na Alemanha, nos anos 20 e 30. Nem podemos deixar no esquecimento a história dos seguidores de Hitler, que englobavam desde os primeiros e persistentes assessores, como Joseph Goebbels e Hermann Goering, até os alemães comuns, a maioria dos quais acompanhava e não movia uma palha sequer enquanto pessoas e lugares ardiam em chamas. Mas ainda mantemos a coisa bem simples. Preferimos olhar para os líderes porque propiciam uma explicação fácil. São pessoas observáveis que, aparentemente, fazem parte do que aconteceu.[28] Lembre-se da justificativa simples de Orwell: embora seja "aparentemente o protagonista da peça", na realidade ela não era mais do que "um fantoche absurdo sendo jogado de um lado para o outro" por uma quantidade incontável de outras pessoas.

Richard Hackman escreveu sobre o que chama de "erro de atribuição de líder". Como um estudioso de equipes e admirador das equipes que energizam, orientam e acionam os talentos de seus membros, Hackman ficou muito decepcionado com nossa tendência de supor que os líderes de equipes, mais do que os membros das equipes, merecem crédito pelas conquistas do grupo. "Quando refletimos sobre uma excelente equipe" – escreve Hackman –, "a imagem que nos vêm à mente quase sempre contém um líder excepcional". Por exemplo, quando os últimos acordes da Sinfonia "Ressurreição", de Mahler, ressoa na sala de concertos, "o maestro, exausto mas sorridente, vira-se para receber os aplausos da plateia". De modo semelhante, a solução padrão para um time de atletas que está perdendo, e não ganhando, é a demissão do técnico, com base na premissa conveniente, mas geralmente equivocada, de que a substituição de um líder indicado soluciona o problema.[29]

A tendência de cometer o erro da atribuição do líder é muito arraigada quando o líder é extremamente forte. Por exemplo, a história da Sunbeam Corporation sob o comando de Al Dunlap se confunde com a história do próprio Dunlap. "Chainsaw Al" (Al Serra Elétrica) era uma figura tão monstruosa e aterrorizante que chegaram a supor que o destino da empresa estivesse nas mãos de um único homem. Evidentemente, Dunlap era famoso por ser o pior chefe do mundo. Era conhecido por sua mesquinharia e maldade, inclusive quando era CEO na Scott Paper, e, na época em que chegou à Sunbeam, sua fama era a de um "lutador de rua com uma espada afiada". Mais especificamente, em relação às demissões, "ele sempre fazia grandes cortes, abrangentes e um tanto selvagens".[30] Além disso, Dunlap tinha um temperamento assustador que intimidava até mesmo seus assessores mais próximos. A cultura corporativa da Sunbeam era uma "cultura de miséria"; no ambiente de trabalho da Sunbeam, "a pressão era uma violência. Chegava às raias da barbárie".[31]

Uma consequência da tirania de Dunlap era o obscurecimento de todos a seu redor. Parecia que nenhum dos outros parceiros desempenhava qualquer tipo de função significativa. Mas mesmo nesse caso, em que um único homem exercia domínio total, é um erro atribuir a ele todo o crédito pelo que deu certo na Scott Paper (principalmente, no que diz respeito ao preço das ações) e toda a culpa pelo que deu errado na Sunbeam (que, finalmente, encalhou). Dunlap se afastou com um comportamento afrontosamente mau na Sunbeam porque as pessoas a seu redor e abaixo dele simplesmente o toleravam. Por um lado, essa é a história de um líder poderoso. Mas, por outro, também é a história de seguidores submissos que ou não estavam predispostos a impedi-lo de comandar de modo tão terrível ou simplesmente não conseguiam fazê-lo.

Não se tratava de um caso em que apenas algumas pessoas não faziam nada para salvar a situação. Em vez disso, uma grande quantidade de stakeholders seguia seu líder, por vontade própria, por um precipício. Por exemplo, até bem perto do fim de seu mandato, os membros da diretoria da Sunbeam suportavam Dunlap. Não estavam muito interessados no que ele fazia, nem queriam interferir no modo como administrava a empresa, inclusive nos casos em que as grandes demissões receberam muito destaque na imprensa. Na verdade, a despeito de quão draconianas fossem as medidas por ele adotadas, a diretoria da Sunbeam aprovava por unanimidade os planos de reestruturação de Dunlap. As pessoas abaixo de Dunlap no organograma da Sunbeam ofereciam, da mesma forma, pouca resistência. Certamente, os empregados comuns, em geral, se sentiam impotentes. E até mesmo por ocasião de uma redução extrema do quadro efetivo, não ocorriam gritarias ou resmungos, e nenhum protesto organizado para o que acabava sendo uma demissão em massa. Finalmente, havia a equipe administrativa de Dunlap, seus assessores mais próximos, todos covardes, que cumpriam suas determinações, independentemente da violência do conteúdo da mensagem ou do mensageiro.

Na realidade, ninguém teve a coragem de chamar Dunlap para uma conversa particular ou pública, como executivo chefe de uma empresa passando por problemas ou como líder de um negócio do qual muitas milhares de pessoas dependiam para sua subsistência. Nem ninguém suficientemente ousado tomou partido, renunciando ao cargo, em protesto.[32] É evidente que isso não ocorreu por falta de opções. Os membros de sua equipe administrativa e principalmente os membros da diretoria poderiam ter escolhido outro caminho, como saírem todos da Sunbeam ou se empenharem ao máximo para mudar o comportamento de Dunlap internamente.[33] O fato de que eles não tivessem feito nada para interromper ou pelo menos retardar a liderança ineficaz de Dunlap praticamente garantiu sua continuidade até que ele e a empresa faliram.

Não obstante a importância de ser um seguidor, a literatura popular sobre liderança ainda sugere que os líderes são importantes, e os seguidores não. Como já indicado, isso não significa que os seguidores sejam explicitamente insultados. Na verdade, de acordo com minha abordagem sobre termos como *capacidade*, os líderes são incentivados atualmente a considerar seus seguidores e a tratá-los muito bem. Eles são ainda mais encorajados a obter uma conformidade voluntária, e não forçada. Quando Daniel Goleman e seus colegas escreveram "Os grandes líderes nos impulsionam. Eles acionam nossas paixões e inspiram o melhor em nós", tinham em mente o seguinte: os seguidores obedecem porque querem obedecer.[34] Mas sejamos claros: como a indústria da liderança é direcionada àqueles que seriam líderes, e não seguidores, seus produtos são criados de modo a atrair essa base de clientes específica. O título do livro de Goleman é *Primal Leadership* – não *Primal Followership*, o público-alvo é o "líder em qualquer esfera de atividades da vida", não o seguidor.

Atualmente, a procura por livros sobre liderança e gerenciamento é realmente tão grande que muitos (se não a maioria) ostentam a mais atraente das duas palavras, *liderança*, bem no título. E muitos (se não a maioria) dão a entender, se não afirmarem explicitamente, que, se você ler o livro em questão, aumentará a probabilidade de se tornar um líder – ou de se tornar um líder mais eficiente do que já é. Mesmo que o enfoque sobre liderança e gerenciamento tenha começado durante a primeira metade do século XX, com escritores e pensadores como Mary Parker Follett, Chester Barnard e Peter Drucker abrindo o caminho, a explosão do interesse aconteceu mais recentemente, a partir dos anos 1980. Durante essa década, os livros com a palavra *líder* ou *liderança* incluída diretamente no título, começaram a inundar o mercado (e meu livro também estava incluído) – por exemplo, a obra de Warren Bennis, *On Becoming a Leader*, e a de John Kotter, *The Leadership Factor*. Esses dois livros traçavam uma distinção entre líderes e gerentes; e ambos afirmavam, de modo semelhante, que os líderes eram mais importantes do que os gerentes.[35] Cerca de uma década depois, a literatura sobre liderança se expandiu ainda mais, e abrange atualmente, entre outras obras incontáveis, a de Ronald Heifetz, *Leadership Without Easy Answers*, e a de James Kouzes e Barry Posner, *O desafio da liderança*. Evidentemente, esses dois livros versavam não somente sobre líderes, mas também sobre a complexidade contextual do exercício do poder, autoridade e influência.[36] Mais recentemente, os profissionais entraram nessa onda. Citando apenas um dos muitos exemplos, Rudolph Giuliani escreveu o livro *O Líder*, no qual afirmava, entre outras coisas, que a liderança é uma capacidade que pode ser adquirida. "A liderança não acontece", escreveu Giuliani, "ela pode ser ensinada, aprendida e desenvolvida".[37]

Como já observamos, houve uma pequena mudança: os seguidores estão finalmente ganhando mais atenção. Em termos específicos, há um interesse cada vez maior na relação entre líder/servidor, e não um interesse nos líderes isoladamente. Mesmo assim, com muito mais frequência do que se imagina, o trabalho nesse campo em geral é centrado no líder. A pergunta que parece nos interessar ainda mais é como os líderes podem surtir algum impacto sobre seus seguidores, e não o contrário. Ao tornar os seguidores o efeito, e não a causa, seria possível argumentar que os especialistas contribuem muito para a sabedoria convencional que determina que só os líderes são importantes, os seguidores não.[38]

Minha intenção não é menosprezar a literatura sobre liderança ou escolas, institutos, centros, cursos, seminários, workshops e programas sobre liderança apoiados por essa literatura. Em vez disso, quero destacar que a tela sobre a qual pintamos é simplesmente pequena demais. Ela deveria conter mais do que uma única figura magnânima, o líder, e deveria ser ampliada, de modo a acomodar também os seguidores.

Foco sobre os seguidores

Sabemos que, na primeira metade do século XX, a literatura gradativamente em expansão sobre liderança e gerenciamento presumia que os superiores controlavam seus subordinados – e deveriam mesmo fazê-lo. Embora o crescimento das grandes organizações tenha acionado um interesse cada vez maior nas pessoas com poder, autoridade e influência, quando comparadas com aquelas que não têm nada disso – principalmente no mercado de trabalho –, ninguém questionava a ordem hierárquica. Em vez disso, as posições e funções associadas às hierarquias organizacionais eram percebidas como a ordem natural das coisas.

Certamente, alguns alunos principiantes de liderança e gerenciamento, Follett e Barnard, por exemplo, estavam preocupados com o bem-estar social geral, e não com o bem-estar de apenas alguns.[39] Além disso, vários experimentos de ciências sociais, realizados no final dos anos 1930 e início dos anos 1940, exploravam os diferentes efeitos dos estilos de liderança democrático e autoritário sobre o comportamento dos membros do grupo.[40] Não é como se os seguidores fossem excluídos da discussão. Apesar disso, orientar um estudo sério dos seguidores, por iniciativa própria, exigia outro tipo de circunstância. Foi preciso acontecer um genocídio para os estudiosos considerarem a seguinte questão: por que os seguidores obedecem a seus líderes?

Certa vez, o professor Stanley Milgram foi solicitado a responder por que ele conduziu seus famosos – ou talvez, mais precisamente, infames – experimentos sobre obediência à autoridade. Ele disse que foi o Holocausto que o levou a entender melhor como as pessoas comuns podem agir de modo tão "cruel e desumano". Segundo ele, anos depois, a questão que o assombrava era "sob que condições alguém poderia executar, ao receber uma ordem, ações que iam contra seus princípios?"[41]

O assassinato de milhões de pessoas pelos nazistas, durante a Segunda Guerra Mundial, motivou alguns dos mais destacados cientistas sociais da América, Milgram, entre eles, a estudar a desumanidade do homem contra o homem. Eles reconheceram o que descrevi anteriormente como o não tão óbvio: que, apesar de nossa obsessão em relação a Hitler, o Holocausto não foi unicamente ideia dele. Em vez disso, resultou de ordens obedecidas, direta e indiretamente, por milhões de alemães aparentemente comuns.

Por definição, obediência não é algo a ser repudiado publicamente. Ao contrário, é necessário certo grau de obediência ou, pelo menos, de alguma conformidade para o real desempenho de quase todos os grupos e organizações. Além disso, em certas circunstâncias, no calor da batalha, por exemplo, é fundamental uma obediência quase cega. Mas, como o regime nazista remeteu ao passado, tornou-se mais convincente a questão de como um dos povos de mais alto nível educacional e culturalmente sofisticado no mundo "apoiou e até encorajou os esquemas bestiais de seus líderes enlouquecidos".[42] Além disso, era obviamente gritante, talvez pela primeira vez, que aqueles que obedecem a ordens desempenham um papel tão importante nas relações humanas quanto os que as emitem.

Os experimentos de Milgram sobre obediência, realizados principalmente no início dos anos 1960, foram os mais importantes já conduzidos sobre subordinação. Mas o interesse no Holocausto – e mais especificamente, nos alemães – começou anos antes. Na América, durante os anos 40, provavelmente o livro mais conhecido sobre o assunto era de autoria de Erich Fromm, *Escape from Freedom*.[43] Fromm, emigrante da Alemanha Nazista, desenvolveu uma teoria do "caráter sadomasoquista" relacionada com a liderança totalitarista. Segundo seu conceito básico, desde o fim do estado-igreja medieval, que dominou a ordem social na Idade Média, principalmente os europeus buscavam uma nova fonte de autoridade. Em outras palavras, não obstante a retórica do iluminismo, Fromm afirmava que as pessoas não queriam necessariamente ser livres. Acima de tudo, e principalmente durante os tempos difíceis, queriam receber cuidado e proteção. Eis por que os alemães – continuava ele – no início dos anos 1930, acossados primeiramente por sua derrota na Primeira Guerra Mundial, e depois pelo período de Depressão, seguiram Hitler, qualquer que fosse o lugar para onde ele os levasse.[44]

Outro livro importante sobre esse assunto geral foi *The Authoritarian Personality*.[45] Publicado em 1950, essa obra apresentou sustentação semelhante à de Fromm. Por meio de ferramentas científicas da área social, como entrevistas e níveis de atitude, os autores desenvolveram uma avaliação que testava o possível fascismo das pessoas e detectaram a existência de um "padrão" autoritário, não muito diferente do caráter sadomasoquista de Fromm. Em outras palavras, esses dois livros já mencionados descreviam os seguidores que alcançavam seu "ajuste social, sentindo prazer com a obediência e subordinação".[46]

Anos depois, os dois livros sofreram ataques por vários motivos, principalmente pelo que chegou a ser interpretado como uma sugestão simplória e até perigosa de que existiam tipos de personalidade, como "sadomasoquista" e "autoritária", e de que esses tipos poderiam ser amplamente associados a determinadas pessoas – por exemplo, os alemães.[47] Mas seu impacto intelectual foi considerável – e certamente definiu a plataforma para o estudo de Milgram sobre obediência.

Outros motivos levaram Milgram a realizar seus experimentos no início dos anos 1960, que coincidiram com o ensaio sobre o criminoso da guerra nazista, Adolph Eichmann, em Israel, e com a publicação do controverso mas importante livro sobre o assunto, de Hannah Arendt, *Eichmann in Jerusalem*.[48] Arendt insistia que Eichmann e os de sua classe não eram monstros ou aberrações de qualquer natureza. Em vez disso, afirmava ela, eram burocratas relativamente comuns que assassinavam judeus, não porque eles fossem totalmente antissemitas, mas porque executavam o que deviam fazer – cumpriam ordens. Daí surgir a conhecida frase de Arendt, "a Banalidade do Mal".

Os experimentos de Milgram foram amplamente abordados na literatura científica da área social; e há um filme que os demonstra, à medida que eram efetivamente realizados.[49] Descreverei aqui seu trabalho – realizado inicialmente na Yale University, mas ocasionalmente repetido em diversos locais e envolvendo mais de mil participantes – apenas de forma resumida.[50]

A configuração era simples. Duas pessoas vinham ao laboratório para participar do que, supostamente, era um estudo da memória e aprendizagem. Uma delas era designada como "professor" e a outra era o "aprendiz". O experimentador adequadamente vestido para a ocasião, com um jaleco, descrevia o estudo que, ostensivamente, versava sobre a punição na aprendizagem. Em seguida, o aprendiz era conduzido a uma sala e se sentava em uma cadeira. Seus braços eram amarrados para impedir a movimentação excessiva, e um eletrodo era afixado a seu pulso. Ele era instruído a memorizar uma lista de pares de palavras e, sempre que cometesse um erro, receberia choques elétricos de intensidade crescente.

Entretanto, o verdadeiro foco do experimento era o professor. Após observar o aprendiz sendo amarrado no lugar, o professor era conduzido a uma sala e se sentava diante de um grande gerador de choques. Ele recebia a informação de que as 13 chaves à sua frente, sobre as quais teria controle total, poderiam infligir ao aprendiz choques de intensidade crescente, até 450 volts. O que o professor não sabia era que, na verdade, o aprendiz era um ator e que não receberia quaisquer choques. Segundo Milgram, o objetivo do experimento era "constatar até onde uma pessoa prosseguiria em uma situação real e mensurável, em que recebesse ordens para infligir uma dor cada vez maior sobre uma vítima que reclamava".[51] Em outras palavras, até que ponto, se é que ocorreria, as pessoas seguiriam os princípios de sua consciência e desafiariam o homem em posição de autoridade, o experimentador?

Os resultados dos experimentos de Milgram chegaram às raias do absurdo. Nenhuma das pessoas se recusou a administrar choques. E uma grande proporção delas desejou administrar o último choque no gerador, apesar do que estava ouvindo se passar na outra sala, com os supostos aprendizes, que gritavam de dor e desconforto cada vez mais alto e terminavam finalmente com gritos agonizantes ou em um silêncio mortal. Certamente, os choques não eram aplicados com leveza. Muitas das pessoas experimentaram um intenso conflito entre querer sair e querer continuar, só porque o experimentador as estava incentivando a fazer. A despeito disso, ficou terrivelmente claro que, em "certas" circunstâncias, somente alguns de nós põem em prática o que é necessário para desafiar a autoridade. Para Milgram, isso significava que as "pessoas comuns, ao executarem suas funções e sem qualquer hostilidade de sua parte, podem tornar-se agentes em um processo terrivelmente destrutivo".[52]

Sabemos hoje em dia que, em circunstâncias comuns, os seguidores tendem a obedecer a seus líderes. O que se divulgou como resultado dos experimentos de Milgram é que, em circunstâncias *extraordinárias*, os seguidores costumam obedecer às ordens de seus líderes – até mesmo quando consideram essas ordens mal disfarçadas ou moralmente erradas. Como resultado de outros estudos com abordagens semelhantes – como o conhecido Experimento da Prisão de Stanford, realizado em 1971 por Philip Zimbardo, em que, no prazo de alguns dias, alguns estudantes universitários se tornavam guardas violentos, enquanto outros se transformavam em prisioneiros fracos e desistentes –, sabemos que padrões perfeitamente naturais de domínio e polidez podem ser muito desestimulantes. Em resumo, aprendemos que determinados cenários sociais, de Auschwitz a Abu Ghraib, contaminam superiores e subordinados.[53]

Os tempos mudam

Antes e depois da Segunda Guerra Mundial, a pergunta mais importante no campo de liderança e gerenciamento era: como os superiores podem obrigar os subordinados a fazerem o que eles querem? Embora se tenha afastado dos modelos hierárquicos que pressupõem comando e controle, o próprio campo da liderança ainda permanece empacado nos líderes.

Mas no mundo real, fora da academia e do campo da liderança, existem sinais de mudança – Zbigniew Brzezinski faz referência a um "despertar político global" – tão importantes que interessados no assunto não têm escolha, a não ser prestar atenção.[54] *A verdade é que os seguidores estão conquistando poder e influência, enquanto os líderes estão perdendo poder e influência.* Isso nos leva a um questionamento: o que dizer desse momento no tempo que favorece os que ocupam posição mais inferior na hierarquia, em relação aos superiores? Antes de abordar essa questão, o que acontecerá no próximo capítulo, examine alguns exemplos do que tenho em mente.

O primeiro vem de Israel. A segunda intifada* – mais uma onda no ciclo de violência entre os israelenses e os palestinos – começou em setembro de 2000. Uma de suas características foi a utilização de homens-bomba suicidas pelos palestinos contra os israelenses, ao que os israelenses responderam, adotando "atentados contra alvos específicos", para eliminar os líderes mais atuantes em West Bank e na Faixa de Gaza. Embora as forças armadas israelenses tenham realizado esses ataques sem qualquer repercussão, em 2002 houve um incidente

---

Nota da Tradutora: Revolta popular palestina contra a ocupação israelense, iniciada em 1967.

que acionou a revolta popular. Um avião da Força Aérea Israelense lançou uma bomba de 1 tonelada sobre a residência de um alvo específico, matando o alvo, sua família e alguns vizinhos também. Ao todo, morreram 14 palestinos no ataque, oito dos quais eram crianças.

Na esteira das vítimas civis e em resposta às condenações públicas, o chefe da Força Aérea Israelense, general Dan Halutz, defendeu publicamente seus pilotos. Durante uma entrevista, ele se dirigiu a seus homens: "Sua execução foi perfeita. Soberba... Vocês fizeram exatamente o que foram instruídos a fazer."[55] Entretanto, ainda que bem-intencionados, os comentários de Halutz foram considerados uma crueldade e uma resposta arrogante ao que os americanos chamam de "danos colaterais". Então, depois de outro incidente semelhante, no qual morreram outros civis inocentes, 27 pilotos da Força Aérea Israelense deram um basta. Eles chegaram à conclusão de que, como os atentados contra alvos específicos eram imprecisos, esses ataques deveriam ser considerados "imorais e ilegais".

Os pilotos israelenses são especiais, no sentido de que fazem parte de uma rigorosa hierarquia militar: espera-se que obedeçam às ordens de seus superiores, principalmente em tempos de crise. Mas em resposta aos atentados colaterais, os 27 pilotos deram uma "declaração moral", direcionada para Halutz e com a finalidade de dar um fim na "transformação dos pilotos em máquinas controladas e em ações criminosas". Além disso, usaram a mídia para se justificar para as pessoas, afirmando sua profunda lealdade ao Estado de Israel e declarando, ao mesmo tempo, que não "prejudicariam civis inocentes", nem cumpririam ordens que fossem "flagrantemente ilegais".

A resposta era previsível. As forças armadas defenderam furiosamente sua posição. Os ativistas de esquerda apoiaram os pilotos e os políticos de direita os condenaram. Entretanto, para essa resposta da direita, houve uma exceção gritante: o primeiro-ministro Ariel Sharon.

Em hipótese alguma, Sharon concedeu aos pilotos sua bênção. Na verdade, ele considerou a resistência dos pilotos "um assunto muito grave". Além disso, não demorou muito para que alguns deles pagassem um alto preço por violarem as regras, incluindo a expulsão das Forças Armadas por se recusarem a obedecer às ordens de participar de outros atentados. Contudo, ao longo do tempo, os 27 pilotos exerceram um impacto muito maior do que poderiam supor. Embora seja impossível afirmar com exatidão o que determinou a decisão surpreendente de Sharon, vários meses depois de se desligar de Gaza, em meados do verão de 2005, parece que ocorreu uma associação com o fato. Ao explicar por que Sharon voltou atrás definitivamente em uma política que ele comandava há muito tempo, um de seus conselheiros mais próximos, Dov Weisglass, disse que, em meio ao outono de 2003, Sharon considerou Israel um "marasmo". A economia estava estagnada e as relações com os palestinos continuavam se deteriorando. Então, continuou Weisglass, "choveram cartas dos oficiais, cartas dos pilotos e cartas dos comandos". Esses homens não eram "crianças esquisitas com rabos de cavalo verdes e um aro em seus narizes, que deixassem um cheiro forte de grama". Em vez disso, eram a "mais fina nata da juventude" de Israel, jovens que haviam alcançado um ponto de ruptura.[56] Ou seja, ao se recusarem a continuar, e adotando táticas inteligentes, como permanecer unidos, ir a público e apresentar uma justificativa baseada em princípios morais, aqueles subordinados afetaram seus superiores.

Evidentemente, seguidores que quebram a hierarquia são raros – a maioria atende aos desejos e intenções de seus líderes. Mas essa história peculiar tem sua simbologia e consubstancia uma das reivindicações que faço neste livro: *em geral, aqueles que não possuem fontes óbvias de poder, autoridade e influência não são inúteis. Muitos podem encontrar (e realmente encontram) maneiras de serem ouvidos.*

Eis alguns outros exemplos que indicam a mudança dos tempos nos Estados Unidos. O primeiro é a história do que aconteceu nas cerimônias de formatura de 2006 dos alunos da New School. Uma minoria protestava furiosamente contra o fato de o senador John McCain ser o orador oficial, principalmente devido a seu apoio à Guerra do Iraque. Entretanto, quem mais os desagradava não era o McCain, mas o presidente da New School, Bob Kerrey, que cometeu o abuso de escolher McCain sem consultá-los. Segundo um dos estudantes, "aquele convite havia sido uma decisão aleatória de cima para baixo, que não considerou os desejos e interesses do corpo dicente em uma ocasião que supostamente deveria ser uma homenagem a todos os presentes".[57] O protesto desse aluno foi pouco expressivo diante do que acontecia, praticamente ao mesmo tempo, na Gallaudet University. Muitos meses de tumultos no campus, iniciados por estudantes, mas que não se restringiram somente a eles, finalmente obrigaram os membros da diretoria da universidade a retirar sua escolha de um novo presidente, que era fortemente desaprovado por eles. Embora existissem alguns estudantes e professores no comitê de pesquisa, eles afirmaram que foram totalmente ignorados. Então, foram favoráveis a brigar até o fim, até reverter a decisão da diretoria. Houve um desafio – e a diretoria voltou atrás.

Há também aquela história do que aconteceu em 2007 com o apresentador de um programa de entrevistas ou, se vocês preferirem, o comentarista de rádio ofensivo, Don Imus. Ele sempre fora provocador, mas, naquela ocasião específica, provocou mais do que habitualmente. Ao se referir ao time de basquete feminino de Rutgers como "prostitutas de cabelo ruim", ofendeu praticamente todas as pessoas, as mulheres e principalmente os afro-americanos. Mesmo assim, durante alguns dias, nada mais veio à baila. Parecia que seu comentário passara despercebido e certamente impune. Mas a maré mudou. No decorrer de mais alguns dias, depois que o vídeo e a transcrição foram colocados na Web e exibidos muitas e muitas e muitas vezes, depois que uma enxurrada de e-mails foi enviada a várias centenas de repórteres, e depois que os blogueiros começaram a discutir o assunto, o "incêndio digital" não pôde mais ser contido.[58] Apesar de seus pedidos de desculpa, Imus se submeteu a um ataque incansável – por multidões de pessoas com bem menos poder e influência do que ele. Os funcionários da NBC, que repentinamente se enraiveceram e falavam sem parar, lideraram o movimento para "derrubar Don". De acordo com um dos executivos da NBC News, "fomos às ruas e geramos diversidade em nossas salas de imprensa, e autorizamos os funcionários a dizerem o que pensavam. E eles estão nos dizendo".[59]

Evidentemente, Don Imus não era um líder na acepção convencional da palavra. Mas era um líder de opinião e, de acordo com a *Newsweek*, "uma das mais expressivas potencialidades da mídia da época". Entretanto, todos aqueles que queriam derrubá-lo chegaram juntos, de várias maneiras – literalmente, virtualmente –, de modo a não permitir aos empregadores de Imus outra possibilidade, exceto se livrarem dele imediatamente. Moral da história? "No passado, ele certamente teria segurado a barra, mas em 2007, os tempos são outros."[60]

Finalmente, chegou o tempo em que os "gafanhotos gritaram e um plano de imigração foi derrubado".[61] Monique Thibodeaux foi um exemplo de cidadã comum que se uniu a inúmeros outros cidadãos comuns para suspender, ainda que temporariamente, um projeto de lei de imigração tão controverso que levou legiões de eleitores irados a tomarem partido, de alguma maneira. Gerente administrativa em uma empresa de guincho no subúrbio de Detroit, Thibodeaux e muitos milhares de semelhantes decidiram participar em 2007. Então, telefonaram e enviaram mensagens de e-mail para os senadores em todo o país – e insistiam para que seus amigos fizessem o mesmo. A ideia de que 12 milhões de imigrantes ilegais poderiam conseguir cidadania foi suficiente para detonar o que o *The New York Times* chamou de "uma rebelião furiosa entre muitos eleitores republicanos e até democráticos, unidos pela Internet e incentivados por apresentadores de programas de entrevistas em estações de rádios". Grupos de apoio também fizeram sua parte. Alguns grupos, como o NumbersUSA, incentivaram e organizaram seus eleitorados, e conseguiram inscrever sete mil novos membros em uma única semana. Pelo seu lado, o Grassfire.org, um grupo conservador da Internet, convocou voluntários para uma campanha de abaixo-assinado e ensinou a todos os interessados como atacar os legisladores com ligações telefônicas e e-mails. A consequência dessa ofensiva incansável foi a derrubada de um projeto elaborado de qualquer maneira, com grande dificuldade.

O fato de algumas dessas mesmas pessoas e grupos voltarem atrás posteriormente, conseguindo ressuscitar uma medida já declarada morta, enfatiza ainda mais a questão: o poder do povo tem condições de ser maior do que nunca. Em alguns dias, o povo consegue praticamente sozinho mudar as coisas. Seja qual for o caso, existe uma noção crescente de elegibilidade, um entendimento cada vez maior de que a liderança deve ser realmente "distribuída". Consequentemente, há uma correlação inevitável: os líderes atualmente mais vulneráveis a serem manipulados em qualquer direção.

Em nenhum outro lugar isso se evidencia mais do que no setor corporativo americano. Em 2005, a *BusinessWeek* publicou uma matéria de capa que discutia o assunto. Intitulada "The Boss on the Sidelines: How Auditors, Directors, and Lawyers Are Asserting Their Power", o texto versava sobre o modo como os parceiros diferentes do CEO "estão mais poderosos do que nunca". Antigamente, enquanto membros de diretorias, por exemplo, exerciam seu poder como fiscalizadores somente em momentos de crise, hoje em dia o sistema mudou. Atualmente, "a camaradagem e as brincadeiras" do passado deram lugar a uma "atitude mais contraditória" que, por sua vez, tem conduzido à derrubada dos principais líderes corporativos, como o CEO Franklin Raines, da Fannie Mae, o CEO da Boeing, Harry Stonecipher, o CEO da Pfizer, Hank McKinnell, e o lendário titã da AIG, Maurice "Hank" Greenberg. Evidentemente, hoje, profissionais como auditores, diretores e advogados não são os únicos a se introduzir como diretores-executivos. Os acionistas também se tornaram mais avessos ao controle, ameaçando, assim, os líderes corporativos, que, em outros tempos, ficariam praticamente imunes às suas preferências. Como consequência, embora os CEOs continuem responsáveis, seu poder diminuiu. De acordo com a *BusinessWeek*, a era do monarca corporativo acabou.[62] Não surpreende que, por motivos voluntários ou não, a rotatividade de CEOs tenha batido um recorde histórico.[63] Na verdade, uma estimativa efetuada em 2007 prevê que quase a metade das empresas americanas terá um novo CEO nos próximos quatro anos.[64]

Além disso, a impressão de que os executivos estão cada vez mais sitiados transcende o órgão de gestão. Os líderes e gerentes de todos os níveis estão sendo direcionados pelas pessoas a seu redor, acima e abaixo deles. "A concorrência acirrada global, legisladores mais diligentes, quadros de diretores cada vez mais atuantes e investidores exigentes se uniram para criar um ambiente no qual as novas contratações devem apresentar resultados praticamente a partir do primeiro dia."[65] Os líderes e gerentes estão vulneráveis até mesmo quando o pecado por eles cometido era considerado, anos atrás, apenas mais um passo errado. O diretor-executivo da Home Box Office, Chris Albrecht, foi obrigado a renunciar três dias depois de ser acusado de atacar violentamente sua namorada em um estacionamento de Las Vegas. Todd S. Thomson, o chefe do grupo de gerenciamento global da fortuna do Citigroup, foi obrigado a se afastar por questões associadas a seu relacionamento com a âncora da CNBC, Maria Bartiromo. E a Wal-Mart demitiu Julie Roehm, sua executiva de marketing mais poderosa, por conta de alegações de que ela aceitara presentes de agências e mantinha um caso com um colaborador.[66] Desse modo, eis o que acontece: essa posição não é mais protegida, ou pelo menos não tanto quanto era antigamente.

O erro de atribuição do líder explica o motivo pelo qual acreditamos que os líderes têm importância e os seguidores não. Mas as explicações podem ser plausíveis sem serem necessariamente exatas. Como já vimos, no mundo real, os seguidores causam impacto se o papel por eles desempenhado for uma função de apoio, ou se quebrarem a hierarquia, ou até se não fizerem nada. Por essa razão simples, refletir sobre liderança sem considerar subordinação é não apenas uma coisa confusa, como também equivocada.

CAPÍTULO 2

Fatos

CHEGOU A VEZ do seguidor. Isso não significa que, ao longo da história da humanidade, os que não tinham poder, autoridade e influência não tenham feito sua parte. Algumas mudanças foram realmente geradas por pessoas em funções subordinadas, e não em cargos superiores. Mesmo assim, o século XXI está destinado a ser diferente. No lugar dos líderes atraindo os *flashes*, os seguidores falarão muito mais e com mais frequência do que antes.

Mas as coisas mudam. Ocorreu uma progressão histórica do passado, quando a teoria do "grande homem" geralmente se aplicava, até hoje em dia, época em que os líderes têm menos capacidade de controle total do que tinham anteriormente. No Oeste, pelo menos, as ideias do Iluminismo; as Revoluções Americana e Francesa; as reivindicações no século XIX das pessoas em posições inferiores, no sentido de receberem tratamento melhor de seus superiores, principalmente por parte dos trabalhadores; e, nos Estados Unidos, as demandas no século XX por direitos iguais por parte dos afro-americanos, americanos nativos, mulheres e, mais recentemente, de gays e lésbicas, constituem uma trajetória constatada. Em diferentes ocasiões, diferentes pessoas com menos possibilidade de tudo exigiram igualdade de direitos em relação às que possuíam mais.

Isso não significa negar o óbvio: sempre existiu e sempre existirá uma divisão entre as pessoas que não são pobres e as que são pobres, entre os que dispõem de recursos, como poder e dinheiro, e os que não os possuem. Mas agora os que não são pobres estão mais vulneráveis – principalmente os líderes. Enquanto, antigamente, as vantagens que tinham eram, em geral, mais seguras e protegidas, atualmente não passam de vantagens não confiáveis, com mais probabilidade de lhes serem tomadas. Os líderes das indústrias são rigorosamente monitorados e constantemente investigados. E adversários políticos, presidentes e primeiros-ministros são incansavelmente examinados, resistem cada vez mais e até são facilmente ameaçados por alguns terroristas com explosivos. Por mais que se esforcem, até os membros da todo-poderosa classe dominante da China não conseguem conter totalmente os *bloggers* que os têm desafiado de maneiras inimagináveis, há mais de uma década. Essa relação instável entre supostos líderes e seus supostos seguidores chama nossa atenção agora.

Novos e diferentes

Os seguidores tiveram um despertar crescente nos anos 1960. Por quê? Porque, ao longo do último meio século, ocorreram duas grandes mudanças, ambas favorecendo aqueles que ocupam posições inferiores na hierarquia, em relação àqueles em cargos superiores.[1]

O mundo gerado nos anos 1960

Cerca de três décadas depois do levante sociopolítico do final dos anos 1960 e início dos anos 1970, Todd Gitlin observou que todos os americanos de direita ou de esquerda ainda pisavam em solo preparado naquela época. Na realidade, atualmente, negligenciamos muitas atitudes e comportamentos associados, em princípio, à contracultura. Simbolizado superficialmente pelos detalhes contados – temos ainda os rancheiros de rabo de cavalo e suas matronas usando jeans –, é difícil apontar um impacto maior do que o ocorrido naqueles anos. Mais especificamente, os ativistas políticos colocaram um fim na Guerra do Vietnã; e, com o passar do tempo, também asseguraram mudanças importantes na vida dos afro-americanos, das mulheres e dos gays e lésbicas.[2] Em termos gerais, os anos 1960 e 1970 reforçaram o individualismo descontrolado que Tocqueville descrevera, mais de 100 anos antes. Gitlin comentou sobre o legado desse período: "Hoje em dia, em toda frente política e cultural, a questão não é se a autoridade deve ser questionada, mas, sim, qual autoridade deve ser questionada."[3] Isso faz lembrar muito Tocqueville, em sua citação anterior: "Há uma aversão generalizada por aceitar a palavra do homem como prova de qualquer coisa."

A desordem sociopolítica dos anos 1960 e 1970 não foi nada mais do que inclusiva. No início, os protestantes marchavam por direitos civis e contra a Guerra no Vietnã. Mas logo ocorreram outras iniciativas que evidenciaram a ousada demanda por mudança – e uma resistência cada vez maior à autoridade. No início dos anos 1970, os funcionários da General Motors em Lordstown, Ohio, membros do sindicato americano UAW (United Auto Workers), uniram-se em uma espécie de guerrilha, com o objetivo de reduzir a produção e se opor ao que interpretavam como gerenciamento por terror.[4] Em meados dos anos 1970, a recém-formada Aliança de Clamshell partiu para uma desobediência civil em massa, opondo-se à construção de uma usina de energia nuclear nos arredores de Seabrook, New Hampshire.[5] No final dos anos 1970, em Filadélfia, um jovem e dinâmico camelô e legislador do estado, chamado Milton Street, levou a Comissão Ad Hoc sobre Habitação e Revitalização da Vizinhança (Ad Hoc Committee on Housing and Neighborhood Revitalization) a lutar por moradias dignas, organizando, em parte, os bem orquestrados transtornos das reuniões na Prefeitura.[6] É evidente que algumas dessas iniciativas tiveram seus líderes – Street, por exemplo – no significado amplo desse termo. Mas esses líderes não eram pessoas em posição de autoridade; na verdade, até então, eram seguidores. Ou seja, independentemente de qual tenha sido o ímpeto para a mudança, ele veio de baixo para cima, e não de cima para baixo.

Presumivelmente, nos *campi* universitários em toda a América, essas mudanças tiveram sua expressão máxima. O que alguns consideram "o ataque" na universidade começou em 1964, com a rebelião estudantil no campus de Berkeley da University of California. Berkeley foi seguida por Columbia em 1968, Harvard e Cornell em 1969, e pelas universidades estaduais de Yale e Kent, em 1970. Na verdade, "durante esse mesmo período, cerca de 300 universidades se tornaram cenários de levantes estudantis, tomadas de prédios, greves, motins e outras formas de comportamentos rebeldes". Evidentemente, os protestos estudantis não chegaram a ser uma novidade. Mas a diferença entre esses esforços e as antigas ocorrências é o fato de que os distúrbios atuais procediam da própria universidade e enfrentaram pouquíssima resistência por parte dos mestres e administradores.[7]

Para a satisfação de alguns e decepção de outros, as instituições americanas de ensino superior nunca mais seriam as mesmas. Os antigos procedimentos – por exemplo, estudantes acatando o corpo docente sem questionar – já não existem mais. Além disso, as concepções do que constituía um currículo adequado foram democratizadas, o que alguns consideraram um erro; e políticas, como medidas afirmativas, transformaram a própria noção de quem deve estar certamente na faculdade. Por último, foi enraizada a ideia do campus como um local adequado a protestos. Embora a primeira década do século XXI não seja conhecida por um amplo ativismo estudantil, na realidade mais da metade da classe de formandos de 2006, da Columbia University, informou que já havia participado de um ou outro protesto ao longo de seu período na faculdade.[8]

A mais recente revolução cultural não surgiu do nada, não mais do que as que a precederam. A história da esquerda americana tem sido cíclica: períodos de próspero ativismo geralmente seguidos por períodos em que a atividade de protesto era quase invisível.[9] Além disso, a despeito dos partidários da igualdade e do fortalecimento de suas mensagens, os anos 1960 e 1970 deixaram um legado que foi contestado durante anos. Críticos notáveis, como Harvey Mansfield, consideraram os tumultos e as mudanças resultantes – a revolução sexual entre elas – "um grande desastre para a América".[10] Mais genericamente, a revolução acionou uma contrarrevolução. Ou seja, no início do movimento conservador moderno, foi uma simples reação aos tempos inquietantes, imediatamente anteriores.

Ainda assim, independentemente das controvérsias, os analistas dos anos 1960 e 1970 concordam que participaram da luta pelos ideais de liberdade e igualdade com uma força raramente constatada anteriormente, e que não ressurgiu desde então.[11] Além disso, as diversas contestações à ordem existente eram tão propagadas e tão persuasivas que simplesmente era impossível voltar ao *status quo* anterior. Isso não quer dizer que tenha mudado radicalmente o relacionamento entre os que têm e não têm poder, autoridade e influência. Mas era uma época em que o campo de ação foi relativamente nivelado. E foi um tempo em que, fossem quais fossem os problemas, a obediência à autoridade não estava incluída entre eles, pelo menos não no Oeste.

A revolução da informação

Harlan Cleveland, especialista em liderança e gerenciamento, foi um dos primeiros a examinar a ligação existente entre liderar e gerenciar, por um lado, e a revolução da informação, por outro. Em um panfleto publicado em 1997, ele conseguiu prever até onde o poder seria mais difuso, como consequência dos "computadores cada vez mais velozes e das telecomunicações cada vez mais confiáveis". Mais precisamente, o poder passaria, aos poucos, dos líderes para os seguidores.[12]

Cleveland discerniu que a informação, não as coisas, se tornara o recurso mais poderoso do mundo. Mas, ao contrário dos itens palpáveis – a terra, por exemplo –, é impossível amontoar a informação. Ela se expande, à medida que vai sendo utilizada. É facilmente transportada. É transparente. E vaza – quanto mais a temos, maior a quantidade de pessoas que a possuem. Examine a seguir, de acordo com Cleveland, apenas algumas das implicações da revolução da informação, especificamente no que diz respeito aos líderes e seguidores.

- Ninguém em lugar algum será totalmente responsável por coisa alguma.
- A diversidade mudará nossa concepção de quem pode e deve liderar.
- Os clamores das maiorias desfavorecidas no mundo todo não serão mais tão facilmente ignorados.
- Os seguidores em toda parte "terão acesso às respostas da política, antes mesmo de seus líderes".

Cleveland estava convencido de que o poder do povo tornara-se mais importante do que nunca, devido, em parte, ao que aconteceu depois do colapso da União Soviética. "Olhe ao redor do mundo" – escreveu ele. "Naquelas revoluções surpreendentemente pacíficas a partir de 1989, foram movidas multidões impacientes na Europa e Ásia... divulgando rapidamente informações sobre os vizinhos que, obviamente, estavam recebendo produtos e serviços, mais justiça ao distribuí-los, e garantias mais firmes de direitos humanos, do que seus próprios chefes e planejadores supostamente poderiam oferecer". Acontecia, Cleveland concluiu com destaque em negrito, "a disseminação do conhecimento", que permitirá que os seguidores desempenhem uma função muito mais poderosa, no futuro, do que era possível antigamente.[13]

Cleveland baseava-se em uma distinção feita por Peter Drucker em 1966, entre o que ele chamava de "profissionais de mão de obra" e "profissionais do conhecimento".[14] Os profissionais de mão de obra representam aquele tipo antigo. Trabalham com as próprias mãos e produzem "coisas". Ao contrário, os profissionais do conhecimento são novos e diferentes. Trabalham com as respectivas cabeças e geram ideias e informações que, por sua vez, geram uma modalidade totalmente nova de economia: a economia do conhecimento. Atendendo a nossos objetivos, o principal aspecto é que, nas economias do conhecimento, a competência pode superar (e, em geral, isso ocorre) a posição, indicando quem realmente está liderando e quem realmente está obedecendo. Para os superiores e seus subordinados, a importância da competência e da perícia muda não somente a dinâmica existente entre eles, como também nossa concepção do que efetivamente significa liderar e obedecer.

Devo fazer um esclarecimento: a importância da revolução da informação não supera a importância das mudanças das gerações dos anos 1960 e 1970. Em vez disso, a segunda se apoia na primeira, de modo que até agora, e adentrando o século XXI, as relações de poder são realmente diferentes – os líderes são um pouco menos poderosos e os seguidores, um pouco mais.

A Internet, principalmente, mudou a dinâmica entre aqueles que estão em posição de poder e autoridade e os que não estão. Há comprovações disso em todo lugar – por exemplo, no ensino superior, onde o e-mail otimizou ainda mais as relações entre os alunos e seus professores. Não faz muito tempo, o aluno só se aproximava de um mestre em situações especiais. Entretanto, hoje em dia, até mesmo os mais formidáveis instrutores se encontram a apenas um toque de tecla de distância – e podem ser contatados a qualquer instante.[15]

No reino mais abrangente das informações e ideias, a imagem que tínhamos do especialista individual, como uma figura de autoridade, está se tornando igualmente antiquada. Em seu lugar, está se fixando o que James Surowiecki chamou de "sabedoria das multidões", a ideia de que muitos são mais inteligentes do que poucos. Trata-se de um conhecimento coletivo, e não individual, afirma Surowiecki, que atualmente "amolda os negócios, as economias, sociedades e as nações".[16] Por exemplo, para aproveitar nossa inteligência coletiva, a Wikipedia, a enciclopédia on-line considerada a melhor do mundo, convoca todas as pessoas a contribuir.[17]

Da mesma forma, os *bloggers* estão fazendo uma diferença muito maior do que poderíamos esperar, alguns anos atrás. E estão se multiplicando rapidamente: são criados todos os dias cerca de 120 mil novos blogs na Web, e o número de blogs já ultrapassa os 70 milhões.[18] Em consequência, os líderes ao redor do mundo e em todos setores são obrigados a jogar no ataque e defesa, simultaneamente. "Os CEOs das 50 maiores empresas do mundo estão praticamente escondidos atrás de suas mesas, apavorados com os boatos veiculados na Internet", afirma um dos mais importantes gerentes de crise.[19] Além disso, como destaca a *BusinessWeek*, a maioria das empresas está totalmente despreparada para lidar com a nova sordidez on-line. "É preocupante que a Web chegue a ser o principal meio publicitário – e canal de reputação – de nossa era."[20]

Veja um exemplo: os protestos por e-mail são considerados uma "nova força na publicidade", o que, por sua vez, pode pressionar até o mais complacente dos CEOs a bater em retirada.[21] Um alvo recente foi a Dolce & Gabbana. A casa de alta moda veiculou um anúncio impresso mostrando um homem de peito nu prendendo ao chão uma mulher glamourosamente vestida, pelos pulsos, enquanto outros três homens observavam. O anúncio recebeu muitas críticas de consumidores em vários países, inclusive nos Estados Unidos e na Itália, e alguns meses depois, a Dolce & Gabbana decidiu retirá-lo de circulação. É evidente que os consumidores não são seguidores, no sentido habitual da palavra. Mas, nos dias atuais, podemos formar um grupo de defesa, habilitado pela Internet, para exercer poder e influência. Na verdade, os grupos de defesa e de interesses de todos os tipos "são craques em utilizar a Web para mobilizar consumidores ou membros de grupos a tomarem uma atitude, como uma maneira de levantarem suas questões ou pontos de vista".

A Web ameaça as grandes empresas de outros modos também. Antigamente, as grandes empresas podiam *bancar* as grandes inovações, e colhiam os benefícios do aumento da eficiência, das vendas e expansões para mercados distantes. Mas, atualmente, esse padrão está sendo contestado pela segunda onda de tecnologias da Internet. "Isso significa um nivelamento de custos que coloca as pequenas empresas em igualdade de condições com as grandes, facilitando ainda mais a inovação, o impacto dos setores e até o rápido crescimento."[22]

Evidentemente, a revolução da informação impactou tanto o setor público quanto o privado. Examine a tendência em apenas dois países: China e Estados Unidos.

Embora os executivos da Yahoo!, Google, Microsoft e Cisco tenham sido severamente criticados nos últimos anos, por cooperar com as autoridades chinesas na tentativa de reprimir os dissidentes políticos, é impossível para o estado, seja qual for o caso, guardar todas as informações que eles pretendem controlar.[23] Até o momento, a Internet é extremamente grande e complexa. Na realidade, na China, a Web assumiu, até certo ponto, a função de investigação desempenhada pela mídia nos países com mais liberdade de expressão.[24]

Certamente, o governo chinês se empenha em seus esforços de supressão: ele emprega algo entre 30 e 50 mil pessoas para policiar a Internet, e todas as pessoas na China que têm acesso pessoal à Internet são obrigadas a cadastrar seu nome e telefone. Além disso, o governo puniu com até 10 anos de prisão alguns dos mais notáveis dissidentes cibernéticos (ciberdissidentes).[25] Mesmo assim, não obstante as pressões, os chineses especialistas usam software proxy para entrar nos sites proibidos; e os "hackers ativistas", alguns dos quais com sede no exterior, sabem burlar totalmente o sistema. Um desses grupos, o "Freegate", muda constantemente o endereço de seus servidores americanos, para impossibilitar o bloqueio da conexão pelos censores chineses.[26] Seja qual for o caso, os *bloggers* descobrem maneiras de derrubar as barreiras mais rapidamente do que podem ser instauradas. Ao postar uma carta em seu blog da Internet, Zou Tao, um residente de Shenzhen, conseguiu lançar uma ousada campanha popular, com o objetivo de pressionar a queda dos preços de propriedades superaquecidos. Ele chamou a atenção de toda a China, recebeu dezenas de milhares de cartas de apoio e inflamou ainda mais os ressentimentos já existentes contra os corretores ambiciosos e as autoridades locais.[27] Da mesma forma, os *bloggers* foram os primeiros a chamar a atenção para o que, em última análise, se transformou em uma grande história sobre Wu Ping, um "simples proprietário" que "contemplava" as forças dos grandes corretores varrerem toda a China.[28] Moral da história: mensagens de texto, mensagens instantâneas, quadro de boletins da Internet e os *bloggers* individuais dificultam ou até mesmo impossibilitam para as autoridades chinesas o exercício do controle total. A implicação é estarrecedora: aqueles que não possuem fontes oficiais de poder e influência, apesar de tudo isso, já têm acesso a ambos.[29]

O efeito de longo prazo da Internet sobre a política americana é menos óbvio. Entretanto, podemos afirmar o seguinte: desde a campanha de Howard Dean para a presidência, em 2004, que foi a primeira a comprovar para a Constituição o poder da Internet, ocorreu uma transformação. Democratas e republicanos passaram a utilizar muito mais a tecnologia – e-mail, sites interativos da Web, blogs de candidatos e partidos, mensagens de texto – para levantar fundos, juntar multidões e angariar votos, de modo mais eficiente.[30] Nos primeiros meses da campanha presidencial de 2008, Barack Obama tirou o máximo proveito da nova tecnologia, o que explica, em boa parte, por que ele conseguiu desafiar firmemente Hillary Clinton, que, até então, era a provável vencedora. Em abril de 2007, Obama levantara $6,9 milhões através da Internet, comparados com apenas $4 milhões obtidos pela campanha de Clinton.[31] Além disso, de modo geral, Obama se deu muito bem no espaço cibernético. Pouco tempo depois, ele anunciava que já estava concorrendo à presidência; cerca de 48 mil membros do site tremendamente popular de redes de relacionamento, o MySpace, haviam adicionado Obama como um "amigo", contra apenas 35 mil que "receberam amistosamente" Clinton. Embora cifras como essas possam parecer inexpressivas, para os convictos da importância política de longo prazo da Internet, nenhuma tendência da Web, nem mesmo o YouTube, é trivial demais para ser rastreada.[32] Em todos os cenários, a questão é a seguinte: em política, assim como nos negócios, o poder e a influência fluem do centro para a periferia. A Internet, principalmente, contribui menos com os que estão no topo e à frente, e beneficia aqueles que, por um motivo ou outro, decidam usá-los.

Finalmente, a tecnologia é um fenômeno global, abrangendo países e culturas, sem considerar as fronteiras tradicionais de qualquer natureza. Caso em questão: um Davi, com o verdadeiro nome de Amit Srivastava, que trabalha em sua pequena casa, em El Cerrito, Califórnia. Srivastava lidera a Resistência Global (Global Resistance), uma Web internacional de ativistas que desafiaram nada menos do que um Golias chamado Coca-Cola, principalmente quanto às suas operações na Índia. Com recursos mínimos, que abarcavam pouco mais do que um laptop, um fax e um cartão de chamadas telefônicas, Srivastava flagrou uma possível ligação entre a Coca-Cola e a degradação do meio ambiente na Índia – por exemplo, o abastecimento de água. Como consequência principalmente de seus esforços (o site de Srivastava na Web recebe mais de 20 mil visitantes por mês), deve-se à Global Resistance grande parte dos êxitos obtidos. Por sua vez, a Coca-Cola viu-se obrigada a se defender em toda a Índia, nos tribunais e perante o Poder Legislativo.[33] Lá se foi a grande disparidade entre os que têm e não têm poder, autoridade e influência!

Líderes vivendo perigosamente

Na primavera de 2006, surgiu um artigo no *The New York Times*, intitulado "It's Hard out There for a Leader in the West" (As coisas estão difíceis para um líder no Oeste).[34] Ilustrado com grandes fotos em *close* dos rostos do presidente George W. Bush, primeiro-ministro Tony Blair, presidente Jacques Chirac e do primeiro-ministro Silvio Berlusconi, um parecia mais cansado e perturbado do que o outro. Isso não surpreende. O assunto do artigo era o fato de que os líderes ocidentais em toda a parte estavam sofrendo de "fadiga do poder". Diante de históricos operacionais que, na melhor das hipóteses, eram combinados, persistindo problemas com solução quase impossível, e uma série de escândalos desconcertantes, esses líderes não encontraram consolo óbvio. Acima de tudo, nenhum dos quatro era particularmente adorado ou muito respeitado. A despeito dos diversos sinais evidenciados – taxas de aprovação em declínio acentuado, uma sequência de derrotas humilhantes, protestos que levaram centenas de milhares de pessoas às ruas –, eles não eram positivos.

Até certo ponto, a reação do público resultava de eventos além do controle de qualquer pessoa. Bush passou por duas descomposturas, a primeira com Osama e, depois, com o Katrina. Blair enfrentou a terrível consequência de sua aliança com a administração Bush, que cometia um erro após o outro. Chirac herdou o problema dos jovens incansáveis, nos subúrbios de imigrantes da França e em suas grandes cidades. E Berlusconi também enfrentou um problema que não foi, pelo menos não totalmente, provocado por ele: o baixo desempenho da economia italiana.

Ao mesmo tempo, cada um dos quatro líderes também passou por seus apuros. A rigidez pessoal de Bush e, no mínimo, sua incompetência intermitente geraram duas situações muito complicadas – a Guerra no Iraque e as consequências do furacão Katrina – e ainda piores. A lealdade inabalável de Blair a um homem (Bush) e a uma causa (a Guerra no Iraque) sugeria insensibilidade, pelo menos até onde dizia respeito aos próprios constituintes. Chirac sofreu uma grande derrota política ao submeter desnecessariamente uma constituição preliminar da Europa a um referendo político. E Berlusconi ficou conhecido simplesmente como o homem das mil gafes.

Independentemente das circunstâncias e de quão improdutivos foram todos esses líderes em uma parte do tempo, eles foram situados, simultaneamente, em um contexto mais abrangente – no qual era difícil exercer a liderança – e mais complexo do que costumava ser. Evidentemente, sabemos que nunca foi fácil exercer a liderança, especialmente a liderança democrática. A maioria dos presidentes americanos pode comprovar imediatamente o fato de que nem as quedas nas taxas de aprovação nem as humilhantes derrotas em público eram desconhecidas. Mas o que mudou é a época em que vivemos. Primeiro, os líderes foram desmistificados, em parte pela mídia moderna, que exige água para seu moinho o tempo todo; e, em parte, pela cultura moderna, em que as figuras de autoridade não são mais exaltadas ou sequer respeitadas. Em segundo lugar, porque a linha divisória entre os líderes e os liderados ficou embaçada, e os liderados tomaram coragem.

Essa tendência está presente em toda parte, internamente e no exterior, nos negócios e no governo. Hoje, os líderes de todos os níveis estão mais vulneráveis do que antigamente a forças além de seu controle. E, se eles cometerem um erro ou *derem bobeira*, estarão mais propensos a serem punidos e obrigados a abrir mão de sua posição de poder.

Caso em questão: a saga infeliz do ex-presidente do Banco Mundial, Paul Wolfowitz. Antes de assumir o banco, Wolfowitz foi secretário adjunto da Defesa, subordinado a Donald Rumsfeld, e fortemente associado à decisão do presidente Bush de invadir o Iraque. Considerando sua história e o fato de que muitos funcionários do banco são conhecidos como liberais em suas aprendizagens, Wolfowitz enfrentou um problema desde o início. Ao fazer uma retomada geral, incorporou-se a uma situação já difícil, exibindo um estilo de gerenciamento retraído e imperioso. Como consequência, assim que ficou notório seu envolvimento em discussões sobre promoções e aumentos astronômicos de salário para uma ex-funcionária do banco, uma mulher com quem ele tivera um caso, *sua batata foi assada*. O que tornou a história tão interessante, tão impressionante, foi que, por um lado, encontrava-se Wolfowitz, um líder determinado a se agarrar ao poder apesar do que rapidamente se tornou uma oposição indiscutível; e, por outro lado, havia seus subordinados, homens e mulheres em todos os níveis da organização que se recusavam a ficar calados e se afastaram até Wolfowitz cair fora.[35]

Desde o primeiro dia, os envolvidos no que o *Financial Times* chamou de "rebelião do staff" não deveriam ser remanejados.[36] Quando a história foi divulgada, a World Bank Group Staff Association (Associação de Funcionários do Grupo Banco Mundial) emitiu rapidamente uma declaração exigindo a renúncia de Wolfowitz: "O presidente está ciente de que sua conduta comprometeu a integridade e a eficácia do World Bank Group e abalou a confiança do staff em sua liderança. Ele deve agir com honra e renunciar."[37] Logo em seguida, 40 membros do grupo anticorrupção do banco se apresentaram e declararam que a controvérsia em relação ao comportamento de Wolfowitz estava dificultando, se não impossibilitando, a execução de suas atividades. Eles afirmaram rapidamente perante a diretoria do banco que deveriam ser adotadas "atitudes claras e decisivas para resolver aquela crise", que estava destruindo a "credibilidade do banco e a autoridade de se engajar" na questão da corrupção.[38] Continuavam os ataques procedentes dos níveis inferiores, incluindo também uma repreensão de Wolfowitz por parte do comitê de supervisão mais poderoso do banco e a exigência de renúncia de um de seus dois principais assessores. Finalmente, após seis semanas de ridicularização pública por parte daqueles que supostamente deveriam obedecer a seu líder, Wolfowitz desistiu e concordou, ainda que relutantemente, em renunciar.

Para reiterar, uma parte dessa ocorrência é cíclica. Evidentemente, não é a primeira vez na história da humanidade que aqueles de uma hierarquia inferior destituíram poder, autoridade e influência daqueles posicionados mais acima. Na verdade, em determinados momentos, o tumulto é deflagrado e transcende os grupos, as organizações, e até os Estados-nação. No final do século XVIII, as Revoluções Americana e Francesa, ainda que separadas por um oceano, irromperam em um pouco mais de uma década, uma da outra. Em meados do século XIX, Karl Marx e Friedrich Engels publicaram *O Manifesto Comunista*; e praticamente ao mesmo tempo (ambos apareceram em 1848), Elizabeth Cady Stanton e outros editaram a *Declaration of Sentiments* (A Declaração dos Sentimentos). E, em meados do século XX, surgiram as *Letters from a Birmingham Jail*, de Martin Luther King, exatamente no mesmo ano, 1963, da obra *The Feminine Mystique*, de Betty Friedan. Nesse caso, não houve um conluio. Marx e Engels não tinham qualquer ligação com Stanton, nem King se envolveu com Friedan, em hipótese alguma. Mas, quando mentes brilhantes pensam de modo semelhante, praticamente ao mesmo tempo, isso significa mais do que uma simples coincidência. Em todos esses casos, ocorreu um *Zeitgeist (A marca de uma época)*, uma disposição específica em determinado momento – nesse caso, a insistência de que o poder fosse mais amplamente distribuído.

Embora o século XXI seja basicamente diferente dos que o procederam, ele também é, em alguns aspectos básicos, o mesmo. A questão é sempre a mesma: como exatamente as pessoas com menos poder, autoridade e influência se esmeram em arrancar mais daqueles que têm mais? Essas comodidades são redistribuídas voluntariamente? Ou são sempre tomadas à força, mesmo que somente pela força da opinião pública?

Em geral, os que detêm o poder não desejam dividir com ninguém. Eles querem manter o poder que possuem – entenda-se Paul Wolfowitz. Isso significa que a redistribuição do poder é um processo quase sempre contestado, no qual aqueles com menos poder obrigam, de alguma maneira, aqueles com mais poder a abrir mão de, pelo menos, uma parte. É uma batalha, algumas vezes, mas nem sempre, iniciada e depois liderada por algumas pessoas que desempenham funções importantes. É evidente que King e Friedan tiveram uma participação destacada nos movimentos americanos modernos em prol dos direitos civis e das mulheres, respectivamente. Mas, no início, nenhum deles tinha muito poder ou influência, nem ocupavam uma posição de autoridade mais expressiva. Em vez disso, foi exatamente a predisposição de ambos no sentido de resistir aos mais abastados – brancos e homens, respectivamente – e sua habilidade de motivar outras pessoas a fazerem o mesmo que geraram a mudança ao longo do tempo.

Empresas

Antigamente, os sindicatos trabalhistas enfrentavam as grandes empresas. No final das décadas de 1940 e 1950, por exemplo, diversos líderes das principais corporações americanas não tinham outra escolha, a não ser negociar com seus adversários do sindicato, líderes trabalhistas que defendiam enfaticamente os interesses de sua clientela. Entretanto, de modo geral, os sindicatos não se adaptaram adequadamente à mudança dos tempos, e ficaram para trás. Em 2006, o presidente do então poderoso UAW (United Automobile Workers), Ron Gettelfinger, disse a seus membros que, embora a má gestão e a queda nas vendas de automóveis tivessem contribuído para o declínio do setor automobilístico, eles também contribuíram. Entre outros aspectos, os generosos benefícios de tratamento de saúde, pelos quais o sindicato lutara com tanto empenho, estavam pesando nos custos atualmente considerados "insustentáveis".[39]

Certamente, o movimento trabalhista americano não está moribundo. Alguns dos antigos sindicatos ainda brigam para valer; e existem novos sindicatos, como os representantes dos profissionais de colarinho-branco, que abrangem médicos, engenheiros de usinas nucleares, psicólogos e juízes.[40] Mas, em termos gerais, as grandes contestações contra as grandes empresas procedem atualmente de uma série de stakeholders que antes se contentavam em seguir em frente, mas agora não aguentam mais. Acima de tudo, estão decepcionados com a cultura corporativa, que, desde os anos 1970, tem gerado escândalos e que a partir dessa mesma época, tem tolerado e incentivado a redistribuição do poder e da riqueza de muitos – principalmente trabalhadores e acionistas – para alguns posicionados no topo da hierarquia corporativa.[41] Lee Scott, por exemplo, presidente e CEO da Wal-Mart, tem recebido quase duas mil vezes mais o salário do trabalhador de nível médio dessa mesma empresa.[42]

Ao longo das duas últimas décadas, a maioria dos CEOs tirou proveito da liberdade total de fazer, falar e sentir. Os Conselhos de diretoria eram os preguiçosos mais óbvios e, em geral, deixavam de cumprir o que deveriam: cuidado com o homem (raramente uma mulher) que *manda no pedaço*. Em alguns casos, o problema residia nos membros da diretoria que eram muito *chegados* à diretoria superior. Mas, em outros cenários, era uma total ineficácia. Por exemplo, nas diretorias da Enron e Tyco, "os diretores costumavam se submeter aos executivos da empresa, em vez de desafiá-los". Eles desestimulavam o debate e a discordância, em vez de cultivá-los; embora, em seus próprios mundos, esses diretores tivessem opiniões fortes e conduta honesta, quando se juntavam em uma sala, apresentavam-se de maneira totalmente diferente. Eram gentis e apáticos.[43]

Mas, nos últimos anos, a situação mudou, pelo menos um pouco. Muitos membros de muitas diretorias, que se comportaram em certa época como seguidores, servos de seus líderes, não estão mais predispostos, nem se atrevem mais a desempenhar esse papel. Examine o caso da Conseco, em que os próprios membros da diretoria forçaram o uso de "folhas de resultados" para saber qual eram os verdadeiros rendimentos do CEO. Ou o caso da Integral Systems, em que um membro da diretoria, profundamente ofendido pela política da empresa sobre os salários dos executivos, forneceu aos investidores um rigoroso levantamento com todos os detalhes de seu rosário de reclamações. Ou o caso da Tenet Healthcare, em que um ex-diretor levou a público suas objeções contra o programa de bônus dos executivos da empresa, declarando que esse programa recompensaria o CEO, até mesmo sem "apresentar qualquer melhoria nos resultados".[44] Ou o caso da Boeing, em que, para aumentar ainda mais o constrangimento da empresa, a diretoria demitiu sem cerimônia seu diretor-executivo, Harry Stonecipher, assim que foi divulgado que ele mantinha um caso com uma executiva, em vez de se casar.

Observe que essas atitudes, ainda que semelhantes em sua natureza geral, não representam a obra de um "grande homem", de uma única pessoa encarregada. Em vez disso, resultam de pessoas diferentes em diversos locais tomando decisões diversificadas, mais ou menos ao mesmo tempo, para recusarem a se render. Dezenas de artigos – como os citados a seguir, do *Wall Street Journal*, com título ou subtítulo "Independent Directors Strike Back" e "Move Over CEO – Here Come the Directors", e "What Boards Can Do to Ease Shareholder Anger Over Pay Packages" – atestam o fato de que esse movimento está disseminado e, provavelmente, surtirá impacto sobre o controle corporativo, durante mais algum tempo.[45]

Apresso-me em acrescentar que essas mudanças são tímidas e ainda estão longe demais para transformar todo o sistema. A maioria dos CEOs, principalmente das grandes corporações, continua ganhando quantias astronômicas, a despeito de seu desempenho.[46] E alguns membros de alguns Conselhos continuaram em suas posições, mesmo depois de serem processados e publicamente criticados. Por exemplo, diretores notáveis da Hollinger International, como Henry Kissinger e Richard Perle, permaneceram na diretoria mesmo depois de revelado seu péssimo desempenho, e Perle, em particular, foi acusado de "falta de cumprimento de suas obrigações fiduciárias".[47] Entretanto, é evidente que mais membros de outros Conselhos já estão determinados a fazer a coisa certa. Naturalmente, existem explicações para essa mudança em seus posicionamentos. Alguns têm sido publicamente incitados a tomar uma atitude. Outros, após caírem em si, são realmente ultrajados pelas injustiças sistêmicas. E ainda outros temem ser obrigados a pagar, de alguma maneira, se fracassarem em suas funções. Por exemplo, os acionistas aborrecidos com o pagamento dos executivos se vingavam cada vez mais nos diretores, "negando" seus votos para a reeleição dos membros do Conselho pelos quais eram responsáveis.[48] Às vezes, a ameaça chega a ser pior: os ex-diretores da WorldCom, que, em última análise, tinham de pagar milhões de dólares do próprio bolso para acertar contas com os investidores, são um exemplo do que deve ser evitado. O efeito é o mesmo: líderes na mira.

Acionistas ativistas, um termo que há poucos anos era contraditório, tomou um impulso a ser considerado com mais seriedade. No papel, é claro, os acionistas são os proprietários da corporação pela qual os CEOs são responsáveis, em última análise. Embora teoricamente todos os acionistas devam participar, de modo expressivo, em pelo menos alguns aspectos, do processo de tomada de decisão, na prática, sabe-se que costumam seguir o que outras pessoas, os CEOS principalmente, indicam. Eles fracassaram, inclusive, no levante contra "as eleições ao estilo soviético", que os proibiam de pressionar a renúncia dos diretores, inclusive dos mais competentes. Entretanto, isso já está mudando, mais uma vez por vários motivos, como as inovações tecnológicas que permitem que os acionistas individuais se comuniquem e se unam com muito mais facilidade. Seja qual for o caso, há um surto nas resoluções dos acionistas, e nas empresas que reconhecem que "a direção atual dos ventos" favorece os acionistas que aguentam firme e lutam para ser ouvidos.[49] "Finalmente, os Acionistas Começaram a Agir como Proprietários", anunciou Gretchen Morgenson, colunista de assuntos financeiros do *The New York Times*. Em uma coluna publicada em 2006, ela observou que os acionistas em nada menos do que 140 empresas finalmente exigiam seus direitos de se engajar na eleição dos diretores.[50] As contestações contra o pagamento dos executivos também estão sempre em alta. Antes das reuniões anuais de 2007, os investidores ativistas enviaram propostas de acionistas em cerca de 40 empresas, buscando um voto de aconselhamento sobre o pagamento dos executivos. Os alvos abrangem grandes corporações, como o Citigroup, a Wells Fargo e Northrop Grumman.[51] Na verdade, algumas empresas tomaram a dianteira: a Verizon e Blockbuster estão entre aquelas nas quais já foram aprovadas propostas não obrigatórias para conceder aos acionistas voz ativa sobre o pagamento de executivos.[52]

Quase no final de 2002, depois da sequência de escândalos corporativos e da queda nas carteiras de investimento, as coisas começaram a mudar. A partir de então, o número de contestações dos acionistas contra a diretoria tem aumentado muito, todos os anos. Mas os acionistas já tomaram realmente gosto pelo ativismo. Lembre-se do homem com fantasia de galinha na reunião de 2006 da Home Depot, que ali estava para protestar contra o pacote de pagamentos vergonhosamente altos do então CEO, Robert Nardelli, que presidiu a empresa quando suas ações despencaram 12%. Não chega a ser tão terrível – a menos que você compare com o concorrente executivo da Home Depot na Lowe, cujas ações, no mesmo período, subiram 173%.

Como ficou constatado, o homem vestido de galinha era um entre os vários milhares de acionistas da Home Depot, igualmente ultrajados pela equipe administrativa tecnicamente a seu serviço. Na verdade, eles ainda estavam furiosos, semanas depois da reunião, durante a qual Nardelli não havia autorizado perguntas, nem contagem de votos – reunião essa a que compareceu apenas um dos diretores, o próprio Nardelli. Como consequência de toda a confusão, os membros da equipe da diretoria da Home Depot decidiram que seria melhor reagir. Eles mudaram as normas para a eleição de diretores, liberaram a contagem de votos que tornaram pública a alta porcentagem de acionistas que haviam retirado o apoio de 10 dos 11 diretores. Eles prometeram que, na reunião anual seguinte, permitiriam perguntas, para que mais de um diretor viesse a participar. E o próprio Nardelli se desculpou pelo modo como sua reunião havia sido conduzida. Mas tanto ele quanto sua diretoria estavam sob observação. O que no momento era uma palmadinha corria o risco de se tornar algo mais sério. E foi exatamente isso que aconteceu. Alguns meses depois, em janeiro de 2007, a galinha do Nardelli voltou a seu poleiro. Seu mau hábito de ser autocrático e ineficiente ao mesmo tempo finalmente bastou para sua expulsão.

Devo acrescentar que o ativismo cada vez maior dos acionistas não se restringe somente aos pequenos investidores. Os grandes titulares também estão se comportando de modo diferente, usando seus investimentos para pressionar uma mudança corporativa. Nos anos 1980, contestações desse tipo eram reprimidas a todo custo. Mas atualmente os Conselhos corporativos estão se adaptando à nova realidade – aos investidores ativistas que são suficientemente ricos e poderosos para mudar a cara da América corporativa. O financiador bilionário, Carl Icahn, pressionou a Time Warner a resgatar algumas de suas ações, ainda que relutantemente. O proprietário do Washington Redskins, Daniel Snyder, obrigou a Six Flags, empresa de parques de diversão, a se colocar à venda (após esse evento, ele assumiu a diretoria). Outro investidor muito rico, Nelson Peltz, iniciou um fundo, o Trian, que diligencia o que ele chama de "ativismo operacional".[53] E dois sindicatos trabalhistas, o Indiana Electrical Workers Union (Sindicato de Trabalhadores do Setor de Energia Elétrica de Indiana) e o Service Employees

International Union (Sindicato Internacional de Empregados Prestadores de Serviços), processaram a Hewlett-Packard por fornecer ao ex-CEO, Carly Fiorina, um pacote de indenização trabalhista de $21,4 milhões, que, segundo eles, violava a política da empresa, relacionada ao pagamento de executivos.

Resultado: os diretores executivos, principalmente, estão sendo vigiados como nunca – pela mídia, pelos *bloggers*, pelos próprios Conselhos de diretores, pelos ativistas acionistas e pelos ativistas em geral. Os ativistas em prol dos direitos dos gays obrigaram Bill Gates a repensar a decisão da Microsoft no sentido de apoiar um projeto de lei dos direitos dos homossexuais no Estado de Washington. Os pensionistas da Lucent Technologies, assim como os aposentados de outras empresas, como a Verizon Communications, General Electric e Prudential Financial, se organizaram para pressionar as respectivas empresas a adotar propostas de restrição aos salários dos executivos.

Além disso, existe o longo tentáculo da lei. Os procuradores que, em certa época, tratavam os inquéritos dos colarinhos-brancos como "assuntos delicados" endureceram. Respaldados por leis recém-aprovadas, como a Lei Sarbanes-Oxley, mas principalmente pela opinião pública, ainda atormentada pelos recentes escândalos corporativos, os procuradores transformaram o modo de operação dessas empresas em crime do colarinho-branco. Eles algemavam os réus encaminhados para fichamento, oprimiam as testemunhas e ameaçavam os membros da família. Além disso, ainda há casos não solucionados, apenas com uma fiança ou uma rápida passagem em uma prisão ao estilo "clube campestre". Em vez disso, os réus de colarinho-branco enfrentam décadas de aprisionamento, sentenças que podem impedi-los de serem considerados para permanência em prisões de segurança mínima, e até restritos a confinamento em solitárias.[54] Na verdade, vários ex-CEOs com perfis excepcionais, como Bernard Ebbers e Jeffrey Skilling, apenas para usar dois dos exemplos mais óbvios, podem esperar um pouco mais do que passar a maior parte do resto de sua vida na prisão.

Consequentemente, os líderes de corporações americanas são líderes comuns. Fazendo uma comparação com o que acontecia há uma década, eles são alvos mais fáceis – e nós estamos mais preparados para mirar e atirar.

Governo

Ainda que durante a primeira década do século XXI tenham ocorrido bolsões de resistência e rebelião, como os protestos eventuais em nome de imigrantes ilegais, em geral os americanos têm silenciado. Certamente, há exceções. O genocídio de Darfur, por exemplo, chamou especialmente a atenção dos jovens, que estão fazendo a diferença.⁵⁵ Mas, em relação à questão que define a presidência de George W. Bush – a Guerra no Iraque –, têm ocorrido poucos protestos públicos visíveis e difundidos. O sentimento de revolta em relação à guerra tem sido difundido basicamente pela Internet, por meio de grupos ativistas liberais, como o MoveOn.org; e mesmo que vários grupos contra a guerra tenham finalmente se fortalecido no início de 2007, sob um grupo guarda-chuva, denominado "Americans Against Escalation in Iraq" (Americanos Contra a Escalada no Iraque), isso nunca foi divulgado ou se tornou conhecido. (A diferença entre a reação à Guerra no Vietnã e à Guerra no Iraque costuma ser atribuída ao serviço militar obrigatório, que era a obrigatoriedade do recrutamento militar durante a Guerra do Vietnã, mas não durante a Guerra do Iraque.)

Entretanto, em outras partes do mundo, as coisas são diferentes. Nesses outros lugares, pessoas sem fontes óbvias de poder, autoridade ou influência exigem ser ouvidas e clamam por mudanças.

- Em 2004, ocorreu a "Revolução Laranja", na Ucrânia. Essa revolução se formou em uma sequência de levantes democráticos pacíficos, começando com as "Revoluções de Veludo" na Europa Central (depois do colapso da União Soviética) em 1989, até a "Revolução Rosa" na Georgia, em 2003. Mas o que aconteceu na Ucrânia foi especial. Pela primeira vez em sua história, o país marcou presença, de modo inesquecível, na consciência política do mundo. Multidões imensas, formadas, em grande parte, por jovens com cachecóis alaranjados ao redor do pescoço, se reuniam diariamente, enfrentando temperaturas abaixo de zero, na Praça da Independência de Kiev. As multidões se formavam para protestar contra o governo em geral, e contra o presidente Leonid Kuchma, em particular. Entretanto, isso não significou uma explosão espontânea da ira do povo. A Revolução Laranja foi muito bem planejada. Aparentemente durante a noite, barracas eram montadas, sentinelas desarmadas se posicionavam e montes de alimentos e roupas de inverno eram disponibilizados. Cozinhas de campanha e postos de assistência médica eram instalados, foram fornecidas instruções sobre a desobediência dos civis e foi fartamente distribuída uma infinidade de pôsteres, banners, fitas, bandeiras, adesivos e crachás de cor laranja. Os protestantes utilizavam a Web – uma novidade na história das Revoluções de Veludo do Leste Europeu. Na realidade, assim que armavam suas tendas na principal avenida comercial de Kiev, eles anunciavam suas intenções na Web, em inglês. Os revolucionários obtinham êxito, e de forma brilhante. Eles vinham à Praça da Independência para exigir eleições presidenciais livres e justas, e seus pedidos foram atendidos.

Resumindo a história, Kuchma e seu sucessor indicado foram destituídos, e um novo presidente, eleito livremente, tomou posse.[56]

- Em 2005, aconteceu a "Revolução dos Cedros", no Líbano. O assassinato do primeiro-ministro Rafik Hariri, um ato deprimente pelo qual se supunha que o governo era considerado pelo menos parcialmente responsável, detonou diversas demonstrações diárias que indicavam que o povo libanês estava finalmente decepcionado. Esse povo não aguentava mais seu governo apoiado pelos sírios e as forças sírias, que, durante anos, estiveram presentes em solo libanês. Na celebração de um mês da morte do primeiro-ministro, quase 1 milhão de libaneses, um quarto da população, foram ao centro de Beirute para demonstrar a união dos libaneses e para protestar contra a intervenção e a ocupação da Síria. Mais uma vez, as consequências foram quase imediatas. No prazo de algumas semanas, o governo apoiado pela Síria caiu. E as tropas sírias, que mantiveram sua presença no Líbano por quase três décadas, foram finalmente expulsas.

- Em 2006, aconteceu a "acomodação das placas tectônicas" no Nepal. Havia planos de celebrações em Kathmandu para comemorar o aniversário do movimento democrático, que, 15 anos atrás, tivera início no sistema parlamentarista. Em vez disso, as ruas da cidade se encheram de multidões revoltadas, mais de 300 mil pessoas protestando contra a monarquia. Eles exigiam uma assembleia constituinte que recriasse a constituição e reduzisse ou até eliminasse os amplos poderes do rei. Foi uma mudança radical na política do Nepal. Segundo um dos repórteres, "o que antes era uma reverência intocável ao monarca parece ter se esvaído como as nuvens cruzando as montanhas".[57] Na realidade, a insatisfação com o rei e com o *status quo* por ele simbolizado era tão grande que a maioria absoluta dos nepaleses – muitos dos quais sequer se interessavam por política – participou no processo. Cidadãos comuns inundaram as ruas e provocavam batidas policiais. Funcionários públicos preparavam suspensões do trabalho. E uma coalizão dos sete maiores partidos políticos do Nepal convocava professores, bancários, profissionais do setor de transportes e outras pessoas a se juntarem aos protestos contínuos. Embora as consequências de longo prazo desse momento na história do Nepal ainda não sejam conhecidas, não há dúvida de que os eventos de 2006 mudaram a paisagem política. A antiga reverência pela realeza passou "como nuvens cruzando as montanhas", mas provavelmente ela se foi para sempre.

Certamente, as Revoluções Laranja e dos Cedros parecem menos "revolucionárias" agora do que há alguns anos. Mas não foram fáceis. Nem são, juntamente com o Nepal, os únicos lugares no planeta em que pessoas com poder e autoridade políticos foram perseguidas por revoluções sem nada disso. Alguns espíritos corajosos contestaram a liderança quase autoritária do presidente russo Vladimir Putin. Alguns espíritos corajosos, principalmente as mulheres, marcharam, oraram e desafiaram as autoridades em diversos locais da África, no Zimbábue, por exemplo, onde as mulheres brigavam por seus direitos, correndo sérios riscos de vida. E em 2007 mais do que poucos espíritos corajosos se uniram em protesto contra a junta militar em Myanmar (Birmânia) – mais uma vez, com sua vida em risco –, no evento que se tornou conhecido como Revolução do Açafrão. Como já mencionado, a China é o exemplo mais impressionante de um país em que os seguidores – pessoas comuns sem posições de destaque – exigem ser ouvidos, de maneira totalmente nova.

Em 2005, aldeãos revoltados, procedentes de um subúrbio de Xangai, atravessaram montanhas e arrozais para alcançar uma fábrica de produtos farmacêuticos por eles considerada um perigo para a saúde. Aproximadamente 15 mil pessoas se juntaram para travar uma grande batalha contra as autoridades; virando carros da polícia e jogando pedras, esses manifestantes não se assustavam com o gás lacrimogêneo destinado a dispersá-los. Esse tumulto específico era realmente apenas mais um protesto acrescentado ao número cada vez maior de ocorrências semelhantes. Em 2004, eclodiram aproximadamente 74 mil ações em massa. Embora os detalhes de cada incidente sejam diferentes, compartilham uma revolta acumulada diante da corrupção das autoridades locais e da omissão do sistema político da China em responder às reclamações legítimas.[58]

Entre os mais impressionantes dos diversos exemplos, encontram-se os protestos contra a antiga política da China, no sentido de restringir o controle da natalidade. Em 2007, ocorreram novos confrontos entre a polícia e os habitantes locais, no sudoeste da China, em que os amotinadores arrebentaram e queimaram escritórios do governo, viraram veículos oficiais e brigaram com a polícia em uma sequência de confrontações que duraram dias. Eles foram incitados pelo esforço renovado do governo de controlar o crescimento populacional, exigindo exames de saúde obrigatórios para as mulheres e obrigando as mulheres grávidas sem autorização a serem submetidas a abortos.[59]

Tudo isso confirma o que deve ser reconhecido por aqueles que prestam atenção a aspectos como o "despertar político global". Isso se refere exatamente a quê? Como destacou Zbigniew Brzezinski, esse despertar político global é o significado recém-descoberto por pessoas de várias partes do mundo, de que elas têm direito à dignidade humana e o direito de serem ouvidas. Trata-se de um movimento social, mesmo que ainda vago, malformado e articulado de modo deficiente. Entretanto, ele existe, alimentado pelo impacto cumulativo da capacidade de ler e escrever e das comunicações em massa. Também segundo Brzezinski, o despertar é "socialmente massivo, politicamente radicalizante e geograficamente universal".[60] Não surpreende o fato de que os líderes em diferentes locais e de várias maneiras se sintam ameaçados pelas forças além de seu controle.

Por exemplo, os líderes políticos da China estão se esforçando para conter as reclamações. Mas, diante do interesse em uma economia em rápido crescimento, parece que concluíram que devem correr o risco da dissidência política. Também parece que chegaram à conclusão de que, diante das circunstâncias, será em vão qualquer tentativa de silenciar totalmente a oposição.

Seguir os seguidores

Finalmente, o mercado acadêmico está respondendo à proposição prevista no início deste capítulo: que chegou a vez do líder. À medida que se constata que os líderes atuais têm menos poder e influência, e que os seguidores de hoje em dia têm mais poder e influência, a literatura sobre liderança e gerenciamento pode expandir-se mais, de modo a incluir um pequeno conteúdo focado nos subordinados, e não nos superiores. Até o momento, existem pelo menos dois bons livros sobre seguidores, *O poder dos seguidores* (São Paulo, Editora Siciliano, 1993), de Robert Kelley, e *The Courageous Follower*, de Ira Chaleff (ambos escritos para capacitar os subordinados, principalmente no local de trabalho).[61] E o número de artigos na literatura acadêmica também está aumentando. Por exemplo, "The Link Between Leadership and Followership" (A ligação entre os líderes e seguidores) apareceu no *Personality and Social Psychology Bulletin*.[62] "The Role of Followers in the Charismatic Leadership Process" (O papel dos seguidores no carismático processo da liderança) consta no *Academy of Management Review*.[63] E "Rethinking Followership: A Post-Structuralist Analysis of Follower Identities" (Repensando a subordinação: uma análise pós-estruturalista de identidades de seguidores) surgiu no *Leadership Quarterly*.[64] Além disso, as publicações voltadas para a prática, como o boletim da Harvard Business School, *Working Knowledge*, costumam incluir artigos curtos que versam sobre a questão de como os subordinados devem relacionar-se com seus superiores. Os títulos englobam "Understand What Motivates Your Boss" (Conheça o que motiva seu chefe) e "Do I Dare Say Something?" (Devo arriscar dizer alguma coisa?).[65] Até a *Harvard Business Review*, uma publicação claramente direcionada aos superiores, e não aos subordinados, já está atenta a esses últimos, além dos primeiros. Em 2007, essa publicação incluiu um artigo intitulado "What Your Leader Expects of You" (O que seu líder espera de você) e com o subtítulo "And What You Should Expect in Return" (E o que você deve esperar em troca).[66]

Algo mais está mudando: outros estudos sobre líderes e liderança versam sobre os seguidores e a influência que exercem. Por exemplo, embora Nannerl Keohane tenha atribuído ao artigo o título "On Leadership" (Considerações sobre a Liderança), o artigo não se concentra nos líderes; talvez por ter sido ex-presidenta da Wellesley College e da Duke University, ela saiba muito bem a importância daqueles que não estão no topo. Seja qual for o caso, Keohane não omite os seguidores de sua discussão. Em vez disso, examina a ligação existente entre líderes e seguidores, só para concluir corretamente que, devido à distância entre eles, sua ligação é não somente assimétrica, como também frágil.[67]

Finalmente, e o aspecto mais importante, hoje mais do que nunca, os próprios líderes estão seguindo seus seguidores. Quando o CEO da JCPenney, Mike Ullman, assumiu o comando em 2004, ficou impressionado com a cultura corporativa antiquada. Os empregados ainda deviam tratar seus gerentes seniores como *senhor* e *senhora*. Além disso, o traje informal não era aceito na sede da empresa, nem às sextas-feiras. E era rigorosamente proibido decorar seu escritório de modo muito pessoal ou elaborado. Ullman mudou tudo isso. Modificou principalmente os aspectos da cultura corporativa que separavam líderes e gerentes dos *soldados rasos*. Ele enfatizou o uso dos primeiros nomes entre colegas e seus superiores. Fez uma liquidação da coleção de obras de arte da empresa e, em seu lugar, pendurou as fotos dos empregados nas paredes. Incentivou o uso do traje social casual durante a semana e permitiu jeans às sextas-feiras. Concedeu aos empregados acesso a todos os locais do campus da sede, inclusive à suíte dos executivos e ao respectivo elevador. E dizia a todos os que ele conhecia: "Pode me chamar de Mike."[68]

Na verdade, os líderes empresariais, em geral, são o que foi rotulado como "ofensiva do charme". Estão tão preocupados com suas posições, agora relativamente precárias, que sentem a necessidade premente de ser, acima de tudo, belos, principalmente para aqueles sob seu comando. De acordo com um artigo publicado na *BusinessWeek*, "os executivos seniores parecem estar brigando pelo prêmio da congenialidade. Humildade, autenticidade e liderança ágil são as novas palavras da moda. Muitos diretores executivos conversam sobre serem 'líderes seguidores' e parceiros de equipe. Eles se preocupam claramente com tudo, desde os empregados até a Mãe Terra. Em resumo, são mais adoráveis".[69]

Evidentemente, a diferença entre os líderes e os seguidores está desaparecendo. Os líderes não suportam mais dispensar os seguidores facilmente. Isso não é uma argumentação de que os líderes são obsoletos e que a natureza humana mudou radicalmente. Os experimentos de Milgram são tão relevantes para a natureza humana agora quanto o eram quando foram realizados. Em vez disso, essa discussão destaca que a teoria do "grande homem" da liderança deixou de ser favorita não por causa da retidão política, mas porque no século XXI uma quantidade menor de homens pode brandir um grande poder, por maior que seja esse poder.

Alguns anos atrás, aconteceu o inimaginável. Riccardo Muti, que, por quase duas décadas, foi o maestro temido, mas muito respeitado, da orquestra da lendária sala de concertos de Milão, La Scala, perdeu seu lugar. Foi obrigado a renunciar pelos 800 músicos, cantores, carpinteiros e faxineiros da La Scala, que, finalmente, furiosos com o estilo autoritário do maestro, exigiram sua "Renúncia! Renúncia!". A saída de Muti marcou o fim de uma era. Os tempos mudaram no mundo da música, e também mudaram em toda parte. Por exemplo, o novo maestro da Filarmônica de Nova York, Alan Gilbert, é muito diferente de seus antecessores. É jovem (40 anos, na época de sua indicação) e, segundo muitos comentários, afável e comunicativo, sem qualquer toque de maestro assustador. Resumindo a história: o CEO imperial não é mais o maestro imperialista.[70] Em vez disso, as pessoas do mundo todo estão se comunicando com estilos novos e diferenciados, e buscando para si, em muitos casos pela primeira vez, poder, influência e, ocasionalmente, até autoridade.

CAPÍTULO 3

Relações

COMO OS LÍDERES E SEGUIDORES SE RELACIONAM? Ninguém menos do que um especialista sobre o assunto, Hermann Goering, teve uma visão muito simples: os líderes comandam e os seguidores obedecem. Durante sua experiência em Nuremberg, ele revelou a um entrevistador que "é o líder do país quem determina a política e é sempre uma simples questão de conduzir as pessoas como cordeirinhos, em um regime democrático ou em uma ditadura fascista... É sempre possível arrastar as pessoas para o comando do líder".[1] Goering tem uma opinião a esse respeito. Sejam quais forem as mudanças recentes ocorridas no que discutimos no capítulo anterior, a maioria dos seguidores obedece à maioria dos líderes. A questão em foco agora é por que isso acontece.

As recompensas da liderança são óbvias. Poder e influência, status e acesso a recursos, como dinheiro e sexo, encontram-se entre os benefícios de ser um líder. Mas quais são os atrativos da subordinação? O que ganhamos com isso? Por que a maioria de nós apoia, na maior parte das vezes, até os líderes que não aprovamos?

Algumas vezes, os benefícios são evidentes. Outras vezes, obedecemos aos líderes porque admiramos quem são e o que fazem. Mas há situações em que nenhuma dessas explicações se aplica – e ainda assim continuamos. Por quê? Por que obedecemos aos líderes que criticamos? A resposta está no interesse próprio. Supomos que os benefícios de obedecer superam os de não obedecer, e consideramos os custos da resistência superiores aos da continuidade. Por exemplo, no ambiente de trabalho, nós (geralmente) somos cordatos porque a situação contrária coloca em risco o dinheiro de que precisamos e queremos gastar. E na comunidade, nós (geralmente) aquiescemos porque essa atitude atende à nossa necessidade de estabilidade e segurança. Seja qual for o caso, discordar, em geral, traz mais problemas do que compensação. Na verdade, essa pressuposição se verifica até mesmo em circunstâncias extremas, quando obedecemos a ordens temendo que, se não o fizermos, possam nos prejudicar ou até nos matar.

Para discernir por que os seguidores costumam apoiar voluntariamente seus líderes, é melhor começar do início, com um dos grandes especialistas mundiais em comportamento dos primatas. Em seu livro *Our Inner Ape*, Frans de Waal examina o respeito existente nos grupos e sempre detecta esse fenômeno. Inicialmente, ele justifica essa ligação: "É possível retirar o macaco da floresta, mas não a floresta do macaco. Isso também se aplica a todos nós, macacos bípedes."[2] A ligação entre os humanos e outros primatas está relacionada principalmente a duas áreas: poder e sexo. Sexo não é o principal enfoque aqui, mas o poder obviamente é. Desse modo, as declarações de Waal sobre as hierarquias em geral e sobre as funções dos seguidores especificamente acertaram em cheio.

Os líderes são claramente beneficiados – ou seja, o poder e o dinheiro citados anteriormente. De fato, os líderes levam vantagem em todo o reino animal. Dos sapos e ratos às galinhas e elefantes, a superioridade se traduz em alimento para as fêmeas e companhia para os machos. Portanto, não surpreende que sempre ambicionemos alcançar uma alta posição – e também não é surpresa alguma que alguns de nós estejam mais propensos a fazer isso do que outros. Entretanto, a principal argumentação de Waal não tem a ver com os líderes em si, mas com as hierarquias por eles presididas. A hierarquia constitui uma entidade única, em que alguns são superiores e a maioria é subordinada. Segundo ele, é difícil "citar uma única descoberta no comportamento animal que desfrute de um reconhecimento maior do que a 'ordem hierárquica'".[3]

As ordens hierárquicas foram observadas pela primeira vez nas galinhas domésticas, pois, em determinadas situações, a ave que ocupa a posição mais importante tem licença de bicar outra ave, sem receber retaliações. Por sua vez, a segunda galinha na hierarquia só aceita ser bicada pela galinha um nível acima – mas pode bicar todas as galinhas abaixo dela. E vai por aí afora, seguindo a hierarquia.[4] Isso o faz lembrar alguma coisa?

Os lobos são outro exemplo: eles também têm hierarquias claras, cada qual com um líder forte na posição superior. Um único macho poderoso domina, enquanto todos os outros lobos se contentam com a submissão. Esse arranjo de devotamento une o grupo e atende muito bem às suas necessidades.[5] Por exemplo, quando vão em busca de um alce, os lobos realizam essa busca de forma aparentemente coreografada. Ao se aproximarem de sua presa pela primeira vez, todos os lobos se enfileiram atrás do macho mais importante, o líder. Então, quando o líder inicia a perseguição, os outros o seguem imediatamente. O líder dos lobos é o mais agressivo, do início ao fim, e também determina quando a caça deve terminar.

O mais importante a ser lembrado é que nós, macacos bípedes, temos nossas próprias ordens hierárquicas. Diferentemente dos outros primatas, os humanos representam o status, atribuindo às pessoas posições oficiais de poder e autoridade, com os respectivos títulos e armadilhas. Entretanto, tal como os chimpanzés, também podemos determinar a hierarquia, ao observarmos o comportamento das pessoas. Por exemplo, em geral, podemos distinguir os líderes dos seguidores em pequenos grupos, mesmo que não exista um líder oficialmente indicado. Sabemos quem são os líderes observando quais membros agem de modo confiante, quais atraem mais os olhares e anuências, e quais iniciam a discussão à vontade. De modo semelhante, reconhecemos quem são os seguidores observando quais membros são tímidos e discretos, quais são os mais ignorados e quais permitem que os outros orientem a discussão e determinem o resultado.

As hierarquias contribuem para nosso bem-estar: favorecem uma ordem social.[6] Na realidade, a função de uma hierarquia estável entre os seres humanos é a mesma estabelecida pela hierarquia entre os chimpanzés: reduzir a tensão, de modo que os conflitos diretos sejam relativamente raros. Quando existe harmonia, ao contrário de desarmonia, "a situação melhora para todos. O grupo permanece unido, os membros tratam bem uns aos outros, divertem-se e relaxam, porque ninguém se sente inseguro".[7] Essa equação simples – entre hierarquia e ordem social– torna claro por que é do interesse dos seguidores entrarem em acordo com seus líderes. Embora, em um mundo perfeito, os que estão em posição inferior prefiram ocupar posições mais altas, neste mundo imperfeito eles aceitam algo muito melhor, que é viver em paz. Devo acrescentar que as hierarquias desempenham uma função muito importante em momentos de incerteza: diante de uma ameaça externa. Há um motivo para a hierarquia militar ser tão claramente definida e tão fácil de entender. De acordo com Waal, "uma cadeia de comando ganha da democracia sempre que uma ação decisiva se faz necessária".[8]

O que parece claro é que, na maioria das vezes, é importante que os seguidores obedeçam. Não apenas teoricamente, mas também em termos práticos, é impossível que todos sejam líderes. Em todas as tentativas de estabelecer democracias utópicas, em que cada membro do grupo tem uma função igual à do outro, quase sempre elas nunca duram. Depois de algum tempo, a hierarquia é reafirmada.[9]

Lembre-se da obra clássica de William Golding, *Lord of the Flies*. Um avião cai em uma ilha deserta. Um grupo de garotos ingleses sobrevive e descobre, logo em seguida, que todos os adultos a bordo morreram. Livres das restrições habituais impostas pelos adultos, de modo específico, e pela sociedade, de modo geral, os garotos estão diante do que parece ser uma oportunidade de ouro. Sem ninguém ao redor para lhes dizer o que e quando fazer, eles se sentem espíritos livres. Mas, quase imediatamente, fica evidenciado que a autonomia total nunca será alcançada. Muito rapidamente, um dos garotos – chamado "Piggy" – tenta impor certa ordem no caos. Ele sugere, entre outras coisas, fazer uma reunião. Então, imediatamente, forma-se uma ordem – e, mais do que depressa, uma ordem hierárquica.

Entre os cientistas e cientistas sociais (assim como entre os escritores!), existe uma ampla concordância no sentido de que as virtudes darwinianas de classificação abrangem a divisão eficiente do trabalho, a estabilidade do grupo ou da organização e a manutenção da ordem. Em outras palavras, a seleção natural apoia a tendência a relações hierárquicas. Além disso, tendo em vista que o animal humano tem um período prolongado de dependência na primeira infância e na infância em geral, durante o qual o respeito aos superiores (em geral, os pais) é fundamental para a sobrevivência, seria impossível afirmar que as espécies dependem de nossa capacidade de respeitar. De acordo com Stanley Milgram, no início de seus experimentos sobre a obediência à autoridade, "nascemos com um potencial para a obediência, que depois interage com a influência da sociedade para gerar o homem obediente".[10]

Por fim, em tudo isso existe uma vantagem que é puramente prática. As hierarquias em que poucos são superiores e muitos são subordinados permitem que os subordinados obtenham êxito, realizando pouco ou quase nada do trabalho coletivo. O sociólogo alemão Robert Michels chamou essa ocorrência de "lei de ferro da oligarquia". Michels explicou que uma grande quantidade de pessoas não pode se governar. Elas necessitam de algum tipo de estrutura, guarnecida de pessoas com autoridade para administrar os assuntos coletivos. Na primeira década do século XXI, o povo americano concedeu ao presidente George W. Bush e aos membros da administração o direito de administrar a nação. Por sua vez, independentemente das opiniões sobre a eficiência de seu desempenho, Bush, como presidente, permitiu aos americanos prestarem atenção a tudo o mais.[11]

A história confirma o óbvio: ela está repleta de experimentos fracassados em igualitarismo radical. Apenas recentemente, nos anos 1960 e 1970, ocorreu outro esforço de alcançar a igualdade total – dessa vez, no movimento da mulher moderna. Mas, ao fim de tudo, "os grupos de mulheres tendiam a oscilar entre a total deformidade em um extremo e uma espécie de autoritarismo coletivo na outra extremidade". Como consequência, o movimento feminino praticamente se arrastou.[12] Em outras palavras, o movimento foi prejudicado por causa de sua tentativa bem-intencionada, mas desorientada, de decolar diante da natureza humana. Como Michels avisara algumas décadas antes, para que os grandes grupos se governassem com eficiência, alguns deveriam ser líderes, outros precisariam ser seguidores e a maioria deveria estar predisposta a aceitar esse arranjo.[13]

Como sempre, há exceções à regra. Nos últimos anos, um dos exemplos mais citados é a Orpheus Chamber Orchestra, que é um dos mais belos conjuntos, com 26 membros e nenhum maestro. "Ninguém mais, exceto os próprios membros, decide como analisar a diversidade de ideias e opiniões que, invariavelmente, inunda a sala quando uma peça musical está sendo executada."[14] Contudo, esse pequeno grupo altamente treinado e fortemente motivado e comprometido em termos ideológicos não é um modelo para pessoas mais comuns, em circunstâncias mais triviais. Na melhor das hipóteses, a exceção comprova a regra. O fato de que um grupo raríssimo é exemplar confirma apenas a simulação do sonho utópico.

POR QUE OBEDECEMOS – BENEFÍCIOS INDIVIDUAIS

Freud foi o primeiro a nos dar uma explicação psicológica do motivo pelo qual os seguidores obedecem a seus líderes, até aos líderes que, de certa forma, são malvados.[15] Freud sempre se interessou pelas relações de poder, inclusive por aquelas existentes entre pais e filhos, e médicos e pacientes. Mas nunca foi mais vigoroso e pungente sobre o assunto dos líderes e seguidores isoladamente do que durante os anos imediatamente anteriores à sua morte, quando trabalhava em seu último livro. A obra *Moisés e o monoteísmo* (Rio de Janeiro, Imago Editora, 1998) foi publicada originalmente em 1939, enquanto Freud vivia na Inglaterra. Velho e doente, ele fora para lá um ano antes, como cortesia do nazismo, que, na época, havia incorporado a Áustria, obrigando Freud, que era judeu, a partir imediatamente para o exílio.

Durante esse período, nos últimos dias de sua vida, Freud decidiu utilizar um tema bíblico para investigar uma das mais intrigantes questões: por que as pessoas obedecem aos líderes? O que ganham com isso?

A julgar pelas aparências, ele escrevia sobre o modo como Moisés fez o aparentemente impossível: retirar seu povo da escravidão e levá-lo para a Terra Prometida. Mas, mesmo naquela época, havia algo por trás disso: como foi que Hitler, que deixou bem claro, por muito tempo, seu nacionalismo militante e um antissemitismo virulento, conseguiu obter apoio e até adoração do povo alemão?

"Como" – indagava Freud – "é possível que um único homem possa desenvolver essa eficácia extraordinária, extrair um povo a partir de indivíduos e famílias indiferentes, marcar esse povo com seu caráter absoluto e determinar seu destino por milênios à frente?"[16] Veja, a seguir, a resposta parcial de Freud:

> *Certamente, não duvidamos do motivo pelo qual o grande homem deve ganhar importância. Sabemos que a maioria das pessoas tem grande necessidade de uma autoridade que possam admirar, à qual possam se submeter, que domina e, ocasionalmente, até as maltrate. Aprendemos com a psicologia do indivíduo de onde vem essa necessidade das massas. É a busca interior pelo pai que vive em cada um de nós, desde a infância.*

O livro, *Moisés e o monoteísmo*, levanta pelo menos quatro questões importantes. Primeiro, Freud afirma que faz parte da condição humana uma grande necessidade de autoridade. Segundo, afirma que essa necessidade resulta de nossa primeiríssima relação com um macho dominante, em geral, nosso pai. (O destaque sobre o macho dominante é característico de Freud, que viveu em uma época em que os homens realmente pareciam, para a maioria dos homens, mais importantes do que as mulheres.) Terceiro, Freud estabelece uma ligação direta entre nossa necessidade de autoridade e nossa necessidade de religião, de Deus. Ele deduziu que nossa relação (de submissão) com Deus é análoga àquela com nossos pais e nela tem origem (de submissão). Por último, Freud sugere que, em todas as relações de poder, existem os componentes admiração e inveja, por um lado, e medo e aversão, por outro.

O que concluímos sobre tudo isso hoje em dia – especificamente sobre a relação entre líderes dominantes e seguidores respeitosos? Por um prisma, os cultos à liderança com base nos grandes ditadores do século XX, como Hitler e Stalin, podem pertencer ao passado. Mas, sob outra perspectiva, a poderosa ligação entre líderes fortíssimos e seus assistentes meio amalucados se integra à condição humana. Ainda podemos encontrar ditadores totalitários em alguns países, como a Coreia do Norte. E ainda existem cultos nos quais seguidores fervorosos respondem aos líderes carismáticos com uma adulação melhor descrita como frenética. De acordo com Ian Buruma, "o que não mudou foi a natureza humana, os desejos humanos que permitiram o surgimento dos ditadores no passado. O desejo de adoração... para ficar hipnotizado pelo espetáculo do poder ou fluir em uma emoção coletiva, ainda permeia nossa vida".[17]

É necessário acrescentar que esses "desejos humanos" se tornam muito mais intensos nos momentos de incerteza, principalmente em tempos de crise. Por exemplo, se uma eleição para prefeito fosse realizada na Cidade de Nova York em

10 de setembro de 2001, não seria dada como certa a vitória de Rudolph Giuliani. Uma pesquisa realizada um pouco antes, nesse mesmo ano, indicava que apenas 32% dos nova-iorquinos aprovavam-no para prefeito, e sua posição entre os eleitores afro-americanos era "ínfima demais para ser considerada".[18] Mas depois dos ataques ao World Trade Center, a situação mudou radicalmente: Giuliani tornou-se um herói. Isso aconteceu, em parte, porque ele se saiu admiravelmente bem em circunstâncias muito difíceis. Mas isso se deve, principalmente, ao fato de que, naquele evento, um momento de crise, seus seguidores só precisavam de um líder a quem pudessem recorrer em busca de conforto e orientação. Nove dias depois de as torres terem caído, parte de um editorial sobre Giuliani no *The New York Times* dizia o seguinte: "Ele passa pela cidade golpeada, como um deus. As pessoas querem estar junto dele e querem tocá-lo, elogiá-lo... Ele é não somente respeitado, como também reverenciado. E não somente reverenciado, como também adorado."[19]

Mas é muito mais do que isso. Além de nos propiciar estabilidade e segurança, esperamos que os líderes nos deem o conforto da comunidade. Quem melhor para aliviar nosso medo da solidão do que nossos líderes, nossos ministros e gerentes? Eles representam o ponto central de nossa atenção coletiva e, então, é exatamente ao redor deles que nos agrupamos. Há mais de 200 anos, Platão nos descreveu como "animais sociais". Dependemos de nosso grupo para nos proteger dos "outros membros" de outros grupos que possam nos prejudicar, de alguma maneira. Também dependemos de nosso grupo para nos proteger do que Jean Lipman-Blumen chamou de *nossos medos internos*: "Apoiados pelo grupo, somos parte de alguma coisa. Ganhamos significado e importância. Banidos do grupo, nossa vida perde o sentido e o valor. Não surpreende que a comunidade reserve sua punição mais rigorosa – o exílio – para aqueles que violam suas normas mais apreciadas."[20]

É evidente que nossas necessidades e desejos, como pessoas, são atendidos quando desempenhamos o papel de seguidores, pelo menos na maior parte do tempo. Aceitamos porque determinamos isso, consciente ou inconscientemente, como parte de nossos interesses. Para tanto, eis apenas três motivos: (1) os líderes propiciam às pessoas segurança e sensação de ordem; (2) os líderes propiciam às pessoas um grupo, uma comunidade, aos quais podem pertencer; e (3) os líderes trazem para as pessoas alguém que realiza o trabalho coletivo. Evidentemente, às vezes, os seguidores obedecem sem querer. Outras vezes, o líder os obriga a obedecer.[21]

Sabemos, hoje em dia, que nem todos os seguidores realmente obedecem. Por um motivo ou outro, alguns resistem vez ou outra a alguns superiores. Adiante, discutiremos a questão mais abrangente que leva um seguidor a tomar a difícil decisão de desafiar seu líder. Mas gostaria de incluir aqui um comentário a esse respeito: em geral, os seguidores que resistem a seus líderes se arriscam. É certo que há exceções à regra: alguns líderes aceitam os dissidentes e alguns até recebem essa decisão de muito bom grado. Mas, em geral, os líderes consideram subversivos os seguidores que os desafiam ou entram em conflito. Os delatores são exemplos óbvios. Geralmente pagam por sua transgressão, sendo marginalizados, rebaixados ou até demitidos.

Até agora, tratamos basicamente da relação entre líderes e seguidores. A essa altura, devo afastar-me da literatura convencional sobre liderança para introduzir outra dinâmica: *os seguidores obedecem não somente porque é do seu interesse atender a seus líderes, como também lhes é interessante atender a seus companheiros seguidores*. Os seguidores são, uns para os outros, pontos de referência importantíssimos. A nova ciência da irmandade confirma que o impacto de nossos semelhantes (fraternidade) sobre nós é igual ao de nossos superiores (pais), inclusive na infância. Aos 11 anos, as crianças passam aproximadamente 33% do tempo livre com seus irmãos, mais do que com seus pais, professores, amigos ou sozinhas. Na verdade, a partir de seu nascimento, "nossos irmãos e irmãs são nossos colaboradores e coconspiradores, o exemplo que seguimos e nossos contos edificantes".[22] Podemos afirmar, então, que os seguidores se entendem mutuamente, em primeiro lugar e antes de tudo, uma vez que modelam seu comportamento pelo de seus semelhantes. Os seguidores também obedecem a outros seguidores por alguns dos mesmos motivos pelos quais seguem seus líderes. Ou seja, os seguidores apoiam outros seguidores porque (1) eles concedem estabilidade e segurança, (2) atribuem ordem e sentido e (3) constituem o grupo ao qual desejam pertencer.

Evidentemente, quando os seguidores apoiam outros seguidores, em vez de obedecerem a seus líderes, a hierarquia formal desempenha um papel menor ou sequer significativo. Ninguém é o superior indicado – o que significa que ninguém é o subordinado indicado. Encontramos isso nos grupos informais, como nas crianças reunidas em uma área de recreação. Essa conduta também se evidencia nos participantes em salas de bate-papo, por exemplo. Por fim, detectamos essa ocorrência em grupos e organizações que, por um motivo ou outro, estão ou supostamente deveriam estar sem liderança. Entretanto, o que quero dizer é outra coisa: embora, em geral, tenhamos interesse em que faça parte de nossa natureza a hierarquia, a pressão para atender e apoiar vem não somente dos líderes, mas também dos seguidores.

Por que obedecemos – benefícios do grupo

Freud foi o primeiro a tratar desse assunto também. Ele foi o primeiro a apresentar um conhecimento psicológico sofisticado do motivo pelo qual os *indivíduos* seguem os líderes. E foi o primeiro a nos dar um entendimento psicológico sofisticado do motivo pelo qual os *grupos* seguem os líderes. Quase duas décadas antes da obra *Moisés e o monoteísmo*, ele escreveu um livro intitulado *Psicologia de grupo e Análise do ego* (Rio de Janeiro, Imago, 1996), inspirado, em parte, no trabalho de Charles Darwin. Darwin sugeriu que, nas sociedades primitivas, os grupos de seres humanos eram parecidos com os grupos de outros macacos: eram controlados de modo despótico por machos poderosos. Isso levou Freud a se aprofundar no fenômeno que ele chamou de *bandos primitivos*, os primeiros grupos humanos que se uniam para obter segurança e proteção.

Para Freud, comportamo-nos de modo diferente – pior ainda – como membros de grupos em relação a quando estamos sozinhos. Em grupos, nossos "impulsos instintivos inconscientes" ultrapassam o que acaba sendo o aspecto frágil da civilização. "Pelo simples fato de fazer parte de um grupo organizado" – escreveu Freud –, "o homem desce vários degraus na escada da civilização. Quando isolado, ele pode ser um indivíduo culto; em uma multidão, é um bárbaro – isto é, uma criatura que age por instinto", capaz de cometer atos "em total contradição com seu caráter e hábitos".[23] Portanto, assim como Thomas Hobbes, Freud concluiu que os grupos necessitam de líderes, e líderes fortes, porque, sem eles, os grupos voltarão ao "barbarismo".

Entretanto, isso colocou Freud diante de um dilema. Por um lado, os grupos precisam dos líderes para, entre outros aspectos, nos proteger de nós mesmos. Por outro lado, os maus líderes podem direcionar os grupos para o perigo e a destruição. Finalmente, Freud concluiu que não temos opção: os maus líderes são um risco que assumimos, só porque temos, por natureza, o que ele chamou de "uma extrema paixão por autoridade". Dito de outra forma, muito antes dos piores ditadores do século XX – Stalin, Hitler, Mao –, Freud declarou que realmente desejamos "ser governados por uma força irrestrita".[24]

Como vimos, Robert Michels também tratou da questão dos benefícios que obtemos com os líderes. Acontece que esses benefícios são conferidos não somente aos indivíduos, mas também aos grupos. Por que a "lei de ferro da oligarquia"? Porque, de acordo com um observador, "30 pessoas podem sentar-se ao redor de uma fogueira e chegar a uma decisão consensual; mas isso não é possível para 30 milhões de pessoas".[25] Michels se aprofundou ainda mais. Segundo ele, "a incompetência das massas" torna os líderes absolutamente indispensáveis. Trata-se do bem comum servido por poucos (os líderes) que assumem a responsabilidade por muitos (os seguidores).

A partir de Freud e Michels, surgiu outra função da liderança, também excluída da literatura padrão sobre liderança.[26] Essa função nasceu do estudo dos movimentos sociais e demonstra que algumas pessoas necessitam de líderes para a finalidade do que, no final das décadas de 1960 e 1970, era chamado de *elevação da consciência*. Ou seja, alguns seguidores precisam de líderes para lhes mostrar que o mundo tem muitas outras possibilidades do que eles podem conceber. Essa situação foi descrita como aquela em que B (o seguidor) considera "impossível conceber algo além do falso consenso que atende aos interesses de A (do líder)".[27]

Ocasionalmente, os seguidores em busca desses líderes formam uma classe – em termos específicos, uma classe classificada no final da plataforma socioeconômica, ou bem perto disso. O pensador marxista e escritor, Antonio Gramsci, ficou famoso por ter descrito a classe ascendente (entenda-se, os *capitalistas*) como controladora da cultura para dominar todas as pessoas (leiam-se os *trabalhadores*). Ele denominou esse processo de *hegemonia cultural*, afirmando que essa hegemonia permitia que aqueles em posições superiores convencessem os que ocupam posições subordinadas de que o mundo por eles herdado era "natural, certo, legítimo e adequado".[28]

Um estudo realizado em Appalachia, nos anos 1970, ilustra a argumentação de Gramsci. Esse estudo aconteceu em uma área em que muitos homens ganhavam a vida como mineiros. Entretanto, nem eles nem seus pais, antes deles – a maioria dos quais era formada por mineiros também –, se afiliaram ao que, na época, era um dos mais poderosos sindicatos do país, o United Mine Workers of America. Em outras palavras, esse grupo específico de mineiros nunca desenvolveu uma consciência coletiva. Quando comparados com os outros mineiros espalhados pelo mundo, esses homens eram "dóceis escavadores".[29]

O problema não residia no fato de que esses mineiros desconhecessem suas reais condições, mas, sim, na constatação de que eles não esperavam, sequer imaginavam, uma vida melhor. Quanto a isso, também não pensavam em assumir todas as questões por conta própria, em gerar uma mudança por iniciativa própria. Desse modo, seria possível afirmar, em relação a esses mineiros, que eles precisavam de um líder, provavelmente um líder de fora, que pudesse transformá-los, mudar seu modo de pensar e de agir.

Esse tipo de organização de comunidade constituiu o trabalho fundamental do lendário ativista social, Saul Alinsky. Em seu livro mais importante, *Rules for Radicals*, Alinsky descreveu sua missão: "Criar a organização das massas para tomar o poder e entregá-lo às pessoas."[30] Entretanto, considerando que Alinsky concebia que as pessoas sem poder dificilmente poderiam aventar a possibilidade de tomá-lo, ele desenvolveu uma estratégia que contava com "organizadores" externos, para ensinar às pessoas o que elas precisavam saber. Esses organizadores eram líderes – homens e mulheres treinados para levantar, incitar, se você preferir, exatamente aquelas pessoas que mais precisavam deles, os pobres, que geralmente "estão por demais desejosos em concordar".[31] A propósito, isso me faz lembrar do cenário em New Orleans depois do Katrina. Aqueles que foram prejudicados e eram ricos ou da classe média tinham uma ideia do que poderiam fazer para recomeçar. "Mas as pessoas hospedadas em asilos, pretos e brancos, em geral eram não somente mais pobres, como também menos sofisticados, menos dinâmicos, menos habilitados a negociar seu caminho através do sistema. As famílias pobres recolhidas aos asilos foram esquecidas exatamente porque sofriam com muita paciência".[32]

De que outras maneiras os líderes atendem aos seguidores em grupos? Bem, isso depende, evidentemente, da natureza do grupo, de quem são seus membros e do objetivo primordial do grupo. Em geral, espera-se que os líderes propiciem a seus seguidores a satisfação profissional (tarefa) ou a satisfação pessoal. Tendo em vista que a natureza dos grupos varia muito e que os contextos dentro dos quais operam são muito diversificados, citarei mais três motivos pelos quais os membros dos grupos obedeçam a seus líderes: (1) os líderes oferecem aos grupos uma estrutura; (2) os líderes definem para os grupos uma meta; e (3) os líderes fornecem aos grupos os instrumentos para alcançar essa meta.

Essa lista não está completa. Por exemplo, nas situações de crise, os seguidores nos grupos têm necessidades e desejos diferentes dos manifestados em situações rotineiras. De modo semelhante, os líderes carismáticos propiciam àqueles que os atendem uma espécie de entusiasmo e gratificação que os líderes mais comuns não oferecem. Por falar nisso, é importante lembrar em relação aos líderes carismáticos e cultos que eles lideram grupos extremamente apaixonados, e até mesmo que, especificamente, os veneram. Quando Mohandas Gandhi foi jogado pela primeira vez em uma prisão indiana pelas autoridades britânicas, seus seguidores ficaram chocados. "Eles acreditavam veementemente que seu Mahatma tinha poderes super-humanos e que, se os ingleses tentassem trancafiá-lo, certamente ele sairia voando pela janela."[33] E quando Fidel Castro ainda estava batalhando nas montanhas, mudando de um lugar para outro, no meio da floresta, para expulsar os inimigos, conta-se que ele teve uma premonição misteriosa, quase do outro mundo, sobre o lugar no qual estavam os perigos: "Seja por intuição, mágica... ou seja lá o que for, o homem que traz uma informação sobre um perigo tem qualidades."[34]

Desse modo, podemos concluir o seguinte: as pessoas apoiam seus líderes porque eles lhes fornecem diversos benefícios, no nível individual e de grupo.

Acontece que, embora as recompensas da liderança sejam mais evidentes do que as da subordinação (é mais fácil constatar o poder e o dinheiro), não são mais importantes. Na verdade, os benefícios da segunda são tão interessantes quanto os da primeira. Somos condicionados a obedecer porque somos criaturas sociais – e conviver com as outras pessoas significa necessariamente submeter-se a uma ordem hierárquica. Somos instruídos a obedecer porque a ordem hierárquica nos traz benefícios importantes – e apenas alguns podem estar no topo. E somos predeterminados a obedecer porque isso é uma troca justa: os seguidores oferecem aos líderes algo de que necessitam e desejam (seguidores), e os líderes concedem aos seguidores algo que atende às suas necessidades e desejos (líderes). Ambos ganham com esse arranjo voltado para sustentar sua natureza.

Uma última observação sobre a obediência aos maus líderes: os líderes que conhecemos muito bem são ineficazes, ou imorais, ou ambos. Em alguns casos, não temos escolha ou simplesmente pensamos assim. Nós os apoiamos porque tememos que, se não o fizermos, pagaremos um preço por isso, de alguma maneira. Mas, em outras situações, apoiamos os maus líderes por vontade própria, às vezes ansiosamente. Isso nos deixa uma dúvida sobre o motivo: por que apoiamos os maus líderes, em vez de acabar com eles? Por que simplesmente não lhes tomamos a capacidade de exercer o poder, de mandar e influenciar, e os substituímos por líderes melhores?

Os resultados dos experimentos de Milgram sobre a obediência à autoridade são muito importantes para explicar por que aceitamos inclusive os maus líderes. Essas explicações abrangem, adicionalmente às mencionadas anteriormente, o seguinte: a natureza sequencial da subordinação, em que os pequenos atos de apoiar conduzem gradativamente a um comprometimento importante; a natureza social da subordinação, por meio da qual o comportamento dos outros seguidores incentiva as pessoas a fazerem o que, de outra forma, não o fariam; a natureza "agêntica" da subordinação, por meio da qual os seguidores culpam os outros, em geral os superiores, pelos atos que realmente cometeram; e a natureza ideológica da subordinação, pela qual as pessoas são induzidas a acreditar que os fins justificam os meios.[35]

Mas, com todos os motivos racionais, existe sempre algo irracional, ou talvez tão-somente inexplicável. De acordo com o especialista europeu Timothy Garton Ash, "acima de tudo, uma questão me perturbava: o que era [em relação à Alemanha nazista], que tipo de ser humano, que tornava uma pessoa um dissidente ou combatente da resistência, e outra, um colaborador no crime organizado pelo Estado, um deles Claus von Stauffenberg, que sacrificou a vida na tentativa de assassinar Hitler, outro, um Albert Speer?"[36] Acho que a melhor maneira de pensar nisso é como um fator endêmico à condição humana – talvez remediável até certo ponto, mas que nunca será apagado.

Relações entre líderes e seguidores

Tendo em vista que já entendemos melhor *por que* os seguidores obedecem, examinaremos, então, *como* eles obedecem. Em outras palavras, quais são as diversas maneiras pelas quais os líderes e seguidores se relacionam?

Do muito que pode ser dito sobre as relações entre subordinados e seus superiores, talvez o mais impressionante seja sua diversidade. Em uma extremidade do espectro, existem líderes brutos, tirânicos e ditadores do tipo mais cruel, com seguidores à sua mercê. Na outra extremidade, encontram-se os líderes democratas, orientadores bem-intencionados, que consideram os seguidores seus parceiros na atividade de liderança e gerenciamento.

Por motivos incompreensíveis, os especialistas em liderança geralmente evitam um dos extremos: a liderança totalitarista.[37] Mas, para aqueles que se aprofundariam, a crueldade que as pessoas trocam entre si, que não é nada mais do que a outra extremidade do espectro, simplesmente não pode ser ignorada. Até agora, os experimentos de Stanley Milgram sobre obediência à autoridade têm sido apoiados por muitos outros, que confirmam "a banalidade do mal". Entretanto, não é só uma questão de liderança o fato de que, em determinadas circunstâncias, pessoas com poder ainda que temporário, obtido de modo cruel, desejam e às vezes até anseiam por prejudicar outras com menos poder do que elas. Também é uma questão de subordinação. Por exemplo, assim como aconteceu na Segunda Guerra Mundial, os judeus foram realmente assassinados não por Hitler, mas, sim, por seus "executores ansiosos", assim como ocorreu nos extermínios soviéticos, no final da década de 1930, não foi Stalin quem praticou o verdadeiro assassinato, mas, sim, *seus* executores ansiosos, o mesmo se verificou durante o genocídio em Ruanda. Embora os ruandenses em posição de autoridade política e militar incitassem o assassinato e o caos, e os soldados do exército tivessem praticado alguns assassinatos, a maior parte desses episódios foi executada pelos hutus,* que, usando seus instrumentos agrícolas *low-tech*, atacavam os Tutsis,** seus ex-vizinhos. Como observou Geraldine Umugwaneza, a brutalidade das pessoas era impressionante, em parte porque acontecia muito perto, e não a distância. (Ao contrário, Hitler e seus enviados executavam a maior parte dos assassinatos em campos de concentração fora da Alemanha e com "meios modernos", como o gás venenoso.) Os instrumentos mais conhe-

---

**Nota da Tradutora*: O mais numeroso dos três grupos étnicos de Ruanda e Burundi.
***Nota da Tradutora*: Os tutsis (em kinyarwanda e kirundi: batutsi) são um grupo étnico presente principalmente em Ruanda e Burundi, mas também nas regiões vizinhas de RD Congo, Uganda e Tanzânia. São um povo banto e, tanto do ponto de vista linguístico como cultural, não se distinguem dos hutus, o grupo étnico majoritário em Ruanda e Burundi.

cidos eram as machadinhas, chamadas localmente de *panga*, e porretes repletos de pregos afiados. Era uma batalha corpo a corpo: as mulheres eram espetadas, as grávidas eram estripadas, as cabeças das crianças eram arremessadas contra as pedras e os tendões de aquiles dos homens eram cortados para garantir sua imobilidade e uma morte lenta e dolorosa.[38]

Acontece que a crueldade entre as pessoas – crueldade dos líderes para com os seguidores e dos seguidores para com outros seguidores – não é exclusivamente um fenômeno político. Ainda que, em níveis menos homicidas e malévolos, também está incorporado à vida cotidiana. Por exemplo, no ambiente de trabalho, sempre ocorrem problemas de domínio e submissão, como podem confirmar aqueles que têm "chefes maus" ou "chefes tiranos". O National Institute for Occupational Safety and Health, que já reconhece a tirania como uma forma de violência no local de trabalho, informou que aproximadamente um quarto das empresas pesquisadas apresentou algum tipo de problema de tirania.[39] Como demonstra o site Badbossology.com (outros sites fazem o mesmo), o abuso do poder no ambiente profissional está disseminado e se manifesta de várias maneiras. Além da tirania, há discriminação, assédio, baixos salários, violações dos direitos legais e invasão de privacidade. Esse comportamento não é trivial. O abuso psicológico é mais aceito, principalmente na América corporativa, do que o abuso físico – uma prova de quão miserável pode ser o relacionamento entre superiores e seus subordinados.

Você gostaria de trabalhar para o embaixador das Nações Unidas, John Bolton, que, segundo comentavam antigamente, ameaçava seus subalternos, lançando objetos sobre eles e comportando-se, às vezes, como um "doido varrido"? Você gostaria de trabalhar para a diretora de aquisições da força aérea, Darleen Druyun, que, segundo comentários, ameaçava os subordinados, espetava os executivos do setor, e buscava vantagem pessoal à custa do governo? Você gostaria de trabalhar para Josh Emett, *chef* alto e magro, da Nova Zelândia, conhecido por exercer sua autoridade na cozinha, obrigando os cozinheiros a "entender que eles eram insetos fracos, extremamente desagradáveis, que mereciam ser inferiorizados e publicamente humilhados"? Ou, ainda nesse contexto, você trabalharia para Joe Allbritton, o tão temido presidente do Riggs Bank, conhecido por gritar até mesmo com os gerentes de alto escalão, por humilhar publicamente seus subordinados e por demitir as pessoas por telefone?[40]

Ainda continua sendo um verdadeiro mistério como, exatamente, os superiores justificam seu comportamento abusivo e como, exatamente, os subordinados, que podem optar por qualquer outra coisa, explicam sua predisposição para sofrer abusos. Isso não ocorre por falta de tentar aguentar o que parece inaceitável. Bem recentemente, outro professor de psicologia, Albert Bandura, concluiu que os executores a serviço das prisões americanas conseguem fazer aquilo pelo qual são pagos, por meio da dissociação moral. "A dissociação moral" – afirma Bandura – "é onde se encontra toda ação. Está em nossa possibilidade de associar e dissociar, à vontade, nossos padrões morais, e ajuda a explicar como as pessoas podem ser cruéis com tanta barbaridade, em determinado momento, e compassivas, logo em seguida".[41] Ainda assim, mais uma vez, com todas essas explicações, a fonte do mal continua a zombar de nós, assim como os verdadeiros motivos para fazer o mal, quando seria mais fácil fazer o bem.

A desumanidade explica por que, apesar de todas as discussões acadêmicas sobre as diferenças semânticas entre as palavras *poder*, *autoridade* e *influência*, no jargão popular a palavra *poder* é a que mais importa. As pessoas julgam a maioria das relações entre líderes-seguidores por uma avaliação extremamente importante: por quanto poder o líder exerce sobre o seguidor. Entretanto, o *poder* é um termo altamente flexível e fungível, que tem diversos significados para pessoas diferentes em várias situações. Um artigo muito conhecido, publicado há quase 50 anos, descreveu os diversos tipos de "poder social" pelos quais os líderes podem se basear, como o poder da recompensa (a capacidade de recompensar), o poder da coerção (a capacidade de punir), o poder da legitimidade (consequência do cargo ou da posição) e o poder da especialização (consequência do conhecimento).[42] Mais recentemente, Joseph Nye apresentou o que se tornou uma conhecida distinção entre o "poder vigoroso" e o "poder da persuasão". Nye afirma que "o poder é a possibilidade de influenciar o comportamento dos outros para obter os resultados almejados". Mas também destaca que há várias maneiras de afetar esse comportamento. "É possível coagir [os outros] com ameaças", escreve ele. Ou você pode "convencê-los com pagamentos". E – continua ele – existe ainda uma alternativa: "Atrair e convocá-los a querer o que você deseja."[43] Essas diferenças, principalmente aquela entre a coerção (poder vigoroso), por um lado, e a atração (poder da persuasão) pelo outro, têm sua importância não somente, como enfatiza Nye, na política mundial, mas também na vida cotidiana. O modo como os relativamente sem-poder enfrentam os relativamente poderosos depende da natureza de seu poder – e de como é exercido.

Embora essas diferenças e distinções sejam relevantes, convém ressaltar que, em geral, a palavra *poder* costuma significar domínio e submissão, transmitindo a ideia de que algumas pessoas (líderes) podem fazer outras pessoas (seguidores) executarem o que elas querem. Já sabemos que isso pode se complicar, pois queremos nos livrar das pessoas poderosas, primeiramente de nossos pais. Mas, ao mesmo tempo, precisamos ser fortes para que tomem conta de nós quando a situação assim o exigir. Em resumo, não queremos ser controlados por nossos líderes, mas queremos que eles nos protejam.[44]

Seja qual for o caso, aprendemos logo cedo a nos adaptar àqueles que têm mais poder do que nós. Na verdade, os mais fiéis seguidores são elogiados pelo bom comportamento. Como crianças, somos recompensados por andar na linha, por apoiar os mais poderosos do que nós, em geral os pais e professores. E, no futuro, no ambiente de trabalho, somos premiados, de modo semelhante, por nossa conformação.[45] Lembre-se da longa saga da sucessão na General Electric, quando o CEO Jack Welch se preparava para se aposentar. Durante muitos meses, ele deixou claro que um de seus três assessores, comandados por ele há muito tempo, seria escolhido como seu sucessor. A indicação iria para Jeff Immelt, James McNerney ou Robert Nardelli. Como cada um deles conseguiu permanecer a um passo da substituição do lendário Welch? *Sendo superior, sendo subordinado.* A bem da verdade, a subordinação superior foi bem-sucedida nos três casos. Embora Immelt tenha se tornado o CEO na General Electric, McNerney tornou-se CEO na Boeing e Nardelli, na Home Depot.[46]

Evidentemente, nosso interesse pelo poder, no que diz respeito a domínio e respeitabilidade, é tão antigo quanto a história da humanidade e, tradicionalmente, pertence à área do controle. Praticamente todos os grandes teóricos da política já se depararam com a questão do que significa a relação correta entre governante e governado. O ideal do liberal tem sido constante: igualdade. Ninguém é superior e ninguém é inferior; portanto, ninguém deve dominar e ninguém deve submeter-se. A fórmula padrão facilita as coisas: "Todo homem vale por um e ninguém vale por mais de um."[47] Mas a virtude da igualdade não é óbvia, nem universalmente aceita, com alguns dos maiores pensadores políticos da história indo na direção totalmente contrária. Lembre-se de que Thomas Hobbes sugeriu que mantivéssemos a ordem social, estabelecendo um sistema no qual os direitos dos seguidores sofressem uma restrição rigorosa – e os direitos dos líderes fossem praticamente irrestritos.

Evidentemente, a igualdade plena não é nada mais nada menos do que um ideal, uma fantasia. Entre nossos problemas mais indigestos, encontram-se aquelas situações em que existe desequilíbrio extremo de poder. Nas famílias – pense nos abusos contra as crianças, mulheres e até contra os mais velhos. No trabalho – pense nos líderes e gerentes cruelmente indiferentes ao bem-estar de seus subalternos. E no nível do Estado, pense no Zimbábue, submetido por muitos anos a um ditador brutal, Robert Mugabe, que estava sempre pronto, desejoso e apto a exterminar todo desafio à sua autoridade. O desequilíbrio do poder abrange todas as possibilidades, desde a subserviência e escravidão no lado extremo, até formas mais sutis de controle e intimidação incorporadas à vida cotidiana. Mas existe algo em comum: eles negam aos subordinados "o luxo usual da reciprocidade negativa: bateu, apanha; insultou, ganha outro insulto".[48]

É evidente que nem todos os seguidores se contentam em seguir – o que, em um livro como este, é inevitavelmente um tema repetitivo. Alguns ficam tão irados, zangados ou infelizes em ter de renunciar ao controle que terminam resistindo. Essa resistência pode ser organizada, premeditada e pré-planejada. Ou pode ser espontânea, explodir repentinamente, sem planejamento prévio. De modo semelhante, essa resistência pode ser um ato isolado ou orquestrado com outras pessoas igualmente decepcionadas. Por fim, a resistência ao poder pode ser secreta, oculta aos olhos; ou aberta, em cujo caso, em geral, a consequência é o confronto direto.

Em sua obra, *Domination and the Arts of Resistance*, James C. Scott prova seu ponto de vista: as pessoas que resistem, que falam a "verdade para o poder" são raras, realmente raras. Scott não afirma que é impossível falar a verdade para o poder, que os subordinados nunca podem dirigir-se livremente e sinceramente a seus superiores. Mas argumenta que, quando existe um alto grau de controle dos superiores sobre os subalternos, é improvável que a resistência ocorra de forma aberta. É simplesmente perigoso demais. Então, qual é a alternativa? Isso significa que não há qualquer resistência? Ou os seguidores descobrem outras maneiras de se opor aos líderes que não lhes dão a palavra, em hipótese alguma?

Scott argumenta que o que se vê *não* é necessariamente o que se obtém. Em geral, o que se vê nessas situações não é mais do que algum tipo de manifestação pública, em que os sentimentos dos seguidores permanecem velados, e não revelados. Na realidade, Scott escreve: "Quanto mais ameaçador for o poder, tanto mais espessa será a máscara."[49] Entretanto, não se deve subestimar a importância do que há por trás da máscara – do que os subordinados realmente pensam e sentem. Essas verdades estão contidas no que Scott chama de "transcritos ocultos", que podem ser encontrados em toda situação em que um indivíduo ou grupo domina outro.[50] Os transcritos ocultos nos revelam o que está sendo dito em sigilo, por trás das portas fechadas. E se manifestam em atos secretos de rebelião, como sabotagem, caça clandestina, furto e sonegação de impostos. Em resumo, os transcritos ocultos são "escritos" pelos sem poder para resistir aos poderosos, sem arriscar sua vida no processo.

A mensagem de Scott é abrangente em suas consequências, tendo em vista que essas formas sigilosas de resistência formam o alicerce para a resistência pública posterior. "A primeira declaração pública do transcrito oculto tem toda uma história prévia que explica sua capacidade de gerar revoluções políticas." É claro que, se esse primeiro ato de rebeldia dos subordinados contra seus superiores for um fracasso, muito provavelmente não se repetirá. Se obtiver êxito, sua capacidade de reagir à opressão "será potencialmente surpreendente".[51]

É claro que, na extremidade oposta do espectro da liderança totalitarista, encontraremos a liderança democrática, uma liderança segundo um contrato social, em que o poder entre os líderes e os seguidores é compartilhado. Os líderes democráticos são supostamente confiáveis, cuidadosos, atenciosos, consultivos, conscienciosos e preocupados. E os seguidores democráticos – ou seja, seguidores em sistemas democráticos – são supostamente preparados para participar. Espera-se que eles cooperem com o grupo e colaborem com seus líderes, pelo menos se esses líderes merecerem.[52] Ao contrário, se essa premissa não for pertinente, se os líderes não "merecerem", ficará a critério dos seguidores democráticos determinarem o que se quebrou e fazer os líderes pagarem o preço.

Os termos *liderança transacional* e *transformacional*, como descritos pelo revolucionário cientista político, James MacGregor Burns, geralmente pressupõem liderança e subordinação democráticas. Ou seja, pressupõem que os seguidores sabem onde estão seus interesses, e estão preparados, ansiosos e capazes de agir adequadamente. Segundo Burns, a liderança transacional se baseia em um modelo econômico, no qual líderes e seguidores mantêm alguma forma de intercâmbio, que beneficia ambas as partes.[53] Por sua vez, a liderança transformacional "ocorre quando uma ou mais pessoas *se unem* a outras, para permitir que líderes e seguidores se ergam mutuamente a fim de alcançar níveis mais altos de motivação e moralidade".[54] Evidentemente, Burns vislumbrou a possibilidade de os dois tipos de liderança serem muito diferentes. Não obstante as diferenças, a liderança transacional e a liderança transformacional são semelhantes, no contexto mais relevante: levam em consideração não somente as necessidades e os desejos dos líderes, como também dos seguidores.

O trabalho de Burns concentrou-se quase totalmente na liderança no setor público. Entretanto, é no setor privado que suas ideias sobre liderança democrática têm surtido maior impacto. Mais especificamente, suas ideias sobre liderança transformacional têm atraído o interesse dos líderes e gerentes corporativos, que pretendiam aplicar as teorias de Burns às suas práticas. Isso não surpreende, considerando que a imagem que Burns transmite sobre os líderes e seguidores como colaboradores corresponde a uma cultura corporativa cada vez mais segura das virtudes da hierarquia nivelada. Como ninguém mais – e de forma quase inadvertida, pois seu interesse era em política, e não em negócios –, Burns captou a sensibilidade se modificando lentamente. "A 'liderança de um único homem' é, até certo ponto, uma contradição", escreve ele. "Os líderes, em resposta às próprias motivações, apelam para os [motivos] dos possíveis seguidores. À medida que os seguidores vão respondendo, desenvolve-se uma relação simbiótica que une líderes e seguidores."[55]

Contextos e características

O modo de relacionamento entre seguidores e líderes depende do contexto em que estão integrados. Seja como for, sabemos que o contexto é crítico. De acordo com o grande sociólogo George Homans, "a relação entre o superior e o subordinado é, até certo ponto, idêntica em todos os grupos". Contudo – acrescentou ele –, "essa relação varia muito de intensidade, de um grupo a outro, de acordo com diversas circunstâncias, como o relacionamento do grupo com seu ambiente, a possibilidade de o subordinado se esquivar da autoridade e até que ponto o superior é escolhido pelos membros do grupo".[56]

Mas nem sempre o contexto mais importante se evidencia, considerando que os contextos são círculos concêntricos nos quais um deles, o menor, se situa dentro do maior. Por exemplo, suponhamos que você trabalhe como vendedor na principal loja da Saks Fifth Avenue, na Cidade de Nova York. Seu contexto mais próximo seria o departamento em que você atua – por exemplo, de calçados masculinos. Mas esse departamento específico é apenas um entre muitos na Saks, os quais, juntos, formam o todo, aquela loja imensa do centro de Manhattan. Trata-se da loja que constituiria o maior contexto que serviu como principal ponto de referência profissional para você.

Contudo, a loja Saks Fifth Avenue do centro estaria incorporada a outro contexto ainda, uma vez que ela é apenas uma das mais de 50 lojas da cadeia Saks Fifth Avenue, que, em si mesma, é uma subsidiária da Saks Incorporated. Para aprofundar ainda mais a discussão, a Saks Incorporated se situa, de modo mais genérico, no setor de moda americano, o qual, por sua vez, faz parte da economia americana mais abrangente e, também, da indústria da moda mundial. A questão é que cada um desses contextos, desde aqueles que estão perto e fisicamente presentes até aqueles que estão em algum lugar distante, pode surtir impacto sobre a relação entre líderes e seguidores. Se a Saks Incorporated entrar em recessão, seu superior no departamento de calçados masculinos na loja principal da Fifth Avenue talvez não tenha outra opção, a não ser demiti-lo imediatamente.

Os contextos aos quais os grupos estão integrados são não somente espaciais, em relação a tamanho, como também temporais, em relação ao tempo. Por exemplo, como é possível entender a relação entre o presidente da Rússia, Vladimir Putin, e o povo russo, sem conhecer pelo menos uma parte da história e da cultura desse país? O passado é uma parte relevante do presente. É importante o fato de que a Rússia tem uma tradição de autocracia e ditadura, passando pelos czares, por Stalin e até Gorbachev. Tem sua importância o fato de que a Rússia nunca tenha conhecido a democracia, pelo menos como nós a entendemos no Ocidente. Importa que Putin, por mais que pareça um autocrata para os americanos, esteja agindo totalmente de acordo com o que muitos russos esperam e até desejam de seus líderes nacionais. De acordo com os comentários da jornalista investigativa russa, torturada, Anna Politkovskaya, sobre seu povo, "eles esperam que tudo caia sobre sua cabeça e, se o que vier de cima for a repressão, eles terminarão aceitando".[57]

O modo de interação entre líderes e seguidores também é determinado por características importantes, como as relações e o tamanho do grupo. Entenda-se como *relações do grupo* as formas de interação dos seguidores. Lembre-se de que os seguidores obedecem a seu líder – e que, nos grupos coerentes, também obedecem uns aos outros. Os membros refletem entre si suas convicções, atitudes, valores e comportamentos. "Os integrantes de uma gangue de adolescentes são imediatamente identificados por seu estilo diferenciado de se vestir. Os grupos de trabalho engajados em alguma atividade especializada desenvolvem um jargão aparentemente esotérico para os não membros. Um casal tende a ficar mais parecido um com o outro ao longo de seu casamento. E os participantes de um grupo envolvidos em uma reforma social compartilham a ideologia sobre a natureza do mundo social que almejam mudar. Até mesmo entre os não conformistas dedicados, é possível detectar uma semelhança tediosa de estilos de cabelo."[58] O choque inicial do que ocorreu no tempo das longas cabeleiras dos Beatles rapidamente desapareceu, porque muitos homens também "se rebelaram", usando cabelos longos.

Os motivos para as semelhanças abrangem exposições e experiências compartilhadas, e valores também compartilhados. Mas, acima de tudo, esse reflexo manifesta a pressão no sentido da conformidade, que praticamente todo grupo exerce sobre quase todos os membros. Todos os grupos querem que seus membros se comportem de acordo com as necessidades e preferências do grupo. Por exemplo, por que você haveria de querer alguém em seu culto que não estivesse predisposto a seguir, pelo menos de modo geral, os preceitos de sua igreja? Por que haveria de querer em seu clube de bridge alguém que não jogasse conforme as regras do jogo?[59] Simplificando, somos recompensados pela conformidade: obtemos os benefícios que a vida em comunidade nos propicia. Ao contrário, pelo menos em uma parte do tempo, somos punidos quando nos recusamos a andar na linha, sendo marginalizados ou até banidos.

Entretanto, existem algumas desvantagens ao se conformar, dentre as quais o *pensamento coletivo*. O termo foi consagrado pelo psicólogo Irving Janis, que analisou vários fiascos da política estrangeira dos Estados Unidos, começando com a Baía dos Porcos. "Como" – pergunta Janis – "homens brilhantes e astutos, como John F. Kennedy e seus conselheiros, puderam ser levados pelo plano retalhado e estúpido da CIA" para invadir Cuba?[60] Após estudar alguns fracassos políticos desse tipo, inclusive a Guerra do Vietnã, cada um planejado e executado por grupos pequenos de tomadores de decisão inteligentes, e depois compará-los com êxitos políticos, como a Crise dos Mísseis Cubanos, Janis chegou a uma conclusão. O problema estava no pensamento coletivo: a tomada de decisão equivocada, como uma consequência da pressão no sentido da conformidade.

Foi essa pressão que impediu que quase todos os membros de grupos pequenos tivessem um raciocínio independente e avaliassem criteriosamente os diversos cursos de ação. A propósito, por conta de quase todos os relatos, o Iraque já deve constar nessa lista. Por exemplo, em seu livro *Fiasco: The American Military Adventure in Iraq*, Thomas Ricks responsabiliza a administração Bush pelos processos de tomada de decisões em que as alternativas diferentes de primeiro entrar e depois "manter o curso das investigações" foram excluídas da discussão.[61]

Em geral, os líderes são responsabilizados por fiascos de tomada de decisões desse tipo – nesse caso, um ou outro presidente americano. Mas os seguidores também fazem sua parte. Eles, efetivamente, têm voz ativa – e podem optar por utilizá-la.

Por último, a relação entre líderes e seguidores é determinada pelo tamanho do grupo. Por exemplo, estamos examinando líderes e seguidores em grupos pequenos ou em grandes organizações? Ou também estamos examinando líderes e seguidores em grandes concentrações populacionais, como, por exemplo, só para citar um exemplo totalmente aleatório, o Brasil, o maior e mais populoso país da América do Sul? Acima de tudo, o tamanho determina a distância: quanto maior for o grupo ou a organização, tanto maior será a distância entre o líder, por um lado, e os seguidores, do outro. Os CEOs das empresas com apenas 100 empregados podem conhecer cada empregado. Mas os CEOs de empresas com mil empregados ou mais, sem esquecer dos líderes dos países com um milhão de pessoas ou mais, podem conhecer apenas uma pequena ou minúscula fração daqueles empregados em seu local de trabalho ou sob sua jurisdição.

O tamanho também determina a distância de maneira mais sutil e menos óbvia. O tamanho maior vem "geralmente acompanhado por uma necessidade maior de complexidade estrutural, informações mais filtradas e atrasadas, aumentos geométricos no número de relações diádicas e grupais, distância social mais ampliada e mais restrições impostas à mudança".[62] Além disso, os grandes grupos e organizações são caracterizados por grandes diferenças nos ganhos entre os que estão no topo e os posicionados no último degrau. Em 2005, os CEOs das 500 maiores empresas da América receberam uma média salarial total de $11,75 milhões – mais de 400 vezes o valor dos salários de seus trabalhadores de mais baixo nível salarial. O salário dos CEOs é muito mais alto do que o daqueles imediatamente abaixo deles na hierarquia: em grupos de executivos, a discrepância de receita entre aqueles posicionados no topo e os situados imediatamente abaixo deles aumentou para 260%.

A distância entre líderes e seguidores fica mais evidente nos grandes Estados-nação, a maior parte dos quais confere grande poder aos que estão no comando, simbolizado por uma grande residência. O Palácio de Buckingham – com suas

19 Salas de Estado, 52 quartos principais, 188 quartos de empregados, 92 escritórios e 78 banheiros – continua sendo um marco atual e da era em que os reis e rainhas da Inglaterra tinham seu significado. A tradição continua. Até hoje, casas esplêndidas separam os governantes dos governados, até mesmo nas democracias liberais. Por exemplo, apesar da aversão à monarquia por parte dos fundadores, praticamente desde o início os presidentes americanos viviam em uma grande casa branca na Pennsylvania Avenue, o que, em si, representa uma distância entre eles e todos os demais.

Nannerl Keohane, que, como citado anteriormente, foi reitora da Wellesley College e da Duke University, descreveu de modo competente o impacto da distância sobre a relação entre líderes e seguidores. Ela conclui que a palavra *relação*, como em *relação entre líderes e seguidores*, costuma ser confundida. Segundo ela, ter uma relação significa ter uma associação próxima, afetuosa e duradoura com um parente, amante, marido, irmão, colega ou amigo. Embora os seguidores possam ter a impressão de que "conhecem" seus líderes, em parte porque os acompanham bem de perto, e a importância desse elo não deva ser subestimada, geralmente é uma ligação unidirecional. "Nenhum líder" – escreve Keohane – "pode ter uma ligação pessoal e direta com grandes números de seguidores; isso só é possível para aqueles com quem o líder trabalha mais diretamente". Portanto, à exceção dos líderes e seguidores em pequenos grupos, a ligação entre eles é tão-somente assimétrica. Resultado: o tamanho tem sua importância. Em grandes grupos e organizações, "a ligação entre o líder e seus seguidores deve ser mais abstrata, dissociada e impessoal do que o termo 'relação' possa supostamente descrever".[63]

Seguidores tomam a dianteira

Os membros de culto estão entre os poucos seguidores que efetivamente foram estudados. Em parte, isso reflete os números – as pesquisas realizadas nos anos 80 estimavam que, nos Estados Unidos, mais de 50% dos adolescentes tinham algum interesse em cultos. E, em parte, isso indica a natureza da amostra – os membros de cultos estão claramente controlados, facilmente identificados e submissos a seus líderes. Eles também se comportam como se espera que os seguidores se comportem. Ou seja, eles obedecem.[64] Os seguidores dos líderes carismáticos são parecidos. Um artigo publicado no *Academy of Relationships* informou que, embora os seguidores dos líderes carismáticos não sejam idênticos aos seguidores dos líderes de cultos, apresentam aspectos importantes em comum, como a predisposição a fazer sacrifícios pessoais no interesse da missão, e sua forte associação emocional com seus líderes.[65]

Todos esses aspectos levantam a seguinte questão: o que acontece quando reduzimos o nível de envolvimento, quando, em vez de vislumbrar os seguidores de líderes de cultos ou líderes carismáticos, olhamos para os seguidores de líderes mais comuns, líderes transacionais, por exemplo, em vez de transformacionais? As descobertas são previsíveis: a capacidade dos líderes de motivar os seguidores – ou, se preferir, a predisposição dos seguidores de serem assim motivados – depende da possibilidade de o líder "comportar-se de modo a dar o exemplo dos valores e ideais compartilhados pelos grupos por ele liderados".[66]

Agora, passemos ao próximo questionamento: o que sabemos sobre os seguidores em circunstâncias nas quais o líder não é um líder culto ou um líder carismático, nem mesmo um líder que dá exemplo de valores e ideais compartilhados? Em resumo, o que sabemos sobre a maioria dos seguidores na maioria das situações – situações em que os líderes são diferentes, aquém de inspiradores ou exemplares? Na realidade, sabemos muito pouco. Além disso, o que sabemos não é muito encorajador. Com isso, quero dizer que muitas vezes, se não na maioria, os seguidores se dissociam. Eles apoiam seus líderes não por serem cativados pelo mensageiro ou pela mensagem, mas porque a alternativa, que seria não apoiar, é menos atraente. Nós nos comportamos no ambiente de trabalho de forma previsível porque esse comportamento nos faz sentir suficientemente bem; ou porque não damos muita importância; ou porque haveria um custo a ser pago se agíssemos de outra forma, talvez resistindo. De modo semelhante, seguimos o fluir da vida política porque calculamos que combater o sistema terá, de certa forma, um custo mais alto, e simplesmente não compensa. Como escrevi anteriormente, com toda a revolta e o desencantamento difundidos em relação ao modo como George W. Bush tratou a Guerra no Iraque, apenas poucos americanos fizeram questão de expressar sua opinião. Em geral, apoiávamos em silêncio, se não infantilmente, um presidente que desaprovávamos totalmente e de quem não gostávamos. (Perto do final de seus dois mandatos, os índices de aprovação de Bush ficaram entre 20 e 30%.)

Isso nos leva à questão dos valores. Há uma vasta literatura sobre como ser um bom líder. Mas existe uma literatura insuficiente – ínfima – sobre como ser um bom seguidor.[67] Além disso, essa literatura, no estado em que se encontra, é recente. Entretanto, precisamos estar cientes da visão atual: os líderes são responsáveis pelo que acontece – *e os seguidores também*. Há uma pressuposição de que os líderes em todos os grupos e organizações devem ter ética e eficiência no mesmo patamar. E, atualmente, existe outra premissa de que, se isso não acontecer, os próprios seguidores deverão encarregar-se de corrigi-los.

Por um lado, essa mensagem é conhecida. Já ouvimos isso antes, em diversos locais e ocasiões, pelo menos desde a Revolução Americana. Cada uma das seguintes linhas, ou slogans, tem o mesmo espírito, e cada uma diz mais ou menos a mesma coisa: domínio e consideração estão fora de moda e autodeterminação está na moda.

- "Governo do povo, pelo povo e para o povo."
- "Trabalhadores no mundo, uni-vos! Vocês não têm nada a perder, exceto suas correntes!"
- "Poder para o povo!"

Entretanto, é curioso observar que, até onde diga respeito à literatura sobre liderança, esses sentimentos foram exacerbados mais recentemente, pois somente agora estão sendo tratados os direitos, as responsabilidades e a função dos seguidores.

O livro de Ira Chaleff, *The Courageous Follower*, capta essa mudança – que não é nada mais do que colocar os seguidores "em igualdade de condições" com os líderes. Bem, não exatamente, pois Chaleff não é revolucionário. Na realidade, ele deseja que os seguidores apoiem seus líderes e "contribuam com o desenvolvimento da liderança". Mas realmente considera a importância de falar a verdade para o poder; e efetivamente incentiva os subordinados a "sustentar a coragem necessária para ser honesto" com seus superiores.[68] Contudo, devo acrescentar que as possíveis, se não prováveis, consequências dessa coragem perderam sua importância. O que fazer quando falar a verdade para o poder é arriscado ou até perigoso? O que fazer quando as coisas ficam complicadas – quando o líder não é alcançável ou receptivo, quando o seguidor tem pouca ou nenhuma alavancagem real?

Evidentemente, para essas perguntas, não há respostas fáceis. Mas, esclarecendo melhor, os subordinados que desafiam seriamente seus superiores devem preparar-se para enfrentar um peso-pesado. Como disse anteriormente, isso não significa que seja difícil lidar com todos os líderes e gerentes ou que eles resistam à mudança. Alguns recebem muito bem as reações honestas, enquanto outros acolhem o que é novo e diferente. É necessário realmente nos conscientizarmos – lembrarmo-nos de que os que têm mais poder, autoridade e influência do que nós geralmente estão em posição de resistir até mesmo às nossas mais sinceras tentativas, e de nos punir se continuarmos a pressionar.

Diante disso, eu também diria que o próprio fato de estarmos começando a questionar não somente o que os líderes devem fazer, mas também como os seguidores devem agir, é um sinal de mudança para o rumo certo. Indica que estamos cientes de que a liderança é uma relação que abrange pelo menos duas pessoas: um líder e um seguidor. E significa que sabemos que a subordinação é uma relação que envolve pelo menos duas pessoas: um seguidor e um líder.

CAPÍTULO 4

Tipos

Nós nos apegamos a nossos líderes e às semelhanças e diferenças existentes entre eles. Mas, com os seguidores, a situação é diferente. Não nos importamos sequer em distinguir um do outro, porque presumimos que eles não fazem a menor diferença ou que todos são *farinha do mesmo saco*. Como veremos, existem algumas exceções a essa regra. Mas, em geral, raramente observamos que, por exemplo, os seguidores que acompanham de perto, atabalhoadamente, são diferentes daqueles que se dedicam totalmente; e raras vezes notamos que as distinções entre os seguidores resultam diretamente daquelas existentes entre os líderes.

É curioso observar que fora do campo da liderança e do que chamo aqui de "indústria da liderança", as pessoas têm certeza da existência de diferenças entre, por exemplo, os eleitores americanos que votam em todas as eleições federais, estaduais e locais, e aqueles que, mesmo tendo o direito de votar, nunca o exercem. De modo semelhante, as pessoas parecem entender que, muito provavelmente, os que trabalham para a Motorola há uma década ou mais são mais leais à empresa do aqueles que entraram recentemente. E, no mundo ocidental, quase todas as pessoas sabem perfeitamente bem que os discípulos de Jesus eram diferentes, quanto à sua dedicação, de todos os demais, à exceção dos cristãos mais religiosos de hoje em dia. Ainda assim, a maioria de nós fica paralisada, totalmente parada em um local em que os líderes são investigados a todo instante, enquanto os seguidores são tão ignorados que as diferenças entre eles não são percebidas nem entendidas.

A primeira exceção notável a essa regra talvez tenha sido o filósofo e estadista inglês Francis Bacon, que escreveu, no século XVI, um ensaio intitulado

"Of Followers and Friends". Bacon descobriu que os seguidores eram diferentes entre si – e que alguns eram problemáticos. Ele alertou contra os "Seguidores Dispendiosos" – aqueles que literalmente custavam muito caro, consumindo "dinheiro", e dispendiosos, em termos metafóricos, sendo exigentes e cansativos. Da mesma forma, Bacon se acautelava contra os "Seguidores Revoltosos", descontentes com o fato de não despertarem credibilidade; e, contra os "Seguidores Gloriosos", que despertavam inveja, quando alardeavam seus triunfos. Por fim, ele alertou contra os "Seguidores Perigosos", que "questionam sobre os segredos de Estado e saem contando histórias para outras pessoas".[1]

Mas só bem recentemente, alguns especialistas sobre liderança e gerenciamento desenvolveram tipologias mais formais, que distinguem os seguidores de vários tipos. Cada uma das seguintes tipologias se baseou em um trabalho realizado basicamente na América corporativa; e cada uma classificou os seguidores em diversos grupos distintos.

Tipos do passado

O professor Abraham Zaleznik, da Harvard Business School, foi o pioneiro. Por mais de uma década, ao longo dos anos 1960 e 1970, ele se concentrou nos seguidores, em parte de seu tempo.

Abraham Zaleznik

Em 1965, a *Harvard Business Review* publicou um artigo de Zaleznik, intitulado "The Dynamics of Subordinacy" (A Dinâmica da Subordinação). O artigo focava os subordinados, em vez dos superiores, e Zaleznik argumentava que "os indivíduos em ambos os lados da relação de autoridade vertical" eram importantes para o desempenho das organizações. Para distinguir entre os diferentes tipos de seguidores, ele os distribuiu ao longo de dois eixos: o primeiro, *domínio e submissão*, representava um deles; o segundo, *atividade e passividade*, o outro. O primeiro eixo variava de subordinados que queriam controlar seus superiores àqueles que desejavam ser controlados por eles. O segundo eixo abrangia desde os subordinados que "davam o primeiro passo e se introduziam" até aqueles que pouco ou nada faziam. Quando ocorria uma interseção entre os dois eixos, os seguidores eram divididos em quatro grupos: (1) subordinados impulsivos, (2) subordinados compulsivos, (3) subordinados masoquistas e (4) subordinados retraídos.

- Os *subordinados impulsivos* eram rebeldes; desafiavam as pessoas em cargos de autoridade. Entretanto, eles podem ser construtivos, até "espontâneos e corajosos", e sentem "urgência de criar e realizar". Alguns subordinados impulsivos realmente "influenciam os eventos". Ou sejam, lideram.
- Os *subordinados compulsivos* buscam, da mesma forma, controlar as pessoas em cargos de autoridade, mas através de "meios *passivos*". Eles têm fortes sentimentos de culpa, oriundos de seu desejo de dominar – o que, por sua vez, tem origem no que Zaleznik, um freudiano, considerava o desejo universal de usurpar nossa primeiríssima figura de autoridade, nosso pai.
- Os *subordinados masoquistas* realmente desejam sofrer; eles querem submeter-se ao "controle e à positividade da figura de autoridade". O masoquismo se manifesta quando o subordinado atrai para si a crítica, apresentando deliberadamente, ou talvez inconscientemente, um desempenho deficiente.
- Os *subordinados retraídos* pouco ou nada se importam com o que acontece no trabalho, e se comportam de maneira correspondente. Na situação extrema, os subordinados retraídos percebem o mundo como malévolo e implacável, e se retraem totalmente. Mas os subordinados retraídos apresentam um problema, inclusive nas situações menos extremas, pois sua "falta de confiança, interesse e engajamento [os] torna não suscetíveis à influência".[2]

Atualmente, os quatro tipos definidos por Zaleznik estão um pouco desatualizados. Acima de tudo, a tipologia de Zaleznik tem mais a ver com os subordinados desajustados do que com aqueles que trabalham normalmente. Apesar disso, ele foi um pioneiro e o primeiro, entre os especialistas em liderança e gerenciamento, a destacar a importância dos seguidores, a necessidade de distingui-los, e que essas diferenças eram importantes na teoria e na prática.

Abraham Zaleznik e Manfred F. R. Kets de Vries

Dez anos depois da publicação do artigo "The Dynamics of Subordinacy" na *Harvard Business Review*, Zaleznik voltou ao assunto, dessa vez com a colaboração de Manfred F. R. Kets de Vries. No livro *Power and the Corporate Mind*, que, como o próprio título sugere, era basicamente sobre liderança, não sobre subordinação, eles incluíram um capítulo que examinava com mais detalhes o que Zaleznik continuava chamando de "subordinação".[3]

O modelo era o mesmo: os subordinados eram divididos nos mesmos quatro grupos, distribuídos ao longo dos mesmos dois eixos: domínio e submissão, e atividade e passividade. Entretanto, o livro esclarecia muito mais do que o artigo original a importância daqueles que eram bem diferentes do homem encarregado. Um dos relatos versa sobre o general Douglas MacArthur, demitido por insubordinação pelo presidente Harry Truman. Trata-se de uma história emocionante, em parte porque o extraordinário subordinado (MacArthur) achou que tinha os mesmos direitos que seu extraordinário superior (Truman), e, em parte, porque os riscos eram muito elevados. Os dois homens tinham discordâncias acirradas, principalmente sobre se a Guerra da Coreia deveria ser negociada para a antecipação de seu fim ou se deveria ser expandida, com as Forças Armadas americanas perseguindo os chineses. Truman era a favor da primeira opção; MacArthur defendia a última. Durante algum tempo, Truman tolerou a resistência e a rebeldia de MacArthur. Mas chegou o momento em que o presidente deu um basta. Ao enfrentar novamente seu comandante supremo, MacArthur foi sumariamente expulso.

Zaleznik e Kets de Vries argumentam que, em algumas circunstâncias, o general deveria ter se submetido ou se resignado. Mesmo assim, a discordância entre o general e seu comandante supremo levanta algumas questões importantes: o que significa ser um bom seguidor? O que significa ser "leal, ainda que independente"? E o que significa ser, ao mesmo tempo, um parceiro da equipe e um livre pensador?[4]

A obra *Power and the Corporate Mind* fornece outro exemplo de um presidente que era pessimamente atendido por seus subordinados. Entretanto, dessa vez, o desserviço fora executado não por seguidores rudes e rebeldes, mas por seguidores que cooperavam e eram complacentes. A cobertura do escândalo Watergate da administração Richard Nixon resultou de um presidente determinado, a todo custo, a não ser descoberto. Também foi a consequência de conselheiros confiáveis que cometeram o erro de fazer um conluio de ações criminosas. De acordo com Zaleznik e Kets de Vries, "o que fortaleceu os julgamentos equivocados e o comportamento imoral do presidente e de seus subordinados foi uma conspiração psicológica alimentada pela ambição e pelo desejo de manter a supremacia contra oponentes reais e imaginários".[5]

Quem era o público-alvo de toda essa teorização psicológica? Mais especificamente, a quem Zaleznik estava se dirigindo, inclusive ao descrever a relação entre superiores-subordinados em termos freudianos? De modo geral, ele escreveu para líderes e gerentes nas maiores e mais bem-sucedidas corporações americanas. Seu artigo sobre a dinâmica da subordinação foi publicado pela *Harvard Business Review*, e seu livro, escrito com Kets de Vries, citava no título "a mente corporativa". Então, parece bem claro que Zaleznik estava motivado pela convicção de que, se os superiores compreendessem melhor seus subordinados, ambos sairiam ganhando.

Robert Kelley

Na literatura moderna sobre liderança e gerenciamento, o livro de Robert Kelley, publicado originalmente em 1992, *O poder dos seguidores* (São Paulo, Editora Siciliano, 1993), é a primeira obra escrita para seguidores, e não para líderes. O livro parece realmente motivado pelo interesse e pela preocupação com a questão de "como é ser um seguidor".[6] Além disso, seu real objetivo parece ser incentivar os seguidores – os trabalhadores do mundo, se você preferir – a agirem em interesse próprio. Nesse sentido, o livro de Kelley é um manifesto, clamando os seguidores para que *não* sigam seus líderes ou, mais precisamente, que não façam isso às cegas e sem ponderação.

Kelley estava interessado nos seguidores "exemplares". Diferentemente de Zaleznik, cujo foco eram os seguidores problemáticos, Kelley focava aqueles que agiam com "inteligência, independência, coragem e forte senso de ética".[7] Por conseguinte, em primeiro lugar, ele desmistificou o que chamava de "o mito da liderança", a centralização nos líderes apoiada nos últimos anos por professores, estudiosos, consultores, instrutores e até pela mídia, profissionais que, para ele, tinham forte interesse pessoal em se fixar nos líderes, ignorando os seguidores. Kelley afirmou que o mito da liderança estava se "debilitando" e que prejudicava os seguidores. E avisou que esse mito "induzia as pessoas a abrirem mão de suas defesas diante dos líderes" e a se sujeitarem a "possíveis abusos".

Para localizar os seguidores que ele mais admirava, Kelley recorreu a Hermann Hesse, que, em *Journey to the East*, retratava um grupo em uma jornada mítica. O personagem principal, Leo, é um empregado e é percebido dessa forma pelos outros. Ele cozinha, limpa e executa todas as outras tarefas pequenas. A despeito desse status inferior, Leo, com seu bom humor, alegra e mantém o grupo nos trilhos. Quando Leo some de uma hora para a outra, tudo se desgoverna. "Acontece que o grupo não consegue continuar sozinho, sem seu empregado e suposto seguidor, Leo. A missão é cancelada."[8]

Para a maioria das pessoas, essa história indica que, apesar de sua baixa posição hierárquica, Leo era o líder. Mas Kelley percebeu de modo diferente. Ele não sentiu Leo como um líder, mas, sim, como um "seguidor exemplar, o tipo de pessoa sem a qual nenhum líder ou grupo pode obter êxito". Evidentemente, Kelley considera os seguidores tão importantes quanto os líderes. Os excelentes seguidores, os seguidores exemplares, têm um senso próprio de dignidade, além de sentirem orgulho do que fazem e do que são. Como um desenvolvedor de software contou a Kelley: "Fui seguidor em toda a minha vida. Esse, definitivamente, é o papel que prefiro desempenhar. Sou considerado um dos melhores *micreiros** nesta empresa. Mas não tenho a mínima vontade de liderar pessoas... Simplesmente produzo softwares excelentes que as pessoas querem comprar, assim como todos os hackers de computador sentados ao longo desse corredor. Agora, responda: quem é mais importante para esta empresa? Aqueles que criam e fabricam o produto ou os chefes que fazem uma barulheira daquelas?"[9]

Assim como alguns outros estudiosos dos seguidores, Kelley admitiu que os seguidores eram diferentes entre si. Em consequência, também os classificou em vários grupos, primeiramente de acordo com as respectivas motivações. Por que "Aristóteles optou por seguir Platão?", perguntou ele. "Como Carl Jung descobriu Sigmund Freud?" E "O que levou Ellen Gates-Starr a seguir Jane Addams e tornar a Hull House uma façanha internacional, ao disponibilizar um centro de conciliação para os imigrantes pobres de Chicago?"

O interesse de Kelley estava na conformidade *voluntária*, naqueles que seguem, por iniciativa própria, por um ou talvez mais de um bom motivo. Por exemplo, os "aprendizes" obedecem porque, ao acompanharem os líderes, há mais probabilidade de se tornarem líderes também. Os "discípulos" obedecem porque querem ligar-se aos líderes que admiram profundamente. Os "tutelados" obedecem porque provavelmente se beneficiarão ao se relacionarem com pessoas de posição superior à deles. Os "camaradas" obedecem porque buscam o relacionamento e o apoio social que os grupos geralmente propiciam. Os "Leais" obedecem por conta de uma obrigação ou de um compromisso pessoal. Os "Sonhadores" obedecem porque seus líderes incorporam uma ideia ou uma causa, na qual acreditam piamente. E ainda existem aqueles, como o desenvolvedor de software, citado anteriormente – pessoas que são seguidoras simplesmente porque, seja qual for o motivo, preferem seguir a serem líderes.[10]

Kelley também diferenciou os seguidores, de acordo com seus "estilos de subordinação". Assim como Zaleznik, Kelley distribuiu os seguidores em dois eixos (veja a Figura 4-1). O primeiro representava o pensamento independente; o segundo era (também) o nível de atividade. Em uma das extremidades do primeiro eixo, encontram-se os seguidores inovadores e independentes; e, na outra ponta, estão os seguidores que "não pensam". Em uma das extremidades do segundo eixo, encontram-se os seguidores que tomam iniciativa; e, na outra ponta, estão os seguidores lerdos e passivos.

**Nota da Tradutora*: Especialistas em computador.

FIGURA 4-1

Estilos de subordinação definidos por Robert Kelley

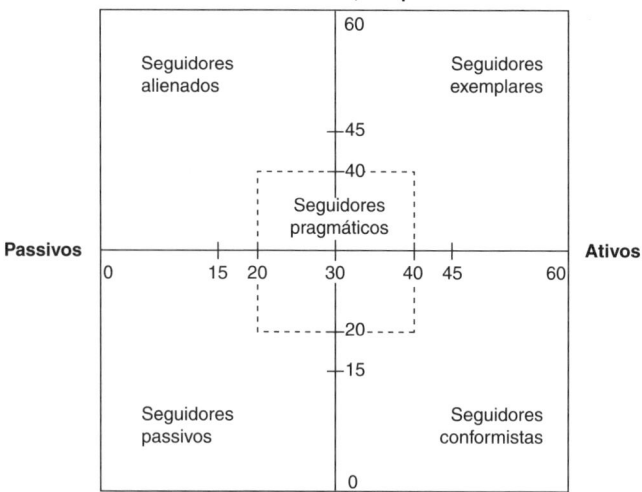

Pensamento crítico, independente

```
                    60
   Seguidores              Seguidores
   alienados                exemplares
                    45
                    40
              Seguidores
              pragmáticos
Passivos                                    Ativos
        0    15  20   30   40  45   60
                    20
                    15
   Seguidores              Seguidores
   passivos                 conformistas
                    0
```

Pensamento não crítico, dependente

Fonte: extraído de *O poder dos seguidores*, de Robert E. Kelley, copyright © 1992, por Consultants to Executives and Organizations, Ltd. Utilizado com autorização da Doubleday, uma divisão da Random House, Inc.

Segundo Kelley, existem cinco estilos de seguidores.

- Os *seguidores alienados* pensam livremente e de modo crítico; mas não participam dos grupos e das organizações das quais são membros. São excelentes no pensamento independente e apresentam resultados inferiores na participação ativa.
- Os *seguidores exemplares* desempenham bem sua função em todos os aspectos. Exercem um "pensamento crítico, independente, separadamente do líder ou grupo" e também participam ativamente.[11] De modo geral, seu desempenho é excelente.
- Os *seguidores conformistas* se contentam em receber ordens, submetendo-se a seus líderes. Seu desempenho é excelente quanto à participação ativa e sofrível em relação ao pensamento independente.
- Os *seguidores passivos* esperam que os líderes pensem por eles, o que significa que precisam de supervisão constante. O desempenho é baixo no pensamento independente e bem equilibrado na participação.

- Os *seguidores pragmáticos* "mantêm-se no meio do caminho". Questionam as decisões de seus líderes, mas não com muita frequência, sem muitas críticas. Seu desempenho fica no nível "médio" quanto ao pensamento independente e também na "média" em termos de participação.

A cruzada de Kelley era transformar todos os seguidores – principalmente aqueles no ambiente de trabalho – em seguidores exemplares. Em um ensaio curto, escrito anos depois da publicação de seu livro, a ambição e o idealismo de Kelley ainda estavam em evidência. Na verdade, ele tornou ainda mais claro do que anteriormente que os melhores seguidores não eram nada além de "cordeirinhos passivos". Eles colaboravam muito para que suas organizações obtivessem sucesso, mas, ao mesmo tempo, eram operadores independentes que poderiam, se necessário e pertinente, "apresentar uma consciência corajosa".[12]

Ira Chaleff

As virtudes dos seguidores "corajosos" foram alardeadas ainda mais fortemente por Ira Chaleff, na obra *The Courageous Follower*.[13] Esse livro também é um trabalho pioneiro no estudo da subordinação, principalmente porque o objetivo principal de Chaleff é promover não a liderança, mas, sim, o desenvolvimento da subordinação. Essa obra é mais um livro de autoajuda do que o de Kelley. É pragmático e prático, direcionado a encorajar, pelo menos um pouco, os subordinados em suas interações com seus superiores.

Os títulos dos diversos capítulos – por exemplo, "The Courage to Assume Responsibility" (A Coragem de Assumir a Responsabilidade), "The Courage to Serve" (A Coragem de Servir) e "The Courage to Challenge" (A Coragem de Contestar) – indicam esse objetivo. Segundo Chaleff, os seguidores têm "muito mais poder" do que, em geral, supõem. Mas o que normalmente lhes falta – continua ele – é coragem, o que é "tão contrário à imagem predominante dos seguidores e tão crucial para equilibrar a relação com os líderes".[14] Observe as semelhanças entre Chaleff e Kelley nas respectivas ideologias e intenções. Ambos estão decepcionados com o mito da liderança e tentam combatê-lo. E ambos descrevem o poder dos seguidores e como esse poder deveria ser efetivamente utilizado.

Chaleff também dividiu os seguidores em alguns grupos diferentes. Mais uma vez, há dois eixos distintos e, novamente, eles fazem uma interseção (veja a Figura 4-2). Como resultado, temos quatro "estilos de subordinação". O primeiro *continuum* é o grau de apoio propiciado pelo seguidor ao líder: muito ou pouco.

FIGURA 4-2

Estilos de subordinação, segundo Ira Chaleff

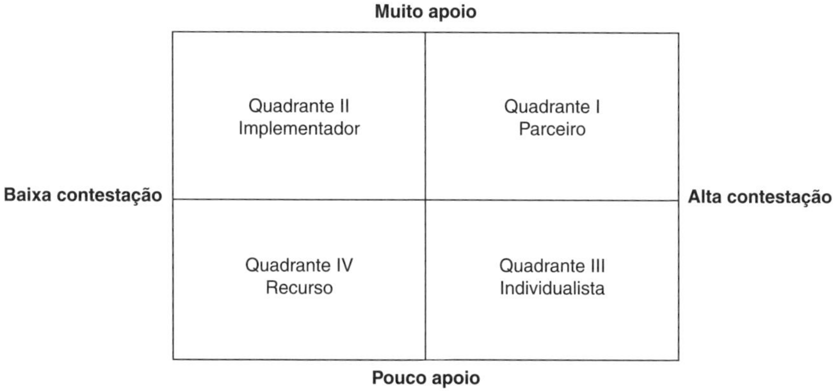

	Muito apoio	
Baixa contestação	Quadrante II Implementador	Quadrante I Parceiro	Alta contestação
	Quadrante IV Recurso	Quadrante III Individualista
	Pouco apoio	

Fonte: Reimpresso com autorização do editor. Extraído de *The Courageous Follower: Standing Up to and for Our Leaders,* copyright © 2003, por Ira Chaleff, Berrett-Koehler Publishers, Inc., São Francisco, CA. Todos os direitos reservados. www.bkconnection.com.

E o segundo, que, na realidade, é o oposto do primeiro, representa até que grau o seguidor contesta o líder: alto ou baixo.

Segundo Chaleff, os quatro estilos de subordinação distintos são:

- *Implementador* – Esse tipo de seguidor é o mais comum, principalmente nas grandes organizações, em que os superiores dependem dos subordinados para que o trabalho seja executado.
- *Parceiro* – Esse seguidor apoia totalmente seu líder; mas também está preparado e predisposto a contestar, se necessário.
- *Individualista* – Esse seguidor revela a seu líder e, por conseguinte, a todas as pessoas exatamente o que ele pensa e sente. Mas por receber apoio de pessoas em cargos de autoridade, geralmente é marginalizado.
- *Recurso* – Esse seguidor "faz um bom trabalho pelo pagamento de alguns dias, mas não excede o mínimo que se espera deles".[15]

Chaleff descreve os quatro estilos diferentes de subordinação. Os Implementadores são confiáveis, solidários e atenciosos. Os Parceiros assumem riscos orientados por metas. Os Individualistas são independentes, seguros de si mesmos e objetivos. E os seguidores classificados como *Recurso* estão disponíveis para seus líderes – mas não comprometidos com eles. Mais uma vez, Chaleff escreve principalmente sobre os seguidores no ambiente de trabalho nas grandes organizações. A despeito desse aspecto, a mensagem da obra *The Courageous Follower* é abrangente. Chaleff descreve, no início, "como, ao saber como uma criança, do extermínio sistemático de seus milhões de judeus europeus", ele percebeu a importância dos seguidores. Desse modo, sua motivação original remete a Hitler. "Nunca mais" – escreve ele – os seguidores deverão obedecer a "um líder viciado nas conclusões lógicas de sua psicose".[16]

Tipos atuais

É evidente que meu trabalho sobre os seguidores que influenciam os líderes reflete minha posição privilegiada: de cientista política. Apesar disso, tenho me impressionado, há muito tempo, não com as diferenças existentes entre, por exemplo, liderança no governo e liderança na iniciativa privada, mas, sim, com as semelhanças.[17] E o mesmo tem acontecido com a subordinação – estou surpresa com as semelhanças entre os seguidores, independentemente da situação em que se encontrem.

Isso não quer dizer que o contexto não importa. Como esclareci anteriormente, importa, sim. Ser um seguidor na Ásia é diferente de ser um seguidor na América do Sul. Ser um seguidor em um grupo pequeno é diferente de ser um seguidor em uma grande organização. Ser um seguidor em um momento de crise é diferente de ser um seguidor quando a situação é estável. Ser um seguidor em uma posição superior no organograma organizacional é diferente de ser um seguidor em um patamar inferior. Ser um seguidor de um líder benevolente e benigno é diferente de ser um seguidor de um líder medíocre e malévolo. Ser um seguidor em uma grande corporação multinacional é diferente de ser um seguidor em uma pequena empresa familiar. E ser um seguidor no século XXI é diferente de ser um seguidor no século XIX. Mesmo assim, a dinâmica básica entre os que têm poder, autoridade e influência, e os que não têm, não varia tanto quanto as aparências indicam. Sejam quais forem as diferenças, considerar a subordinação é considerar o domínio, por um lado, e a respeitabilidade, por outro.

Este trabalho é diferente de meus anteriores, primeiramente por causa do assunto discutido – da Merck às Forças Armadas americanas, da Alemanha Nazista à Igreja Católica. Segundo, as histórias são bastante detalhadas – quatro delas foram contadas integralmente. Terceiro, a imagem que apresentei é complexa – cada tipo de seguidor é traçado não somente em relação ao líder, mas também em relação aos outros seguidores. Quarto, a distinção que inseri no início deste livro, entre seguidores definidos pela hierarquia e seguidores definidos pelo comportamento, permeia o todo. Finalmente, este trabalho é mais descrito do que prescritivo. Não quero mudar o modo como as pessoas se comportam, para incentivar os subordinados em relação a seus superiores, nem encorajar os superiores a se relacionarem com os subordinados. Mas ao mesmo tempo, presumo que essa mudança exige prontidão para agir. Eis por que as histórias que conto são basicamente como parábolas, destinadas mais a iluminar do que a instruir.

Exatamente como os poucos que preparam este solo antes de mim, cheguei à conclusão de que os seguidores são diferentes uns dos outros, e que podem e devem ser divididos em, pelo menos, alguns grupos distintos. A questão era como diferenciá-los? Eu poderia tê-los diferenciado, de acordo com o tamanho do grupo ao qual estão integrados. Por exemplo, sabemos que os seguidores em grupos pequenos se comportam de modo diferente dos seguidores nas grandes organizações. Ou eu poderia tê-los distinguido pelo respectivo nível excepcional. Alguns seguidores são, essencialmente, comuns. Outros se conduzem de maneira extraordinária, até heroica. Ou eu poderia tê-los diferenciado pela hierarquia, por sua distância até o topo. Esses seguidores específicos estavam bem lá no alto, pertinho do líder? Ou estavam em um patamar inferior na hierarquia organizacional, perto de um gerente de nível inferior, talvez, mas, a despeito disso, longe do homem ou da mulher mais importante?[18]

Finalmente, estabeleci uma tipologia baseada em uma métrica simples e peculiar, que alinha os seguidores ao longo de apenas um eixo extremamente importante, que é o *nível de participação*. Ou seja, divido todos os seguidores em cinco tipos diferentes, de acordo com o lugar no qual se encaixam ao longo de um *continuum* que varia do sentimento e de não fazer absolutamente nada, em uma das extremidades, a ser apaixonadamente comprometido e profundamente envolvido, na outra. Os cinco tipos são:

- Isolado
- Espectador
- Participante
- Ativista
- Fanático

Pressupõe-se uma hierarquia. Ou seja, cada tipo presume que os seguidores estejam, por definição, em funções subordinadas nas quais têm menos poder, autoridade e influência do que seus superiores. Cada um desses cinco tipos também pressupõe um comportamento de um tipo ou outro, partindo de não fazer absolutamente nada a acelerar a toda velocidade. O que não pode ser determinado a partir da tipologia é a disposição: como os seguidores se sentem em relação a seus líderes. Como veremos mais adiante, os Isolados são totalmente dissociados e, assim, constituem um caso especial. Mas os Espectadores, que aparentemente dariam a impressão de ser igualmente dissociados, podem ter – e efetivamente têm – opiniões e atitudes segundo as quais, contudo, preferem não agir. Quanto aos demais – Participantes, Ativistas e Fanáticos –, não podemos afirmar, com base unicamente no nível de participação, se são dedicados e submissos, ou antagonistas e adversários. Esses seguidores obedecem a seus líderes? Ou, em vez disso, não obstante a hierarquia, resistem a eles?

Por serem totalmente retraídos, os Isolados serão discutidos imediatamente a seguir. Os outros quatro tipos, ao contrário, participam de alguma maneira. No mínimo, sabem o que está acontecendo ao redor deles, motivo pelo qual serão discutidos com mais detalhes, posteriormente.

Isolados

Os Isolados são totalmente dissociados. Eles não se importam com seus líderes, nem conhecem nada a respeito deles, nem reagem a eles de maneira alguma. Apesar disso, sua alienação tem consequências. Como padrão – por não saberem nada e nada fazerem –, os Isolados fortalecem ainda mais seus líderes, que já têm poder e controle.

Examine o caso do eleitor americano ou, mais exatamente, o caso dos eleitores americanos que têm direito a votar, mas nunca o fazem. Eu me interessei por esse tipo específico de seguidor, por intermédio de uma aluna em uma de minhas aulas que trabalhou durante oito anos como conselheira, em uma cidade de bom tamanho no Meio-Oeste americano. Ela adorava o serviço público, fez campanha por duas vezes para ser eleita e, depois, reeleita para o gabinete político. Mas, certo dia, ela fez um levantamento do tempo e do dinheiro gastos para angariar os votos convertidos a seu favor. Os resultados foram decepcionantes, tão desestimulantes que ela começou a questionar se seu investimento na obtenção de votos estaria compensando. Entre outros aspectos, de aproximadamente 10 mil eleitores cadastrados em seu distrito, menos de 600 realmente votaram em todas as eleições, incluindo as primárias e as eleições especiais.

Quem eram os outros 9.400 e por que não compareceram e votaram quando teria sido muito fácil fazer isso? E quanto às outras dezenas de milhares de eleitores que têm o direito de votar, mas não se importam sequer em se cadastrar? A julgar pelos números tão expressivos, podemos certamente pressupor que há mais de um motivo pelo qual tão poucos americanos, principalmente em comparação com os eleitores válidos em outras democracias ocidentais, dão-se ao trabalho de comparecer às urnas.

Algumas pessoas não votam porque decidem, por um motivo ou outro, não participar ou, pelo menos, não participar regularmente. Elas optam por ficar de fora, conscientemente, desassociando-se deliberadamente do processo político e daqueles que o preenchem. Essas pessoas que decidem não votar são Espectadores. Estão cientes do contexto político ao qual estão necessariamente integradas, mas preferem ficar à margem e observar a acelerar e participar.

Entretanto, existe outro tipo de eleitor que não vota, que é tão dissociado do sistema político, e daqueles que ocupam cargos de autoridade política que não se importa com nada nem com ninguém. Esses são os Isolados: mantêm-se à parte.

Aproximadamente 15 milhões de americanos informaram que não votaram em 2004 porque "não estavam interessados na eleição ou não se envolviam com política".[19] Em 2005, o município em que minha aluna trabalhava como conselheira foi disputado, efetivamente, por menos de 25% dos eleitores válidos, pelos relativamente poucos eleitores que foram às urnas. Em outras palavras, os seguidores Isolados deixam os líderes *e os seguidores de outros tipos* tomarem suas decisões políticas por eles. (Devo acrescentar que alguns considerariam essa conduta perfeitamente normal. Segundo opinião de Anthony Downs, meio século atrás, "é irracional ser politicamente bem informado, porque os baixos retornos dos dados simplesmente não justificam seu custo em termos de tempo e outros recursos", ou seja, como meu voto não vai decidir nada, por que devo me dar ao trabalho de ser politicamente informado?)[20]

O nível de engajamento dos cidadãos tem despertado o interesse dos analistas da política americana, principalmente a partir dos anos 1960 e 1970, do Vietnã e Watergate, e dos assassinatos de John, Robert Kennedy e Martin Luther King, quando começou a se acentuar o declínio da credibilidade no governo americano. Evidentemente, o termo *engajamento dos cidadãos* está relacionado a uma gama de atividades que abrangem muito mais do que o simples ato de votar. Mesmo assim, o número de pessoas que têm direito de votar e das que efetivamente o fazem tem sido considerado o mais importante indicador do engajamento dos cidadãos. Isso explica por que os livros intitulados *Why Americans Don't Vote* (Por que os Americanos Não Votam) e *Political Alienation and Voting Turnout in the United States, 1960–1988* (Alienação Política e Período de Votação nos Estados Unidos – 1960-1988) começaram a aparecer nos anos 1980 – refletiam a preocupação cada vez maior com a lacuna crescente entre os líderes políticos e seus seguidores desengajados.[21]

As descobertas explicam por que principalmente os Isolados conhecem tão pouco e se importam ainda menos. Mais uma vez, enfatizo a diferença entre os Isolados não votantes e os Espectadores não votantes. Os Espectadores tomam uma decisão deliberada de não ir às urnas. Eles *não* tomam essa decisão porque não têm interesse ou são desinformados, mas porque concluem, de modo consciente, que "todos os candidatos na campanha ou até todos os políticos são desonestos, fraudulentos e não compensa votar neles"; ou porque determinam deliberadamente que "nenhum dos candidatos pode representar seus interesses ou atender às suas expectativas".[22]

Ao contrário, os Isolados não votam porque *são* desinteressados e desinformados. Consideram-se impotentes e, por conseguinte, desmotivados para prestar atenção. Além disso, até onde lhes diga respeito, política não faz sentido – é tão sem sentido, incerta e imprevisível que a única resposta que eles podem sequer imaginar é *nenhuma*, para impedir de serem informados.[23]

Para aqueles que acreditam que a participação política é importante, principalmente o declínio no número de votantes entre os jovens é uma má notícia. Como observaram os especialistas, "está cadastrada ou vota habitualmente uma quantidade bem menor de nascidos no pós-guerra do que a geração anterior a eles, e há uma redução ainda maior entre a geração do pós-guerra e as posteriores".[24] Embora essa tendência não seja incomum ou irreversível, o declínio se acelerou nos últimos anos. As pesquisas demonstram que, na eleição presidencial de 1972, aproximadamente 52% das pessoas na faixa etária de 18-24 anos compareceram às urnas; em meados de 2002, esses números caíram para 36%.

Mais uma vez, esses não votantes não são apenas Espectadores. São Isolados, conforme avaliado, por exemplo, por seu nível de engajamento cognitivo, que acaba sendo um previsor eficiente do engajamento político.[25] De todos os americanos nascidos entre 1965 e 1976, a conhecida Geração X, apenas 37% afirmaram acompanhar o governo e os assuntos públicos "na maior parte do tempo". Menos de um terço relatou que lia regularmente jornais ou publicações de notícias; e, quanto a esses aspectos, menos de um terço lê regularmente notícias na Internet. Em outras palavras, não há qualquer dúvida de que os jovens de hoje em dia dão menos importância à vida política do que os mais velhos. Mas não vamos confundir as coisas: o problema do Isolado político – partindo da premissa de que seja realmente um problema – não se restringe apenas aos jovens. As pesquisas de âmbito nacional do público geral indicam que a "porcentagem de pessoas que não prestam a mínima atenção à política tem subido nos últimos 16 anos, embora a porcentagem de quem realmente dá *muita* atenção continue a mesma".[26]

Após as eleições de 2002, quando os eleitores com direito a voto foram solicitados a responder por que não foram às urnas, alguns dos motivos alegados eram de ordem prática – por exemplo, "eu me mudei recentemente e ainda não cadastrei meu novo endereço". Mas, ao somar o número de "bons" motivos para não votar e compará-los com o número de motivos que refletem simplesmente o desligamento dos eleitores, você perceberá claramente que a maioria das pessoas que não votaram apenas ignorou o assunto e desapareceu. Examine o seguinte: mais de 80% dos não votantes na eleição de 2002 afirmaram que isso aconteceu por um dos seguintes motivos.

- "Não estou interessado em política."
- "É muito difícil obter informações sobre os candidatos em quem votar."
- "Meu voto não faria qualquer diferença no que acontece em minha vida."
- "Estou muito decepcionado com a política e com o governo."
- "Não há diferença entre os dois partidos."
- "Votar dá muito trabalho."[27]

Levando-se em conta o assunto discutido neste livro, preciso destacar que a decepção existente por trás de cada uma dessas desculpas tem menos a ver com o governo – quando comparado com os funcionários públicos – do que com os líderes. "A maioria dos americanos acha que a arena política decaiu. Cinquenta e seis por cento concordam que política é um meio de manter a vantagem daqueles que já têm poder; apenas um terço acredita que a política é uma maneira daqueles sem-poder obterem condições de igualdade."[28] Entre os não votantes mais jovens (os nascidos depois de 1976), verificam-se um nível muito elevado de pessimismo e uma ampla alienação. Mais da metade desse grupo associou os líderes políticos a palavras como *mentira* e *corrupção*, e muito mais de um terço acha que política é só "para os ricos" e "rapazes brancos engravatados". Ao chegar a essas conclusões deploráveis, alguns americanos simplesmente se afastaram. Eles não dão a mínima para a política.

Alguns especialistas defendem que a lacuna cada vez maior entre o eleitorado americano e seus líderes políticos não vem ao caso ou que é um problema facilmente descartado, que não está restrito apenas aos Estados Unidos. As taxas em declínio de participação política principalmente entre os cidadãos mais jovens têm chamado a atenção em muitos outros países – por exemplo, no Canadá.[29] O motivo é simples: a teoria democrática se baseia na premissa de que o governo não é apenas para o povo, mas do povo e pelo povo também. Portanto, um afastamento muito grande entre governantes e os governados é, em geral, percebido como mau presságio. Como avisava Tocqueville, "a democracia tende a cair na mediocridade niilista se seus cidadãos não se inspirarem em uma meta nacional mais abrangente".[30]

A divisão entre líderes e seguidores é mais desconcertante quando os seguidores acham que os líderes estão enfraquecidos. Em meados de 2006, em uma pesquisa realizada na CBS, 71% dos entrevistados responderam que a América estava caminhando na direção errada. Mas esse nível surpreendentemente elevado de insatisfação não se traduzia, de modo óbvio, em engajamento político.[31] Na realidade, em uma primária democrática importante, realizada em Connecticut, alguns meses depois, e que recebeu muita atenção do país, o comparecimento foi de apenas 43%. Embora, por um lado, esse número estivesse muito acima da média para uma eleição primária em Connecticut, por outro, nem metade dos democratas inscritos – pelo menos alguns deles eram Isolados – se importou em votar. Além disso, esse grupo sequer representava 15% da população total no estado em idade de votar.[32]

Até agora, o nível infelizmente baixo de engajamento dos cidadãos, avaliado pelo nível de participação dos eleitores, indica um problema persistente e alarmante. Isso não tem a ver apenas com teoria política; também está relacionado com a prática política. Como resultado de ceder o controle a um número relativamente baixo de eleitores votantes, que tendem aos extremos dos partidos Democrata e Republicano, nunca foi grande a polarização, o que gera, por sua vez, mais rancor e menos progresso. Para demonstrar a preocupação de muitos especialistas, examine a seguinte solução radical, proposta pelo veterano observador político Norman Ornstein. A Austrália oferece o modelo: os eleitores cadastrados que não comparecem às urnas devem apresentar um motivo para não votar ou devem pagar uma pequena multa que aumenta sempre a cada reincidência. Resultado: uma taxa de comparecimento de mais de 95%. Evidentemente, a multa desestimula a não ficar em casa e deixar de votar. Mas o sistema faz muito mais do que penalizar os faltosos. Ele transmite a ideia de que votar é uma obrigação social e que promove o diálogo político. "Os políticos australianos sabem que todos os seus cidadãos de bem, inclusive os próprios partidários, os partidários oponentes e os não partidários, irão às urnas."[33]

Mas ocorre apenas um pequeno problema, confessado pelo próprio Ornstein: nos Estados Unidos, "a votação obrigatória seria uma negociação difícil. Por ínfima que seja a perda da liberdade, os americanos a percebem como um preço muito alto a pagar, até mesmo para a democracia na prática, mais do que apenas na teoria." Então, o que fazer? É evidente que estou argumentando que o primeiro passo é estabelecer uma distinção entre o Espectador não votante e o Isolado não votante. Do jeito que está agora, há inúmeros esforços incentivando a "sair e votar", e a maioria é do tipo padronizado. O mesmo argumento está sendo direcionado a tipos de pessoas (seguidores) totalmente diferentes, que têm motivos totalmente distintos para não ir às urnas. Isso não faz o menor sentido. Não faz sentido tratar não votantes que não sabem nada e pouco se importam da mesma forma como se trata aqueles que sabem muito e se importam ainda mais.

Portanto, toda orientação para votar destinada aos Isolados, em particular, deve começar na etapa zero, persuadindo aqueles que são totalmente desligados do sistema político a dar atenção. Devo acrescentar que a melhor maneira de persuadir os Isolados de que *eles* devem *ligar-se* seria informando a eles que *as outras pessoas* estão atentas, principalmente aquelas com as quais eles se relacionam. Mais uma vez, conseguir que as pessoas façam isso ou aquilo tem menos a ver com líderes do que com seguidores. Tendemos a nos conformar com o que as outras pessoas estão fazendo, principalmente as pessoas parecidas conosco.[34]

Essa discussão sobre os Isolados é ilustrativa – uma historieta sobre um grande grupo que, mesmo com toda a preocupação, continua a frustrar e até alarmar aqueles que acreditam que governo democrático significa governo participativo.[35] Entretanto, o problema do Isolado raramente se restringe ao âmbito político. Sabemos muito bem que o ambiente de trabalho tem, da mesma forma, um contingente considerável de subordinados totalmente dissociados, que ali se encontram para fazer sua parte e nada mais. Os Isolados no ambiente profissional são desinformados, desinteressados e desmotivados. Não cultivam qualquer tipo de relação com seus líderes ou gerentes. São alienados do sistema, do grupo ou da organização que constitui o todo. Por fim, permanecem em silêncio porque são desligados – e, como silenciam, são ignorados. Os Isolados têm um problema e *são* um problema.

Espectadores, Participantes, Ativistas e Fanáticos

Os outros quatro tipos de seguidores participam de alguma maneira. Eles estão engajados com seus líderes e com os outros seguidores, e com o grupo ou a organização em que estão integrados. Convém lembrar que cada um deles pressupõe uma hierarquia de subordinados, e são ordenados de acordo com o respectivo nível de engajamento.

- *Os Espectadores observam mas não participam. Tomam uma decisão deliberada de permanecer à parte, de se dissociar de seus líderes e de tudo o que estiver relacionado com a dinâmica do grupo. Na realidade, esse retraimento é uma declaração de neutralidade que representa um apoio tácito a quem e ao que quer que constitua o* status quo.
- *Os Participantes, de alguma maneira, estão engajados. Favorecem explicitamente seus líderes e os grupos e as organizações dos quais são membros – ou são claramente oponentes. Em ambos os casos, acautelam-se o bastante para investir no que acreditam – ou seja, investem uma parte do que têm (tempo, por exemplo) para tentar surtir algum impacto.*

- Os Ativistas se sentem fortemente ligados a seus líderes e agem de modo correspondente. São dispostos, cheios de energia e engajados. Por investirem muito nas pessoas e nos processos, trabalham arduamente tanto em prol de seus líderes como para derrubá-los ou até mesmo depô-los.
- Os Fanáticos são exatamente o que o nome indica – preparados para morrer, se necessário, por uma causa própria, seja por um indivíduo, uma ideia ou ambos. Os Fanáticos são profundamente dedicados a seus líderes; ou, ao contrário, estão prontos para derrubá-los das posições de poder, autoridade e influência, usando os meios necessários. Em ambos os casos, os Fanáticos são definidos por sua dedicação, incluindo a predisposição a arriscar a vida e a integridade física. Ser um Fanático é algo totalmente exaustivo. É quem você é e determina o que faz.

Em algum local, citei o fato de que sugerir um tipo de tipologia é um convite à polêmica.[36] Não obstante essa advertência, dividir os seguidores em vários tipos diferentes, principalmente de acordo com um critério tão obviamente crítico quanto o nível de engajamento, atende a pelo menos dois propósitos. O primeiro é teórico. A tipologia nos permite estabelecer distinções simples mas significativas entre os diversos tipos de seguidores, e impor a ordem que faltava no todo. A tipologia também atende a um propósito prático. Permite que as duas partes da relação, líderes e seguidores, convertam o que sabem naquilo que fazem. Isso não sugere que essa tipologia seja um exemplo para uma mudança radical. Como já mencionei, conseguir que os subordinados – e, nessa dimensão, também seus superiores – se conduzam de modo diferente dos padrões anteriores não é uma tarefa fácil. Mas aplicar outra perspectiva, outra maneira de ver a situação, que seja de baixo para cima, e não de cima para baixo, provavelmente com o passar do tempo fará diferença no modo como as pessoas com menos poder, autoridade e influência reagirão àquelas com mais poder, autoridade e influência, e vice-versa.

Os quatro capítulos seguintes, que integram a Parte II do livro, versam sobre os Espectadores, Participantes, Ativistas e Fanáticos. Em cada caso, faço apenas um relato, de modo amplo e detalhado, para sugerir uma ideia geral de como os seguidores se comportam – e por quê. Três dos quatro relatos versam sobre seguidores que obedeceram a seus líderes; o quarto está relacionado a seguidores que, a despeito de sua posição subordinada, ofereceram resistência.

O que quero realmente dizer é o seguinte: somos seguidores. Os seguidores somos nós. Evidentemente, isso não significa que todos nós obedecemos o tempo todo – às vezes, lideramos. Mas todos nós obedecemos, durante uma parte do tempo. É a condição humana.

PARTE II

Ser um Seguidor

Nada parece mais surpreendente, para aqueles que consideram as questões humanas com um olhar filosófico, do que a facilidade com que muitos são governados por poucos; e a submissão implícita pela qual os homens abdicam dos próprios sentimentos e paixões em favor de seus governantes.

David Hume

CAPÍTULO 5

Espectadores

Alemanha Nazista

Os espectadores observam, mas não participam. Eles tomam uma decisão deliberada de permanecer a distância, para se dissociar de seus líderes e de tudo o que se relacionar com a dinâmica do grupo. Essa retirada é efetivamente uma declaração de neutralidade que corresponde a um apoio tácito a quem ou ao que quer que constitua o status quo.

CONSIDERAÇÕES INICIAIS

Gostaria de deixar bem claro meu preconceito – contra os seguidores que ficam parados e não fazem nada. Meu preconceito é muito forte contra os seguidores que ficam estagnados e inativos, quando vidas correm riscos, o que, evidentemente, aconteceu na Alemanha Nazista.

Entretanto, é necessário lembrar que os Espectadores têm sua importância para todo grupo e organização do(a) qual são membros. E são importantes em situações bem menos onerosas do que a descrita aqui. É possível que o principal problema em relação aos espectadores é o fato de não fazerem nada, até mesmo quando fazer alguma coisa não é dispendioso ou arriscado. Imagine os Espectadores como caroneiros, que se contentam em deixar os outros tomarem as decisões do grupo e executarem o trabalho do grupo.

Pensando bem, a maioria das pessoas é ocupada. Temos muitas coisas por fazer e muitas outras que desejamos realizar. Em outras palavras, a maioria de nós não tem muito tempo disponível, o que explica, até certo ponto, por que gastamos tanto tempo desligados das comunidades às quais pertencemos. Também explica por que simplesmente não podemos apoiar toda causa ou etapa importante sempre que alguém em algum lugar realiza alguma coisa.

Mas a ladainha habitual de desculpas para não fazer nada – como falta de tempo, falta de interesse, falta de preocupação e falta de coragem – não se justifica. A questão é que os seguidores que ficam estagnados e não fazem nada dão um mau exemplo aos outros seguidores. Por não fazerem mais do que acompanhar seus líderes e outros seguidores também, eles nos vêm à mente quando cometemos o erro de pensar que todos os seguidores se deixam levar como cordeirinhos.

Conhecimento pregresso

Em uma carta (datada de 17 de agosto de 1946) que ela escreveu para seu mestre, o conhecido filósofo Karl Jaspers, a filósofa igualmente famosa Hannah Arendt ralhou com ele por ter escrito em um livro publicado na época em que os nazistas do alto escalão deveriam ser levados ao tribunal. "Sua definição da política nazista como um crime é questionável", escreveu ela. "Para aqueles crimes, nenhuma punição é suficientemente rigorosa."[1]

Até hoje, estende-se o debate sobre como, exatamente, deve ser classificado o Holocausto, em particular, ou até para refletir sobre os crimes da Alemanha contra a humanidade, na Segunda Guerra Mundial. Por um lado, o genocídio parece o mais simples dos crimes, no sentido de que é o mais flagrantemente chocante. Mas, por outro lado, o caso da Alemanha Nazista continua difícil de descrever, como se isso estivesse além de nossa capacidade de entender. Provavelmente, a Alemanha era não somente o país da Europa de mais alto nível cultural, como também uma terra notavelmente orgulhosa de seus poetas, pensadores e de músicos de uma importância jamais encontrada no mundo até então. Mas os judeus também faziam parte dessa tradição, tecida durante centenas de anos pela cultura e a consciência alemãs. Na verdade, destacar as semelhanças existentes entre os alemães e judeus já se tornou lugar-comum, pelo menos entre os intelectuais – alguns já chegaram a supor que exatamente a primazia da Alemanha na aprendizagem e no ensino superior da Europa "propiciara o terreno fértil para a expansão do judaísmo dentro de uma matriz de não judeus e até nacionalista".[2]

A necessidade de entender o que aconteceu na Alemanha durante o período nazista quase sempre tem apontado para um único homem, Adolph Hitler.

Como discutimos no Capítulo 1, os líderes simplificam as coisas. Somos, pelo menos em parte, centrados nos líderes porque eles nos ajudam a organizar um mundo que, de outra forma, seria confuso, assustador, quase esmagador. Os líderes nos permitem perceber e processar, motivo pelo qual nesse drama específico, o drama da Alemanha Nazista, Hitler, o extraordinário *führer*, mais de 60 anos depois de sua morte, ainda é o foco das atenções.

Já disseram que Adolph Hitler subiu ao poder principalmente por sua força como orador.[3] Ele já sabia que tinha esse dom. Em sua autobiografia, *Minha luta* (São Paulo, Editora Morales, 1983), escrita originalmente nos anos 1920, quando ele tinha entre 30 e 40 anos, Hitler se recorda do exato momento em que descobriu que, como orador, era tão eficiente, tão hipnotizante, que, tal como um evangelizador, poderia converter multidões. A reação a Hitler no pódio por um dos primeiros simpatizantes do nazismo, Kurt Luedecke, era comum: "Minha faculdade crítica era simplesmente varrida... Eu sentia uma exaltação somente comparada a uma conversão religiosa... Eu encontrara a mim mesmo, meu líder e minha causa. E essa mesma reação também foi sentida pela atriz e posterior criadora lendária de filmes, Leni Riefenstahl. Ela se lembra de ter ficado sob o domínio de Hitler, após ouvi-lo discursar em Berlim, em 1932: "Era como se a superfície da terra estivesse... jorrando um enorme jato dágua, tão poderoso que tocava o céu e abalava a terra. Eu me senti paralisada."[4] Acima de tudo, existia o apelo carismático de Hitler para muitas pessoas, para as enormes multidões que, diante dele, sentiam-se incapazes de se mover e se transformavam. O jornalista americano William Shirer se recorda do modo como as mulheres reagiram a Hitler em uma conferência nazista realizada em Nuremberg, em 1934: "Elas olhavam para ele como se ele fosse o Messias, seus rostos se transformavam em algo realmente desumano. E se ele continuasse visível por mais alguns instantes, acho que muitas delas teriam desmaiado de excitação."[5]

O apelo hipnótico de Hitler – certa vez, um admirador o chamou de "exímio manipulador da psicologia de massa" – explica seu controle sobre os poucos Fanáticos Nazistas desde o início. Também explica os milhões de seguidores alemães que tomaram parte das políticas e diretrizes nazistas em outras modalidades ligeiramente secundárias, Participantes e Ativistas.[6] Por fim e como consequência, o domínio de Hitler diz algo sobre os milhões de outros alemães que não tiveram qualquer participação em perpetrar o antissemitismo antes da guerra, ou no genocídio assim que a guerra começou, mas que, a despeito disso, ao permanecerem parados, sem qualquer atitude, enquanto os nazistas faziam o trabalho sujo, davam um apoio tácito. Esses eram os Espectadores, cuja obra ficou em evidência desde o primeiro dia, quando não disseram nem fizeram nada diante das pequenas humilhações, como os sinais que significavam "judeus não podem mais comprar comestíveis, exceto entre 16 e 17h".[7]

FANÁTICOS, ATIVISTAS E PARTICIPANTES

Antes de analisarmos os Espectadores, são necessárias algumas informações sobre o contexto em que agiam, sobre seu líder e seus colegas seguidores. Em um cenário como o da Alemanha Nazista, tão alucinado quanto complexo, seria impossível compreender o papel do Espectador, sem conhecer pelo menos algo sobre cada uma das outras partes do todo.

Apoio a Hitler

Ian Kershaw, presumivelmente o maior biógrafo de Hitler, escreve que a ideia da liderança heroica estava associada à direita europeia, mesmo antes da Primeira Guerra Mundial. "Fora prometido o renascimento da nação através da subordinação a um 'grande líder', que invocaria os valores de um passado 'heroico' (e mítico)."[8] O grande líder seria "um homem com capacidades inatas para a liderança e não eleito, totalmente desvinculado de regras e leis convencionais". Por sua vez, seus seguidores eram idealizados de modo semelhante. Deveriam ser devotados e submissos, leais e obedientes.[9]

Dessa forma, o solo foi preparado para que o culto ao grande líder se tornasse o culto a Adolph Hitler. Em outras palavras, o fenômeno *führer* foi a consequência de dois eventos: o anseio de Hitler de *ser* um líder heroico e o anseio de seus discípulos *por* um líder heroico. Em meados do aniversário de 34 anos de Hitler (1923), ele já estava sendo citado por um de seus principais assessores, Hermann Goering, como o "venerado líder do movimento de libertação da Alemanha". Ou seja, mesmo então, uma década antes de se tornar o chefe de Estado alemão, a devoção a Hitler era "indiscutível".[10]

De modo geral, os seguidores de Hitler mais submissamente devotados, os Fanáticos, ficaram com ele do início ao amargo fim. Por motivos que, até mesmo hoje em dia, não conseguimos entender, eles investiram a vida nesse homem que, acima de tudo, não era nenhum aristocrata bem-educado, nem tinha atrativos físicos, tampouco era compatriota – Hitler era austríaco, e não alemão. Entretanto, isso era presumivelmente uma parte de seu chamariz. Hitler veio do nada, um vaso dentro do qual cada um de seus mais fervorosos discípulos poderia colocar a fantasia da própria transformação.

Os membros da panelinha de Hitler – os nomes mencionados anteriormente, Goering, Heinrich Himmler e Rudolph Hess, entre outros – previam cada um de seus desejos e caprichos, penduravam-se em cada uma de suas palavras, expressavam sua paixão pelo homem e por seu movimento em cada volta que ele dava, e obedeciam a cada ordem dele. Eles eram verdadeiros crentes, não apenas em Hitler, como também na ideologia antissemita que ele alardeava desde o primeiro dia. Até mesmo em sua obra, *Minha luta*, ele deixou bem claro que, de alguma maneira, os judeus deveriam ser removidos.[11] Segundo Kershaw, o que significava exatamente o termo "remoção" foi sugerido logo no início: "O simbolismo da bactéria dava a entender que os judeus deveriam ser tratados como os germes: com exterminação."

Os Fanáticos mais próximos de Hitler formavam um grupo curioso. Albert Speer, por exemplo, era um arquiteto culto e atraente. Com toda a sua cultura e porte físico, depois de ouvir um único discurso de Hitler, Speer aderiu à causa, rapidamente se tornando um membro da panelinha de Hitler. Durante os anos de glória, 1933 a 1939, Speer exerceu a função de "arquiteto oficial". Em última análise, era responsável pelo grande surto de construções e desempenhos que comprovaram a glória do Terceiro Reich. E, ao longo da guerra, Speer foi novamente promovido, primeiro para ministro de armamentos e munições do Reich e, depois, para uma posição que o colocava como responsável por toda a produção alemã, civil e militar.[12]

Speer viveu para escrever sua biografia (na prisão), na qual se lembra de ter se encantado com Hitler desde o primeiro momento em que o viu. Segundo Speer, o maior talento de Hitler era transmitir através de algum tipo de "hipnose" coletiva que "se importava com cada um de nós" e "que até nos amava".[13] A despeito de qual tenha sido essa ligação, certamente Hitler e Speer mantiveram um relacionamento especial, e alguns até comentavam que dava "indícios de uma motivação erótica". Também não há dúvida alguma de que Hitler conferiu a Speer todas as vantagens do grande prestígio e todos os benefícios do grande poder.[14]

Aparentemente, era gritante o contraste entre o belo e atraente Speer, que acompanhava Hitler praticamente a todos os lugares, e o pequeno Joseph Goebbels, ao estilo *cara de fuinha*, que, com sua frágil perna esquerda, seguia Hitler literalmente o tempo todo. Entretanto, as semelhanças entre eles não paravam por aí. Goebbels e Speer tinham em comum não apenas os benefícios de uma boa educação (Goebbels tinha doutorado em Literatura e Filosofia), como também uma dedicação inabalável, quase servil ao *führer*.

Além disso, Goebbels, assim como todos os outros membros da panelinha de Hitler, beneficiou-se imensamente com essa ligação: tornou-se um líder poderoso e um venerável seguidor. Em 10 anos, Goebbels passou de editor e jornalista a chefe do recém-criado National Ministry for Public Enlightenment (Ministério Nacional para Esclarecimento do Povo e Propaganda) e, posteriormente, chefe da recém-criada Câmara de Cultura. Em outras palavras, em troca de sua dedicação a Hitler, Goebbels teve controle total, na Alemanha, sobre imprensa, rádio, teatro, filmes, literatura, música e todas as outras belas-artes, durante a era nazista inteira.

A adoração e a dedicação de Goebbels a Hitler eram ilimitadas. "Hitler é grandioso", diria ele. Ou "Hitler é brilhante". Ou "Eu o amo".[15] Mas nada que Goebbels tenha feito comprova de modo tão vívido sua obsessão por Hitler quanto o que ele fez bem no final. Imediatamente antes de Hitler cometer suicídio em seu refúgio, na tarde de 30 de abril de 1945, redigiu um documento que indicava Goebbels como chanceler da Alemanha. Mas logo após a morte de Hitler, Goebbels convocou a secretária de confiança de Hitler e ditou para ela a seguinte mensagem: "Pela primeira vez em minha vida, devo me recusar categoricamente a obedecer a uma ordem do *Führer*." Não somente ele não podia, como também não substituiria Hitler, pois se juntou a Hitler. Depois de algumas horas da morte do *Führer*, Goebbels e sua esposa cometeram o primeiro assassinato e depois se suicidaram. Magda Goebbels providenciou o envenenamento de cada um de seus seis filhos – na faixa etária de 4 a 12 anos – enquanto dormiam. Em seguida, como a vida sem Hitler aparentemente não fazia sentido, ela e seu marido se mataram.

No que pese que os mais notáveis seguidores de Hitler fossem os Fanáticos, em seu círculo mais íntimo, muitos alemães comuns também se dedicavam a ele e a seu partido. Alguns desses alemães também eram Fanáticos, totalmente comprometidos com a causa. Outros – alemães mais comuns, se você preferir – eram menos engajados, mas importantes para a causa do Nazismo. Outros eram Ativistas, seguidores que muito investiram primeiramente no partido nazista, e depois na suposta vitória da Alemanha, na Segunda Guerra Mundial. Outros eram Participantes, menos envolvidos, mas, a despeito disso, participaram da vida pública da Alemanha a partir de 1933, quando Hitler foi indicado chanceler pela primeira vez, até 1945, quando perderam a guerra e Hitler morreu.

Tem ocorrido uma grande discussão sobre a natureza desses seguidores, principalmente dos Ativistas e Participantes. Seriam eles nacionalistas mal-intencionados, malvados, interessados acima de tudo na supremacia alemã? Seriam antissemitas virulentos, que não ansiavam pelo extermínio dos judeus, mas queriam, no mínimo, livrar-se deles? Ou, em vez disso, seriam pessoas comuns, presas em uma armadilha da qual não conseguiam escapar?

Quando Hitler se tornou chanceler, os tempos eram difíceis. Os alemães ainda estavam sofrendo a humilhante derrota na Primeira Guerra Mundial e as privações da Depressão. Além disso, a política na Alemanha se encontrava em desordem total: o Parlamento fora dividido em mais de uma dúzia de partidos políticos, e o chanceler dependia cada vez mais de forças emergenciais para aprovar as leis.[16] Por conseguinte, o povo alemão estava muito vulnerável e receptivo a um homem forte, como Hitler, que prometia resgatar a honra nacional, além de promover empregos em um nível desconhecido para todos eles.

Como consequência do apelo de Hitler em uma eleição realizada em menos de um ano depois que ele fora empossado, ele e seu partido receberam mais de 90% dos votos. Além disso, o comparecimento às urnas foi extremamente expressivo: 95,2% dos eleitores. Certamente, até então, haviam sido banidos todos os partidos políticos, exceto o nazista. Mesmo assim, existia um forte apoio a Hitler e ao partido nazista, "a despeito do que as pessoas liam na imprensa e ouviam, no boca a boca, sobre a polícia secreta, os campos concentração, antissemitismo oficial etc."[17]

Houve muitas oportunidades para o engajamento de seguidores. Por exemplo, os Ativistas podiam alistar-se nas forças armadas ou entrar para a polícia. (Até o final de 1933, mais de meio milhão de homens pertenciam à tropa de choque.) Ou podiam participar de uma ou outra das inúmeras demonstrações, como a que ocorreu em Osnabrück, em 1935, contra o comércio de judeus. Os Ativistas tinham de pintar letreiros e slogans ofensivos nas lojas pertencentes a judeus e tirar fotos de seus clientes (para serem expostas, posteriormente, ao público); e os Ativistas tiveram de participar "no ponto alto do esforço contra os judeus", uma reunião com aproximadamente 25 mil habitantes locais que se juntavam para ouvir os líderes nazistas falarem sobre o tema "Osnabrück e a Questão Judaica".[18]

Em 20 de abril de 1939, apenas alguns meses antes do início da Segunda Guerra Mundial, também era o quinquagésimo aniversário de Hitler. A "avalanche extravagante de adulação e bajulação" superou as ocorridas em ocasiões parecidas.[19] "O Führer foi homenageado como nenhum outro mortal", proclamava Goebbels. Embora os organizadores do evento obviamente fizessem uso de todos os recursos possíveis, e como observa Kershaw, não houve "qualquer negação da verdadeira popularidade de Hitler – que chegava às raias do endeusamento por muitas pessoas – entre as multidões". Em outras palavras, mesmo com a iminência da guerra, muitos alemães continuavam *vidrados*. Em homenagem a seu aniversário, dezenas de milhares de pessoas enviaram a Hitler cartas e poemas expressando sua eterna devoção, atestando o fato de que, "embora houvesse o medo da guerra, a crença no Führer era imensa".[20]

Há um grande debate entre aqueles que acreditam que, assim que a guerra começou, a maioria dos seguidores de Hitler eram "homens comuns" – ou seja, Participantes obrigados pelas circunstâncias da época a cumprir as ordens do Führer; e os que acreditavam que aqueles homens eram "executores ansiosos" – isto é, Ativistas e Fanáticos totalmente preparados e, em alguns casos, até ansiosos por matar uma pessoa que desprezavam. Onde quer que esteja a verdade nessa questão específica, o mais importante é que, em casos de assassinato em massa, os líderes dependem "de outras pessoas para cometer assassinato e administrar tortura".[21] Desse modo, Hitler, tal como todo líder genocida antes e depois dele, instruía seus *seguidores* a fazer o trabalho sujo.

É fundamental estabelecer distinções entre os seguidores de Hitler. Sabemos que, antes da guerra, houve grande apoio a Hitler e seu partido, e também constatamos que, entre as pessoas alemãs, havia uma marca arraigada de antissemitismo. Mas existe uma diferença entre não gostar de judeus e desprezá-los. Como destacava Benjamin Valentino, "até os níveis aparentemente altos de apoio político aos regimes e líderes homicidas não devem ser automaticamente comparados com o apoio conferido ao próprio assassinato em massa".[22] Nesse caso, precisamos separar a indiferença disseminada dos alemães ao ódio de Hitler contra os judeus, que era óbvio, do amplo apoio dos alemães ao plano de Hitler de exterminar os judeus, que não era. Na verdade, a maioria dos estudiosos tem rejeitado a ideia de que a opinião pública alemã favorecia medidas violentas contra os judeus. Em vez disso, as atitudes antissemitas são interpretadas como se associadas à "aquiescência tácita ou aos diversos graus de complacência". Além disso, geralmente o comportamento antissemita "evitava a violência disseminada contra eles, não instigando sua expulsão do Reich, nem sua aniquilação física".[23]

Isso nos leva à seguinte questão: se não existia a ampla aprovação pública do genocídio contra os judeus, como é que o genocídio foi praticado? No caso da Alemanha Nazista, a resposta é idêntica à da maioria dos casos de homicídio em massa: "Grande parte da violência ocorrida atualmente é praticada por um segmento relativamente pequeno da sociedade." Segundo Valentino, "esses assassinos eram, quase sempre, homens jovens, geralmente membro de um grupo militar organizado, milícia ou de organização policial. Uma minoria ínfima desses homens, armados e bem organizados, pode desencadear uma quantidade estarrecedora de massacres quando lançada sobre vítimas desarmadas e desorganizadas".[24]

Daniel Jonah Goldhagen previu que o número de alemães que "contribuíram conscientemente, de modo pessoal, para a chacina dos judeus" ultrapassou os 100 mil – um número que, todavia, representava menos de 1% da população de homens adultos da Alemanha, em 1938.[25] Isso nos leva à pergunta sobre o que induziu esses seguidores específicos a cometerem assassinato em massa. Em seu livro, *Hitler's Willing Executioners: Ordinary Germans and the Holocaust*, Goldhagen argumenta que o caso da Alemanha é singular: o antissemitismo alemão era tão antigo, e tão profundamente enraizado, tão contagiante, que esse sentimento sozinho foi responsável pelo homicídio em massa. Em outras palavras, Goldhagen afirma que o antissemitismo foi motivo forte e suficiente para a participação dos alemães "na perseguição e chacina dos judeus *e* para que os alemães tratassem os judeus de modo cruel, áspero e severo".²⁶ Goldhagen destaca principalmente as crueldades, o sofrimento gratuito imposto aos judeus por aqueles subordinados a Hitler, que eram Ativistas e Fanáticos. Ele ficou aterrorizado, por exemplo, com as denominadas marchas para a morte ocorridas bem no final da guerra – exatamente porque não tinham motivo aparente, a não ser infligir sofrimento. "Por que" – pergunta Goldhagen – os soldados alemães "permaneceram com os judeus até os últimos momentos, para matar e torturá-los, mesmo que a guerra já estivesse praticamente perdida?"²⁷

Christopher Browning ficou conhecido por enfrentar Goldhagen, divulgando o conflito entre eles em seu livro *Ordinary Men: Reserve Police Battalion 101 and the Final Solution in Poland*.²⁸ Ao contrário de Goldhagen, Browning afirma que a maioria dos alemães, que matavam judeus, era formada unicamente de Participantes – ou seja, que não nutriam qualquer ódio contra aqueles que terminavam sendo suas vítimas. Em vez disso, esses agentes do Estado eram exatamente como o título de seu livro sugere: homens comuns, condicionados a obedecer à autoridade e que, como consequência, não faziam mais do que seguir ordens. Após analisar minuciosamente um batalhão específico, formado, em sua maioria, por homens de meia-idade, da classe operária, da cidade portuária de Hamburgo, Browning não negou que eles estavam imbuídos de uma "sensação da própria superioridade, afinidade racial, assim como inferioridade aos judeus e a outros povos". Mas continuou afirmando que isso não levava ao desejo de massacre.²⁹ Em vez disso, o genocídio na Alemanha, como os outros genocídios, ocorreu em um contexto que permitia e até incentivava o assassinato em massa.

Seja qual for o caso, é evidente o elevado grau da obsessão por Hitler, até certo ponto mal orientada. Todo o seu programa político – inclusive a guerra e o genocídio – dependia da possibilidade de ele contar com um pequeno grupo de seguidores treinados, desejosos e capazes de atender à sua ordem.

Oposição a Hitler

Em retrospectiva, o mais surpreendente é "não o quanto, mas quão pouco Hitler precisou fazer para consolidar seu poder. De modo geral, ele simplesmente acionava os outros, que se apressavam para implementar o que eles assumiam como seus próprios desejos".³⁰ Como consequência, foram necessários apenas poucos meses para que o nazismo instaurasse um sistema de governo em que a resistência era cada vez mais perigosa – e cada vez mais rara. Evidentemente, alguns alemães ainda se recusavam a se submeter. Por exemplo, o filósofo-teólogo luterano Paul Tillich foi o primeiro "ariano" a ser demitido de seu posto, por combater verbalmente o nazismo (em 1933). Mas ele fazia parte da minoria, da minúscula minoria. O clima político geral, as diversas leis aprovadas e a polícia secreta conferiam ao governo "uma aparência de legalidade". Isso facilitou para a maioria avassaladora dos alemães apoiar o governo nazista e dificultou para os relativamente poucos oponentes resistir a esse sistema. Na verdade, com o passar do tempo, até a crítica verbalizada contra o governo foi transformada em crime.[31] Isso significava que os alemães que criticavam abertamente Hitler estavam sujeitos a punições e até encarceramento em um dos recém-estabelecidos campos de concentração, destinados a isolar, além de judeus e outros indesejáveis, os inimigos reais e declarados do Estado.

Diante de tudo isso, não surpreende que, embora alguns alemães efetivamente resistissem ao regime, de modo estrondoso ou velado – entres eles, outros teólogos, como Rudolph Bultmann e Dietrich Bonhoeffer, que dedicaram a vida a derrubar o regime –, a maioria dos alemães ficava parada e não fazia nada.[32] Inclusive as elites entraram na linha, ainda que nos primeiros dias, pelo menos, pudessem ter revelado sua dissidência, com risco mínimo para eles. Como observa o historiador Fritz Stern, "o professorado alemão, por exemplo, traiu vergonhosamente tanto o respeitado princípio da autonomia acadêmica quanto os próprios colegas, aceitando a demissão dos judeus e 'não arianos' dos postos acadêmicos e de todos os outros escritórios públicos".[33]

Evidentemente, uma das questões mais importantes em tudo isso é: O que o povo alemão sabia e quando ficou sabendo? Mais especificamente, após o início da guerra, o que sabiam sobre os assassinatos em massa e quando descobriram isso?

O conhecido refrão, mesmo depois de tantos anos, é que a maioria dos alemães sabia pouco ou nada especificamente sobre o Holocausto, até depois do fim da guerra. Entretanto, havia evidências do contrário, provas de que informações sobre o que estava acontecendo com os judeus e, em números menores, com outros grupos de pessoas, como comunistas, ciganos e homossexuais, realmente vazavam aos poucos. Por exemplo, no verão de 1942, um grupo de estudantes demasiadamente mas desnecessariamente corajosos, em Munique, que se intitulavam de "Rosa Branca", escreveu, imprimiu e distribuiu panfletos contendo críticas severas ao Terceiro Reich, principalmente quanto ao tratamento concedido aos judeus. O Rosa Branca afirmava que, desde o início da guerra, cerca de 300 mil judeus haviam sido assassinados na Polônia (um número extremamente baixo) e descreveu os assassinatos como "o crime mais aterrorizante contra a dignidade humana, um crime sem precedentes em toda a história da humanidade".[34]

Previsivelmente, o Rosa Branca terminou de modo desanimador. O grupo contava com seis líderes estudantis, todos de base conservadora e da classe média, e todos "demitidos por crenças religiosas e idealismo humanístico". Três deles foram rapidamente presos e levados ao tribunal. Quatro dias depois, foram sentenciados à morte, na parte da manhã, e guilhotinados à tarde. Os outros logo sofreram o mesmo destino. Os outros membros, menos diretamente envolvidos, foram sentenciados a muitos anos de prisão.[35]

Outro grupo traz um exemplo mais animador do que pode acontecer quando os seguidores se recusam a ficar parados, sem fazer nada, quando se recusam a seguir um mau líder ou, pelo menos, quando se recusam a seguir sem gritar em protesto. Em fevereiro de 1943, a Gestapo aprisionou cerca de 10 mil judeus, que permaneceram em Berlim. Embora a maioria tenha sido enviada diretamente para Auschwitz, aproximadamente dois mil foram trancafiados em um centro de detenção, localizado em uma rua chamada Rosenstrasse – uma vez que suas esposas (a maioria dos detentos era formada por homens) não eram judias. Assim que as notícias das prisões foram divulgadas na cidade, centenas de mulheres correram para o local, em protesto. "Devolvam nossos maridos", entoavam elas.[36] As demonstrações subsequentes coroaram os 10 anos de conflito menos divulgado com a Gestapo, na qual as não judias brigavam para salvar seus entes queridos, que eram judeus, da deportação e do desaparecimento. Como consequência direta dessa exposição pública, os nazistas fizeram o que raramente ocorria em outras situações: voltaram atrás. Pouco mais de uma semana depois do início dos protestos em Rosenstrasse, o próprio Goebbels emitiu uma ordem solicitando a libertação imediata dos judeus e *Mischlinge** casados, filhos de casamento entre judeus e não judeus.

É difícil superestimar a importância desse episódio geralmente negligenciado na história da Alemanha Nazista – *se apenas as demonstrações na Rosenstrasse fossem um "incidente isolado de protesto em massa contra a deportação dos judeus alemães"*.[37] Certamente, formaram-se bolsões de resistência a Hitler. Em 1941, os católicos na Bavária protestaram contra uma sentença proferida pelo ministro local da Educação, que determinava a retirada dos crucifixos das escolas e que as preces escolares fossem substituídas por cantos de slogans nazistas. Nesse mesmo ano, a resistência à "eutanásia" (esse termo era empregado, mas não se tratava de assassinatos de misericórdia) atingiu o ponto máximo quando as pessoas na aldeia de Asberg se uniram para demonstrar sua simpatia à medida que os deficientes mentais eram amontoados, transportados em ônibus e levados para a morte quase certa.[38] Até 1943, milhares de mulheres na Alemanha inteira desobedeciam em silêncio à sentença de Hitler, que ordenava que elas trabalhassem.

---

*Nota da Tradutora: Judeus e homens de parcial ascendência judia, também conhecidos na época como "terceira-raça".

Entretanto, as demonstrações de mais de mil pessoas em Rosenstrasse foram peculiares.[39] Essas demonstrações representaram o único exemplo em que grandes grupos de alemães interferiram, de modo persistente, em prol das vítimas mais flagrantes de Hitler.

Nesse caso, os nazistas voltaram atrás por motivos meramente políticos. Os protestos depreciavam sua imagem – e eles temiam a divulgação. Sobre a decisão de libertar os judeus e *Mischlinges* casados, um dos principais assistentes de Goebbels disse, anos depois: "Aquela foi a solução mais simples – erradicar totalmente o motivo do protesto. Não haveria mais motivos para protestar. Para que os outros... não começassem a fazer o mesmo."[40] Isso levanta a questão: se Hitler e seus correligionários não eram realmente alheios à opinião pública – existe outra evidência a sugerir que a aprovação pública era importante para Hitler –, é possível que uma resistência pública mais difundida ao Führer o tivesse obrigado a cessar e desistir, pelo menos do genocídio?

Os estudiosos das demonstrações de Rosenstrasse são os mais criteriosos em suas afirmações. Eles admitem que Berlim era um local muito fortuito, que era mais difícil visar às mulheres do que aos homens, e que esse protesto específico, que envolvia, acima de tudo, uma questão emocional, dificultou para o governo reagir do modo habitual. Apesar disso, essa história ensina uma lição que sempre compensa lembrar: a importância dos números. "Independentemente de quando ocorreram e se elas se opunham aos programas fundamentalmente importantes ou inferiores, as ações efetivas de oposição [a Hitler] também foram coletivas ou, no mínimo, envolviam agregações."[41]

Não obstante as virtudes da resistência à autoridade em grande escala, a história da Alemanha Nazista também abrange a história de alguns seguidores que, por iniciativa própria, ousaram se levantar e fazer o que acreditavam que era certo. Em outras palavras, nem todo soldado fez o que lhe ordenavam. E nem todo civil fez vista grossa.

Browning nos conta sobre o major Wilhelm Trapp, que se sentiu tão angustiado com a ordem de fuzilar cerca de 500 mulheres judias, crianças e velhos judeus que deu a seus homens e a si mesmo a opção de sair. Ele não obrigou todo soldado sob seu comando a participar da operação – na realidade, chegou até a dizer a seus homens que, se não se sentissem aptos para a tarefa, não precisariam executá-la. Entretanto, como consequência, de aproximadamente 500 homens, apenas 12 "aproveitaram instintivamente aquela oportunidade de desistir, entregar seus rifles e depois se desculpar pelo homicídio subsequente".[42] Posteriormente, ao longo do dia, quando efetivamente enfrentaram a tarefa de dar um "tiro na nuca" de suas vítimas judias, alguns outros soldados imploraram para ser transferidos. E ainda outros – mas poucos – fizeram solicitações semelhantes depois que começaram realmente a atirar, e acharam muito doloroso continuar.[43]

Apesar de serem explicitamente informados de que poderiam sair do campo de extermínio, o número de desistentes foi obviamente pequeno, extremamente pequeno. Mesmo assim, o número foi suficiente para que Browning chegasse à seguinte conclusão: nem *todos* os homens são comuns. Alguns são extraordinários, o que significa que aqueles que mataram "não podem ser absolvidos pela pressuposição de que alguém na mesma situação teria feito o que eles fizeram. Pois até mesmo entre eles, alguns se recusaram a matar e outros pararam de matar. Em última análise, a responsabilidade humana transita no âmbito individual".[44]

Alguns posicionados no topo da cadeia de comando militar estavam tão confusos em relação ao regime nazista quanto alguns abaixo deles. Até mesmo antes da guerra, alguns oficiais das forças armadas, decepcionados com o homem e seu partido, aventaram a possibilidade de derrotar Hitler. Mas com os estrondosos sucessos das Forças Armadas alemãs depois da invasão da Polônia, as oportunidades de sequer pensar em planejar sua derrocada se aproximaram de zero. Somente em meados de 1942, tornou-se óbvio que Hitler não era invencível e, quando "a magnitude da calamidade para a qual Hitler estava direcionando a Alemanha" tornou-se evidente também, a oposição por parte dos alemães começou a "ganhar impulso".[45]

Tão logo o assassinato de Hitler começou a ser considerado de modo mais sério, alguns que estavam na conspiração sofreram uma transformação. Eles se tornaram Fanáticos, subordinados no nível mais alto das Forças Armadas alemãs, que, em certa época, juraram lealdade a Hitler, mas que, apesar disso, se comprometiam com sua eliminação. As dificuldades e os perigos de suas posições eram óbvios. Havia o "medo existencial das consequências pavorosas – para as pessoas e suas famílias – da descoberta de qualquer cumplicidade em um plano secreto para derrubar o chefe de Estado e instigar um *golpe de Estado*".[46] E ocorriam as combinações entre os conspiradores de que estavam agindo sozinhos. Ainda não havia um apoio popular à derrubada de Hitler, embora seus partidários fanáticos continuassem a dominar a política e as diretrizes alemãs.

Os que conspiravam contra Hitler não tinham as mesmas convicções. Alguns, por exemplo, eram conservadores que não almejavam nada mais do que restaurar a Alemanha a um governo tradicional, com os valores alemães tradicionais; outros apenas desaprovavam a barbárie cada vez maior do regime nazista. Seja como for, seus esforços se centralizaram basicamente em um único homem, o coronel Claus Schenk Graf von Stauffenberg, que, ainda que inicialmente atraído pelo nazismo, chegou bem a tempo de ser repelido por eles e, em última análise, concluiu que era necessário eliminar Hitler.

Stauffenberg trouxe um novo ímpeto para a oposição. Mas Hitler era um alvo móvel – era difícil saber onde ele repousaria sua cabeça, de uma noite para a outra – e, obviamente, era muito baixo o número daqueles que desejavam arriscar-se a dar cabo dele. Finalmente, em julho de 1944, surgiu uma oportunidade. Stauffenberg recebera recentemente uma promoção que lhe propiciava algo que, até então, ele não tinha: acesso. Sua recém-obtida proximidade a Hitler, publicada nos informativos militares, significava que ele não precisava mais procurar outra pessoa para executar a ação. O próprio Stauffenberg podia e viria a fazer – plantou a bomba em sua própria maleta.[47]

Kershaw descreve a cena: "Hitler se curvara sobre a pesada mesa de carvalho, apoiado sobre os cotovelos, queixo sobre a mão, estudando as posições de reconhecimento aéreo em um mapa, quando a bomba explodiu – com um clarão de chama azul e amarela e uma explosão de estourar os ouvidos. As janelas e portas estouraram. Nuvens de fumaça espessa se espalharam... Partes do escritório destruído estavam queimando. Durante algum tempo, houve um pandemônio." Onze feridos gravemente foram levados às pressas para o hospital mais próximo, onde vários morreram. Mas com toda a destruição e os danos, tanto para as pessoas quanto para os bens materiais, o próprio Hitler teve "uma sorte dos infernos". Ele sobreviveu à tentativa de assassinato, com apenas algumas lesões superficiais.[48] Nesse ínterim, menos de 24 horas depois da explosão da bomba, Stauffenberg e seus conspiradores mais próximos foram presos, sentenciados à morte e fuzilados sumariamente.

Finalmente, surgiram os salvadores: os raros alemães que, salvando os judeus, se recusavam a obedecer não somente a Hitler, mas também à maioria de seus colegas seguidores. Essas pessoas eram Ativistas que, a despeito dos altos riscos para si mesmos, faziam o que achavam certo. Diferentemente dos Espectadores, que testemunhavam e nada faziam, os salvadores testemunhavam e agiam.

Em seu livro, *The Hand of Compassion: Portraits of Moral Choice During the Holocaust*, a filósofa política Kristen Renwick Monroe tentava entender o que diferenciava os salvadores e todas as outras pessoas. "O que orientava esses indivíduos especificamente?", perguntava ela. "O que os levava a se engajar em suas ações morais?"[49] Para lidar com essas questões, ela se concentrou em cinco pessoas, homens e mulheres – dois alemães, um holandês, um polonês e um dinamarquês –, que faziam de tudo, muito longe de suas localidades, para salvar judeus. Em geral, os salvadores falam por si mesmos: eles tentam explicar o que os motiva a fazer a coisa certa quando muitos ignoram a situação.

Margot era uma alemã rica, nascida em 1909, que agiu de modo diferente desde o início. Seu pai era presidente da General Motors na Europa e ela tinha alto nível de escolaridade e falava diversos idiomas. Viveu fora de sua terra natal, na Inglaterra e na Suíça, casou-se com um judeu, um banqueiro, com quem teve dois filhos. No final dos anos 1930, Margot saiu da Alemanha para a Holanda, divorciou-se ou, provavelmente, apenas se separou do marido, e, em uma viagem para a Tchecoslováquia, imediatamente antes da guerra, concordou em executar sua primeira missão secreta contra os nazistas.

Margot não estava muito certa quanto ao que fez ou ao motivo. Sabemos que, enquanto vivia na Holanda, ocupada pelos nazistas a partir de 1940, ela salvou vidas de judeus. Também sabemos que foi presa por causa desses problemas. Mas quando solicitada a responder como exatamente tudo isso aconteceu, Margot deu a entender que tudo não passara de casualidade. Monroe lhe perguntou: "Como você decidiu a quem iria ajudar, na época?" Margot respondeu: "Bem, eu não decidi. Não houve uma decisão... Você ajuda ou não."[50] Posteriormente, Monroe perguntou: "Como você entrou para a Resistência?" E Margot respondeu: "Não sei. Alguém me pediu para ajudar porque eu falava muitos idiomas e sabia outras coisinhas mais. Não é como ter uma função específica na Resistência, ou ter um emprego. Você faz apenas o que acha certo. Alguém aparece e diz: 'Você pode me esconder?' Conheço uma mulher que apareceu e me disse: 'Meus Deus, estou tão apavorada.' E eu falei: 'Venha para o sofá.' Preparei uma cama para ela. Coisas assim. Você apenas ajuda."[51]

Monroe deu significado a respostas como essas, e chegou a duas conclusões: primeiro, "a complexidade da vida moral". Como constatado, não existe uma única explicação – nem religião ou família, por exemplo – segundo a qual essas pessoas específicas interferiram, enquanto praticamente todas as outras ignoravam os fatos a seu redor. Segundo, como sugerem as respostas de Margot, há o impacto da identidade: "A ideia que os salvadores tinham de si mesmos, e como viam a si mesmos em relação aos outros, restringia tanto as ações por eles percebidas como disponíveis que eles, literalmente, não acreditavam que houvesse outra opção, a não ser ajudar os judeus."[52]

Essas descobertas estão relacionadas aos Espectadores? Elas têm a ver com os alemães que, embora não apoiassem ativamente o nazismo, também não fizeram nada para interromper o processo, nem antes nem durante a guerra, quando a matança em massa se tornou regra? Temo que não muito, pois a raridade daqueles que, de alguma maneira, interferiram para poupar ou salvar os judeus confirma o que já sabemos: os seguidores, em geral, obedecem.

ESPECTADORES

Como veremos mais adiante, nem todos os Espectadores eram alemães. Evidentemente, a maioria era. Lembro-me do famoso romancista alemão Günter Grass, que, em sua recente obra de memórias, *Nas peles da cebola* (Rio de Janeiro, Editora Record, 2007), lembrou-se de sua mãe dizendo "Não posso entender por que eles implicaram com os judeus. Tínhamos um representante de vendas de armarinho chamado Zuckermann. Era um bom homem e sempre dava descontos".[53]

Alemães

"Para o mal triunfar, basta que os homens de bem não façam nada." Disse-o muito bem o estadista e filósofo político britânico, Edmund Burke, como se ele tivesse uma bola de cristal, como se soubesse, em meados do século XVIII, o que aconteceria em meados do século XX. Acima de tudo, a história da Alemanha Nazista e, principalmente, a história do Holocausto falam sobre os homens e mulheres de bem que nada fizeram diante do mal.

Presumindo-se que a culpabilidade estivesse em questão, toda discussão sobre os Espectadores deve começar e terminar com a questão levantada anteriormente: Quem sabia o quê e quando? Entretanto, nesse caso, embora a pergunta seja importante, não é *extremamente* importante. Por quê? Porque existe uma prova contundente de que, antes da guerra, todos os alemães sabiam muito bem que o Estado estava tomando medidas cada vez mais onerosas contra os judeus. E há comprovações, ainda que não contundentes, de que durante a guerra, muitos (se não a maioria) alemães sabiam perfeitamente bem que, no mínimo, os judeus estavam sendo removidos e nunca mais voltariam.

Isso levanta outra questão. Uma coisa era ficar sabendo que havia uma discriminação contra os judeus, e até mesmo que os judeus estavam sendo removidos à força. Outra coisa era saber que os judeus estavam sendo chacinados em massa. Mesmo aqui, há evidência suficiente para me aborrecer terrivelmente com os seguidores, que eram "homens de bem", mas nada fizeram. Veja, por exemplo, os protestos de Rosenstrasse, descritos anteriormente. Sobre esses eventos, Walter Laqueur, um conhecido especialista sobre o período nazista, escreveu: "O protesto de Rosenstrasse também demonstra que, ao contrário de uma convicção que dura até hoje, o destino dos deportados não era mais segredo naquela ocasião. Se acreditassem que aquelas pessoas aprisionadas estavam simplesmente sendo recrutadas para trabalhar longe de suas casas, seria questionável se as mulheres estariam predispostas a correr o risco de ir parar na prisão e, pior ainda, desafiar a Gestapo. Elas já deviam saber que, se seus maridos, pais e filhos fossem deportados, nunca mais os veriam."[54]

Em 1933, 525 mil judeus viviam na Alemanha.[55] Nos seis anos seguintes, esse número caiu em mais da metade. Em outras palavras, em resposta ao antissemitismo patrocinado pelo governo, em torno de 300 mil judeus decidiram partir antes que as coisas piorassem.⁵⁶

Evidentemente, nem todos os que saíram da Alemanha partiram de uma só vez. Em vez disso, partiram em etapas, em reação ao rigor crescente das medidas adotadas contra eles. A primeira etapa ocorreu no primeiro semestre de mandato de Hitler, do início até meados de 1933. Entre aqueles que sofreram nas mãos dos nazistas durante esse período inicial, encontravam-se, evidentemente, os judeus e outros inimigos do Estado, como os comunistas e socialistas. Torturas, surras e chacinas ao estilo *gângsters* aconteciam na época, "em uma atmosfera altamente carregada de demonstrações de rua, marchas, eleições, o domínio do estado e dos governos locais e a dissolução dos partidos políticos, associações de trabalhadores e sindicatos".⁵⁷

A segunda etapa começou no verão de 1933. A brutalidade policial foi institucionalizada nos campos de detenção (de concentração) instaurados recentemente. E prosseguia a atividade legislativa contra os judeus, afetando "principalmente os profissionais, estudantes, judeus estrangeiros, empregados e trabalhadores judeus, a posição legal dos judeus, o teatro e o comércio dos judeus".⁵⁸

O ano de 1935 constituiu o terceiro estágio. Nos primeiros meses, aumentaram os ataques contra os judeus, e a publicidade antissemita se tornou cada vez mais disseminada. Mais adiante, nesse mesmo ano, as conhecidas Leis de Nuremberg foram aprovadas, o que "privou os judeus de direitos à cidadania alemã e resultou na exclusão de todos os demais funcionários civis judeus, artistas, professores universitários, juízes e outros funcionários públicos".⁵⁹ Além disso, as atividades de outros profissionais judeus, como advogados e médicos, foram restritas ainda mais; havia uma forte pressão sobre os judeus interessados em vender rapidamente suas lojas.

As fases 4 e 5, basicamente entre 1936 e 1939, foram quase idênticas. Os médicos e advogados judeus perderam suas atividades regulares. Foram cassadas as licenças de vendedores e representantes judeus. As instituições comunitárias dos judeus enfrentaram mudanças em seu status legal e outras privações. Sinagogas em grandes cidades, como Munique, Düsseldorf e Nuremberg, foram destruídas por motivos óbvios, se não oficialmente sancionados. E no final de 1938, logo depois da terrível *Kristallnacht* (A Noite dos Cristais) que, na verdade, foi um massacre organizado e patrocinado pelo estado, foram proibidas todas as atividades dos judeus na economia alemã. A última fase da emigração se prolongou até outubro de 1941; após, os judeus foram definitivamente proibidos de partir. Nessa etapa, as deportações e exterminações efetivamente tiveram início.⁶⁰

Victor Klemperer, um judeu que viveu na Alemanha em toda a era nazista, conseguiu sobreviver porque se casou com uma mulher que não era judia. Mais tarde em sua vida, o antigo professor (filólogo) de línguas românicas publicou um notável "diário dos anos nazistas", em dois volumes, no qual descreveu o que ele passou na Alemanha durante a era de Hitler, antes e durante a guerra. Veja a seguir um fragmento extraído de dezembro de 1938:

> *Hoje é o Dia da Solidariedade Alemã. Toque de recolher para os judeus, de meio-dia até oito da noite. Exatamente às onze e meia, fui até a caixa postal e ao supermercado, onde precisei esperar, e eu me senti como se não pudesse respirar. Não posso mais suportar tudo isso. Ontem à noite, uma ordem do ministro do Interior: a partir de agora, as autoridades locais podem restringir horário e local da movimentação de motoristas judeus... Todos os dias, há novas restrições. Somente no dia de hoje, sábado, 3 de dezembro, o jornal informa o isolamento e as limitações impostas ao movimento livre de judeus em Berlim. Esperam-se outras medidas rigorosas. Para quê? Pura loucura?*[61]

Incluo esta crônica resumida da emigração e procuro demonstrar que teria sido praticamente impossível para os alemães não judeus ignorarem o que aconteceu aos alemães judeus durante os anos de 1933–1939. As medidas nazistas contra os judeus eram excessivas e muito cruéis para que fossem amplamente conhecidas. Evidentemente, já sabemos que uma grande quantidade de alemães, como Participantes, Ativistas e Fanáticos, apoiou abertamente Hitler e o antissemitismo, que era sua política pública. Agora sabemos mais: que quase todo o resto – ou seja, os alemães incomodados com ou contra o que estava acontecendo com seus antigos amigos, vizinhos e sócios – dizia pouco ou nada sobre seu tratamento inadequado e pouco ou nada fazia para ajudá-los. Era uma indignação geral – e também era uma coisa estúpida. Os Espectadores na Alemanha Nazista eram não somente falidos e covardes, mas também extremamente sem imaginação. Parece até que eles não podiam ou não imaginariam ação alguma que pudessem fazer para impedir que as coisas ruins acontecessem. É claro que esse tipo de iniciativa teria sido mais difícil e perigosa com o passar do tempo, o que torna muito complicado querer saber por que fizeram tão pouco, logo no início.

Assim que a guerra começou, foram catastróficas as consequências de pessoas observando, sem fazer nada. Um exemplo extremo foi o que aconteceu – ou, de outra forma, o que não aconteceu – no vilarejo austríaco de Mauthausen. (A Alemanha incorporou a Áustria em 1938.) Antes de os nazistas decidirem construir um campo de concentração ao lado da pedreira próxima (1938), Mauthausen não fazia parte da política da época. Mas nos anos seguintes, tanto o vilarejo quanto os arredores campestres "tornaram-se o centro de assassinatos".[62]

No princípio, os residentes da área consideraram o campo uma invasão. Mas com o passar dos meses e anos, a vida dos que viviam no campo e no vilarejo se entrelaçou. As pessoas da localidade, como os operários, fornecedores, assistentes e secretárias, eram contratadas para trabalhar em Mauthausen e no centro de "eutanásia" estabelecido nas proximidades. Elas não podiam ajudar, mas logo se conscientizaram de que os que estavam ali no campo sofriam. Mais especificamente: Mauthausen não era uma operação pequena ou insignificante. Inclusive nos primeiros anos, os ocupantes do campo eram frequentemente torturados e mortos. E até sua desativação, quase 119 mil pessoas ali morreram, como judeus, prisioneiros políticos e prisioneiros de guerra russos. Os últimos meses antes da liberação do campo, em maio de 1945, foram terríveis. "Prisioneiros eram assassinados com frequência 'na frente e geralmente com a cumplicidade direta das grandes divisões de população civil'."[63]

Antes de examinar mais minuciosamente como é que "homens de bem" observam o que acontece e não fazem nada diante de um assassinato em massa, gostaria de voltar à questão de quem é exatamente um Espectador. A definição válida corresponde à minha. Ou seja, defino os Espectadores como seguidores conscientes do que está acontecendo ao redor, mas que tomam a decisão deliberada de se isolar. A definição do termo explica em parte: "Alguém presente, mas não participante... uma testemunha, um avaliador, observador." A questão é que os Espectadores são diferentes dos ignorantes – ou seja, dos Isolados. E também são diferentes daqueles que participam ativamente. Não são protagonistas – nem objetos da ação. Na realidade, os Espectadores permanecem em estado de espera.[64]

Evidentemente, como estamos discutindo aqui sobre pessoas, e não sobre coisas, os limiares entre os diversos tipos de seguidores são fungíveis, e não exatamente delineados. Por exemplo, os alemães que votaram uma ou duas vezes pelo nazismo, e depois, quando as coisas pioraram, tomaram a decisão de se afastar, podem ser considerados Espectadores, ao contrário de Participantes. A questão é que Hitler tinha muitas centenas de milhares de seguidores que, para todos os fins, eram neutros. Ou seja, por permanecer paralisados, sem fazer nada, em hipótese alguma eles apoiavam o regime nazista, nem resistiam a ele. Mas como deixei bem claro em minha definição inicial do Espectador, essa dissociação, que, à primeira vista, poderia parecer uma neutralidade em seu impacto, pode confundir. Na verdade, para ser um Espectador, é necessário dar apoio tácito "a quem ou ao que constitua o *status quo*". Consequentemente, os Espectadores têm sua importância – e muita! Na realidade, se os números de Espectadores fossem altos, poderíamos até dizer que eles "determinaram o curso dos eventos".[65]

E mais ainda. Para que alguém seja chamado de Espectador, pelo menos no que diz respeito à Alemanha Nazista, há que existir algo mais que o status da pessoa. É necessário que a decisão do indivíduo a se dissociar seja não somente claramente deliberada, como também moralmente questionável.

É possível interpretar os Espectadores durante a era nazista como se atuassem em três níveis: individual, institucional e internacional.[66] Os indivíduos atuando sozinhos tomam a decisão de observar, em vez de participar, por qualquer um dos vários motivos diferentes – entre eles, o primeiro talvez seja o poder ufano de Hitler, do partido nazista e da ideologia nazista, que, juntos, dominaram a vida pública. Segundo, havia o componente *medo*. Como já discutimos, praticamente desde o início, os nazistas "enfrentaram decisivamente alguns casos de protestos ou resistência".[67] Terceiro, as pessoas aprenderam a se distanciar, em nível psicológico, do que estava acontecendo no âmbito político. Até mesmo no que diz respeito a Mauthausen, os cidadãos, "ainda que conscientes do terror existente no campo... aprenderam a respeitar a tênue linha entre a consciência inevitável e a negligência prudente".[68] Quarto, como vimos nos experimentos de Milgram, é muito fácil negar a responsabilidade pessoal pelo que acontece, mesmo que tenha sido algo terrível. Até os assassinos podem aplacar quaisquer escrúpulos que possam sentir, lembrando que estavam apenas cumprindo ordens. Quinto, havia o contexto mais abrangente dentro do qual os Espectadores atuavam: forças como industrialização, modernização e urbanização "erradicaram a estrutura social necessária a um conceito tradicional de responsabilidade ética individual para sobreviver".[69] Sexto, havia o cenário social. Como costumo enfatizar, no fundo, somos criaturas sociais, afetadas não somente pelo que nossos líderes estão fazendo, mas também pelo que nossos colegas seguidores realizam. Desse modo, os Espectadores, "ansiosos para abandonar a insegurança individual em prol da identidade coletiva", contentaram-se em obedecer.[70] Finalmente, existia uma sensação absurda de impotência, quer fosse real ou imaginária. A maioria dos Espectadores na Alemanha Nazista insistia em supor que não podiam fazer mais do que estavam fazendo, ou seja, nada.

As instituições alemãs também fizeram a sua parte. Igrejas, universidades e as burocracias do governo, como o judiciário e o funcionalismo público, se acomodaram, e rapidamente, ao regime nazista. Como mencionado anteriormente, ocorreram alguns bolsões de oposição e até certa resistência – por exemplo, a Igreja Confessional, um grupo dentro da Igreja Evangélica Alemã, estava comprometida em se manter isolada do regime nazista. Mas até na Igreja Confessional, "a maioria de seus líderes nunca protestou contra as leis raciais do Estado". Alguns chegaram até a apoiar determinadas medidas contra os judeus, enquanto outros tão-somente aconselharam a igreja contra as críticas abertas a Hitler ou ao partido nazista. Em outras palavras, mesmo nos casos em que aqueles ostensivamente bem-intencionados "não ofereciam protestos nem resistência, por exemplo, quando milhões de alemães foram obrigados a buscar provas de sua descendência 'ariana' junto aos registros da igreja".[71]

Entre os exemplos mais notórios de conformidade institucional, encontrava-se a profissão médica. Mesmo supondo que aqueles associados às artes de cura estivessem na vanguarda daqueles que se opuseram primeiramente às perseguições e, depois, aos extermínios, aconteceu exatamente o contrário. Muitos médicos eram Fanáticos, Ativistas e Participantes, que cooperaram livremente com o nazismo, e, em alguns casos, até se ofereceram para realizar experimentos chocantes nas mais indefesas de suas vítimas.[72] Em outras situações, os médicos e aqueles mais envolvidos, de modo geral, com a profissão médica simplesmente se conformaram com as normas predominantes, cumprindo o que lhes mandavam durante todo o período nazista, sem oferecer resistência. Esse padrão se manteve, inclusive quando ocorriam pressentimentos pessoais – por exemplo, em relação à "eutanásia" favorecida pelo Estado, destinada a eliminar os deficientes mentais. Esse tipo de aval coletivo – conferido pelas instituições aos indivíduos – explica ainda mais por que tantos seguidores de Hitler preferiram se conformar a resistir ou interferir de alguma maneira.

Os outros

Em hipótese alguma, os alemães foram os únicos Espectadores. Por exemplo, o que aconteceu na Holanda foi muito menos divulgado do que as ocorrências na Alemanha. Basta dizer que, durante a ocupação nazista, "71% de todos os judeus na Holanda terminaram nos campos de concentração, uma taxa considerada a mais alta na Europa, fora da Polônia".[73] Isso não significa que todos os holandeses tenham ignorado ou não tenham feito nada enquanto os judeus eram arrancados à força. Mas demonstra que, tanto na Holanda quanto na Alemanha, "apenas um pequeno número de pessoas resistia ativamente". Segundo Ian Buruma, embora obviamente existissem alguns holandeses que, de alguma maneira, se recusaram a dar seu apoio, o que se comenta mais da Holanda durante a Segunda Guerra Mundial é sua "indiferença, covardia e, em alguns, a cumplicidade ativa".[74]

Nesse ínterim, o que o restante do mundo fez diante do genocídio no nazismo? O que fizeram aqueles que *não* viviam na Alemanha ou sob a ocupação nazista, para cessar as chacinas em massa? Evidentemente, os não alemães não eram seguidores de Hitler, no sentido convencional do termo. Entretanto, se Hitler estava assassinando centenas de milhares de judeus e esse número chegou a milhões, e as pessoas espalhadas pelo mundo sabiam o que estava acontecendo, mas pouco ou nada faziam para interferir, elas eram cúmplices? Elas podiam ser realmente incluídas entre os seguidores do *Führer*?

Ao longo das últimas décadas, tem havido muita reflexão sobre essas questões, principalmente porque têm a ver com os americanos e europeus não submissos ao regime nazista – por exemplo, os britânicos e suíços. Consequentemente, o termo *Espectador* é frequentemente aplicado não somente aos que estavam na Alemanha Nazista, que testemunharam e não fizeram nada, como também aos que não estavam. Presume-se, entre outros motivos, que muitas dessas pessoas, estadistas e cidadãos semelhantes, poderiam ter interferido de alguma forma, e com pouco ou nenhum risco pessoal.

Por falar nisso, devo observar que essa questão é não apenas de interesse histórico, a julgar que os ditadores e genocidas são não somente instrumentos históricos. Desde o final da Segunda Guerra Mundial, tem havido genocídios no Camboja e em Ruanda e, mais recentemente, em Darfur. Em cada um desses casos, a comunidade mundial fez pouco ou quase nada para impedir o massacre em massa.

No tocante ao Holocausto, os estudiosos foram além da denúncia vazia, de tão-somente indicar a culpa, principalmente nos Estados Unidos e na Inglaterra, por não salvarem mais judeus enquanto dava tempo. Alguns citam as diversas circunstâncias nos diferentes países, argumentando que "a classe dos Espectadores não pode ser usada no sentido uniforme ou não-problemático" para descrever a reação dos países democráticos à perseguição dos judeus durante a era do nazismo.[75] Outros dão a entender que apenas uma abordagem detalhada a uma questão tão complexa faz justiça ao assunto: "A ambivalência liberal dentro do Estado e o público permitiram o êxito de diretrizes de restrição e de generosos resgates nas nações espectadoras, em diferentes ocasiões e lugares."[76]

Entretanto, a maioria dos estudos das conhecidas nações espectadoras detectou algumas falhas. Entre outros aspectos, sabemos agora que já existiam informações sobre o Holocausto disponíveis previamente e mais amplamente do que se pensava de início. Em meados de 1941, o Comitê Internacional da Cruz Vermelha recebeu relatórios informando que os campos de concentração eram centros de chacina, nos quais os judeus europeus estavam sendo assassinados em grande escala. (Embora tivesse divulgado a informação, a Cruz Vermelha "nunca emitiu qualquer declaração pública durante o Holocausto" sobre o Holocausto.)[77] E, em meados de 1942, surgiram evidências conclusivas, disponíveis nos Estados Unidos e na Europa, de que centenas de milhares de judeus estavam sendo mortos. Ainda que esse número fosse incorreto – foi uma estimativa *por baixo* –, o fato deveria ter recebido mais atenção, mas isso não aconteceu. Por exemplo, no início dos anos 1940, alguns líderes da igreja americana tentaram mobilizar seus círculos de fiéis contra o nazismo, mas a reação a seus apelos foi em vão.

Basicamente, o clamor contra os Estados Unidos, principalmente contra Franklin Roosevelt, e contra a Inglaterra, diretamente para Winston Churchill, era bivalente: primeiro, nenhum dos dois países se empenhou o suficiente para absorver os judeus ou dar um jeito de retirá-los do caminho prejudicial. Segundo, nenhum deles fez nada diretamente para destruir os centros de matança, principalmente o mais mortífero de todos, Auschwitz.

As acusações de indiferença contra Roosevelt e outros membros de sua administração foram acionadas de modo inesquecível, porque eram chocantes na ocasião, por David Wyman. Em seu livro publicado em 1984, *The Abandonment of the Jews: America and the Holocaust, 1941–1945*, Wyman fez uma crítica devastadora aos americanos como Espectadores.[78] Ele se queixou basicamente de que as informações sobre os nazistas aniquilando sistematicamente os judeus europeus já estavam disponíveis nos Estados Unidos em novembro de 1942, mas que ninguém fez nada em relação ao assunto, nem o Departamento de Estado, nem o Departamento de Guerra, nem o próprio presidente.[79] A crítica de Wyman contra Roosevelt foi muito severa. Ele escreveu no capítulo de conclusão do livro que a "reação da América ao Holocausto foi o resultado da ação e omissão de muitas pessoas. Na dianteira, estava Franklin D. Roosevelt, cujas medidas para ajudar os judeus europeus foram muito restritas. Se ele quisesse, poderia ter obtido apoio considerável do público para um esforço de resgate vital, emitindo sua opinião sobre a questão. Pelo menos algumas declarações enérgicas do presidente teriam trazido à tona as notícias do extermínio e gerado manchetes. Mas ele tinha pouco a dizer sobre o problema e não atribuiu qualquer prioridade ao resgate".[80]

Os britânicos também não ficaram livres de acusações semelhantes – por exemplo, contra Churchill, por se recusar a bombardear Auschwitz em 1944, quando pelo menos alguns especialistas argumentaram que teria sido relativamente fácil para ele dar a ordem de bombardeio. Sabemos que, no verão de 1944, a proposta de atacar Auschwitz e as linhas ferroviárias que levavam até lá foi assunto de intenso debate no governo britânico. Entretanto, fazendo uma retrospectiva, parecia que isso não era uma prioridade para o primeiro-ministro. Se Churchill tivesse considerado primordial a destruição de Auschwitz, provavelmente ela teria acontecido.[81] Mas no momento mais oportuno, a atenção do primeiro-ministro estava em outro lugar, no que acontecia em Varsóvia. Segundo o historiador britânico e biógrafo de Churchill Martin Gilbert, "foi a agonia de Varsóvia, e não a agonia dos judeus, que dominou as trocas de mensagens telegráficas dos líderes aliados".[82]

Mais uma vez, essas visões, que implicavam Roosevelt e Churchill, em particular, não são, em hipótese alguma, universais. Os estudiosos do Holocausto se dividem quanto à questão de quem, entre os aliados, eram os Espectadores, se é que existiam.[83] Mas a discussão em si tem relevância.[84] Significa que a questão do Espectador não é, nem deveria ser, apenas relacionada aos alemães. Tem a ver com todas as pessoas, em todos os lugares, que tinham conhecimento do extermínio dos judeus, mas pouco ou nada fizeram para obstruir.

Devo acrescentar a tudo isso uma última observação: alguns têm questionado se os próprios judeus eram, de alguma maneira, Espectadores, cúmplices da própria destruição. Como seria possível? Porque, enquanto alguns judeus resistiram – na Alemanha e em toda a parte –, a maioria não o fez. A maioria dos milhões assassinados – muitos dos quais, evidentemente, eram mulheres, crianças e velhos – não enfrentou seus executores. (E, nesse tocante, nem a maioria dos milhões de judeus distantes dos campos de matança gritou ou esbravejou.)

Isso explica por que os pioneiros sionistas eram frequentemente humilhados, pela "falta de ampla rebelião contra os nazistas entre os judeus europeus". Explica também por que os sobreviventes foram recebidos em Israel "não somente com alívio, como também, às vezes, com desconfiança e indiferença burocrática".[85]

Então, aonde isso nos leva, aqueles de nós que tentam entender os seguidores? Seria possível afirmar que, por serem passivos ao extremo, durante tanto tempo, os judeus europeus tenham contribuído para o próprio fim? Seria justo afirmar que houve cumplicidade por parte dos judeus fora da Europa ocupada pelos nazistas, por terem sido extremamente passivos, durante muito tempo?

Encerro essas questões com a seguinte pergunta: Ser um Espectador faz parte da condição humana? Sabemos, até agora, que, mesmo no caso da Alemanha de Hitler, havia exceções à regra que ditava que os seguidores obedecem. Para início de conversa, sejam quais forem as acusações contra eles, a guerra contra o nazismo nunca teria vencido sem o inabalável comprometimento e dedicação de líderes, como Roosevelt e Churchill, e sem os homens e mulheres que atenderam a seu comando. Depois, vêm as exceções alemãs, aqueles que ousaram protestar ou resgatar ou, de alguma outra maneira, foram heroicos sob circunstâncias extremamente difíceis. Na verdade, como já mencionado, nomes como Dietrich Bonhoeffer, o teólogo antinazista que foi preso e enforcado por Hitler, e Oskar Schindler, o industrial alemão que arriscou tudo para salvar cerca de mil judeus que trabalhavam em sua fábrica, tornaram-se lendários. E também existiram os Participantes, Ativistas e Fanáticos judeus, na Europa e em todos os lugares do mundo, que fizeram tudo o que era humanamente possível para deter Hitler e seus partidários.

Mesmo assim, acontece o seguinte: líderes poderosos exercem uma forte pressão para que os grupos e as organizações se conformem. Por sua vez, os grupos e as organizações exercem forte pressão para que seus membros individuais se conformem, tanto no que diz respeito às suas convicções quanto a seus comportamentos. Isso explica, pelo menos em parte, por que os salvadores que acreditavam que "todos os seres humanos tinham direito a um tratamento digno simplesmente por serem humanos" eram considerados pessoas fora dos padrões que, se descobertas, certamente pagariam muito caro por fazer o que achavam certo.[86] Em resumo, o comportamento do Espectador é normal. Como dizia Fritz Stern, "as guerras e revoluções de nosso tempo aconteceram não tanto por causa de alguns líderes ou facções, mas, sim, devido às multidões de cidadãos passivos que arrogantemente pensavam que a política era responsabilidade dos estadistas".[87]

No início de 1933, Sonderburg era uma pequena cidade pacífica da Alemanha, com aproximadamente quatro mil habitantes, 150 dos quais eram judeus. Não havia tensões marcantes de qualquer natureza, como as ocorridas entre judeus e não judeus. Na realidade, até mesmo no auge do poder de Hitler, Sonderburg nunca se tornou um reduto nazista. Apenas 600 cidadãos se afiliaram ao partido nazista e, desses, apenas cerca de 100 eram membros dedicados.[88]

A despeito disso, alguns dias depois de Hitler se tornar chanceler, "os judeus residentes de Sonderburg sentiram um vento frio do nazismo – e grande parte desse sentimento vinha dos atos praticados por seus vizinhos". Usando apenas um exemplo simples, um homem chamado Joshua Abraham costumava jogar cartas com os amigos, duas vezes por semana. Mas assim que o nazismo entrou em vigor, ele deixou de ser informado sobre hora e local em que pretendiam jogar. "Tudo foi paralisado" – recorda-se ele. "Eu os via na rua, mas fingíamos que não nos víamos. Nenhum deles falava comigo."[89]

A situação em Sonderburg se deteriorou rapidamente. O aspecto mais incrível para todos não era a conduta dos nazistas dedicados, mas a "imediata e espontânea acomodação" dos alemães comuns à nova ordem. "Com uma rapidez impressionante, os cidadãos não judeus de Sonderburg começaram a tratar de modo diferente seus vizinhos e colaboradores judeus." Consequentemente, da noite para o dia, os judeus se tornaram "coisas inexistentes, invisíveis, irrelevantes".[90]

De tudo o que conhecemos, é provável que, em circunstâncias comuns, os residentes de Sonderburg teriam continuado amistosos, vivendo e deixando viver. Mas sob o nazismo, os não judeus se tornaram Espectadores que fizeram o que, às vezes, acontece nesses casos: enveredaram por um caminho sem volta. Primeiro, eles observaram a exclusão dos judeus. Depois, observaram a perseguição dos judeus. Por último, observaram o extermínio dos judeus. O resultado é que passaram todo o período do nazismo basicamente sem se envolver, como se o destino dos outros não fosse problema deles.

Retomada geral

No início deste capítulo, eu disse que tinha um preconceito – um preconceito geral contra aqueles que observam e não fazem nada, e um preconceito direto contra aqueles que observam e nada fazem quando existem vidas humanas em perigo. A história aqui contada é extraordinária. Mas as lições a serem aprendidas se estendem à vida comum do dia a dia. O que leva à questão do que especificamente podemos extrair da circunstância extrema que foi a Alemanha de Hitler para aplicar aos cenários mais comuns.

Primeiro e acima de tudo, encontra-se a responsabilidade de cada um pelo que acontece, seja nas proximidades, no nível pessoal, ou a distância. Somos os protetores de nossos irmãos – e abrir mão dessa responsabilidade no nível individual implica abnegá-la no nível do grupo. Segundo, assim que o hábito de observar e não fazer nada se instala, fica difícil cortar. O melhor, então, é envolver-se desde o início. Finalmente, sair de cena é abrir mão do nosso direito de decidir para os que têm mais poder, autoridade e influência. Às vezes, temos sorte: nossos líderes e gerentes são bons. Mas, outras vezes, não somos assim tão sortudos: nossos líderes e gerentes são maus. Quando isso acontece, observar e não fazer nada é correr o risco de passar de mal para pior.

CAPÍTULO 6

Participantes

Merck

Os Participantes, de alguma maneira, estão engajados. Favorecem explicitamente seus líderes e os grupos e as organizações dos quais são membros – ou são claramente oponentes. Em ambos os casos, acautelam-se o bastante para investir no que acreditam – ou seja, investem uma parte do que têm (tempo, por exemplo) para tentar surtir algum impacto.

Considerações iniciais

Em geral, os líderes *preferem* seguidores Participantes. Presumindo-se que ofereçam apoio, e não oposição, os Participantes representam o combustível que aciona o motor, e fornecem a energia cotidiana que torna um grupo ou uma organização eficientes, o que, por sua vez, permite que os líderes realizem o que desejam e pretendem. O contrário também acontece. Existem Participantes que, por estarem afastados ou insatisfeitos, arruínam seus líderes, de maneira sutil, mas potencialmente significativa. Por fim, existem Participantes como aqueles aqui descritos que, embora costumem apoiar seus líderes e as organizações das quais são membros, seguem um rumo próprio. Na Merck, os Participantes que mais influenciavam eram aqueles que Peter Drucker chamava de "profissionais do conhecimento".[1] Eram especialistas que, como consequência de sua perícia, trabalhavam de modo independente e, em última análise, sem supervisão suficiente da pessoa supostamente encarregada.

Se você ler sobre os Espectadores na Alemanha Nazista, descobrirá a importância dos seguidores, inclusive quando não faziam nada. Ler sobre os Participantes na Merck é descobrir algo mais: o quanto os seguidores são importantes e como podem influenciar quando fazem parte do processo. Convém lembrar também a confusão gerada pelo que era chamado anteriormente de "erro de atribuição de líder". Se o relato aqui contado não demonstrar a possível importância daqueles *que não ocupam* posições superiores, de nada valerá.

Conhecimento pregresso

Em 5 de abril de 2006, um júri de New Jersey descobriu que o medicamento utilizado contra artrite, fabricado pela Merck, o Vioxx, causou um ataque cardíaco em John McDarby, um corretor de seguros aposentado, de 76 anos. O júri também considerou a Merck culpada por fraude contra o consumidor, por não ter informado ao público os riscos cardiovasculares gerados pela ingestão do medicamento. O tribunal sentenciou a Merck a pagar a McDarby e a sua esposa $4,5 milhões, acrescidos de outros $9 milhões por danos morais, por confundir, supostamente de forma deliberada, o órgão Food and Drug Administration (FDA) dos Estados Unidos.[2]

A condenação foi uma perda não somente para a Merck, mas também para o setor farmacêutico como um todo, cuja reputação nos últimos anos havia despencado. Os fabricantes de medicamentos, que já foram uma das empresas americanas mais admiradas, encontram-se atualmente bem no final da lista, classificados um pouco acima das empresas de tabaco e petróleo, mas abaixo, por exemplo, das linhas aéreas, de operações bancárias e seguros.[3] Evidentemente, há vários motivos para isso, como a revolta do consumidor contra o aumento constante do preços dos medicamentos. Mas os problemas associados ao Vioxx são peculiares. Mais do que qualquer outra coisa, a saga do Vioxx responde pelo fato de a Merck – que, uma década atrás, era um exemplo de virtude corporativa – ter se tornado um exemplo de ambição corporativa. Por deixar de avisar preventivamente aos clientes – ou melhor, seus pacientes – que o Vioxx poderia ser fatal, a Merck perdeu de todas as maneiras possíveis.

Como isso aconteceu? Como foi que uma empresa tida em tão alta estima decaiu tanto, tão rapidamente? A mais convencional das diversas explicações é a liderança – e, certamente, ela fez sua parte. Roy Vagelos, CEO da Merck de 1985 a 1994, recebeu o crédito por sua ascensão. Da mesma forma, Raymond V. Gilmartin, CEO de 1995 a 2004, foi responsabilizado por presidir o declínio da empresa.

Vagelos foi extraordinário, "o rei absoluto do setor farmacêutico".[4] Sob sua liderança e pela administração de muitos anos, a Merck foi escolhida pela *Fortune* a "empresa mais admirada na América". E Vagelos foi homenageado pessoalmente pela National Management Association como o Gerente Americano do Ano (1990), e por seus grupos, como CEO do Ano (1992). Ele tinha uma longa carreira de sucesso, que incluía a reestruturação de uma organização de pesquisa e a expansão do marketing global, e um estilo de liderança extremamente interessante. A despeito de ser um cientista de muito talento e executivo muito elogiado, ele mesmo dirigia sua Honda até o trabalho, alimentava-se regularmente na cafeteria da empresa e solicitava comentários de todos os empregados da Merck predispostos a fornecê-los, inclusive aqueles de cargos inferiores na hierarquia corporativa. Vagelos se aposentou quando foi obrigado a fazê-lo, na idade compulsória para aposentadoria nos Estados Unidos – 65 anos. Sua saída foi considerada uma perda, pois, sob sua liderança, a Merck progrediu no mercado financeiro e perante a opinião pública.

O sucessor imediato de Vagelos, Gilmartin, enfrentou a dificílima tarefa de calçar sapatos muito grandes. Certamente, ele tinha o conhecimento e a experiência que faltavam em Vagelos. Acima de tudo, ele entendia o papel cada vez mais importante do cuidado controlado, considerado um recurso relevante pela diretoria que o escolheu. Entretanto, ele não era um cientista, nem tinha experiência no setor farmacêutico, tampouco conhecia a cultura corporativa da Merck. Mais uma vez, isso gerava uma comparação direta com Vagelos, cuja longa estrada como médico pesquisador o tornara um especialista em produtos farmacêuticos por mérito próprio. E sob a liderança de Vagelos, de seus seguidores e seus colegas pesquisadores, produziu-se uma série genuína de medicamentos que salvavam vidas, e isso "foi atribuído, em grande parte, à inspiração" nascida de sua "paixão e senso de determinação".[5]

Os cinco primeiros anos de Gilmartin no comando foram suficientemente bons. Embora nunca tivesse sido tão respeitado quanto seu antecessor, ele tinha suas conquistas, inclusive novos medicamentos para substituir aqueles cujas patentes estavam expirando, e uma firme ascensão nas vendas anuais e nos lucros líquidos da empresa. Mas na virada do milênio, os bons tempos se foram. Em 2001, as ações da Merck despencaram para 38%. Além disso, a empresa, que, bem recentemente, tornara-se o maior fabricante de medicamentos do mundo, ficou atrás de seus dois maiores concorrentes, a Pfizer e a GlaxoSmithKline.[6]

Na verdade, Gilmartin nunca recuperou o pique. Alguns dos mais lucrativos produtos da Merck tornaram-se vulneráveis à concorrência. Os testes em fase avançada de novos e promissores medicamentos tiveram de ser interrompidos. Em 2003, a empresa foi obrigada a anunciar que, devido a uma queda crítica nos rendimentos, milhares de empregos seriam extintos. É evidente que a culpa pelo infortúnio da Merck recaiu principalmente sobre Gilmartin. Os analistas do setor alegavam que, sob sua liderança, a Merck criara problemas nunca enfrentados – por exemplo, o aumento descabido no número de gerentes de nível médio e a redução no número de novos medicamentos, principalmente dos "de alta vendagem" que operam milagres em termos de lucros. Durante a administração de Gilmartin, a rotatividade de funcionários dobrara e sua motivação foi muito afetada.[7]

Gilmartin não aceitou as críticas recebidas. Na conferência anual de 2004 da Merck, ele defendeu sua liderança e apresentou seus planos para o futuro. Insistiu em dizer que, a despeito dos reveses recentes, a empresa seguia uma estratégia certa para a Merck e no melhor interesse de seus acionistas.[8] Mesmo assim, não obstante as suas alegações, ficou claro que, ao longo dos primeiros anos do século XXI, nem a Merck nem seu CEO estavam em perfeita saúde.

Essa languidez poderia explicar a triste história do Vioxx. A Merck precisava com urgência de um medicamento de alta vendagem, e Gilmartin também. A possibilidade de que algo pudesse realmente dar errado com o Vioxx – o primeiro dos mais promissores produtos da Merck e, em seguida, um dos mais lucrativos – era aparentemente muito dolorosa para ser ponderada com cuidado. E foi assim que Gilmartin presidiu uma situação que, no final das contas, saiu de controle.

Entretanto, essa não é exatamente uma história a respeito de um líder. Em vez disso, ela tem tudo a ver com os seguidores. Desde o primeiro dia, Gilmartin estava focado na tomada de decisões estratégicas, e deixava as questões administrativas cotidianas, como aquelas relacionadas com a pesquisa, nas mãos dos subordinados.[9] Em consequência, todos os erros e julgamentos equivocados relacionados ao Vioxx foram cometidos principalmente por aqueles que não estavam no topo da hierarquia corporativa.

Isso não significa que o CEO da Merck tenha abdicado de suas responsabilidades. Ele não fez isso. No entanto, convém destacar que aqueles que trabalhavam sob seu comando – principalmente os profissionais do conhecimento, os especialistas, os cientistas e médicos – desenvolveram o medicamento e, depois, tiraram proveito até serem proibidos de fazê-lo. Quando, em setembro de 2004, a Merck finalmente percebeu que não havia outra opção a não ser recolher o Vioxx do mercado, Gilmartin foi responsabilizado. Não é surpresa alguma. Os líderes são responsáveis pelo que acontece no período de sua supervisão. Mas foram os Participantes que trabalhavam abaixo dele que planejaram os esforços relacionados ao medicamento, desde o primeiro dia – e também foram eles as pessoas diretamente responsáveis por um dos maiores fiascos na história dos negócios americanos.

O PRODUTO

Antes de 1980, o setor farmacêutico era bem-sucedido; depois de 1980, obteve um sucesso "estupendo".[10] Por motivos que variam desde as políticas públicas de Ronald Reagan a favor das empresas até um senso crescente de prerrogativas, mais generalizadas, nas duas últimas décadas do século XX, os fabricantes de medicamentos estavam classificados entre as mais lucrativas de todas as empresas americanas. Foi exatamente nesse contexto em alta que a Merck desenvolveu pela primeira vez o Vioxx e depois começou a testá-lo.

Entre as mais promissoras de todas as classes de medicamentos, no final dos anos 1990, estavam os inibidores da COX-2: agentes anti-inflamatórios não esteroides que aliviavam todos os tipos de dores, mas, acima de tudo, as dores fortes de artrite. Esses medicamentos eram tão promissores que alguns grandes fabricantes lançaram rapidamente no mercado os próprios inibidores da COX-2 e, entre esses fabricantes, obviamente a Merck. Em novembro de 1998, com base em testes clínicos envolvendo 5.400 pacientes, a Merck encaminhou para o FDA uma solicitação de aprovação do Vioxx como um tratamento para osteoartrite (artrose). Ao longo do processo, a Merck afirmou, entre outros detalhes, que as taxas de riscos cardiovasculares eram "semelhantes" entre os pacientes que tomaram o Vioxx, um placebo ou outros analgésicos. Em parte como resultado dessa afirmação, o FDA concedeu ao Vioxx um selo de aprovação. Em maio de 1999, o Vioxx foi liberado para venda.

Entretanto, menos de um ano depois, a Merck recebeu os resultados preliminares de um teste, indicando que os pacientes que tomaram Vioxx apresentavam riscos mais elevados de problemas cardiovasculares do que aqueles que ingeriram um analgésico mais antigo, o naproxen (comercializado com o nome de Aleve). Na realidade, nesse teste específico, os pacientes que ingeriram Vioxx sofreram cinco vezes mais ataques cardíacos do que aqueles que tomaram Aleve. Embora essa tivesse sido a primeira indicação clara de que tomar Vioxx poderia ser perigoso para a saúde, nenhum aviso foi emitido ou, pelo menos, o público não ficou sabendo de absolutamente nada.[11]

Pouco tempo depois, em novembro de 2000, um estudo do Vioxx foi veiculado pela publicação médica de maior prestígio e mais famosa do mundo, o *New England Journal of Medicine* (NEJM). O artigo elogiava os benefícios obtidos ao tomar o remédio – que efetivamente aliviava as dores causadas por inflamação –, além de aparentemente atenuar seus riscos. Como consequência, uma grande quantidade de médicos começou a prescrever Vioxx e uma enorme quantidade de pacientes começou a ingeri-lo.

Mais um ano se passou – em fevereiro de 2001 – até a evidência de que algo realmente poderia estar errado deixar o FDS visivelmente assustado. A bem da verdade, na época, o FDA já estava tão preocupado que instaurou um comitê de aconselhamento responsável apenas pelas audiências sobre Vioxx e sobre a comercialização do remédio. Como consequência dessas deliberações, o FDA enviou a Gilmartin uma carta cautelosamente redigida – uma carta redigida com *muito* cuidado, que afirmava que o órgão considerava enganosa a campanha promocional da Merck. Segundo o FDA, a promoção "minimizava as descobertas de problemas cardiovasculares muito graves" e, "diante disso, transmite a falsa impressão do perfil de segurança do Vioxx".[12] Além disso, o FDA tomou o cuidado de avisar que considerava "incompreensível" a afirmação da Merck de que o Vioxx tinha um "perfil de segurança cardiovascular favorável". Finalmente, o FDA denunciava que a comparação que a Merck estava apresentando entre o Vioxx e o naproxen era "inexata" e que a taxa de ataques cardíacos nos pacientes era mais alta se eles tomassem Vioxx, em vez do naproxen.[13]

Não obstante o tom gravíssimo da carta do FDA, mais de um ano se passou até a Merck revisar o rótulo no Vioxx, de modo a incluir um aviso sobre o aumento de risco de ataques cardíacos e AVCs. Mas àquela altura, isso significava muito pouco e era tarde demais. Um mês depois, em maio de 2002, a Merck foi processada por causa do Vioxx – pela primeira, mas certamente não pela última vez. Uma mulher chamada Carol Ernst alegou que seu marido de 59 anos, Robert Ernst, gerente do Wal-Mart que participava de maratonas, morreu em consequência da ingestão do medicamento.

Passaram-se mais dois anos para a Merck estancar essa hemorragia. Em 2004, a empresa finalmente interrompeu seu longo estudo do Vioxx, confirmando publicamente que o remédio podia dobrar o risco de ataques cardíacos quando ingerido por mais de 18 meses. Considerando que, em 2003, o Vioxx gerara para a Merck a bagatela de $2,5 bilhões, que respondia por 11% do total de vendas da empresa, fazer esse reconhecimento público foi uma pílula bem difícil de engolir.

Em setembro de 2004, o Vioxx foi recolhido do mercado. Gilmartin proferiu o seguinte anúncio: "Estamos adotando essa atitude porque acreditamos que atende melhor aos interesses dos pacientes. Embora pudéssemos continuar comercializando o Vioxx com um rótulo que incorporasse esses novos dados... concluímos que uma retirada voluntária do mercado é uma ação responsável a ser tomada."[14] Evidentemente, naquela época, cerca de 20 milhões de americanos já haviam ingerido o medicamento, muitos apenas por períodos curtos de tempo, mas outras tantas pessoas por mais de um ano e meio.

Independentemente das transgressões cometidas pela empresa, desde então a Merck tem pago muito caro por ter colocado o Vioxx no mercado, em primeiro lugar, e depois por manter sua comercialização por tanto tempo. Além disso, ela continuaria pagando por mais algum tempo, tanto pelo julgamento por parte da opinião pública quanto no tribunal de justiça. Uma forte campanha publicitária pretendia defender a empresa: a Merck alegava que suas ações sobre o Vioxx "colocavam os interesses dos pacientes em primeiro plano" – tiros e flechas irromperam de todos os lados, transformando, pelo menos por um tempo, essa fortaleza de integridade corporativa, outrora admirada, no que chamei anteriormente de um exemplo de ambição corporativa.[15] Além disso, isso foi considerado uma ambição de um tipo muito oneroso, pois, segundo a analista do setor, Marcia Angell, "medicamentos são diferentes. As pessoas dependem deles para sua saúde e até para salvar sua vida".[16]

Alguns meses depois da retirada do Vioxx do mercado, as críticas se avolumaram. O médico Robert Burton afirmou, na revista on-line *Salon*, que o "gigante farmacêutico" Merck sabia dos riscos de ataques cardíacos associados ao Vioxx – mas que "seus próprios estudos foram elaborados para evitar a revelação de sua gravidade". Burton chamou a coisa toda de "uma verdadeira tragédia".[17] De modo semelhante, o *The New York Times* deixou bem clara sua opinião em um editorial: "Mensagens de e-mail e documentos internos comprovavam que os cientistas da Merck estavam preocupados com os riscos cardiovasculares, até mesmo antes da liberação do Vioxx no mercado, e continuaram preocupados depois disso, mesmo enquanto resistiam aos esforços de regulamentação para acrescentar avisos no rótulo do remédio e vislumbrando estratégias para se esquivar das preocupações dos médicos."[18] O *Chicago Tribune* fez o mesmo. Em dezembro de 2005, ele veiculou um editorial intitulado "A Sin of Omission" (O Pecado da Omissão), que afirmava que a conduta da Merck no caso do Vioxx denegria "a reputação outrora brilhante da empresa" e tornava quase impossível acreditar que ela "nunca tivesse enganado os usuários sobre os riscos do Vioxx. Do que mais você chamaria a omissão de informações que podem prejudicar, em vez de ajudar, as expectativas de um medicamento?"[19]

Os desmembramentos legais foram potencialmente os mais ameaçadores. Assim que o Vioxx foi retirado das prateleiras, denúncias procedentes de toda a América fizeram fila para entrar com uma ação contra uma empresa que as pessoas consideravam culpada por induzi-las (ou a seus entes queridos) deliberadamente a supor que o Vioxx era seguro. Tudo começou lentamente – apenas algumas centenas de processos e depois alguns milhares, e depois dezenas de milhares de processos de confiabilidade no produto foram instaurados contra a Merck por se omitir de avisar adequadamente ao público os riscos cardíacos associados à ingestão do Vioxx. (Outro estudo realizado alguns anos depois jogou mais lenha na fogueira: o estudo indicou que, como outros medicamentos de sua classe, o Vioxx poderia gerar "eventos renais", inclusive a disfunção dos rins.)[20]

A estratégia jurídica da Merck era (é) simples: ela jurou que se defenderia caso a caso, reservando cerca de $675 milhões (mais tarde, subiu para $1 bilhão) só para cobrir os custos legais. Mesmo assim, os resultados do primeiro julgamento federal do Vioxx, no qual um júri considerou a Merck responsável pela morte de Robert Ernst, citado anteriormente, foram surpreendentes: a viúva de Ernst recebeu a estonteante quantia de $253,5 milhões por suas perdas. Enquanto o estado do Texas limitava o valor máximo a $26,1 milhões, os membros do júri expressavam sua opinião. Ainda que fosse fraca a evidência de que o Vioxx tivesse sido diretamente responsável pela morte de Ernst, os membros do júri não nutriam a menor simpatia pelo gigante farmacêutico, que, na opinião deles, colocara em risco a saúde e o bem-estar de um americano simples.

Nem todas as denúncias foram tão bem-sucedidas quanto a primeira. Durante 2005, 2006 e na maior parte de 2007, alguns venceram suas ações contra a Merck, outros perderam, algumas reivindicações acabaram sendo julgadas improcedentes, e outras ainda ficaram pendentes.[21] Além disso, no final de 2007, nenhuma das pessoas que processaram a Merck recebeu quaisquer pagamentos da empresa, uma vez que todo veredicto contra a empresa caía em apelação. Independentemente dos resultados de cada julgamento, em todo caso que obrigava a Merck a se defender, havia publicidade negativa. Por exemplo, algumas organizações novas relataram que, em uma sala de tribunal de Los Angeles, um advogado de acusação, Thomas Girardi, acusara a Merck de "desrespeito por negligência" em relação a seus pacientes. Ao defender seu cliente, uma viúva de 71 anos, que já ingerira mais de 200 pílulas de Vioxx em um período de dois anos, antes de sofrer um ataque cardíaco, Girardi alegou que a Merck tinha conhecimento de que o Vioxx poderia causar "diversos efeitos colaterais terríveis e não avisou nada a ninguém".[22]

Os anos posteriores à retirada do Vioxx do mercado foram muito difíceis para a Merck – aproximadamente 45 mil casos de responsabilidade pelo produto foram finalmente protocolados – mas não tiveram efeitos fatais. Gilmartin defendia com unhas e dentes sua empresa – por exemplo, ao testemunhar perante a Comissão do Senado sobre Finanças. Ele garantiu para a Comissão que o problema com o Vioxx foi "inesperado". E continuou afirmando que os dados clínicos em poder da Merck não demonstraram "qualquer diferença entre o Vioxx e um placebo" e que ele, pessoalmente, acreditara tão "entusiasticamente" no Vioxx que sua esposa utilizava o produto "até o dia em que foi retirado do mercado".[23] Mesmo assim, os dias Gilmartin como CEO da Merck estavam contados. Ele saiu da empresa em 2005.

Seja como for, os prognósticos do fim iminente da Merck estavam errados. A empresa contratou um novo CEO, novos medicamentos entraram na linha de produção, e havia evidências de que o preço das ações estariam mais resilientes do que se temia inicialmente. Além disso, a estratégia jurídica da Merck, para se defender de um caso de cada vez, deu certo. Embora a Merck concordasse em pagar apenas $5 bilhões para liquidar as ações relacionadas ao Vioxx, livrara-se com êxito do litígio e da publicidade negativa que ameaçaram perturbá-la durante anos. Ainda assim, vai levar algum tempo para a Merck recuperar a confiança do consumidor americano e se livrar totalmente da reputação de uma empresa que coloca os interesses de seus acionistas acima dos interesses dos pacientes.[24]

Os Participantes

A partir de setembro de 2004, quando os riscos associados ao uso do Vioxx vieram à tona, todos na Merck, a começar pelo presidente, defendiam a si mesmos e à empresa, batendo na tecla de que, fossem quais fossem os problemas, eram, usando a expressão de Gilmartin, *inesperados*. Entretanto, as evidências diziam o contrário.

Como destaca Angell, durante anos, ocorreram "indícios do problema". Ela se refere principalmente ao estudo de novembro de 2000, citado anteriormente e hoje infame, publicado pelo *NEJM*, que informava que o Vioxx era mais facilmente aceito pelo estômago do que o Aleve. "Infelizmente" – acrescenta Angell –, "o estudo também indicava [embora minimizasse] pelo menos um aumento quatro vezes maior no risco de ataques cardíacos". Na verdade, uma análise do FDA revelou que havia mais probabilidade de o medicamento causar ataques cardíacos ou AVCs do que de evitar úlceras estomacais. Pelo menos uma parte das evidências se confirmou no ano seguinte, quando outras descobertas indicavam que a ingestão do Vioxx aumentava o risco cardiovascular. Angell continua: "O que a Merck deveria ter feito depois de receber os resultados [do segundo estudo] era acionar de imediato um ensaio clínico suficientemente abrangente para investigar o risco cardiovascular, tão logo fosse possível. Em vez disso, alguns meses depois, contratou a patinadora Dorothy Hamill para tentar driblar os problemas. A empresa informou um investimento de $160 milhões em anúncios diretos ao consumidor para o Vioxx em 2000, e continuou investindo aproximadamente $100 milhões por ano, nos quatro anos seguintes."[25]

Em seu livro publicado em 2004, *Overdo$ed America: The Broken Promise of American Medicine*, John Abramson, um médico de família e instrutor clínico na Harvard Medical School, chegou a conclusões semelhantes. Referindo-se ao artigo publicado em novembro de 2000 na *NEJM*, ele relata que suspeitou, na época, de que alguma coisa estava errada. Ele observa que ninguém falou sobre o único resultado mais importante que, na verdade, era uma prova de culpa: "Acima de tudo, incluindo as complicações gastrointestinais, cardiovasculares e todas as outras complicações graves, as pessoas que tomavam o Vioxx tinham 21% mais complicações por 'eventos adversos graves' que, em geral, levam à internação ou morte do que as pessoas que tomavam naproxen."[26]

Mais uma vez, voltamos à pergunta: Como foi que isso aconteceu? Como é que uma das maiores, mais antigas e mais respeitadas empresas americanas de produtos farmacêuticos lançou um medicamento que, na melhor das hipóteses, levantou dúvidas logo no início – e ainda continuou vendendo-o até ser moralmente, se não juridicamente, obrigada a retirá-lo do mercado? É evidente que a motivação geral era o dinheiro. O setor de produtos farmacêuticos está diferente do que era; os efeitos gerais da comercialização sobre o tratamento de saúde são realmente óbvios em toda parte.[27] Mas o dinheiro não explica por si só o fato de que, durante vários anos, a Merck vendeu um medicamento que acabou sendo, no mínimo, um perigo devastador. Para entender melhor o tumulto do Vioxx, precisamos examinar mais a fundo.

Inevitavelmente, Gilmartin foi um dos protagonistas desse drama – ele era, acima de tudo, o CEO da Merck na ocasião. Mas, como sabemos, não era cientista nem médico, nem tinha anos de experiência no setor de produtos farmacêuticos. Essa falta de experiência indicava que Gilmartin não teve opção: para administrar a empresa, ele dependia certamente de seus subordinados para receber orientações e até instruções, principalmente sobre os benefícios e as deficiências de determinados medicamentos, como o Vioxx. O que era mais importante para os subordinados? A resposta é clara: os Participantes que eram profissionais do conhecimento, pesquisadores que torciam para que o Vioxx fosse um sucesso retumbante. Eles faziam o possível para persuadir as pessoas dentro e fora da empresa de que o remédio era seguro.

Quem eram, mais especificamente, esses Participantes, subordinados que tinham tanta influência sobre seus superiores? Em particular, cito quatro deles: Edward Scolnick, Alise Reicin, Louis Sherwood e Nancy Santanello.

Presumivelmente, o primeiro deles foi Edward Scolnick, um MD por Harvard que trabalhou na Merck de 1982 a 2003, em diversos cargos de pesquisa, incluindo, por último, a presidência dos Merck Research Laboratories. Scolnick era um homem de alta reputação, que supostamente influenciou uma geração dos conhecidos investigadores de laboratórios, e cuja influência dentro da Merck, principalmente como uma herança da ainda venerada era de Vagelos, continuava em alta. O que ficou claro, ao fazer uma retrospectiva, é que Scolnick desempenhava papel importante no desenvolvimento e marketing agressivos do Vioxx, uma função que não era, em última análise, salutar.

Sabemos que, até onde esteja relacionado ao Vioxx, Scolnick foi rápido no gatilho desde o início. Voltando a 1998, depois de ler um relato de um analista do Wall Street sugerindo que a Merck precisava urgentemente de um novo medicamento de alta vendagem, Scolnick enviou mensagens de e-mail aos colegas explicando que o "essencial para a Merck" era o desenvolvimento de um analgésico que pudesse ser comercializado como mais eficiente do que qualquer outro.[28] Mas, como ficou constatado, Scolnick teve dúvidas especificamente sobre o Vioxx, logo no início: em 2000, ele considerara combinar o Vioxx com um agente anticoagulante para minimizar os possíveis riscos cardiovasculares.[29] Em um depoimento filmado, fornecido a um júri em Houston, ele admitiu ter enviado mensagens de e-mail a alguns colegas em 2000 para avisar que o perigo de tomar o Vioxx "já existia". Ele chamou de uma "vergonha" e comparou o Vioxx a outros medicamentos com efeitos colaterais conhecidos, acrescentando: "Há sempre um risco."[30]

Logo depois que Scolnick enviou o e-mail citado, recebeu novas informações que indicavam que o Vioxx era seguro. Ainda assim, há evidências de que suas dúvidas em relação ao medicamento nunca desapareceram. Na época em que a Merck divulgou um comunicado à imprensa para promover as virtudes do Vioxx, Scolnick escreveu para vários colegas dizendo que seu "quociente de preocupação" continuava alto. Em outras palavras, por seu próprio testemunho, ele manteve do início ao fim uma "pequena agonia" sobre a possibilidade de que a ingestão do Vioxx fosse perigosa para, pelo menos, alguns que o tivessem ingerido.[31]

Entretanto, isso não impediu que Scolnick defendesse agressivamente o medicamento. Em outro e-mail enviado aos colegas, dessa vez em 2001, ele se apressou em lhes pedir que *segurassem as pontas*. Por mais enfática que fosse a recomendação do FDA para inserir avisos em todos os produtos Vioxx, Scolnick insistia que a Merck "não deveria aceitar esse rótulo".[32] Na verdade, durante os vários anos em que o Vioxx permaneceu no mercado, Scolnick continuava desempenhando o papel de vigia do Vioxx, defendendo, de modo geral, o produto dentro da empresa e atacando aqueles fora da empresa que viessem a questionar a segurança do medicamento. Ele ficou revoltado com o FDA, chamando-o de "divergente" em suas primeiras tentativas de monitorar o Vioxx, e com alguns diretores do FDA, que ele chamava de "bastardos", por terem o desplante de sugerir que, se o Vioxx continuasse no mercado, a Merck deveria esclarecer para os consumidores os riscos decorrentes.[33]

A diferença entre as reservas privadas de Scolnick em relação ao Vioxx, compartilhadas apenas com alguns associados, e seu desempenho público, como um garoto-propaganda incansável, só foi percebida alguns anos depois. Somente depois do fato, soubemos que as dúvidas de Scolnick eram alardeadas por vontade própria para proteger um medicamento que ele sabia que poderia tornar-se, como realmente aconteceu, um sucesso de vendas. Portanto, Scolnick não passava de um Participante, um seguidor que deixou de avisar a seu líder, convenientemente, os perigos ocultos. Na realidade, ele não somente não parou o trem, como também não acionou os freios.

Os esforços de Scolnick a favor do Vioxx se uniram aos de outro Participante, a vice-presidenta da Merck para pesquisas clínicas. Alise Reicin era outro profissional do conhecimento, uma pesquisadora experiente que se interessou pelo Vioxx logo de início, promoveu o medicamento dentro e fora da empresa e o defendeu até o fim, mesmo depois de a segurança do produto ter-se tornado uma questão aberta. Reicin entrou na Merck em 1996. Ela trabalhou na composição que se expandiu para o Vioxx em 1997. Participou da elaboração dos testes clínicos que levaram à aprovação do FDA em 1998. Posteriormente, quando a situação se complicou e a Merck foi obrigada a se defender em uma sala de tribunal, Reicin foi a "célebre testemunha" da Merck.[34] Descrita por seus chefes como uma "defensora ferrenha da franquia do Vioxx", Reicin falava frequentemente em defesa do produto.[35] Ela era sisuda, "digna de crédito e firme em relação à sua convicção de que a [Merck] agiu corretamente".[36] Não surpreende que os jurados gostassem dela e a considerassem particularmente uma testemunha confiável.[37]

Mesmo assim, a defesa de Reicin em relação ao Vioxx continuava suspeita. Por mais talentoso que fosse seu desempenho em uma sala de tribunal, havia evidências de que o que ela afirmava oficialmente não era toda a verdade. Em público, ela "fornecia, de modo consistente, a base científica para a reivindicação da Merck, no sentido de ter agido de boa-fé antes de retirar [o Vioxx] do mercado".[38] Entretanto, os e-mails da empresa revelavam que, já em 1997, Reicin e Scolnick tinham dúvidas sobre o medicamento, admitindo, na época, que "a possibilidade de aumento dos eventos CV [cardiovasculares] era muito preocupante". Na verdade, para impedir que o Vioxx se revelasse perante o FDA como potencialmente inseguro, ela chegou até mesmo a propor que as pessoas com alto risco de problemas cardíacos fossem afastadas dos testes clínicos para que a diferença na taxa de problemas cardiovasculares entre os pacientes que tomavam Vioxx e os que não o ingeriam "não se evidenciasse".[39]

Além disso, a coautoria de Reicin daquele artigo de novembro de 2000, publicado no *NEJM*, tornou-se uma contribuição suspeita, se não desrespeitosa, para a literatura sobre inibidores da COX-2. É certo que, posteriormente, Reicin tentou dirimir algumas discrepâncias, em especial aquelas relacionadas ao *timing*. Entretanto, em 2005, os editores do *NEJM* se viram obrigados a confessar (esse não foi exatamente o ponto alto de sua vida profissional) que o estudo patrocinado pela Merck, no qual o artigo se baseara, deixou de incluir informações críticas. "As informações sobre três ataques cardíacos sofridos por pacientes que tomaram o Vioxx em um teste clínico não foram enviadas aos editores do jornal antes da publicação do artigo, em novembro de 2000."[40]

Evidentemente, a questão é o motivo pelo qual Reicin e seus coautores não atualizaram o artigo antes da publicação, principalmente diante do fato de que o número total de ataques cardíacos subira de três para 20 nos quatro mil pacientes. Essa não era uma questão irrelevante, pois, apesar do pequeno aumento (para 0,5%), as implicações eram "potencialmente grandes", em especial "quando multiplicadas pelas 20 milhões de pessoas" que supostamente estavam ingerindo o Vioxx antes de sua retirada do mercado.[41]

A principal denúncia contra Reicin e seus coautores era o fato de terem fornecido informações incompletas e, por conseguinte, enganosas. Reicin respondeu, destacando que quando o artigo foi enviado pela primeira vez para publicação (em maio de 2000), as informações sobre os ataques cardíacos adicionais não estavam liberadas – e que, além disso, o estudo tinha uma data de término. Mas como as informações ficaram disponíveis em julho e o artigo em questão só foi publicado em novembro, parece, pelo menos para alguns especialistas, que os autores (e editores) tiveram tempo suficiente para corrigi-lo. Se tivessem feito isso, a mensagem para os leitores, principalmente para os médicos que estavam analisando a prescrição do Vioxx, teria sido diferente. Quanto aos riscos associados à ingestão do Vioxx, teriam sido muito mais previdentes.

Em uma troca inicial de e-mails entre Reicin e Briggs Morrison, foi sugerido até onde a ciência deveria curvar-se diante do comércio nessa ocorrência. Morrison era outro pesquisador da Merck que trabalhou no Vioxx nos primeiros estágios de seu desenvolvimento. Em 1997, ele enviou aos colegas um e-mail que dizia em parte: "Sei que isso já foi exaustivamente discutido [no] mundo real, então por que excluir" a aspirina?[42] Ele acrescentou que, sem o efeito de afinamento do sangue provocado pela aspirina, "você terá mais eventos de trombose" – ou seja, coagulações sanguíneas – e "devemos descontinuar [a] produção do medicamento".[43] Esse foi o e-mail ao qual Reicin respondeu quando ela escreveu que a empresa se encontrava em um "beco sem saída", e propôs que as pessoas com alto risco de problemas cardiovasculares fossem excluídas do estudo, para que a diferença entre a taxa de risco associado ao Vioxx e a outros medicamentos "não ficasse evidente". (Para fins de registro, um dos advogados da Merck, Ted Mayer, disse que os e-mails internos e os materiais de marketing estavam "fora do contexto" e não "refletiam com exatidão a conduta da Merck e de seus empregados".)[44]

Não surpreende que Reicin se desse bem em toda etapa. Quanto ao artigo no *NEJM*, ela forneceu uma declaração sucinta por escrito: "Garantir a integridade dos dados é de máxima relevância para mim, como médica e cientista, e eu jamais faria algo que comprometesse esse princípio. Fui sincera e coerente em meus depoimentos relacionados à disponibilidade das informações sobre o Vioxx e de sua divulgação para o *NEJM* e para o Food and Drug Administration."[45]

Nancy Santanello, epidemiologista-chefe na Merck e responsável pelo projeto Vioxx, era outro Participante. Ela também ajudou a tornar o Vioxx um dos medicamentos de maior vendagem na América; e também defendeu o produto até mesmo depois da divulgação de seus riscos. Por exemplo, Santanello foi chamada a depor no caso instaurado por Carol Ernst. Ela foi interrogada pelo magnífico advogado de Ernst, Mark Lanier, que apresentou a Santanello aquela carta de 2001 enviada pelo FDA, que avisava à Merck que a empresa estava enganando o público ao minimizar os riscos decorrentes da ingestão do Vioxx. Lanier também interrogou Santanello sobre uma técnica de marketing da Merck denominada "dodge ball",* que, segundo sua denúncia, instruía a equipe de vendas da Merck a evitar as perguntas difíceis – em particular, as relacionadas ao Vioxx. Finalmente, Lanier interrogou Santanello sobre um documento interno que afirmava que a equipe de vendas do Vioxx supostamente "neutralizava" e "descredenciava" os médicos que não prescreviam o Vioxx.[46]

Durante os seis dias em que passou na tribuna, Santanello se defendeu e à sua empresa contra as acusações de Lanier, insistindo, entre outras coisas, que "neutralizar" significava fornecer aos médicos informações sobre a segurança do medicamento; que "descredenciar" significava obter o pronunciamento de um médico a favor do Vioxx em uma conferência médica; e que "dodge ball" era uma técnica didática, e não uma tentativa de se esquivar de uma pergunta. Mas como ficou constatado, sua defesa parecia inadequada para os jurados. Quando Santanello se recusou a responder diretamente a uma pergunta feita por Lanier, ele a acusou de "dodge ball". E foi assim que Ernst ganhou da Merck – uma vitória estonteante.[47]

Finalmente, havia o dr. Louis Sherwood, outro Participante na história do Vioxx. Sherwood se aposentou da Merck em 2002, após 10 anos como vice-presidente sênior para assuntos médicos e científicos na Divisão Americana da Saúde Humana da empresa. Durante uma década, Sherwood foi responsável por todas as atividades médicas da Merck no mercado americano, inclusive desenvolvimento clínico, pesquisa e gerenciamento de resultados, serviços médicos e assuntos acadêmicos e profissionais.[48]

O papel de Sherwood na ascensão e queda do Vioxx foi contado detalhadamente em 9 de junho de 2005, no programa diário de notícias do National

---

Nota da Tradutora: Dodge ball significa esquivar-se, driblar.

Public Radio (NPR), "All Things Considered". O enfoque da pauta versava sobre como Sherwood exercia sua influência, ou tentava fazê-lo, sobre algumas das pessoas e instituições mais importantes do mundo. Acima de tudo, havia o esforço de Sherwood para "corrigir" Dr. Gurkirpal Singh, que, diante das novas informações, deixou de ser um dos maiores defensores (e muito bem pago) do Vioxx e passou a ser um de seus críticos mais ferrenhos. Diante da metamorfose de Singh, a Merck livrou-se dele como garoto-propaganda da empresa. Mas mesmo assim, a empresa não confiava nele. Continuava a pressão exercida sobre Singh para segurar sua língua.

Em uma manhã de sábado, em outubro de 2000, Sherwood ligou para a casa do Dr. James Fries, professor de medicina na Stanford University, que também era superior de Singh. Fries descreveu o incidente da seguinte forma: "Recebi a ligação de um diretor médico da Merck [Sherwood], afirmando que alguém de minha equipe fizera declarações públicas graves e irresponsáveis sobre os efeitos colaterais cardiovasculares do Vioxx."[49] Segundo a reclamação específica de Sherwood, Singh era "irresponsavelmente anti-Merck e especificamente anti-Vioxx".[50] Fries continuou e afirmou que Sherwood avisara sobre as possíveis repercussões para ele e para a Stanford (provavelmente, reduções no patrocínio) se Singh não parasse e desistisse.

Enquanto a NPR contava a história, Fries fez algumas ligações, e descobriu que pesquisadores de sete outras instituições, incluindo instituições como University of Minnesota, University of Texas Southwestern e um hospital-escola de Harvard, também haviam levantado dúvidas sobre a segurança do Vioxx – e que Sherwood fizera algumas ligações sutilmente ameaçadoras para cada uma dessas instituições também. "Alguns investigadores que se haviam pronunciado publicamente [contra o Vioxx] ou as cátedras de seus departamentos receberam ligações", afirmou Fries. "Foram feitas diversas ameaças veladas e não tão veladas assim – que eles estavam falando coisas horríveis do fabricante e que as pessoas para quem passavam essas informações deveriam tomar medidas para interceptar tudo isso". M. Thomas Stillman, por exemplo, professor na University of Minnesota, também recebeu uma ligação do Dr. Sherwood. Stillman disse ter havido "uma conversa franca que eu não chamaria de amigável. Deu-me aquela impressão do tipo 'É melhor você ter cuidado com o que fala'... Achei inconveniente".[51]

A NPR obteve uma cópia de um e-mail que Sherwood enviara ao departamento de marketing da Merck, em novembro de 2000, que parecia apoiar a sugestão de que as ligações feitas por Sherwood faziam parte de uma campanha mais abrangente da Merck para tentar intimidar os críticos do Vioxx para ficarem em silêncio. A mensagem de Sherwood dizia o seguinte: "Fries e eu discutimos sobre como fazer o Singh parar com os comentários raivosos que ele proferira nos últimos meses... Continuarei pressionando e conseguirei o apoio de outras pessoas." Sherwood aconselha a um dos executivos de marketing como proceder: "Diga a Singh que falamos com o chefe dele sobre seus comentários sobre a Merck. E diga a ele que, se isso continuar, serão necessárias outras ações (não as defina)."[52]

Finalmente, o esforço para "pegar" Singh e puni-lo por ser um *vira-casaca* gerou grande pressão. Além de Sherwood, outros 23 executivos locais, regionais e nacionais da Merck se envolveram no caso Singh. Foi compilado um dossiê sobre ele contendo, entre outros assuntos, aproximadamente 80 e-mails trocados entre a Merck e Singh, de março de 1999 a outubro de 2000. Anos depois (2005), o material foi revisado por um importante administrador na College of Physicians and Surgeons (Faculdade de Médicos e Cirurgiões) da Columbia University, e o comentário sobre o arquivo foi o seguinte: "Não se pode ajudar, a não ser enquadrá-lo em termos de um dossiê do FBI, exceto aqui, o Dr. Singh não está andando por aí com possíveis comunistas ou gângsteres. Aqui, o dossiê está repleto de pareceres do Dr. Singh sobre o Vioxx..." Por sua vez, Singh ouviu de um amigo dentro da Merck que "Dr. Louis Sherwood, vice-presidente da Merck na ocasião, tornara-se 'muito interessado' (entre aspas) no que eu estava fazendo, e que o Dr. Sherwood é 'muito poderoso e vai detonar e dar um jeito em você'".[53]

Em seguida, Sherwood negou que estivesse tentando pegar alguém para fazer alguma coisa, e insistiu que "ele nunca fizera quaisquer ameaças de interromper patrocínios ou dificultar o compromisso de alguém na faculdade". De modo semelhante, um advogado representando a Merck afirmou que "a Merck não estava tentando silenciar a crítica". Mesmo assim, em um memorando interno com o objetivo de justificar seu comportamento, Sherwood indicava claramente que, em várias ocasiões, fizera uso de sua influência para manobrar os críticos do Vioxx e nas instituições para as quais trabalhavam. Sherwood: "Só me envolverei quando nossos representantes... se sentirem frustrados com sua incapacidade de ganhar ou 'enfrentar' indivíduos selecionados. Sem tentar parecer insolente, creio que sou o médico mais respeitado no setor de produtos farmacêuticos, entre os catedráticos e decanos acadêmicos... Portanto, ao ligar para eles para falar sobre um assunto urgente, geralmente consideram a questão com seriedade... Isso tem dado muito apoio... uma vez que tenho conseguido uma alavancagem equilibrada em algumas situações complicadas."[54]

Um último comentário sobre os Participantes da Merck – que englobavam não apenas os quatro mencionados, mas também outros, como, evidentemente, profissionais que não eram cientistas.

O principal mantra da Merck durante a era do Vioxx enfatizava a segurança da ingestão do medicamento e quão salutares eram seus efeitos. Evidentemente, esperava-se que todos na empresa entoassem isso em uníssono, bem alto, entre os responsáveis pela venda do produto. Susan Baumgartner, gerente de marketing, era outra Participante que entrou na onda, por exemplo, em relação a Gurkirpal Singh. Em 2000, ela escreveu em uma mensagem de e-mail: "Dr. Singh continua enfatizando os eventos adversos cardiovasculares associados ao Vioxx... Acho que existem muitos outros palestrantes que transmitem boas mensagens, e não deveríamos arriscar um apoio às mensagens pessimistas que ele continua divulgando." Em linhas gerais, um e-mail enviado por Terry Strombom, diretor de negócios sênior da região de São Francisco, indicava que Strombom queria silenciar Singh, mas preocupava-lhe o fato de aliená-lo: "A única coisa da qual tenho certeza é que o Dr. Singh poderia nos influenciar negativamente se ele se empenhasse em fazer isso... Eu recomendaria que tratássemos desse assunto com muita cautela."

Entretanto, se, em tese, todos na Merck deveriam falar a mesma língua, na prática nem todos se sujeitavam às regras da empresa. Heather Robertson, coordenadora de contatos de pedagogia da saúde da Merck na região de São Francisco, era, por exemplo, uma exceção à regra. Ela era uma seguidora que não obedecia. Ela se atreveu a colocar sua opinião em um e-mail. Singh, afirmava ela, estava antenado com algo: "[Parece] que nenhum esforço mudaria a posição [recentemente crítica] do Dr. Singh e, embora não gostemos de ouvir sobre isso, suas informações são cientificamente exatas."[55]

Os Contestadores

A história do Vioxx se difundiu desse jeito porque os Participantes dentro da Merck investiram no medicamento, mesmo diante dos indícios de sua periculosidade. Mas eles não estavam sozinhos: outras pessoas em outros locais fizeram sua parte para iluminar o todo. Citarei a seguir três dos principais oponentes da Merck, cada um deles um Davi enfrentando um Golias.

Gurkirpal Singh

Como ficou constatado, Louis Sherwood nunca conseguiu silenciar Gurkirpal Singh. Na realidade, alguns anos depois, quando o senador Charles Grassley, presidente do Comitê de Finanças do Senado, decidiu realizar audiências sobre o Vioxx

– acima de tudo, o medicamento fora ingerido por aproximadamente 20 milhões de americanos –, Singh se prontificou a comprovar sua experiência. Seu depoimento foi condenatório. Singh afirmou: "Sabemos" que em novembro de 1996, "os cientistas da Merck discutiam seriamente sobre um possível risco de associação do Vioxx a ataques cardíacos". Singh ainda acrescentou que também sabiam, com base nos e-mails internos trocados na Merck, "que no início de 1997, os cientistas da Merck estavam examinando projetos de estudo que excluíssem as pessoas de coração fraco, para que o problema do ataque cardíaco não viesse à tona". Singh atestou que, ao ver os resultados de um estudo realizado em novembro de 2000 (presumivelmente, o artigo publicado no *NEJM*, mencionado anteriormente), que indicava um "aumento expressivo no risco de ataques cardíacos com o Vioxx", ele ficou "chocado". Para ele, seria "antiético" não discutir esse assunto em público na ocasião, embora, como realmente aconteceu, Singh tivesse sido avisado de que se continuasse a fazê-lo, sofreria "consequências graves". Em particular, Singh disse que fora informado que Sherwood "dificultaria" sua vida "em Stanford e fora dela". Antes mesmo do término de seu depoimento congressional, Singh disparou seu último tiro: "Mais importante ainda, a [Merck não fez] quaisquer tentativas de elaborar ou executar grandes estudos sobre segurança para provar ou não a ligação do Vioxx com ataques cardíacos... É lamentável que decisões científicas sobre a segurança dos pacientes sejam influenciadas por interesses percebidos de marketing e relações públicas. Em minha opinião, é preferível descontinuar a produção de um medicamento a matar um paciente."[56]

É evidente que a Merck tentou controlar Singh. É igualmente óbvio que Singh se recusou a ser controlado. Na realidade, ele seguiu na direção contrária. Em resposta às tentativas de Sherwood para tentar obter seu apoio, Singh tentou proteger-se. Ele emitiu sua opinião em público exatamente quando a Merck queria silenciá-lo.

Eric Topol

Outras pessoas também queriam avisar sobre os perigos, outros especialistas que questionaram a segurança do Vioxx bem no início e provaram seu ponto de vista em alto e bom som. Um dos mais notáveis foi o Dr. Eric Topol, cardiologista na Cleveland Clinic, coautor de um artigo sobre o Vioxx publicado em 2001, no *Journal of the American Medical Association*. O artigo afirmava que o próprio estudo da Merck, o mesmo publicado no *NEJM* em 2000, de coautoria de Alise Reicin, "muito provavelmente indica que o Vioxx aumentava o risco de acidentes cardiovasculares".[57]

Assim como Singh, Topol contou que foi importunado pela Merck para que parasse e desistisse da questão – e, como Singh, ele se recusou. Topol atestou diante um tribunal federal envolvendo o Vioxx que, após a divulgação de que ele pretendia publicar um documento questionando a segurança do produto, recebeu a visita de Alise Reicin. Ela lhe disse que o trabalho dele era um equívoco e que ficaria "constrangido" se o publicasse. E-mails internos na Merck revelaram que Reicin tentou refazer o manuscrito de Topol para "baixar o tom" de sua recomendação de que o Vioxx deveria ser evitado em pacientes com problemas cardíacos. Suas revisões não foram aplicadas ao documento de Topol, pois, finalmente, ele foi publicado – o que, provavelmente, deixou Raymond Gilmartin tão enfurecido que, pessoalmente, ele reclamou de Topol ao presidente do Conselho Curador da Cleveland Clinic, Malachi Mixon. "O que a Merck fez à Cleveland Clinic para garantir isso?" Gilmartin exigia saber.[58]

Pelo seu lado, Topol deixou bem clara sua posição: na questão do Vioxx, ele considerou "repulsivos" e "repugnantes" alguns aspectos do comportamento da Merck.[59] Parece que o sentimento era o mesmo. Menos de uma semana depois de apresentar o depoimento filmado que criticava severamente a Merck, Topol perdeu seu cargo de diretor-executivo acadêmico na faculdade de medicina de Cleveland Clinic. Ele acreditou que sua demissão não foi mera coincidência – para ele, estava relacionada a seu depoimento contra a Merck. "A coisa mais difícil neste mundo" – destacou Topol – "é tentar dizer a verdade; faça a coisa certa para os pacientes e você será difamado. Não surpreende que ninguém se rebele contra o setor".[60] Entretanto, uma porta-voz da Cleveland Clinic negou qualquer ligação com o fato. A demissão de Topol simplesmente fazia parte de uma reorganização administrativa mais abrangente – insistia ela –, deixando registrado que "a organização chegou à conclusão de que a posição [dele] não era mais necessária".[61]

David J. Graham

Mesmo que ele estivesse preocupado com o Vioxx desde o início, pode-se afirmar com certeza que os diretores da Food and Drug Administration não fizeram o bastante, em velocidade suficiente. No mínimo, o FDA deixou de enviar um aviso antecipado, para os profissionais de tratamento de saúde e para o público de modo geral, de que o Vioxx poderia trazer risco cardiovascular.

Depois de a Merck ter retirado o Vioxx do mercado, apareceu um delator (se bem que um pouco tarde). Dr. David Graham, que esteve no FDA durante 20 anos, afirmou *no ar* que, desde 2000, a agência já tinha evidências de que o medicamento deveria ser recolhido. No programa "Nightline", da ABC, Graham, descrito como "líder escoteiro" e "cristão devoto", denunciou: "Contamos com um sistema que tende a aprovar medicamentos quase independentemente dos riscos contra a saúde."[62]

Em agosto de 2004 (um mês antes de a Merck recolher o Vioxx), Graham disse a seus superiores que sua pesquisa indicava que as prescrições de altas dosagens do remédio triplicavam a taxa de ataques cardíacos e que, portanto, este deveria ser banido. Entretanto, ele foi silenciado. O Dr. John Jenkins, diretor de novos medicamentos no FDA, deu as costas para o problema. Outra supervisora, Anne Trontrell, considerou a recomendação de Graham "particularmente problemática porque o FDA patrocinou esse estudo". Dr. Steven Galson, diretor da Divisão de Avaliação de Medicamentos do FDA, disse que a pesquisa dele era um "lixo científico". E o comissário do FDA, Dr. Lester Crawford, criticou Graham por violar o "consagrado processo de revisão e liberação pelos pares" do FDA.[63]

Contudo, o subordinado do FDA triunfou sobre seus superiores do FDA: Graham ganhou seu dia no tribunal, pelo menos no tribunal da opinião pública. Ele também depôs perante o Comitê de Finanças do Senado e seu depoimento também foi vergonhoso. Em uma entrevista realizada com Graham, cerca de um mês depois de sua aparição congressional, ele descreveu os esforços do FDA – principalmente "aqueles superiores a mim na 'cadeia de alimentos'" – para intimidá-lo. "Eles entraram em contato com o escritório do senador Grassley, para tentar convencê-lo de que não compensava me apoiar, que eu era um mentiroso, uma porcaria, um tirano, um demagogo e que não merecia confiança."[64] Mesmo assim, Graham, que já tinha um longo histórico de avisos sobre medicamentos potencialmente perigosos, seguiu em frente e atestou: "O problema que vocês estão enfrentando hoje tem uma abrangência imensa. O Vioxx é uma terrível tragédia e uma profunda falha de regulamentação. Eu diria que o FDA, como atualmente estruturado, é incapaz de proteger a América contra outro Vioxx. Estamos praticamente indefesos. É importante que esse Comitê e o povo americano entendam que o que aconteceu com o Vioxx é realmente um sintoma de algo muito mais perigoso para a segurança do povo americano. Em termos simples, o FDA e seu Center for Drug Evaluation and Research (Centro de Avaliação e Pesquisa de Drogas) estão quebrados."[65]

David Graham não estava exatamente sozinho em sua avaliação do que aconteceu no caso do Vioxx – e, na verdade, em seu julgamento do FDA, de modo geral.[66] Entretanto, sua decisão de seguir em frente lhe custou muito caro. Por ter dado seu recado, Graham foi marginalizado. Já muito magro, ele parou de se alimentar e ficou exageradamente magro. Confessou que se sentia um homem marcado. "Espero que as coisas se acalmem" – disse ele –, "mas não acredito que o FDA deixe isso acontecer".[67]

Vioxx Redux

A história do Vioxx não aconteceu em vão. Embora o setor de produtos farmacêuticos continue a se gabar de seus investimentos em pesquisa e desenvolvimento, ele também é um colosso, "acostumado a fazer exatamente o que deseja".[68] Na realidade, os críticos consideram os grandes produtos farmacêuticos muito (se não *mais*) voltados para o lucro, e não orientados para a pesquisa.[69] De modo semelhante, o FDA, que desde o início dos anos 1990, conta com os fabricantes de medicamentos para uma parte de suas verbas de financiamento, não é uma agência federal totalmente independente. David Kessler, ex-comissário do FDA, afirma que "não há dúvidas de que as taxas do usuário alavancam o setor, ao definir as prioridades da agência".[70] Finalmente, a Merck não é a única empresa de tratamento de saúde com problemas. A Guidant Corporation, por exemplo, um dos principais fabricantes de equipamentos médicos, como desfibriladores, foi citada por um painel de especialistas como tendo "falhado sistematicamente na avaliação completa da segurança dos pacientes, ao decidir se deveria publicar as falhas dos produtos".[71] E a GlaxoSmithKline, que, em 2006, levantou mais de $3 bilhões em vendas mundiais de seu medicamento para diabetes, o Avandia, sofreu um baque sério em 2007, quando o *NEJM* liberou os resultados de uma análise que associava o Avandia a um aumento no risco de ataques cardíacos. (Não por acaso a pesquisa que, evidentemente, está sendo contestada foi realizada pelo notável cardiologista Dr. Steven Nissen, também na Cleveland Clinic, médico envolvido no levantamento das primeiras questões sobre a segurança do Vioxx.)[72]

Além disso, existem, pelo menos teoricamente, bons motivos pelos quais a Merck foi obrigada a se defender contra processos relacionados à responsabilidade sobre o produto, que chegaram à casa de dezenas de milhares. Por exemplo, um artigo publicado em 2006 na *Harvard Business Review* descreve como, sem se dar conta disso, "tomadores de decisão corporativos ignoram certas informações críticas". Na realidade, o artigo menciona este caso: "É bem possível que alguns membros da equipe da diretoria superior da Merck não conhecessem totalmente o perigo do medicamento". E acrescentou que, como o CEO Raymond Gilmartin era comprovadamente um homem de ética, presumivelmente "teria recolhido o Vioxx do mercado mais cedo se soubesse que estava matando pessoas".[73]

Entretanto, eu não deixaria de fora a ineficácia do CEO da Merck nem o absolveria da responsabilidade. Na verdade, foi para Gilmartin que o FDA encaminhou aquela carta, que avisava, primeiramente, que as comparações entre o Vioxx e o naproxen eram "imprecisas" e que, em segundo lugar, a campanha de marketing da Merck "minimizava as revelações sobre problemas cardiovasculares potencialmente graves". A despeito desse aviso absolutamente claro, Gilmartin não teve pressa de agir. Só depois de mais um ano, a Merck finalmente, muito a contragosto, revisou o rótulo do Vioxx, e depois de mais três anos, a empresa retirou o Vioxx do mercado.

Apesar de tudo, ao examinarmos com detalhes e cautelosamente as evidências deste caso, podemos concluir que as principais lições aprendidas *não* se relacionam com o CEO – Gilmartin *não* explica o fenômeno Vioxx. Em vez disso, esta é uma história sobre seguidores, sobre como aqueles que trabalhavam oficialmente sob o comando de Gilmartin foram posicionados, como profissionais do conhecimento, para pegar a bola e sair jogando. Participantes como Scolnick, Reicin, Santanello e Sherwood estavam tão interessados em liberar o medicamento que perderam a perspectiva. Foram incapazes ou talvez nem estivessem predispostos a considerar adequadamente o risco cardiovascular que gerara tantas preocupações, durante todo o tempo. Além disso, um pequeno grupo de Participantes, como Baumgartner e Strombom, contentou-se em manter a guarda: fizeram todo o possível para proteger o Vioxx contra os perigos, sabendo o tempo todo que o medicamento poderia prejudicar pelo menos alguns que o haviam ingerido.

Quanto ao assunto, Gilmartin deixava por conta de seus subordinados – em parte, não totalmente, porque ele mesmo não era um cientista ou médico. Se o Vioxx fosse bom para eles, embasaria a defesa do medicamento por parte de Gilmartin e a comercialização por parte da Merck. Evidentemente, isso leva a outra questão: por que os especialistas continuaram com o Vioxx por tanto tempo, apesar dos problemas ou, no mínimo, a despeito dos possíveis problemas? Na realidade, desde o início, percebi a história deles com o Vioxx. Mas havia algo mais acontecendo, uma dinâmica que nada tinha a ver, ao contrário da sabedoria convencional, com os seguidores sob o domínio de – ou até mesmo em sintonia com – seus líderes. Lembre-se de que, aqui, estamos falando de Raymond Gilmartin, não de Roy Vagelos. Não, a história do Vioxx tem menos a ver com a ligação entre líderes e seguidores do que com a ligação entre seguidores e outros seguidores, todos persuadidos e encorajados mutuamente, e todos vestindo a camisa da empresa que os empregava.

De todas as evidências disponíveis, a discordância dentro da Merck foi silenciada; de qualquer maneira, foi em vão. Ninguém pertencente à empresa soou o alarme por tempo suficiente e suficientemente alto, e ninguém renunciou em protesto. Além disso, a equipe de pesquisa da Merck deu sinais de uma tomada de decisão equivocada, de pensamento coletivo. Entre outros aspectos, ninguém fez o papel de advogado do diabo, que lembrasse periodicamente ao grupo que as questões que vinham sendo levantadas sobre o Vioxx eram de importância máxima, não somente para a empresa, mas também, obviamente, para aqueles que o ingeriam.

Adicionalmente, todos na Merck tinham uma determinação dominante: ajudar aqueles que precisavam dela *e* encher os cofres da empresa. Desse modo, até onde eles confundiram seus julgamentos e cometeram erros, os Participantes agiram assim não porque estivessem seguindo ordens específicas, emitidas por determinados superiores, mas porque eles mesmos estavam decididos de que a Merck chegaria primeiro. Scolnick, Reicin e Santanello estavam comprometidos com o Vioxx isoladamente – porque era fruto de seu trabalho e porque era uma promessa de alta vendagem, o que realmente aconteceu. Pelo seu lado, Louis Sherwood corria atrás de pessoas, como Gurkirpal Singh, para proteger a própria operação e a empresa para a qual ele trabalhara durante 15 anos. Nenhum desses indivíduos estava fortemente comprometido com Gilmartin. Em vez disso, estavam comprometidos entre si, com o trabalho que compartilhavam, e com a Merck.

A saga do Vioxx só terminaria quando foi resolvido o último dos processos por danos sobre a integridade física. Nesse ínterim, a Merck fingia estar tranquila. Em setembro de 2006, o investigador contratado pela diretoria da Merck para examinar a conduta da empresa apresentou seu veredicto: a Merck "se comportara de modo relativamente perfeito".[74] Embora nem todos concordassem – os advogados dos reclamantes contra a empresa denunciavam que o relatório do investigador fora "maquiado" –, a Merck estava determinada, o tempo todo, a seguir em frente.[75] Para melhorar a própria imagem pública, ela criou um novo slogan: "Merck – Where Patients Come First" (Merck – Os Pacientes em Primeiro Lugar).

Retomada geral

Nem todo executivo que passa a trabalhar em uma empresa, e não conhece totalmente o produto por ela fabricado, enfrenta problemas. Louis Gerstner, por exemplo, foi para a IBM depois de ter saído da Nabisco e transformou brilhantemente suas habilidades na administração de uma empresa que fabrica biscoitos para administrar outra empresa que fabrica computadores. Mas o que aconteceu com Gilmartin na Merck foi um aviso: quando líderes sem experiência comandam seguidores experientes, os primeiros devem supervisionar de perto os últimos, pois os profissionais do conhecimento são tomadores de decisão. Embora sejam oficialmente subordinados ao CEO, seu conhecimento lhes confere poder e influência. Segundo Drucker, "todo profissional do conhecimento na organização moderna é um 'executivo' se, por força de sua posição ou conhecimento, for responsável por uma contribuição que influencia materialmente a capacidade de desempenho e de obtenção de resultados da organização".[76] Além disso, quando os profissionais do conhecimento unem forças para apoiar determinada ideia ou produto, a pessoa encarregada deve estar superatenta, mais uma vez, principalmente quando tem pouco conhecimento sobre o assunto em questão.

Por sua vez, os profissionais do conhecimento não se beneficiam com líderes fracos ou ao desenvolver uma mentalidade tacanha que os jogue contra outros profissionais muito importantes. Eles também não se beneficiam ao colocar a saúde e o bem-estar próprio e de suas organizações acima da saúde e do bem-estar de outras pessoas.

Uma última observação que repete um tema que permeia este livro: atualmente, os especialistas de toda parte e em todos os níveis de todas as organizações estão muito mais vulneráveis do que antes. Por mais brilhante que fosse a equipe de pesquisa na Merck, o produto por eles desenvolvido deveria ser cuidadosa e detalhadamente examinado por outros pesquisadores de outras organizações. Na realidade, o Vioxx foi destronado muito rapidamente. Por quê? Porque os profissionais externos estavam preparados, predispostos e aptos a desafiar a Merck de uma forma à qual ela não estava acostumada. Segundo opinião do *Wall Street Journal* em relação aos medicamentos, em particular "os críticos externos estavam capacitados a contestar os medicamentos de alta vendagem".[77] As semelhanças entre o que aconteceu com a Merck devido ao Vioxx e o que aconteceu com a Glaxo por causa do Avandia (pelo menos, inicialmente) são realmente gritantes.[78] Em ambos os casos, os indivíduos e as instituições foram acusados de estar muito comprometidos com um medicamento de alta vendagem. Em ambos os casos, o Food and Drug Administration foi acusado de falha profissional. E, em ambos os casos, alguns contestaram o sistema – e, por sua vez, foram punidos por isso.[79] Devo acrescentar que as lições aprendidas vão muito além do setor de produtos farmacêuticos. Elas se estendem aos seguidores e líderes nas organizações de vários tipos, em diversos lugares.

CAPÍTULO 7

Ativistas

Voice of the Faithful

Os Ativistas se sentem fortemente ligados a seus líderes e agem de modo correspondente. São dispostos, cheios de energia e engajados. Por investirem muito nas pessoas e nos processos, eles trabalham arduamente em prol de seus líderes ou para derrubá-los ou até depô-los.

Considerações iniciais

Para aqueles que têm Ativistas em seus grupos ou organizações, acho ótimo! Ou, dependendo das circunstâncias, recomendo cuidado! Os Ativistas são seguidores que, não obstante suas posições de subordinados, são determinados até certo ponto e, de alguma maneira, para gerar mudança. Eles se importam – e muito. Os Ativistas se importam com seus líderes, com os prós ou os contras. Os Ativistas cuidam uns dos outros, presumivelmente a favor, e consideram o todo ao qual pertencem.

Se sua determinação de influenciar for canalizada na direção certa, os Ativistas funcionarão como um patrimônio para seus colegas seguidores, na maior parte do tempo, e para seus líderes, durante algum tempo. Os recursos que investem, inclusive o próprio tempo e sua energia, constituem um capital difícil de se obter. Por outro lado, se sua determinação de influenciar for mal interpretada ou julgada de modo incorreto, os Ativistas podem tornar-se perigosos. Desse modo, precisam ser observados e avaliados. Se seu grupo ou organização apoia Ativistas, junte-se a eles. Entretanto, se seu grupo ou organização conta com Ativistas oponentes a você, enfrente-os. Se o tamanho de seu grupo for suficientemente grande, e se o grupo trabalhar arduamente, durante muito tempo, há chances de que os meios por ele utilizados garantam os fins almejados – como fizeram o Voice of the Faithful (VOTF)* e outros que uniram suas causas.

Conhecimento pregresso

A manchete do *Boston Globe* dizia assim: "Breaking the Silence: The Church and Sexual Abuse" (Quebrando o Silêncio: a Igreja e o Abuso Sexual).[1] Era novembro de 1992, e a história versava sobre 500 padres reunidos em um seminário, em Brighton, para "discutir a minuta de uma política contra abusos sexuais para a Arquidiocese Católica de Boston". A reunião extraordinária resultou da pressão pública. Até então, ocorrências de casos de abuso sexual por parte dos padres americanos foram relatadas durante algum tempo, em locais muito distantes, como Minnesota, Louisiana e Califórnia. Finalmente, ocorreu "uma grande quantidade de casos em Massachusetts, a partir do ano anterior, culminando no mais conhecido", o grande número de acusações contra o ex-padre de Fall River, James Porter.

Na época de sua ordenação, o padre Porter foi descrito por seus superiores como um "padre virtuoso", um "líder". Mas, anos depois, foi divulgado que, entre 1960 e 1972, ele havia molestado cerca de 200 menores, muitos dos quais alegando "estupro violento, humilhação cruel e castigo, que só podem ser descritos como sadismo".[2] No fim de tudo, ele se declarou culpado das acusações contra ele e, em 1993, foi sentenciado a 18 a 20 anos de prisão. Esse caso, mais do que qualquer outro, chamou atenção para o problema do abuso cometido por padres na grande área de Boston.

A Igreja Católica Apostólica Romana sempre tratou das ocorrências de prática de sexo pelos padres com menores de idade como problemas internos, para serem resolvidos por bispos, superiores religiosos ou confessores espirituais, "longe da opinião pública". Era necessário evitar o escândalo a todo custo, o que significava que a imagem do padre como celibatário, observador e sexualmente abstinente "nunca foi questionada abertamente".[3] No início dos anos 1990, foram reveladas outros segredos da igreja, relacionados principalmente a abuso sexual cometido pelos padres, descobertos nos Estados Unidos, Canadá e também em todos os lugares do mundo. Em 1992, a televisão holandesa veiculou um programa sobre as vítimas

---

Nota da Tradutora: Organização de católicos leigos, criada no início de 2002, em resposta aos casos de abusos sexuais cometidos por católicos.

de pedofilia nos Estados Unidos. Nos dias imediatamente seguintes, cerca de três mil telespectadores ligaram para a estação, "alegando que eles também haviam sido vítimas de abusos sexuais cometidos por padres na Holanda".[4]

Como consequência de toda a atenção indesejada, a igreja estava sendo pressionada como nunca a resolver o problema dos padres que abusavam de crianças, principalmente em Massachusetts, onde se permitiu que os crimes do padre Porter continuassem acontecendo por tanto tempo. Mas não houve consenso sobre como essa contestação incomum à autoridade clerical devia ocorrer. Na verdade, como ficou confirmado na reunião em Brighton, havia muitas diferenças entre os participantes. O bispo Sean O'Malley, de Fall River, tentou, mas não conseguiu convencer os outros a "exigir que os bispos tomassem uma atitude em relação aos abusos sexuais ocorridos nas dioceses". Por outro lado, o cardeal Bernard Law, de Boston, insistia no fato de que a conferência não poderia "assumir a responsabilidade de uma diocese individual". Ele queria preservar sua liberdade de tratar os casos de abuso como bem entendesse, motivo pelo qual ele declarou que só recorreria às autoridades civis "quando fosse obrigado por lei", independentemente do caso. Law deixava bem clara sua preferência de desenvolver "uma política que lidasse efetivamente com a questão, sem acioná-la judicialmente".[5]

A Igreja Católica pode ser considerada um imenso navio, que precisa mudar urgentemente de direção, pelo menos um pouco. Para uma instituição antiga e venerada, com muito mais de um bilhão de membros no mundo inteiro, essa não era uma tarefa fácil, principalmente para aqueles que estão nesse leme há muito tempo. A igreja é organizada em hierarquias: os padres ordenados são classificados hierarquicamente em ordens de bispos, padres e diáconos, e o papa é considerado pelos católicos o sucessor de São Pedro, presidindo toda a igreja. A real administração dessa imensa corporação ocorre no nível da diocese, e cada uma conta com um bispo responsável pelo bem-estar religioso dos fiéis em sua área específica. Por sua vez, a função do leigo é igualmente clara: ser visto mas não ouvido. Em particular, praticamente ao longo de toda a história americana, com raríssimas exceções, os católicos leigos têm sido excluídos da administração da igreja.[6]

A igreja destaca a hierarquia em todas as circunstâncias – a autoridade dos padres e bispos e a suprema autoridade do papa. Entretanto, isso não evita o conflito dentro da própria igreja, especialmente em tempo de mudança. Como deixou bem clara a reunião realizada em Brighton, ocorreram na época, como sempre aconteciam, debates e confrontos sobre questões teóricas e práticas. Devido à pressão cada vez maior de solucionar os problemas relacionados a abusos sexuais, principalmente envolvendo menores, não surpreende que, enquanto alguns padres estavam muito mais abertos à mudança, outros, como o cardeal Law, simplesmente se recusavam a mudar.

O celibato do clero, que alguns associam ao abuso cometido pelos padres, tem sido essencial para a identidade da Igreja Católica Apostólica Romana, desde o século IV, quando vários papas e concílios da igreja determinaram sua obrigatoriedade. Os motivos originais da separação entre os padres e a sociedade secular à qual estavam integrados baseavam-se mais na política do dia, na política do Império Romano, do que propriamente em inspirações espirituais. Segundo a estudiosa de teologia histórica Margaret Miles, "a universalização e a institucionalização do celibato atestam sua importância em determinado momento na história, quando os líderes de uma igreja recém-marginalizada e perseguida sentiram a necessidade de unir a força social".[7] Ou seja, ao institucionalizar o celibato, exigindo-o de todo o clero, a igreja escolheu um caminho diferente daquele associado, por exemplo, a Santo Agostinho, que percebia a abstinência sexual como um dom a ser adquirido, não uma determinação imposta.

O monge alemão que se tornou papa em 1073, Gregory VII, contribuiu ainda mais para a ideia de que o celibato clerical era extremamente importante. Ele vislumbrava o celibato como uma "força de regeneração moral que vem de baixo – os padres celibatários eram exemplos de restrição para a população semicristianizada da Europa –, embora a teocracia papal tenha controlado reis e príncipes".[8] A despeito dos raros protestos ocorridos ao longo dos anos – por exemplo, quando o arcebispo de Rouen proibiu que os padres se casassem, os padres se revoltaram –, a determinação de celibato em todo clero católico se enraizou. Os decretos promulgados em 1123 e 1139 (no Segundo Concílio de Latrão) tornaram o casamento do clero um crime, reduziram as esposas dos clérigos ao status de "concubinas ou prostitutas" e consideraram ilegítimos os filhos dos padres.[9] A partir de então, a determinação de que todo o clero católico fosse celibatário foi reafirmada no decorrer dos anos, e nunca deveria ser questionada novamente.[10]

Esse comentário sobre a importância do celibato na vida do clero católico romano não deve sugerir uma ligação causal entre celibato e abuso sexual. Segundo Jason Berry, "o celibato do clero, uma vida sem casamento que pressupõe castidade, não aciona uma aberração de comportamento sexual, não mais do que a instituição do casamento possa ser responsabilizada pelo incesto".[11] Mas o celibato é fundamental para o controle da igreja e constitui uma cultura eclesiástica que, particularmente no final do século XX, parece ter se transformado em um ímã para homens com problemas patológicos e para homossexuais.[12] Pelo menos, já sabemos que o número de padres que praticaram abusos sexuais durante esse período não foi inexpressivo. Uma estimativa disponibilizada em 1993 indicava que aproximadamente 2.500 membros do clero católico, ou 6% de todos os padres americanos, abusaram de quase 100 mil crianças na última geração.[13]

Mais uma vez, essas informações não devem levar a uma comparação entre os celibatários ou os homossexuais com os pedófilos. Mas a cultura à qual Berry e outros fazem alusão e a estrutura de poder resultante são comprovadamente inseparáveis dos problemas dos padres que abusaram de crianças e dos encobrimentos gerados para seus comportamentos. Certamente, argumenta-se que tanto a homossexualidade quanto a pederastia desenvolveram obsessão com o sigilo e com a prevenção contra escândalos que, por sua vez, "formaram uma mentalidade de decepção criminal".[14]

Na ocasião, a conferência em Brighton e a linha dura exercida pelo Cardeal Law eram prenúncios do futuro. Em retrospectiva, na década seguinte, 1992–2002, houve uma avalanche de reuniões. Revelou-se um número cada vez maior de casos de abuso sexual de menores por membros do clero, enquanto a igreja deixava de reagir de modo integro e satisfatório. Finalmente, vieram as chuvas e o dique se irrompeu. Revelou-se o que o reverendo Andrew Greeley considerava "provavelmente a crise mais grave enfrentada pelo catolicismo, desde a Reforma Religiosa".[15]

Law como líder

A crise começou com outra manchete, publicada mais uma vez no *Boston Globe*, em 6 de janeiro de 2002: "Church Allowed Abuse by Priest for Years" (A Igreja Permitiu Durante Anos o Abuso Cometido pelos Padres).[16] O artigo descrevia como, desde meados dos anos 1990, mais de 130 pessoas relataram "histórias terríveis de sua infância" envolvendo o ex-padre John J. Geoghan, com supostas alegações de "aliciamento ou estupro" por um período de 30 anos. A maioria de suas vítimas era de garotos da *grammar school*,* e um deles tinha 4 anos. Contudo, o assunto principal discutido no artigo não era o comportamento de Geoghan em detalhes. O artigo levantava questões sobre o que a igreja fez e não fez em resposta a essas ocorrências. Em particular, o *Globe* questionava "por que se passaram 34 anos de sucessões de três cardeais e muitos bispos, até as crianças ficarem fora do alcance de Geoghan?".

O relato revela que o histórico de atos de pedofilia de Geoghan era inacreditável; e que apesar desse histórico, ele foi transferido de uma paróquia para a outra, antes de ser afastado do púlpito. O padre Geoghan já molestava menores em seu primeiro posto, depois de sua ordenação. Sua segunda atribuição durou apenas alguns meses,

---

Nota da Tradutora: No original, *Grammar school* – antiga escola britânica para alunos estudiosos na faixa etária de 11 a 18 anos; entretanto, na América, era uma escola para crianças na faixa etária entre 5 e 12 anos ou 5 e 14 anos.

por motivos jamais explicados. Ele continuou abusando de garotinhos na terceira paróquia, onde permaneceu de 1967 a 1974. Em 1974, o padre Geoghan foi novamente transferido, dessa vez para uma paróquia em uma zona de Boston conhecida como Jamaica Plain. Ficou ali até 1980, molestando novamente crianças, inclusive sete garotos de uma única casa. De acordo com os documentos legais e conforme relato publicado no *Globe*, Geoghan fez sexo oral com eles, acariciava as áreas genitais dos menores ou os obrigava a acariciar as suas, em algum momento de suas orações. O padrão continuou, com interrupções ocasionais para o que foi descrito como licença para tratamento de saúde – a igreja costumava tratar dos padres com ocorrências de abuso sexual, enviando-os para uma clínica psiquiátrica com a qual a igreja mantinha ligações amiúdes – até 1993. Foi exatamente nesse momento que o cardeal Law finalmente destituiu Geoghan das obrigações paroquiais. Ainda assim, passaram-se mais cinco anos, depois que um grande número de processos contra Geoghan foi silenciosamente arquivado, e outros, silenciosamente instaurados, e depois que a polícia de dois países começou a fechar o cerco, para o cardeal Law expulsar Geoghan e cancelar seu direito de atuar como padre.[17]

Durante todos os anos em que Geoghan molestou os menores confiados a seus cuidados, os representantes da igreja deixaram-no mais ou menos sozinho, mais ou menos livre para continuar a sodomizar, a garantir as internações ocasionais para tratamento, o que, contudo, se revelava comprovadamente ineficaz. Isso não aconteceu por falta de informações. Há décadas, a arquidiocese sabia que o padre Geoghan tinha um problema muito grave. A título de retomada, então, o que tornou o artigo do *Globe* tão incendiário não foi o comportamento de Geoghan em si, mas a reação extremamente inadequada de seus superiores do clero, inclusive do homem que, no período anterior de 18 anos, tinha autoridade clerical suprema na Arquidiocese de Boston, o cardeal Bernard Law.

Acontece que Law foi informado, ao longo de seu primeiro ano em Boston, em 1984, que o padre Geoghan fora afastado de suas duas paróquias anteriores, por molestar crianças.[18] A despeito do fato de que ele já tinha "evidências substanciais dos hábitos sexuais predatórios de Geoghan", e apesar de um de seus próprios bispos ter considerado tão arriscada a continuidade das atribuições, a ponto de escrever uma carta de protesto ao cardeal, Law continuou agindo como anteriormente. A partir de 1984, ele mesmo aprovava as transferências de Geoghan, de uma paróquia para a outra.

Assim que o *Globe* revelou a história, não foi mais possível contê-la. Casos semelhantes estiveram nos noticiários durante anos, mas em consequência disso, nada mudou. Entretanto, agora, as transgressões eram tão obviamente egrégias, e a evidência dos encobrimentos era tão inquestionável, que a igreja considerava impossível controlar os danos.

Quando o artigo do *Globe* foi publicado pela primeira vez, o cardeal Law respondeu quase imediatamente, determinando que os padres e outros representantes da igreja informassem rapidamente às autoridades todas as ocorrências de abusos subsequentes. Mas Thomas F. Reilly, procurador-geral da Comunidade de Massachusetts, não se satisfazia com tanta facilidade. Ele declarou que não somente as ocorrências de futuros abusos deveriam ser informadas, como também as ocorrências de abusos passados.[19] "Diante do que aconteceu aqui", disse Reilly, "a igreja deve pecar por excesso de abertura total... No que diz respeito ao abuso sexual em crianças, nada deve ficar impune". Chegara a vez de o cardeal aguentar firme. Um porta-voz declarou em seu nome que seria "inadequado" para a igreja revelar informações sobre os abusos passados cometidos pelo clero, porque violaria a promessa de confidencialidade feita às vítimas que já haviam se manifestado.[20] E assim, começou o que foi chamado de "o ano do pedófilo", o ano em que a "descompostura sexual dos padres" e as "incríveis tentativas por parte dos bispos" de ocultar o que acontecera vieram à tona.[21]

No centro da tempestade, encontrava-se o cardeal Bernard Law, nascido no México em 1931, filho de um coronel do Exército dos Estados Unidos. Ele se ordenou em 1961, foi indicado pelo Papa João Paulo II para arcebispo de Boston em 1984 e passou a cardeal, um ano depois.

Quando chegou a Boston pela primeira vez, Law parecia "a opção perfeita" para comandar os fiéis na mais católica de todas as cidades americanas. "Um homem de Harvard com um carisma muito intenso, Law encantou os líderes da igreja e assustou os leigos durante a semana inaugural de esperança e celebração". Na ocasião, ele tinha 52 anos, com um "topete de cabelo grisalho e espesso" e um dom de político para "se dirigir a uma grande multidão, mas ao mesmo tempo, conseguia fazer cada pessoa sentir que ele estava falando diretamente com ela".[22]

As convicções de Law pareciam um mix de opiniões liberais, por um lado, principalmente em termos políticos, e perspectivas conservadoras, pelo outro lado, especialmente quanto ao âmbito teológico. Ele fazia comentários em público a favor da moradia a preços acessíveis e contra o antissemitismo; e, no início dos anos 1960, quando sua primeira atribuição de paróquia foi em Vicksburg, Mississippi, ele se tornou um defensor aberto dos direitos civis. Ao mesmo tempo, suas opiniões sobre outras questões, como Aids, casamento com pessoas do mesmo sexo e principalmente aborto, eram mais tradicionais, ou seja, mais conservadoras.

Independentemente de ser um reflexo presumivelmente honesto do que o cardeal de fato acreditava, essa combinação de atitudes liberais e conservadoras servia muito bem à cultura e à estrutura que constituíam a Igreja Católica Americana nas últimas décadas do século XX. Law era considerado um "padre ambicioso", o que parecia uma avaliação justa.[23] Ele atuou como bispo durante 10 anos no Missouri, onde liderou 47 mil católicos, 90 padres e 63 paróquias. De lá, ele seguiu para Boston, onde os números eram muito diferentes: quase dois milhões de católicos, 1.100 padres e 408 paróquias. Essa ascensão, do Missouri para Massachusetts, foi expressiva. "Era como deixar de administrar uma revenda de automóveis para passar a administrar a General Motors."[24]

Não há comprovações de que, durante seu período como cardeal em Boston, Law tenha sido inesquecível como líder, em hipótese alguma. Certamente, ele tinha dons consideráveis, em termos intelectuais e interpessoais, e era profundamente religioso. Além disso, nutria especial afinidade por determinados grupos maltratados no passado – os judeus, por exemplo, e os imigrantes, inclusive muitos da América do Sul e Central, com quem ele podia falar em espanhol fluentemente. Entretanto, fazendo uma retrospectiva, o consenso parece admitir que o cardeal Bernard Law nunca cumpriu suas primeiras promessas. Alguns diziam que ele era muito isolado, "afastou-se do grupo, vivendo em uma mansão palacial, rodeado de conselheiros que lhe davam maus conselhos".[25] Outros o consideravam um "microgestor compulsivo", um *workaholic* que passava muito tempo em sua escrivaninha, soterrado por detalhes burocráticos.[26] E ainda outros avaliavam o exercício de seu cargo de modo geral e concluíram que o cardeal Law realmente nunca deu conta do recado, inclusive desde o início. "Ele acreditava que o dever de um bispo consistia em ser um pai para seus padres, ter imensa compaixão por eles... e ele fez exatamente isso, segundo seu histórico, de modo muito pouco inteligente, e no final, de forma destrutiva."[27]

Como indicado, a resposta do cardeal Law ao escândalo de 1992 envolvendo o padre Porter foi cuidadosa, ponderada. Obviamente, ele não queria mudar radicalmente o sistema atual – elaborado para proteger os padres e a reputação da Igreja Católica. Em particular, ele continuava resistindo a instituir uma política que obrigasse a arquidiocese a transferir para as autoridades civis as alegações contra os padres.

Entretanto, como ficou comprovado por sua presença na conferência em Brighton, ele não desejava nem suportaria parecer totalmente irresponsável pelo que chamava de "o pecado do abuso sexual". Desse modo, concordou em estabelecer um Conselho de nove membros para aconselhá-lo sobre como reagir ao problema dos padres acusados de molestamento sexual; ele se reuniu, pelo menos uma vez (em maio de 1993), com um grupo de especialistas em abuso sexual para ouvir suas recomendações sobre o que, até então, era um problema flagrantemente óbvio. Contudo, como disse um dos especialistas anos depois, "tudo o que lhe disse parecia não ter sido registrado". O cardeal e os dois padres, que atuavam como seus homens de confiança nessa questão, pareciam "determinados a manter esse problema e a respectiva reação restritos à cultura deles".[28] Em resumo, não há prova de que o Conselho de nove membros, ou qualquer uma das outras modestas medidas ostensivamente destinadas a fazer a diferença, realmente tenha alcançado essa façanha.

Avancemos 10 anos – para outra conferência convocada em resposta a outra crise, também acionada por um padre que abusava de crianças. Em seu livro intitulado *Betrayal: The Crisis in the Catholic Church*, os repórteres do *Boston Globe* descreveram a reunião, convocada pelo cardeal Law, cerca de um mês depois que a história chocante sobre o padre Geoghan ocupou a primeira página. O objetivo dessa reunião era formar um grupo de conselheiros especialistas e solidários para aconselhar o cardeal sobre como "nortear seu caminho nessa crise cada vez maior". A reunião foi séria porque, pela primeira vez, parecia que Law realmente entendera a gravidade de sua situação. Quase todos os participantes eram católicos, profundamente dedicados à igreja e, em particular, à Arquidiocese de Boston. Mas não mediam suas palavras. Law falou primeiro, durante cerca de 20 minutos. Quando finalmente admitiu que o tratamento concedido ao padre Geoghan fora "equivocado", ele foi interrompido por um dos mais conceituados cidadãos da comunidade. "Equivocado não é bem o termo", disse o cidadão diretamente ao cardeal. "Foi um desastre."[29]

Essa avaliação áspera foi um momento decisivo, pois indicava que a autoridade do cardeal, inclusive entre os membros de seu próprio grupo, já estava em xeque. E sinalizava que a crise, para o cardeal e a arquidiocese, estava apenas começando sua escalada. Depois de algumas trocas de ideias relacionadas à gravidade da situação, a reunião foi encerrada. Os resultados foram inconclusivos. No final das contas, tudo o que aconteceu foi uma promessa esfarrapada de Law no sentido de "considerar o que acabara de ouvir".[30]

Seguidores para Ativistas

O pensador católico conservador Michael Novak argumenta que os católicos apostólicos romanos de Boston enfrentam complicações há muito tempo, como a dificuldade de administração e controle por parte das autoridades da igreja. Segundo Novak, os leigos de Boston têm uma história de "viver uma dissidência aberta". Na verdade, ele escreveu que "dificilmente alguém estará certo, ao ouvi-los desfilarem suas convicções extremamente autoconfiantes, da razão pela qual não se tornavam congregacionalistas... ou batistas, ou unitaristas ou, pelo menos, anglicistas. Parece que eles abominam as características mais distintivas da Igreja Católica, principalmente a plena comunhão com Pedro, o bispo de Roma".[31]

Seja qual for o mérito do comentário de Novak, logo depois que a história sobre Geoghan chegou às primeiras páginas dos jornais, ocorreram manifestações de revolta e decepção entre aqueles cujo apoio ao cardeal Law era o mais necessário durante a crise da época: os católicos leigos. Na década anterior, os leigos na área de Boston mantiveram silêncio relativo, preparado desde o tumulto do padre Porter para propiciar às autoridades da igreja, principalmente o cardeal Law, o benefício da dúvida. Mas, dessa vez, não demorou muito para que suas vozes fossem ouvidas, em "clara discordância".

Um pequeno grupo de católicos leigos tomou a decisão, praticamente naquela hora, de se envolver – profundamente. De início, eles se reuniam nas noites de segunda-feira, no subsolo da Escola Evangelista Saint John, em Wellesley. O salão tinha uma parede com seu lema em letras garrafais: em um dos lados de uma grande cruz, estavam as palavras "Keep the Faith" (Mantenha a Fé) e no outro lado, "Change the Church" (Mude a Igreja).[32] Quem eram aquelas pessoas? Segundo o pequeno grupo de repórteres do *Globe* que acompanhou essa história do início ao fim, em sua maioria, eram suburbanos frequentadores de igreja, muitos deles formados em escolas e faculdades católicas, que faziam parte de um "grupo em rápido crescimento de pessoas leigas muito decepcionadas", determinadas a corrigir (ou pelo menos tentar) o que consideravam um problema de proporções gigantescas. Além disso, seu compromisso com a causa comprovava, de modo implícito, se não explícito, sua falta de confiança na predisposição do cardeal Law em solucionar o problema do abuso sexual praticado pelos padres, com a firmeza e a tenacidade exigidas.

Um dos primeiros indícios significativos de indignação entre os leigos de Boston surgiu em 3 de fevereiro de 2002. Um artigo posicionado logo após o editorial, redigido por Mary Jo Bane e publicado pelo jornal *Globe*, descrevia seu desânimo com a "cultura de sigilo" da igreja e com a "deferência excessiva" dispensada ao clero. Mas Bane fez muito mais do que descrever, ela prescreveu, declarando inicialmente que só apostaria naquilo em que acreditava: "Não darei mais nenhum centavo para a arquidiocese até serem tomadas medidas para corrigir os dados estruturais e culturais que geraram a crise atual."[33]

Bane era membro do Conselho Paroquial em sua igreja, na zona de Dorchester em Boston, e professora de Política Pública na John F. Kennedy School of Government da Harvard University. Portanto, quando ela escreveu sobre ter concluído, após a "oração e reflexão", que havia chegado a hora de "os católicos leigos que amam a igreja" contestarem sua cultura, ela fez isso como uma católica fervorosa e como uma especialista em liderança e gerenciamento. Bane enfatizou que outros católicos leigos também poderiam "suspender ou prorrogar" temporariamente suas contribuições financeiras à arquidiocese. E ela os incitava a abandonar o que considerava sua "antiga deferência entranhada à hierarquia" e a ajudar o cardeal a "entender as responsabilidades de um líder sob cuja supervisão as tragédias afligiram sua organização".

No prazo de algumas semanas apenas, alguns dos dissidentes – católicos leigos na área de Boston que se opunham à arquidiocese, em geral, e ao cardeal Law, em particular – começaram a protestar regularmente. Assim, eles se tornaram Participantes ou Ativistas, que desempenhavam papéis importantes no drama que se tornou rapidamente um "escândalo nacional".[34] Enquanto a mídia local também divulgava histórias sobre aqueles que apoiavam a igreja – um exemplo notável foi o de Ray Flynn, ex-prefeito de Boston e, mais recentemente, embaixador para o Vaticano –, muito mais atenção, em nível nacional e até internacional, foi dedicada àqueles que se opunham ferrenhamente.

Nesse ínterim, a arquidiocese tinha bons motivos para ficar cada vez mais intranquila. Para início de conversa, o cardeal Law empacou e parou de responder a todas as perguntas. Mas no início de março, ele voltou atrás – até certo ponto. O mais importante: ele assumiu a responsabilidade e apresentou desculpas: "Reconheço perante todos que a confiança que muitos de vocês tinham em mim foi abalada, e isso aconteceu por causa das decisões pelas quais eu era responsável, que tomei... Lamento do fundo do meu coração pelo ocorrido. Peço desculpas e farei uma reflexão sobre o significado de tudo isso."[35] Mesmo assim, havia uma desconfiança crescente de que o que Law estava oferecendo era muito pouco – e tarde demais. A crise continuava a crescer e alguns já exigiam a renúncia do cardeal.

Com a chegada da primavera, a ideia de que a Arquidiocese de Boston estava com problemas aumentou ainda mais. Mais segredos eram revelados e mais vítimas surgiam, finalmente predispostas e, em alguns casos, ansiosas por contar suas histórias. Entre elas, estava Peter Pollard, que descreveu suas experiências e as consequências resultantes em um artigo publicado pelo jornal *Globe*, em 7 de abril. "A crise na Igreja Católica Apostólica Romana não tem nada a ver com desejo sexual", escreveu Pollard. "Tem a ver com abuso de poder: desmedido, arrogante e sistemático. Os criminosos englobavam os padres ofensores, a hierarquia que os protegia e, muito provavelmente, centenas de outros padres que faziam vista grossa... Àqueles que nos pedem que perdoemos e esqueçamos, honestamente, entendam... É possível que a deslealdade não seja uma ofensa imputável em um tribunal de justiça. Mas não existe um decreto de limitação de seu impacto. E não será possível esquecer."[36]

E não foi possível esquecer – nada. Entre muitos outros motivos, o caso do padre Geoghan juntou-se a outro caso igualmente chocante do padre Paul Shanley. O advogado da família de uma das vítimas de Shanley liberou documentos, em abril de 2002, que confirmavam as piores suspeitas: era outro caso de um padre que, durante três décadas, vitimara aqueles que confiavam nele, aqueles que lhe haviam pedido ajuda. E era mais uma situação para a qual a resposta da Arquidiocese de Boston havia sido terrivelmente inadequada.

Cerca de 1.600 páginas dos registros da igreja, anteriormente secretos, revelaram que, apesar do comportamento extremamente abusivo de Shanley, durante muitos anos, Law e seus assessores "não deram a mínima" para as detalhadas alegações, de 1967, de má conduta contra ele. Reagiram de modo desinteressado, se é que esboçaram alguma reação, às reclamações subsequentes, algumas delas finalmente solucionadas. (Em 1993, por exemplo, a igreja pagou $40 mil a um homem que atestara que, quando tinha 12 anos, Shanley o estuprara várias vezes.)[37] Em determinada época, após uma "licença médica", Law despachou Shanley para uma diocese na Califórnia, sem revelar seu passado deplorável e perigoso. O *Boston Herald* respondeu a essa última informação exigindo a saída do cardeal: "Em algum lugar, de alguma maneira, Law terá de responder a seus colegas pelas mentiras e meias-verdades proferidas para passar o problema de Shanley para outra pessoa. Mas ele nunca explicará para o próprio grupo como conseguiu omitir anos de delitos de um padre depravado. E se ele não puder responder, é porque chegou a hora de sair."[38]

Nessa mesma época, o nome de Dr. James E. Muller começou a circular. Muller era um respeitado cardiologista, 59 anos, até então conhecido como cofundador do International Physicians for the Prevention of Nuclear War, uma organização que, em 1985, ganhou o Prêmio Nobel da Paz. Acontece que a experiência anterior de Muller como Ativista lhe propiciou um modelo de como reagir à crise atual. Segundo ele, "é a mesma situação. Na época, as pessoas foram socialmente excluídas da política nuclear. Aqui, elas não têm voz ativa nas políticas da própria igreja".[39]

Muller era um católico profundamente devotado, procedente de uma família igualmente católica. Mas depois de saber dos crimes do padre Geoghan e da antiga prática da igreja de encobri-los, ele ficou muito preocupado. Muller até pensou em sair da igreja, mas decidiu permanecer e mostrar-se contestador. Envolveu-se intensamente com o grupo que se reunia em Wellesley, nas noites de segunda-feira, e logo se tornou seu presidente. Não foi por acaso que o grupo, que meses antes era formado por algumas "pessoas decepcionadas que precisavam conversar", estava se expandindo tão rapidamente.[40] E esse grupo tinha um nome: Voice of the Faithful. "Não temos de perguntar a ninguém se podemos nos organizar", declarou Muller. "Os fiéis, segundo o Concílio Vaticano II, devem ter voz ativa na igreja; ele não criou apenas um mecanismo. Nós o faremos."[41]

Na realidade, eles já tinham. Em meados de maio de 2002, o Voice of the Faithful era tão bem organizado que já estava começando a questionar seriamente o *status quo*. O grupo tinha uma declaração de missão de 25 palavras e um slogan, "Keep the Faith, Change the Church" (Mantenha a Fé, Mude a Igreja). Além disso, o "mecanismo" citado por Muller já existia, de modo notável. Três meses depois de sua criação, o VOTF havia atraído mais de quatro mil incentivadores em 36 estados e 19 países. Centenas de pessoas visitavam o site do VOTF (www.votf.org) todos os dias, e dezenas de debates e discussões ocorriam em seus boletins eletrônicos. O VOTF estava se preparando para contratar uma equipe em tempo integral, empenhando-se para estabelecer filiais no país inteiro, com o objetivo de se integrar como uma organização sem fins lucrativos, a fim de permitir o levantamento de capital para as causas católicas apoiadas pelo grupo, e preparando-se para uma convenção em julho, com a finalidade de atrair em torno de cinco mil pessoas. Nesse ínterim, Muller teve uma visão: "Se eu soubesse o que acontecerá daqui a três anos, arregimentaríamos metade dos católicos do mundo, cada paróquia teria uma filial, e cada diocese, cada nação e o mundo também, e essa organização seria uma compensação para o poder da hierarquia – e exerceria uma função permanente, como um Congresso."[42]

Evidentemente, os membros do VOTF eram constituídos apenas por alguns daqueles que se envolveram profundamente, às vezes por puro acaso. Pense na função da juíza Constance M. Sweeney, que determinou, no que foi descrito como "provavelmente a mais impetuosa decisão de sua carreira como juíza", que 10 mil documentos pertencentes a 84 processos contra o ex-padre John Geoghan viessem a público.[43] Ela também obrigou o cardeal Law a prestar depoimento supervisionado por um advogado representante das alegadas vítimas de Geoghan. Devido à sua experiência, inclusive 16 anos de formação católica, a juíza Sweeney parecia "uma improvável candidata a lidar com a Igreja Católica, da maneira mais delicada ou sutil possível".[44] Mas ela se provou tão independente quanto firme, motivo pelo qual o papel que ela veio a desempenhar provou-se essencial ao final.

Com o passar do tempo, a profissão jurídica assumiu uma função mais importante nos acontecimentos. Em outras palavras, por toda a aversão anterior do cardeal à interferência das autoridades civis em casos de abusos cometidos por membros do clero, essa causa já estava perdida. Na realidade, o cardeal Law prestou depoimento mais de uma vez, obrigado a responder a perguntas não somente sobre o caso contra John Geoghan, mas também sobre o caso contra Paul Shanley. Representando um cliente que estava processando Shanley por molestamento sexual (na época, ele também aguardava o julgamento por estuprar um coroinha), o advogado Roderick MacLeish Jr. estava entre aqueles encarregados de questionar Law sobre sua omissão dos alegados molestadores pertencentes ao clero. Além disso, MacLeish pressionou a igreja a liberar milhares de páginas de arquivos vergonhosos relacionados a outros casos semelhantes.

Reilly, o procurador-geral, também não estava disposto a se afastar do que estava se tornando um dos maiores escândalos ocorridos em Boston. Então, ele se tornou e continuou sendo um Ativista também. Em junho, ele reuniu um grande júri para analisar se havia evidências suficientes para fazer as acusações criminais contra o cardeal e vários outros religiosos na Arquidiocese de Boston. Embora a expectativa geral girasse em torno de que, no final de tudo, nenhuma acusação fosse instaurada, Reilly estava claramente determinado a participar da ação. Em abril, ele concordou em dar uma entrevista, durante a qual se recusou a impedir as denúncias criminais contra Law e outros supervisores da igreja, e deixou bem claro que seu escritório tinha a obrigação de continuar examinando os materiais pertinentes ao "pecado do abuso sexual".[45]

Durante toda a primavera e o verão de 2002, foram reveladas novas informações sobre abuso sexual na igreja, levando a mais acusações e contra-acusações. Ao longo de todo esse período, a mídia de Boston em geral e, especificamente, o *Boston Globe* contribuíram muito para gerar um clima de crise, mas por um bom motivo. A mídia, mais uma vez o *Globe* em particular, presumiu corretamente que estava diante de uma história de grande importância, e que o interesse nessa história era muito grande, principalmente, mas não exclusivamente, na área de Boston. De qualquer maneira, eles tiveram inúmeros relatos sobre padres aberrantes, no decorrer de 2002, inclusive muitos que não passaram de histórias que contavam algo sobre alguém e quando. Mesmo assim, em geral, a despeito de algumas críticas de que a imprensa estaria dispensando muita atenção a essa história de "sexo, sigilo e hipocrisia", o público estava relativamente satisfeito com o fato de que, pelo menos de modo cumulativo, a cobertura foi equilibrada e voltada para o interesse do público.[46]

Nesse ínterim, Law começou a perder terreno, como o apoio de vários católicos leigos importantes que, anteriormente, se encontravam entre os incentivadores mais leais. Assim que a força de Shanley começou a virar a mesa, eles admitiram que não confiavam mais no cardeal e que, além disso, estavam preocupados com o fato de que a continuidade do escândalo os impedisse de levantar fundos para causas beneficentes.[47] Ao mesmo tempo, os cidadãos – a maioria formada provavelmente por católicos – estavam saindo às ruas. Um grupo de protestantes, pequeno mas de voz ativa, se reunia todo domingo, na frente da Catedral da Santa Cruz de Boston, para exigir a renúncia do cardeal. No final de junho, cerca de 300 pessoas percorreram as ruas de Boston, em fila única, segurando cartazes com fotos de garotos e garotas, homens e mulheres, todos supostas vítimas de abuso sexual. Certamente, o cardeal tinha quem o apoiasse – por exemplo, apareceu outro grupo pequeno aos domingos, na frente da Catedral da Santa Cruz, portando outros cartazes, em espanhol e inglês, que diziam: "Stop the Attack on the Church" (Parem o Ataque contra a Igreja) e "True Catholics Seek Unity, Love and Forgiveness" (Os Verdadeiros Católicos Buscam União, Amor e Perdão).[48] Mas os Ativistas e Participantes já tinham dado um jeito de virar a maré contra ele. Seis meses depois, a crise começou e o cardeal estava submergindo.

Os Ativistas assumem a liderança

Durante toda a primavera de 2002, Law se arrependia, por um lado, mas se recusava, por outro ângulo, a aceitar a vergonha pessoal. Em uma carta distribuída em toda a arquidiocese, ele admitiu o próprio estado de lamentações: "Para alguns, eu me tornei um objeto de desrespeito." E, mais uma vez, se desculpava: "Lamento profundamente que a inadequação das políticas passadas e os erros nas decisões anteriores tenham contribuído para esta situação." Mas ao mesmo tempo, ele se distanciava do caso contra Paul Shanley, afirmando que "ficou sabendo pela primeira vez que uma alegação de abuso sexual contra esse padre ocorrera em 1993".[49]

Esse equilíbrio sutil ficou evidente no relacionamento de Law com o Voice of the Faithful. De modo geral, ele fingia apoiar o papel dos leigos ao colaborar com a igreja na crise atual. Mas ele se abria bem menos, quando era realmente obrigado a lidar com a organização que, rapidamente, acabou se constituindo na fiel oposição. Em maio, o grupo VOTF foi informado por um assessor superior do cardeal que, embora ele tivesse o direito de se reunir, isso só poderia acontecer "com e sob a supervisão do bispo da diocese". A instrução foi emitida em uma reunião na chancelaria, que foi a primeira realizada entre os líderes do VOTF e os representantes da administração de Law. Ainda que a reunião tivesse sido bastante cordial, obviamente ocorreu uma divisão. Muller, o presidente do VOTF, afirmou que ele e seus colegas estavam "satisfeitos" com a oportunidade de se reunir com o bispo Walter Edyvean, o administrador superior da Arquidiocese de Boston. Mas, depois do encontro, Donna Morrissey, que falava pelo cardeal Law, fez a seguinte declaração: "O bispo Edyvean enfatizou o direito de todos os fiéis formarem associações... De modo semelhante, a função do bispo diocesano é exercer vigilância sobre o modo como as associações católicas desempenham as atividades que definiram para si mesmas."[50]

A partir daquele momento, delineou-se uma tênue divisão. Ao longo da segunda metade de 2002, não havia mais dúvidas de que o Voice of the Faithful, cuja afiliação cresceu rapidamente no mundo inteiro, se constituíra na mais séria contestação ao cardeal Law e que, embora os líderes do VOTF não o tivessem admitido imediatamente, seu objetivo era derrubá-lo.

Em julho de 2002, o VOTF realizou uma grande iniciativa. A primeira convenção internacional do grupo, realizada no Centro de Convenções de Hynes, em Boston, contou com a participação de mais de quatro mil pessoas. Um repórter do *Globe* observou a presença de "poucos baderneiros entre eles". Em vez disso, eles eram pessoas de "fala mansa", "com cabelos grisalhos e roupas conservadoras".[51] Mas estavam na vanguarda do movimento e sabiam disso. Por mais cautelosa que fosse sua abordagem e por mais conservador que fosse seu estilo, até então haviam sido excluídos dos santuários e círculos internos da igreja, e os presentes na ocasião participaram do que foi considerado um evento de importância histórica. "Estamos plantando uma semente aqui" – disse um dos paroquianos. "Seremos o solo fértil no qual a semente será plantada. Não há mais como frear tudo isso."[52]

Pelo seu lado, os líderes do VOTF estavam prontos para *botar pra quebrar*. Eles prepararam tudo, anunciando as novas iniciativas importantes, bem antes do início da convenção. A mais provocativa de todas elas fora uma ficha de avaliação fajuta, que pretendia avaliar os bispos com base em sua conformidade com Charter for the Protection of Children and Young People (Estatuto para a Proteção de Crianças e Jovens Adolescentes), aprovado recentemente pela Conferência Americana de Bispos Católicos. Um líder do VOTF, Paul Baier, disse que ele previa que as filiais locais logo estariam avaliando seus bispos, e que os resultados seriam colocados, em breve, na Internet. Baier também tocou na questão altamente sigilosa dos levantamentos de fundos. Ele anunciou que o VOTF iria acionar seu próprio fundo da Voz da Compaixão (Voice of Compassion), para aceitar dinheiro daqueles que quisessem contribuir com a caridade católica, mas somente se eles pudessem tirar proveito da arquidiocese local. Os líderes do VOTF também faziam seu *dever de casa* político, contatando antes da convenção as pessoas VIPs de todos os segmentos, como os chefes dos dois maiores grupos de defesa de vítimas, Survivors Network of those Abused by Priests (SNAP) e Linkup. Barbara Blaine, fundadora e presidente do SNAP, que afirmou ter sofrido abuso sexual por um padre, no início de seus 12 anos, declarou ser a primeira vez em que "um grande grupo de católicos se reúne para dizer que me apoia, acredita em mim e quer que eu seja curada".[53]

Na época da convenção, o presidente do VOTF era James Post, professor de Gerenciamento na Boston University. Ele foi descrito como um "católico antigo", educado sob as tradições franciscanas e agostinianas. Em um discurso proferido para os participantes da convenção, Post discorreu sobre quatro temas principais: primeiro, que em apenas seis meses, o VOTF se tornara uma organização difícil de se lidar; segundo, que a "quebra da confiança" no cardeal Law provocara um "mal irreparável" à igreja; terceiro, que, apesar disso, o VOTF apoiava "a edificação da igreja, não a sua destruição"; e por último, que como católicos batizados, os membros do VOTF tinham o "direito" e a "responsabilidade" de "participar dos processos de tomada de decisão de cada paróquia, cada diocese e da Igreja Católica inteira".[54]

A despeito das dúvidas surgidas até então, após o término da convenção, era certo que o VOTF não aceitaria nada menos que uma mudança na administração superior. Embora Post estivesse paralisado diante da impossibilidade de exigir a renúncia do cardeal, seu afastamento parecia a única opção. Na realidade, nada menos que dois mil incentivadores do VOTF assumiram a questão. Eles elaboraram uma petição destinada ao papa João Paulo II, solicitando-lhe com urgência que "responsabilizasse todo bispo que remanejasse um padre abusivo ou que omitisse seus crimes".[55] Além disso, cerca de 50 teólogos católicos, professores e estudantes do nível avançado assinaram uma segunda petição declarando seu apoio aos "direitos e responsabilidades dos leigos católicos... para se reunirem em nome de Cristo, que habita em toda a igreja".[56]

Nesse ínterim, James Muller atuava como alto dignitário do VOTF. Embora apaixonado como nunca pelo VOTF como um agente de mudança, Muller foi considerado o arquiteto do que a maioria percebia como a "posição decididamente de centro" da organização.[57] Foi ele quem insistiu que VOTF agisse de maneira mais ponderada, o que englobava recusar-se a assumir uma posição em relação a algumas das questões mais controversas da igreja, como celibato, mulheres no sacerdócio e moralidade sexual. Entretanto, Muller era militante em uma área importante: dinheiro. O VOTF iniciara a própria operação de arrecadação de fundos. "Chega de doações sem comprovantes", declarou Muller. "Temos de obter poder financeiro nesta igreja. Dizem que os leigos são fracos, mas somos 99,9% da igreja e 100% do dinheiro, e temos uma estrutura em que é possível exercer esse poder."[58]

Evidentemente, nem a igreja nem o cardeal existiriam sem os patrocinadores. Os católicos conservadores questionavam o Voice of the Faithful, argumentando que, em vez de resistir à igreja, todos os católicos deveriam "aceitar de boa vontade a orientação dos bispos indicados para supervisionar os grupos locais".[59] C. J. Doyle, da Liga de Ação Católica, considerava o VOTF extremamente liberal, culpado por "infidelidade aos princípios católicos".[60] Outros católicos conservadores, alguns deles muito conhecidos, procuraram a mídia impressa e eletrônica para expressar seus sentimentos e suas opiniões. Patrick Buchanan escreveu que a igreja precisava "resgatar sua autoridade moral... para resistir à confusão moral da modernidade, e não aceita-la".[61] William F. Buckley e William Bennett tinham outra opinião. Embora ambos defendam o apoio à igreja de forma geral, em última análise, eles exigiam a renúncia do cardeal.

Dois dias depois da convenção do VOTF, a coluna de Law foi visivelmente reforçada. Ele anunciou que não aceitaria quaisquer fundos levantados pelo VOTF, quer para agências da igreja, escolas, ministérios ou hospitais. Além disso, a Catholic Charities, a principal agência de serviço social da Arquidiocese de Boston, e a Caritas Christi, uma rede católica de tratamento de saúde fundada por Law, afirmaram que, de modo semelhante, recusariam todas as verbas doadas pelo VOTF. A importância da posição do cardeal quanto a essa questão não deveria ser subestimada, pois as doações para a Arquidiocese de Boston haviam caído consideravelmente para $4,8 milhões, em relação aos $7,5 milhões doados no ano anterior. Mesmo assim, o VOTF não se intimidaria. Post respondeu ao cardeal, declarando que o VOTF não seria dissuadido de aceitar fundos para as obras beneficentes; que, qualquer que fosse o caso, "o apelo do cardeal não surtiu efeito, e que fracassou pelo motivo que todos nós já sabemos – o escândalo na igreja".[62]

A disputa em relação ao dinheiro prosseguia – e estava uma bagunça. No final de julho, os representantes da Catholic Charities romperam com Law, dizendo que realmente aceitariam as doações do VOTF. Mas dois dias depois voltaram atrás. Um porta-voz da Catholic Charities declarou que a organização não aceitaria o dinheiro do VOTF, ou pelo menos não até que sua diretoria votasse a favor. Mais uma vez, ficou por conta do jornal *Globe* resumir o estado dessa encenação: "A confusão dos eventos da semana deixou várias possíveis doadores sem saber quem aceitaria ou não o dinheiro."[63] (A questão não foi solucionada até dezembro, quando a diretoria da Catholic Charities finalmente decidiu aceitar os fundos do VOTF.)[64]

No final do verão e no outono, as frentes de batalha entre o cardeal e aqueles que se opunham a ele endureceram ainda mais. Os críticos de Law sentiam-se livres para ridicularizar seu depoimento filmado em relação ao padre Shanley, dizendo que ele tinha "dificuldade de dar respostas diretas a perguntas simples e esforçava-se para acusar qualquer outra pessoa, exceto a si mesmo, por permitir que os supostos padres molestadores atuassem nas paróquias".[65] Pelo seu lado, o *Globe* finalmente se posicionou: declarou que o cardeal deveria sair. Um editorial datado de 17 de agosto de 2002 dizia parcialmente o seguinte: "Quando a WorldCom e outras corporações se viram com profundos problemas financeiros por conta de práticas antiéticas, esperava-se que o CEO renunciasse ou fosse demitido... Pelo bem da instituição à qual dedicou sua vida, o cardeal Law deveria tomar a decisão de renunciar."[66]

A despeito das duras críticas, o cardeal permaneceu em silêncio. Durante esse período, ele não fez declarações públicas sobre o Voice of the Faithful, ou sobre o Fórum de Padres de Boston (Boston Priests Fórum), igualmente independente, de 250 membros, ou sobre o padre Walter Cuenin, talvez o mais visível de seus oponentes do clero. Em vez disso, pressionou seu caso por meio de diversos representantes. Por exemplo, o *Pilot*, jornal oficial arquidiocesano, desafiou diretamente os membros do VOTF, questionando suas credenciais como centristas, inclusive questões importantes, como controle da natalidade, divórcio e direitos de gays e lésbicas. Leia um editorial do *Pilot*: "Embora a liderança do VOTF afirme que não toma qualquer posição quanto a questões de mudança na Igreja Católica, evidentemente seus patrocinados, sim."[67]

Enquanto isso, a crise se arrastava e, ao mesmo tempo, atingia sua inexorável conclusão. Por que "inexorável"? Porque os seguidores que se haviam tornado Ativistas se recusavam a afrouxar. A mídia – principalmente, é claro, em Boston – permanecia contrária ao cardeal. O procurador-geral Reilly também continuava no jogo; na verdade, ao decidir enfrentar o Vaticano, ele aumentou o potencial de riscos. Reagindo à decisão de Roma no sentido de recusar as diretrizes contra o abuso, adotadas pelos bispos americanos, em junho, Reilly disse: "Acho que o direito canônico é irrelevante no que diz respeito aos crimes contra crianças. Não me importo com o direito canônico. Pode-se conversar sobre direito canônico por muito tempo."[68] A juíza Sweeney continuava fazendo sua parte. Em outubro, ela ameaçou a arquidiocese com multas pesadas se deixasse de cumprir a ordem de entregar as provas contra outro padre acusado de molestar um garoto. Em sua ordem por escrito, ela escreveu: "Se [os documentos] não forem entregues, entrarei com uma sanção financeira significativa, cujo valor será determinado após a audiência."[69] Finalmente, havia o VOTF, que continuava irredutível e incontrolável. Ao longo do que foi chamado anteriormente de o ano do pedófilo, o VOTF continuou sendo a pedra no sapato do cardeal. Quando Law disse que não aceitaria qualquer dinheiro do VOTF, os líderes do VOTF testaram-no oferecendo uma doação de $50 mil à Catholic Charities. E, quando a arquidiocese proibiu que determinadas filiais do VOTF realizassem reuniões nos terrenos da igreja, para "evitar outro escândalo e oposição contra nossos paroquianos", o presidente do VOTF reagiu de imediato.[70] "Não é um absurdo", perguntou James Post, "que esta seja a maior crise da igreja em 500 anos? Aquele [Law] encontrava-se entre alguns homens que poderiam solucioná-la. Mas o melhor que podem fazer é expulsar os católicos dos prédios que eles e seu dinheiro construíram?"[71]

Mais uma vez, também havia outros tipos de Ativistas: aqueles que apoiavam fortemente Law. Um grupo chamado Faithful Voice, oponentes óbvios ao Voice of the Faithful, estava entre os defensores mais leais do cardeal. Entretanto, o Faithful Voice chegou tarde ao jogo e era relativamente pequeno quanto aos números. Desse modo, sua voz era fraca e difícil de ouvir, pelo menos em comparação com a de seu predecessor maior e mais vigoroso, o VOTF, que atacava o cardeal Law, e não o defendia.

De seguidores a líderes

Em meados de novembro, ficou claro que o final já estava perto, embora o cardeal tentasse, pela última vez, resgatar sua reputação. Ele saiu de seu isolamento autoimposto, "surgindo lentamente em uma sequência de etapas orquestradas, tentando sentir se a atmosfera havia mudado e fazendo o que parecia ser tentativas de orientação".[72] Ele deixou de se mostrar na defensiva, finalmente se engajando com padres infelizes, vítimas raivosas, leigos inquietos e até com a imprensa. Segundo Donna Morrissey, falando mais uma vez a favor do cardeal, "estamos atualmente em um lugar muito diferente do que estivemos antes, neste ano. Esperamos que falar abertamente sobre o que estamos fazendo contribua para o processo de recuperação".[73]

Law também executou o que foi descrito como um "ato surpreendente de humilhação no altar da catedral de Boston", pedindo às vítimas de abuso por parte de membros do clero que o perdoassem por haver encaminhado os molestadores sexuais às suas paróquias.[74] Ao ficar de pé diante da Catedral da Santa Cruz, ele expressou a mais direta, esmiuçada e emocionada de suas diversas desculpas até a data. Em uma voz interrompida constantemente pela emoção, dirigiu-se àquelas pessoas sentadas perante ele: "Gostaria de pedir perdão principalmente àqueles que sofreram abusos, a seus pais e aos membros de suas famílias. Reconheço minha responsabilidade sobre as decisões que geraram intenso sofrimento. Embora esse sofrimento nunca tenha sido premeditado, poderia ter sido evitado se eu agisse de outro modo."[75]

Entretanto, o som dos tambores tocados pelos Ativistas, que se organizaram contra ele, não arrefeceu. Eles não poderiam esmorecer agora. A juíza Sweeney, com sua paciência se esgotando, disse no final de novembro que os registros da igreja contradiziam o próprio depoimento juramentado do cardeal Law – segundo o qual, nem ele nem seus assessores haviam encaminhado novamente os padres abusivos para o trabalho paroquial, sem ter certeza de que eles não eram mais perigosos. De acordo com Sweeney, havia "dúvidas importantes sobre se a arquidiocese estava realmente tendo o cuidado que afirmavam ter, na alocação dos padres". A juíza estava irritada principalmente com a petição movida pelos advogados da igreja para que o tribunal lacrasse 11 mil páginas de documentos enviados em nome dos requerentes que afirmavam ter sido vítimas de abuso por parte de membros do clero. Sweeney condenava o "esforço cada vez mais maçante" da arquidiocese de postergar ou restringir a liberação das informações, e avisou que o tribunal "simplesmente não seria ludibriado".[76]

De modo semelhante, os líderes do VOTF estavam determinados a pressionar até o fim. Quatro tiveram uma reunião frente a frente com o cardeal, a primeira realizada entre ele e quaisquer representantes do VOTF. Embora ambos os lados concordassem com o fato de que o diálogo fora muito cordial, não ocorreu qualquer concordância quanto ao Fundo do Voice of Compassion de Boston ou quanto à proibição das reuniões de algumas divisões do VOTF na propriedade da igreja. Em outras palavras, já no fim de 2002, com todos os esforços tardios do cardeal para acalmar as águas até então muito revoltas, o impasse entre ele e seus oponentes continuava.

O evento que finalmente impediu a continuação de uma situação tão ruim gerada pelo cardeal foi a liberação de mais de duas mil páginas de documentos antigamente secretos, o que forneceu mais evidências de que o tratamento ineficaz e imprudente da igreja em relação aos padres comprovadamente abusivos era um "procedimento padrão".[77] Pelo menos oito padres, que haviam sido protegidos pela Arquidiocese de Boston, eram culpados por conduta criminosa. O reverendo Robert Meffan foi um exemplo: admitiu ter acariciado meninas adolescentes que se preparavam para o noviciado, induzindo-as a acreditar que estavam fazendo amor com Jesus Cristo. A informação foi tão vergonhosa que até mesmo Donna Morrissey teve de admitir que as novas revelações eram "realmente horripilantes". (Entretanto, ela acrescentou que as políticas em vigor comprovavam o comprometimento da arquidiocese "com a proteção das crianças".)[78]

Até então, a causa do cardeal estava perdida. Até aquele momento, o próprio Vaticano sabia que nada seria suficiente, exceto rolar sua cabeça.

- Em 9 de dezembro, informaram que Law viajara secretamente para Roma.
- Em 10 de dezembro, foi noticiado que, em um movimento sem precedentes, 57 padres da área de Boston haviam assinado uma carta enviada a Law, exigindo sua renúncia.
- Em 11 de dezembro, foi divulgado que Law se reunira com o papa, que, segundo o direito canônico, era o único que poderia aceitar a renúncia de um cardeal.
- Em 12 de dezembro, informaram que Law e pelo menos cinco outros bispos haviam recebido citações para comparecer perante um grande júri, que já estava examinando suas possíveis violações da lei criminal.
- Em 13 de dezembro, foi relatado que o Papa João Paulo II, "em um reconhecimento dramático dos danos causados à igreja pelos repetidos erros de Law ao remanejar papas abusivos do ministério", aceitara a renúncia do cardeal.[79]

Foram diversas as reações à saída repentina do cardeal. Alguns representantes da igreja e importantes católicos conhecidos, principalmente nos Estados Unidos, estavam visivelmente aliviados, ansiosos por declarar aquela oportunidade como um divisor de águas que permitiria a "recuperação e a reconciliação".[80]

Outros – por exemplo, o procurador-geral de Massachusetts – achavam apenas que as águas passadas não movem moinhos. Reilly deixou claro que, até então, até onde lhe competia, o enraizamento e a expansão da corrupção na arquidiocese "envolviam muito mais de uma pessoa" e que, a todo custo, ele pretendia instaurar um processo contra o cardeal e alguns de seus subordinados, tomando as providências legais cabíveis.[81] E ainda outros, como James Post, falando em nome do VOTF, estavam satisfeitos por seguirem em frente, mas sem voltar aos métodos antigos. "O que gerou toda essa confusão foi um sistema de segredos e autoritarismo", disse Post. "A única maneira de nos livrarmos dessa bagunça é dar uma guinada de 180 graus, deixar a colaboração e o sol entrarem."[82]

Quanto ao próprio cardeal Law, ele retornou a Boston alguns dias depois de ter proposto sua renúncia ao pontífice, sentindo-se "sem saída e ligeiramente fatigado". Ele falou rapidamente com os repórteres, confirmando que "o curso dos acontecimentos nos últimos meses certamente fora diferente de tudo o que eu ou os outros poderíamos prever na ocasião de minha admissão há 18 anos". Acrescentou que seus planos pessoais para o futuro ainda não estavam "totalmente desenvolvidos", que ele esperava que sua saída ajudasse a Arquidiocese de Boston a "passar por uma reconciliação e unificação" e que gostaria, pela última vez, de pedir desculpas e implorar o perdão a todos aqueles que haviam "sofrido" com suas falhas e erros.[83]

Como ficou constatado, cerca de quatro anos depois desse momento humilhante, o cardeal Law foi encontrado morando em Roma, presidindo uma basílica maravilhosa, circulando com admiradores e "desfrutando de mais poder do que nunca".[84] Há muito tempo, Law era conhecido como um dos prelados americanos favoritos do Papa João Paulo II e, obviamente, fora decidido no Vaticano que Law deveria ser "um membro altamente respeitado da hierarquia da Igreja Católica". Depois de passar um ano e meio na obscuridade – como capelão de um convento em Maryland –, o cardeal foi recolocado em um alto posto, no qual pudesse expressar imediatamente sua "famosa habilidade na realização de cerimônias litúrgicas".

Mesmo assim, o legado dos Ativistas que se recusaram a ficar em silêncio diante das infrações dos membros do clero permanece – e permanecerá por algum tempo. Evidentemente, constam nessa lista a maioria dos próprios católicos, inclusive parceiros importantes como a juíza Sweeney, o procurador-geral Reilly e grande parte dos legisladores de Massachusetts que, em última análise, mudaram as leis vigentes de divulgação da comunidade, especificamente para incluir o clero, os advogados distritais responsáveis pelas queixas criminais contra os padres em questão e muitos profissionais da mídia.

Suas metas imediatas foram, afinal, realizadas: primeiro, mudar o tratamento atribuído pela Arquidiocese de Boston aos casos de abuso por parte dos membros do clero; e, segundo, forçar a renúncia do homem considerado responsável por um dos maiores escândalos ocorridos na história da Igreja Católica americana. Mas eles – os Ativistas que se tornaram agentes da mudança – também surtiram impacto duradouro. Em particular, existe o grupo Voice of the Faithful, que atualmente conta com 200 afiliados paroquianos nos Estados Unidos e mais de 35 mil membros no mundo inteiro. O VOTF continua a desempenhar sua função nos assuntos da igreja, como uma espécie de vigilante, ou o *chato*, se preferir, principalmente, embora não exclusivamente, em questões de abuso por membros do clero. Por exemplo, em 2006, cerca de 100 membros de uma filial do VOTF de Nova York marcharam, com 7.000 assinaturas em mão, para exigir que sua arquidiocese, localizada em Rockville Center, criasse um "Conselho Financeiro" externo para monitorar suas finanças.[85] De modo semelhante, na primeira conferência do VOTF em nível estadual, realizada em Connecticut (2006), a presidenta Mary Pat Fox deixou claro que uma das mais recentes e mais importantes metas do VOTF era obter informações precisas sobre como a igreja estava gastando seu dinheiro. "Devemos nos preocupar com o que estamos patrocinando", disse Fox. "É mais do que premente que nossa igreja lide com esse assunto, de modo honesto e verdadeiro."[86] Afinal, a igreja pagou muito alto pelo que ocorreu a esse respeito, em seu passado lamentável. Por exemplo, em 2007, a Arquidiocese Católica Romana de Los Angeles concordou em pagar a centenas de pessoas a maior quantia paga (até a data), relacionada a um escândalo de abuso sexual envolvendo membros da igreja: cerca de $660 milhões.[87]

Agora, a Igreja Católica Apostólica Romana está onde sempre esteve. Trata-se de uma organização hierárquica e aqueles que estão em posições superiores têm mais poder, autoridade e influência – *muito* mais poder, autoridade e influência – do que aqueles abaixo deles.

Entretanto, dessa vez, as coisas foram bem diferentes. Dessa vez, os leigos católicos de Boston, praticamente todos aqueles que antes eram passivos, fartaram-se. Evidentemente, sua fé continuava, mas eles não aguentavam mais a situação. Resultado: foi um motim daqueles, uma revolta em que até mesmo as organizações mais rigorosamente estruturadas ficaram vulneráveis à pressão que vinha de baixo, dos seguidores que se tornaram Ativistas. Durante o ano do pedófilo, milhares de pessoas se revoltaram contra a Arquidiocese de Boston. Elas entravam em grupo, participavam de reuniões, assinavam petições, marchavam nas ruas e davam suas opiniões em público, quando a ocasião assim lhes permitia. Outros se dedicavam ainda mais e estavam totalmente engajados contra a Arquidiocese de Boston, de modo geral, e contra o cardeal Law, em particular. Ou seja, elas estavam determinadas a mudar a igreja.

Evidentemente, alguns seguidores desempenharam suas funções com honestidade. Eles englobavam os primeiros Ativistas, como os editores do *Boston Globe*, que desvendaram a história sobre abuso e ocultação, e continuaram assim até o final; Mary Jo Bane, sem perder tempo, publicou um artigo com sua opinião que deixava claro que ela, pelo menos, suspenderia seu apoio à igreja até que esta mudasse; Peter Pollard, uma das diversas vítimas de abuso por parte de membros do clero, ansioso por contribuir com alguma coisa; Thomas Reilly, procurador-geral, que pressionou a Arquidiocese de Boston com citações criminais; a juíza Constance Sweeney, que, não obstante sua formação católica tradicional, estava preparada para enfrentar os representantes da igreja que, em seu julgamento, eram corruptos; James Post, a face pública do Voice of the Faithful no período da crise; e James Muller, Ativista de linhagem antiga e nobre, cuja indignação estava focada no cardeal da própria comunidade.

É possível concluir que o papa nunca forçaria um de seus cardeais preferidos a renunciar se todos aqueles Ativistas mencionados anteriormente não o tivessem enfrentado. Foi necessária a intervenção da imprensa, dos padres e do povo, isso sem falar na própria justiça, para que o problema fosse resolvido. Mas ao ler essa história do princípio ao fim, convencemo-nos de que foram os leigos católicos no nível mais simples que finalmente fizeram a diferença. Ao despertar revolta e indignação, o grupo Voice of the Faithful conseguiu crescer a uma velocidade impressionante, organizar-se com muita eficiência, pressionar seus casos em cada instância, manter o curso até ocorrer mudanças e permanecer atuante muito tempo depois de Law ter deixado a cidade. Os Ativistas do VOTF que devem receber o crédito por essa mudança eram seguidores – mas somente no início. Em algum momento, ao longo do ano do pedófilo, eles se transformaram em algo mais. Tornaram-se líderes.

Eis aqui, em parte, seu legado, adicionalmente à renúncia forçada do cardeal Law. Em 2002, John Geoghan foi considerado culpado por estupro e agressão física, e sentenciado de 9 a 10 anos de prisão. (Um ano depois, ele foi estrangulado até a morte por um dos detentos.) Em 2005, Paul Shanley foi considerado culpado por estupro de menores e sentenciado com 12 a 13 anos de prisão. Em um relatório preparado pela Arquidiocese de Boston em 2006, foi revelado que, a partir de 2005, a Arquidiocese gastara $127,4 milhões para liquidar 895 queixas de abuso sexual. Outros $8,8 milhões cobriram despesas relacionadas aos esforços de prevenção contra abusos sexuais – e para promover a "recuperação e reconciliação junto aos sobreviventes e a outras pessoas prejudicadas por abuso sexual".[88]

Retomada geral

Mesmo não dispondo das fontes habituais de poder, autoridade e influência, os Ativistas podem, em determinadas circunstâncias, constituir o que viria a ser um exército. Na verdade, como acabamos de saber, se agirem na hora certa, um número bastante de Ativistas suficientemente engajados pode até conseguir revogar uma resolução. Certamente, isso nunca é uma tarefa fácil. Nem deve ser assumida sem o menor comprometimento. Mas se a causa for profundamente sentida e se os níveis de força e engajamento forem altos, e se houver números suficientes, os Ativistas poderão gerar uma grande mudança.

Até então, no que diz respeito aos líderes, os Ativistas são grandes recursos ou grandes desastres. Afinal, os Ativistas são muito mais fortes agora do que antigamente, por dois bons motivos simples: primeiro, as restrições culturais contra enfrentar pessoas em posição de poder, autoridade e influência se enfraqueceram – como confirma claramente o que aconteceu com o cardeal Law. E segundo, as novas tecnologias facilitam a obtenção de informações, sua ampla disseminação e a comunicação e conexão de modos jamais imaginados.

Para a maioria dos seguidores, a própria ideia de chegar a ser um Ativista é, ao mesmo tempo, cativante e fatigante. Por um lado, tendemos a admirar aqueles intensamente comprometidos com alguém ou com uma ideia, que se dedicam totalmente a essa pessoa ou a algo, muito mais do que a si mesmos. Mas, por outro lado, já sabemos que a maioria prefere ficar em paz durante a maior parte do tempo, ficar *na sua*, a menos que exista um motivo muito forte para agir de outra forma. Evidentemente, existem ocasiões em que ser Ativista e ter interesses próprios significam praticamente a mesma coisa. Como comprova a experiência do grupo Voice of the Faithful, quando isso ocorre, a experiência pode ser surpreendente e o resultado, compensador.

Ainda assim, há uma nota de advertência – sobre os Ativistas que canalizam suas energias para enfrentar seus líderes, quando se opor a eles implica assumir riscos. Enfrentar pessoas mais poderosas do que nós significa reconhecer que podemos perder. Essa perda pode custar pouco ou nada. Mas há situações na vida em que contestar ou até questionar os poderes pode custar muito alto. Portanto, aqueles que venham a fazer isso devem manter os olhos bem abertos.

CAPÍTULO **8**

Fanáticos

Operação Anaconda

Os Fanáticos são exatamente o que o nome indica – preparados para morrer, se necessário, por uma causa própria, seja por um indivíduo, uma ideia ou ambos. Os Fanáticos são profundamente dedicados a seus líderes; ou, ao contrário, estão prontos para derrubá-los das posições de poder, autoridade e influência, usando os meios necessários. Em ambos os casos, os Fanáticos são definidos por sua dedicação, incluindo a predisposição a arriscar a vida e a integridade física. Ser um Fanático é algo totalmente exaustivo. É quem você é e determina o que você faz.

CONSIDERAÇÕES INICIAIS

Felizmente, suponho, os Fanáticos são pessoas raras. Para garantir a sobrevivência da espécie, precisamos da normalidade, o que implica autopreservação, principalmente entre os jovens e saudáveis. Mas na idade do homem-bomba suicida – cada um deles é, por definição, um Fanático –, essa pressuposição é colocada em questão. Questionamos por que os homens e mulheres ostensivamente comuns se predispõem a se explodir porque alguém em algum lugar pediu ou ordenou que fizessem isso.

Evidentemente, também existem outros tipos de Fanáticos: homens e mulheres sem fontes óbvias de poder, autoridade e influência, preparados para arriscar a vida por um indivíduo ou uma ideia, mas de forma menos drástica. Pense um pouco em Martin Luther King, que consideramos um líder, mas que, no início era um seguidor, determinado a mudar a ordem atual das coisas. King estava predisposto a voar na frente daqueles que estavam em posição superior à dele. Ele estava preparado para colocar sua vida nas próprias mãos. E, no final, ele pagou o preço mais alto possível. Então, ele era ou não um Fanático antes de qualquer outra coisa?

Seja qual for o caso, só existe a quantidade de Fanáticos que uma sociedade pode aceitar. E, também em qualquer caso, só existem aqueles seguidores predispostos a fazer sua parte. Entretanto, para essas regras, há sempre uma única exceção importante: as Forças Armadas. Ao longo de toda a história do Estado-nação moderno, e até mesmo muito tempo antes disso, as Forças Armadas eram, em geral, organizadas ao longo de diretrizes rigorosamente hierárquicas e se baseavam em duas premissas básicas. A primeira determina que os subordinados seguirão as ordens emitidas por seus superiores. E a segunda dita que todos, de cima a baixo, estejam preparados, se necessário, para se ferir ou até morrer em batalha.

Certamente, em tempos de paz, essa segunda premissa é questionável. Não há motivos para se presumir que os americanos alistados nas Forças Armadas, nos anos imediatamente anteriores ao 11 de Setembro, pudessem supor que, pouco tempo depois, estariam defendendo sua vida nas ruas de Bagdá. A despeito disso, ser um membro de uma das Forças Armadas, seja compulsoriamente ou alistando-se de forma voluntária, significa, por definição, estar preparado para defender algo ou alguém até a morte. Nessa dimensão extremamente importante, os Fanáticos aqui descritos, os soldados envolvidos na Operação Anaconda, não eram diferentes dos inúmeros milhões que vieram antes deles ou dos incontáveis milhões que certamente ainda virão.

Conhecimento pregresso

O Afeganistão é um imenso país cercado por terra, com o tamanho aproximado do Texas. Ele sempre foi pobre mas autossuficiente, até 1979, quando tudo mudou, e por vários motivos, a União Soviética decidiu invadi-lo. Em algum momento, as tropas soviéticas chegaram a alcançar o número de 15 mil componentes, que chegaram e ficaram.

Durante o período de 10 anos da ocupação soviética, que coincidiu com a última década da Guerra Fria, era muito grande o interesse americano no Afeganistão. O presidente Ronald Reagan apoiava as forças muçulmanas antissoviéticas e a CIA fornecia inteligência, experiência militar e armas avançadas aos afegãos antissoviéticos. Na verdade, antes de seu término, os Estados Unidos tinham enviado mais de $2 bilhões em dinheiro e armas para sete grupos diferentes de combatentes da resistência islâmica.¹ Mas assim que a Guerra Fria terminou e os soviéticos saíram do país, a torneira americana foi fechada. O apoio econômico e militar dos Estados Unidos ao Afeganistão caiu drasticamente.

A ocupação do Afeganistão pela União Soviética foi um desastre em todos os aspectos. As estruturas políticas e econômicas previamente existentes foram destruídas. Cerca de 1,5 milhão de afegãos morreu ou desapareceu. Outros 5,5 milhões se tornaram refugiados. E a capital do país, Cabul, estava semiarrasada.

No início dos anos 1990, a miséria e o caos levaram a conflitos entre facções e, depois, praticamente à anarquia. Foram os anos durante os quais o Talibã fincou sua primeira base. Tudo começou como um movimento de base, uma pequena milícia formada em sua maioria por homens jovens, que eram fundamentalistas islâmicos ferrenhamente dedicados. O grupo tinha dois objetivos principais: restaurar a lei e a ordem e impor a lei islâmica dos fundamentalistas. Como consequência, principalmente do primeiro, o Talibã cresceu de modo rápido e seguro. No final de 1994, ele recebeu o apoio do Paquistão. Em meados de 1996, controlaram Cabul. E em meados de 2000, o Talibã havia dominado mais de 90% do Afeganistão exausto da batalha.

Nesse ínterim, o Oeste crescia cada vez mais apreensivo. O Talibã era obviamente extremista em suas convicções e comportamentos, principalmente no que dizia respeito às mulheres. Também havia a intenção de destruir a herança história do Afeganistão, em parte esmigalhando seus tesouros artísticos e espirituais. Dois Budas antigos insubstituíveis, muito grandes, situados fora de Cabul, foram, por exemplo, demolidos no solo em que eram idolatrados e contrários ao islamismo. Finalmente, o Talibã estava ocultando como um "hóspede" em solo afegão um militante saudita, chamado Osama bin Laden.

Foi só uma questão de tempo para que outro presidente americano, Bill Clinton, chegasse à conclusão de que, embora distante, o Afeganistão era um país que deveria ser considerado. Sob a liderança de Clinton, os mísseis americanos destruíram o que o Pentágono descreveu posteriormente como um grande complexo de treinamento de terroristas, perto de Cabul. O complexo era administrado por bin Laden que na época foi acusado de ter arquitetado os bombardeios de duas embaixadas americanas, uma no Quênia e a outra na Tanzânia.

Nas repercussões imediatas dos eventos de 11 de setembro de 2001, Osama bin Laden foi declarado pelos Estados Unidos o Inimigo Público Número 1. Bin Laden assumiu a responsabilidade pelos ataques ocorridos em solo americano; por sua vez, o presidente George W. Bush exigiu que o Talibã o entregasse aos Estados Unidos. O Talibã se recusou – e, um mês depois, os americanos e vários aliados começaram a bombardear o Afeganistão. A ideia era livrar-se do Talibã e de seus aliados radicais muçulmanos, de uma vez por todas. Os bombardeios aéreos permitiram que os oponentes afegãos do Talibã ganhassem rapidamente o controle. Cabul foi retomada em novembro. No início de dezembro, o Talibã aceitou a derrota de seu reduto em Kandahar. E perto do final do ano, o Talibã e a Al Qaeda, organização de bin Laden, foram expulsos de todas as grandes áreas urbanas do Afeganistão, dando vez a um governo de coalizão, conhecido como Aliança do Norte.[2] Na época, os americanos presumiram que só faltavam três tarefas: (1) pegar bin Laden, morto ou vivo; (2) pegar o líder Talibã, Mullah Muhammad Omar, morto ou vivo; e (3) eliminar o que ainda restasse da resistência Talibã.

Entretanto, uma missão militar fracassada, realizada em novembro de 2001 em Tora Bora, Montanhas Brancas, ladeando a fronteira entre o Afeganistão e o Paquistão, provou que as primeiras pressuposições estavam equivocadas. As tropas americanas e afegãs haviam fechado o cerco aos membros da organização terrorista Al Qaeda, que se esconderam em cavernas e gretas profundas. Mas como algumas das rotas de escape continuavam inadvertidamente abertas, cerca de mil dos mais fortes combatentes da Al Qaeda, incluindo provavelmente bin Laden, conseguiram fugir para se reagrupar nas montanhas.[3] Alguns consideraram o fracasso dos americanos em Tora Bora uma prova devastadora de como "um serviço de inteligência insuficiente, aliados escolhidos de modo deficiente e táticas militares duvidosas atrapalharam uma grande oportunidade de capturar bin Laden e vários comandantes superiores da Al Qaeda".[4] Embora outros fossem menos importantes, certamente a missão fracassada marcou o estabelecimento político e militar na América. Convenceu os americanos de que sua missão no Afeganistão ainda não acabara – e deflagrou a Operação Anaconda.

ANACONDA

Os planos para a Operação Anaconda foram desenvolvidos quando muitos acharam que a guerra contra o terrorismo já acabara. Mas os estrategistas políticos americanos, civis e militares, percebiam as coisas de modo diferente. Para eles, os últimos vestígios do Talibã e da Al Qaeda ainda tinham de ser destruídos. Primeiro, concluíram que o inimigo ainda estava em condições de atacar o governo provisório, ainda fragilizado e recém-instalado do Afeganistão. E segundo, eles consideravam os terroristas inimigos extremamente determinados a treinar mais terroristas. Portanto, a decisão de instaurar a Operação Anaconda – com o objetivo de "exaurir as forças" de um reduto inimigo entrincheirado na região de Shahikot ao leste do Afeganistão.[5] Devo acrescentar que o número de combatentes inimigos não era conhecido. Estimativas apresentadas pela inteligência americana variavam muito, de 100 até alguns milhares.

Os detalhes da Operação Anaconda, codinome de um plano do Exército da União para cercar e bloquear o Exército dos Confederados, foram elaborados em Bagram, uma antiga base soviética situada a aproximadamente 48km ao norte de Cabul. A base tinha alojamentos para mais de duas mil tropas – os soldados americanos se aquartelavam em barracas de 20 homens, aquecidas com fogão a diesel – e longas pistas que podiam acomodar uma frota de aeronaves, incluindo helicópteros Apache, Cobra, Chinook e Black Hawk, além de aviões de carga C-130.[6] O plano original era usar cerca de dois mil soldados, metade dos quais deveria ser afegãos, para isolar e cercar o território inimigo, seguido de ataques para destruir tudo o que restasse das forças inimigas. Como explicou o Exército americano, "o objetivo era atingir o inimigo com força suficiente para matar ou capturar o maior número possível de membros da Al Qaeda, e deslocar os sobreviventes do vale para as posições de bloqueio, onde seriam, então, eliminados".[7]

A Operação Anaconda estava de acordo com a abrangente estratégia militar desenvolvida anteriormente pelo secretário de Defesa, Donald Rumsfeld. Segundo Rumsfeld, o Exército americano deveria substituir as armas da Guerra Fria, como tanques, veículos blindados para transporte de tropas e artilharia pesada com infantaria leve, o que, segundo ele, seria mais adequado à operação da guerra moderna. Uma infantaria leve era mais veloz e flexível, e alcançaria o campo de batalha de modo mais fácil, geralmente pelo ar. E sua eficácia foi avaliada como mais provável em terrenos tão traiçoeiros quanto os do Afeganistão.[8] Em resumo, as Forças Armadas de Rumsfeld deveriam ser leves, simples e rápidas, com pouquíssimos "soldados em terra". Isso dependeria basicamente de um poder de fogo esmagador, orientado por alta tecnologia.[9]

Embora a Operação Anaconda fosse planejada de acordo com a nova abordagem estratégica de Rumsfeld e considerando o terreno perigoso do Afeganistão, havia céticos desde o início. O repórter do *Los Angeles Times*, Richard Cooper, foi um deles. Ele apresentou sua avaliação preliminar, que não era nada mais do que uma expressão de puro desânimo:

> *Durante mais de 2 mil anos, as acentuadas sequências de cumes de montanhas, cavernas e ravinas do Vale de Shahi Kot no leste do Afeganistão formaram o último reduto, o último santuário dos combatentes da resistência afegã. Expulsas de suas cidades, vilas e campos, conquistados em outros lugares montanhosos, as gerações de combatentes se retiraram para o abrigo desse vale, cujo nome significa "O Palácio do Rei". Segundo a tradição, nenhum exército estrangeiro jamais obteve êxito ao atacá-lo. Nem Alexandre, o Grande, em 327 a.C. Nem a Grã-Bretanha, em meados de 1840. Nem a União Soviética, que deu baixa em 250 soldados em um único dia, em 1987 – cerca de 200 morreram apedrejados, após sua captura.*[10]

O inimigo, principalmente a organização terrorista Al Qaeda, era tão medonho e terrível quanto o terreno. Na verdade, era necessário fazer distinção entre o Talibã, de um lado, e a organização Al Qaeda, de outro. Após perder o poder, a maioria dos combatentes do Talibã, que não foram mortos ou capturados, tinha casas para as quais poderia retornar facilmente – fazendas e vilas no Afeganistão e no Paquistão. Mas os combatentes da Al Qaeda eram diferentes. A maioria se esquivava das autoridades, e não podia simplesmente descansar ou se retirar silenciosamente. Eles também não podiam mudar de lado com facilidade, para a Aliança do Norte, porque havia muitas milícias afiliadas ao Talibã, e a Al Qaeda consistia, em grande parte, de não membros, estrangeiros de locais muito distantes, como Chechênia e Arábia Saudita, que não poderiam esperar mais simpatia de seus oponentes afegãos do que esperariam dos americanos. Além disso, o fervor religioso da Al Qaeda propiciava forte motivação. Seus combatentes realmente odiavam os americanos e agora estavam fadados a um confronto direto com eles. "Muitos tinham viajado milhares de milhas para aprender as técnicas da *jihad* (luta) nos campos de treinamento da organização terrorista Al Qaeda. Na época, os pagãos tinham vindo para o Afeganistão. As possibilidades de uma *jihad* não poderiam ser maiores. Sem um caminho de volta para casa e com a chance de vitória ou de martírio diante deles, certamente eles lutarão."[11]

Quando o planejamento da Operação Anaconda efetivamente começou, tornou-se óbvio que o serviço de inteligência para uma operação dessa envergadura e complexidade não era confiável, na melhor das hipóteses. Acima de tudo, como as estimativas de combatentes inimigos oscilavam muito, três perguntas continuavam sem resposta. No que consistia exatamente a Operação Anaconda? De que modo exato a Operação Anaconda deveria ser executada? E quem precisamente deveria fazer o trabalho pesado?

Cadeia de comando

Durante o período de três anos, de julho de 2000 a julho de 2003, o general Tommy Franks foi responsável pelas operações no Afeganistão e no Paquistão. Como comandante responsável pelo Comando Central dos Estados Unidos, Franks supervisionava as operações militares americanas em uma região de 25 países, que abrangia toda a Ásia Central e o Oriente Médio, exceto Israel. Em 2001, ele foi o general quatro-estrelas, responsável por comandar o ataque bem-sucedido sobre o Talibã no Afeganistão – assim como o ataque fracassado em Tora Bora. Em 2002, ele foi o general quatro-estrelas com plena autoridade sobre a Operação Anaconda. Em 2003, foi o general quatro-estrelas que liderou a invasão do Iraque.

E até entrar para a reserva, ele foi o general quatro-estrelas que presidiu as forças americanas que ocupavam o Iraque.

A função de Franks era executar, sem quaisquer indícios óbvios de dissidência, a política militar definida pelo Pentágono, particularmente por Rumsfeld. Desse modo, desde o início, todas as operações realizadas no Afeganistão, inclusive a Operação Anaconda, foram conduzidas sob a determinação de Franks, que visava manter o mínimo absoluto das forças convencionais enviadas para batalha. Para a decepção dos comandantes iniciantes no local, essa resolução definia um "limite arbitrário" quanto ao número de americanos que Franks permitiria em solo afegão, em qualquer ocasião.[12] Para fazer justiça, o plano da Anaconda, que restringia o número de forças convencionais e, em substituição, contava com uma guerra não convencional em combinação com a força aérea, funcionou bem contra o Talibã, pelo menos no início. Entretanto, não surtiu resultados em Tora Bora e, como destaca Sean Naylor (Naylor escreveu o que é considerado até o momento o relato definitivo da Anaconda), o inimigo, dessa vez, pelo contrário, era o mesmo. As forças inimigas em Shahikot não eram os "fazendeiros-combatentes" do Talibã. Em vez disso, eram os combatentes enrijecidos da Al Qaeda e outros grupos islâmicos semelhantes de guerrilhas, preparados, se necessário, para lutar até a morte.[13]

O tenente-general Paul Mikolashek se reportava diretamente ao general Franks. Durante a Guerra no Afeganistão, Mikolashek comandara não somente as forças do exército, pelas quais ele era habitualmente responsável, mas também todas as forças americanas convencionais em terra, na mesma área de 25 nações presidida por Franks. Diferentemente de Franks, que conduzia a guerra afegã em seu quartel-general em Tampa, na Flórida, localizado a cerca de 12 milhões de quilômetros 10 fusos horários de distância, Mikolashek passava a maior parte do tempo em terra, na grande área – ou seja, no Kuwait, onde atuava como intermediário, entre os responsáveis por planejar e executar a Operação Anaconda, todos os dias, e aqueles em posições superiores, mais especificamente Franks e Rumsfeld. Mikolashek era muito leal a Franks, mas por estar envolvido na tomada de decisão nos níveis mais elevados, também participava da negociação entre os que tomavam decisões e os que faziam as exigências.

Por sua vez, o homem de confiança de Mikolashek na Operação Anaconda era o major-general Franklin "Buster" Hagenbeck, formado em West Point, que era o comandante atual da 10ª Divisão de Montanha, de Fort Drum, Nova York. Ao ser indicado comandante da 10ª Divisão somente em agosto de 2001, Hagenbeck não fazia ideia, assim como ninguém mais, que, um mês depois, em 11 de setembro, sua vida mudaria para sempre. Em breve, Hagenbeck estaria assumindo a responsabilidade direta por quase todas as forças dos Estados Unidos na Operação Anaconda.

A 10ª Divisão de Montanha era uma divisão de infantaria leve do Exército dos Estados Unidos, com uma história lendária. Essa divisão foi acionada pela primeira vez durante a Segunda Guerra Mundial e lutou com bravura, principalmente na Itália, onde, entre suas tropas, encontrava-se uma dos mais famosos veteranos da Segunda Guerra Mundial, antigo líder da maioria no Senado dos Estados Unidos, Bob Dole. Depois da guerra, a 10ª Divisão de Montanha foi desativada, sendo somente reativada anos depois, como parte da formação militar determinada pelo presidente Ronald Reagan. Em sua atual incorporação, a 10ª é uma divisão de infantaria especialmente adaptada, rapidamente implantável pelo socorro aéreo estratégico e preparada para conduzir operações, que variam desde o auxílio humanitário até um combate total. Na verdade, a 10ª Divisão de Montanha é considerada tão versátil que ao longo da última década, foi implantada com mais frequência do que qualquer outra divisão no Exército dos Estados Unidos.[14]

Depois dessa história ilustre, ao chegar à Ásia Central, Hagenbeck presumiu que ele e suas tropas estavam no local da ação, no Afeganistão. Em vez disso, receberam ordem para ficar no Uzbequistão, onde permaneceu enquanto os planos da Operação Anaconda eram concluídos. Descrito como um "oficial de temperamento calmo e feições aristocráticas", Hagenbeck estava, como ele mesmo admitira, "doido para fazer alguma coisa". Embora não tivesse acesso aos relatórios mais recentes do serviço de inteligência, obviamente ele sabia que as forças inimigas continuavam no Afeganistão e, por conseguinte, solicitou a seu *staff* que obtivesse as informações disponíveis junto à inteligência sobre quem estava onde e fazendo o quê. Hagenbeck queria saber como ele e os membros de sua equipe poderiam entrar em ação – como poderiam comandar e controlar as forças convencionais e especiais de operações, para serem logo implementadas na Operação Anaconda. Em resumo, seu objetivo era demonstrar sua importância para Mikolashek, "na esperança de persuadir o general três-estrelas a atribuir à Divisão de Montanha uma operação de combate a ser liderada".[15]

Após o término da Operação Anaconda, o repórter de uma revista militar perguntou a Hagenbeck: "Qual é a parte mais desafiante das operações em combate no Afeganistão?" Ele respondeu que eram as "condições ambientais severas" e depois descreveu a sujeira e a poeira por todo o lado, os helicópteros voando totalmente no escuro, com pedras e terreno acidentado abaixo deles, e praticamente sem local para aterrizar.[16] Mas na época, em dezembro de 2001, Hagenbeck ainda não sabia o que fazia ali. Tudo o que ele sabia é que estava ansioso, muito ansioso "para fazer alguma coisa".

Entra em cena o coronel Frank Wiercinski. Sua brigada era formada basicamente, mas não exclusivamente, por tropas do 187º Regimento de Infantaria, que também tinha uma história ilustre, se não complicada, como sugere seu apelido, os *Rakkasans*, uma palavra do idioma japonês que significa literalmente "sombrinha em queda livre", ou seja, paraquedas. Anos antes, esse apelido fora atribuído ao 187º, em consequência de seu desempenho no Pacífico durante a Segunda Guerra Mundial e a Guerra na Coreia. Os Rakkasans são diferenciados de várias maneiras. Eles constituem o único regimento aerotransportado, cujo nome se originou de um antigo inimigo. Eles têm uma antiga e conhecida história de árduas batalhas, de grande importância. E representam o único regimento de guerra aerotransportado na história do Exército americano que lutou em todas as guerras posteriores ao desenvolvimento das táticas para paraquedistas.

Wiercinski era um oficial experiente, alto e de sólida compleição física, que esteve no comando de sua brigada por quase um ano. Sua incumbência era extraordinária. Primeiro, como só existe um número relativamente baixo de brigadas do exército (aproximadamente 33 antes do 11 de Setembro e 43 em meados do exercício de 2007), apenas uma fração dos 320 coronéis de infantaria do exército podem ser comandantes de brigada em determinado momento. Segundo, a brigada de Wiercinski tinha uma história lendária: eles eram os *Rakkasans*. Como ele mesmo declarou, a reputação dos *Rakkasans* era um excelente fator que aumentava sua eficácia. "Sabíamos de onde vínhamos, quem éramos e o que representávamos."[17] Por último, e o mais importante, Wiercinski esteve no comando durante um período crítico na história americana. Logo após os ataques do 11 de Setembro, ficou claro que os americanos empreenderiam algum tipo de operação militar na Ásia Central e que, se fizessem isso, em algum momento, muito provavelmente os Rakkasans liderariam a incumbência, com o coronel Frank Wiercinski na dianteira.

Plano de ataque

Assim que o planejamento da Operação Anaconda efetivamente decolou, ocorreu um conflito. A partir do início de dezembro, ficou claro que os Rakkasans teriam a missão de entrar no Afeganistão e depois desarraigar a Al Qaeda e outros militantes islâmicos. Embora homens como Hagenbeck e Wiercinski estivessem preparados, predispostos e fossem capazes de assumir a incumbência, o modo exato como tudo deveria ser feito continuava confuso. Por um lado, havia a pressão habitual de Washington – manter a operação objetiva mas concisa. Por outro lado, existiam oficiais de nível inferior, como Wiercinski, cujos soldados estavam em perigo, mas que se mostravam ansiosos para entrar em combate, com bem menos do que eles imaginavam ser necessário. Nesse caso, *menos* significava pouquíssima munição – e pouquíssimas tropas. A opinião de Naylor sobre as discordâncias quanto a essa questão específica entre Wiercinski e seus superiores não é ambígua: "É difícil deixar de pensar que as ordens de Franks e Mikolashek para Wiercinski eram apenas *papo furado* quanto à necessidade de estarem preparados para 'todas as operações', pois não os equipavam para isso, e que o motivo era que os comandantes americanos experientes achavam que a guerra estava tudo, menos vencida, e que batalhas de forças combinadas não eram prováveis."[18]

Para piorar ainda mais a situação, as condições no Afeganistão nos primeiros meses de 2002 eram, na melhor das hipóteses, difíceis. Para os soldados da Força-Tarefa Rakkasan, não aceitar tudo o mais era reconhecer que, diferentemente de outras operações recentes – na Somália ou no Haiti, por exemplo –, dessa vez eles estavam sendo lançados em uma zona de guerra. Isso nada tinha a ver com manter a paz ou construir uma nação. Eram confrontos diretos com combatentes inimigos. Era uma questão de defender os Estados Unidos da América imediatamente após o 11 de Setembro. Além disso, adicionalmente ao medo e à aversão naturais, havia dificuldades imediatas para enfrentar, como o frio severo e as eternas semanas sem fazer praticamente nada. Como ficou comprovado, enquanto os superiores na cadeia de comando se ocupavam tomando as grandes decisões, os subordinados distantes estavam efetivamente ociosos, o que piorava muito a situação. Na verdade, era óbvia a inquietação dos homens e das mulheres que haviam treinado com afinco para lutar arduamente e que voaram metade do mundo com uma missão em mente, só para descobrir que estavam (literalmente) esfriando os calcanhares. Hagenbeck, entre outros, ainda se sentia frustrado. Algumas semanas depois da aterrissagem na região, ele estava ansioso para se deparar com alguma ação. "Chegamos lá no final da Guerra do Afeganistão e não encontramos muita ação. Então, quando soubemos que uma parte da Al Qaeda estava lá, queríamos entrar na briga. Quando [a oferta] foi estendida, agarramos a oportunidade."[19] Em outras palavras, com toda a tensão e o desconforto extremos, ver alguma ação continuava sendo para muitos, se não para a maioria daqueles Fanáticos, a meta principal. Eles tinham um serviço a ser feito e estavam impacientes para seguir em frente e concluí-lo.

Finalmente, em 14 de fevereiro de 2002, Hagenbeck e sua equipe passaram a ser totalmente responsáveis pela Operação Anaconda, que indicava seu avanço do Uzbequistão para o Afeganistão, mais especificamente para a base em Bagram, que serviria de quartel-general. Na ocasião, a Anaconda evoluía com uma complicação incomum, só por causa do grupo heterogêneo que se formara e se encontrava, naquele momento, sob o comando de Hagenbeck. O grupo de combatentes, finalmente estabelecido, foi chamado de Combined Joint Task Force Mountain (Destacamento de Forças-Tarefas Combinadas/Conjuntas para Operações em Montanha). Por definição, uma força-tarefa conjunta e combinada engloba elementos de mais de um serviço e mais de uma nação – sendo esta certamente qualificada. A força-tarefa de Hagenbeck abrangia tropas da 10ª Divisão de Montanha, da 101ª Divisão Aérea, do 75º Regimento Ranger, das Forças Especiais Americanas, das Tropas Especiais da Marinha dos Estados Unidos, dos Fuzileiros Navais Reais Britânicos, do 3º Batalhão de Infantaria Leve da Princesa Patrícia, do Canadá, e do Exército Nacional afegão. A força-tarefa de Hagenbeck também contava com o apoio adicional do Exército, da Força Aérea e da Marinha dos Estados Unidos, e com o respaldo de outros países, como Alemanha, França, Dinamarca, Noruega, Austrália, Nova Zelândia e Arábia Saudita. Portanto, a função de Hagenbeck era não somente combater o inimigo, mas também intermediar as diversas exigências feitas pelos diferentes parceiros, sob seu comando. Mesmo assim, apesar do número crescente e da complexidade da Anaconda, o ímpeto básico da operação continuava o mesmo: matar ou capturar as forças inimigas, principalmente a Al Qaeda; interceptar seus movimentos; e identificar e interromper seus mecanismos de apoio e rotas de escape.[20]

Nesse ínterim, Wiercinski se envolvera novamente em conflito. O plano original convocava os Rakkasans para entrar por via aérea no Alto Shahikot, na escuridão e, silenciosamente, deslocar-se para oeste, para bloquear as passagens. Entretanto, Wiercinski, com alguns outros Rakkasans experientes, encontrava-se, segundo palavras de Naylor, "ferozmente resistente" à ideia e "queria que o ataque aéreo inteiro entrasse no Baixo Shahikot à luz do dia", principalmente porque as montanhas na área estavam cobertas de neve, o que dificultava a visualização do local de aterrissagem da aeronave.[21] A questão era muito controversa. Acima de tudo, estava em risco a vida dos americanos, e o plano era acionar o Anaconda no prazo de algumas semanas ou até dias. Hagenbeck tomou a decisão, finalmente concordando com Wiercinski. Entretanto, havia um custo para todo esse embate e uma percepção de que, mesmo na época, se Tommy Franks não tivesse insistido em formar a força da Anaconda "aos poucos, como um mix de unidades", o planejamento estratégico e a tomada de decisões táticas teriam sido mais equilibrados e eficazes.[22]

Talvez a maior preocupação fosse o poder de fogo – leve demais e aquém do necessário para o trabalho a ser feito. Os oficiais da 10ª Divisão de Montanha e os Rakkasans almejavam mais artilharia. Entretanto, mais uma vez, Tommy Franks indeferiu suas solicitações. Embora sua resposta estivesse de acordo com a estratégia abrangente do Pentágono, também refletia uma história recente, em particular da experiência soviética. Em hipótese alguma, os Estados Unidos queriam demonstrar aos afegãos que eles, como os soviéticos antes deles, usariam artilharia pesada quando necessário, pois as consequências seriam abomináveis. Mesmo assim, isso não amansaria homens como Wiercinski, que continuava percebendo que seus superiores estavam negando apoio suficiente. Acima de tudo, ser um Fanático significa estar *preparado* para morrer – mas não significa que ele *deseja* morrer. Seja como for, Wiercinski tinha uma história pregressa: com a Operação Anaconda, era a primeira vez em 60 anos que o Exército dos Estados Unidos enviava uma infantaria do tamanho de uma brigada para lutar contra posições inimigas preparadas, sem artilharia de apoio.[23]

O ataque

Atuando como comandante dos Rakkasans e responsável pelos objetivos dessa operação das tropas da 10ª Divisão de Montanha, Frank Wiercinski sabia que era necessário manter a motivação de seus soldados, principalmente devido às semanas de espera, que estavam sendo superadas pelas tensões inevitáveis, ocorridas imediatamente antes de uma grande batalha. Na manhã de 24 de fevereiro, ele se reuniu com seus comandantes para dar uma palavrinha com eles: "Vocês estão fazendo história aqui e devem se orgulhar de si mesmos; orgulhem-se de seus soldados. Não esmoreçam."[24] Mas na véspera da batalha é que as palavras de Wiercinski foram mais solidárias. Como escreveu Naylor, "era o momento certo". O comandante da brigada falou para sua força-tarefa inteira, constituída de 1.700 soldados, que "cada batalhão alinhado em forma em uma área vazia do solo na cidade das barracas colore a movimentação na brisa". Wiercinski disse àqueles formados diante dele que esse era um momento determinante, um momento para vingar os bombeiros, a polícia e outros profissionais dos serviços de emergência, que haviam entrado nas torres em chama do World Trade Center para salvar a vida de outras pessoas. E continuou: "Muitos de vocês devem estar pensando: 'Eu nunca estive em combate, não sei como farei isso'... [Mas] vocês serão bons em combate por vários motivos. O primeiro tem a ver com quem são vocês. Vocês se apresentaram voluntariamente e conquistaram este lugar", ele entoava, batendo no peito. "Vocês serão guerreiros em combate por causa dos camaradas... E farão isso por cada um de vocês." Ele continuava advertindo suas tropas para não terem medo de matar o inimigo, de puxar o gatilho. E depois concluiu: "Eu não gostaria de estar em outro lugar, em qualquer outro lugar do mundo no dia de hoje, se não exatamente aqui com vocês... Hoje é a sua 'Escalada para a Glória', o dia de hoje é outro capítulo na história dos Rakkasans. Hoje é seu 'Encontro com o Destino'. Todos vocês devem sentir orgulho de si mesmos. Deus abençoe cada um de nós. Eu os verei quando voltarmos. Lembrem-se de nosso lema: 'Que a coragem nunca falhe.' Rakkasans!"[25]

O início da Operação Anaconda foi atrasado em 48 horas, devido ao mau tempo: neve, chuva congelada, chuva torrencial, tempestades de areia, ventos fortes. A batalha foi finalmente travada em 2 de março de 2002, quando os combatentes afegãos se uniram às tropas americanas e aos aviões de guerra dos aliados para atacar centenas de rebeldes suspeitos da Al Qaeda e do Talibã no leste do Afeganistão. De acordo com o plano, cerca de 300 milicianos afegãos, que receberam três semanas de treinamento, deveriam expulsar as centenas de terroristas escondidos nas montanhas. Em seguida, as tropas americanas deveriam entrar em cena para emboscar e derrotar.

Mas o esforço afegão entrou em colapso em poucas horas, o que significou que o plano inteiro se desmoronou quase imediatamente. Não obstante a infantaria americana ter implantado suas posições de bloqueio, só para levar fogo, assim que aterrissaram, de um inimigo tão bem equipado quanto posicionado.

- No primeiro dia de batalha, um soldado americano foi morto e 16 soldados ficaram feridos, quando as forças aliadas se depararam com uma "resistência surpreendentemente feroz".[26] Na verdade, as coisas saíram tão mal no primeiro dia que Hagenbeck estava quase retirando todos eles. Persuadido a permanecer no local pelo comandante de operações especiais, ele decidiu, então, acionar um segundo grupo de forças invasoras aéreas, procedentes do norte.[27]
- No segundo dia, uma aeronave americana soltou 270 bombas sobre os rebeldes da Al Qaeda e do Talibã, no Vale do Shahikot. Foram despachados mais 1.500 soldados aliados, com eclosão de bombardeios à medida que as tropas iam avançando pelas montanhas. O terreno acidentado atrasava ainda mais seu avanço.
- No terceiro dia, ocorreu outra crise, embora, na ocasião, as forças combatentes dos aliados tenham aumentado para dois mil. Uma sequência de erros e uma série de eventos ocorridos a seguir levaram à queda de dois helicópteros e uma batalha corpo a corpo, no cume da mais alta montanha na área. O combate durou o dia inteiro. Quando terminou, 7 americanos tinham morrido e mais 48 estavam feridos.[28] Na ocasião, as forças da Al Qaeda e do Talibã englobavam, entre outros, árabes, uzbequistaneses e chechenos, o que explica ainda mais por que as tropas americanas e afegãs enfrentavam um inimigo bem mais feroz do que previsto.
- No quarto dia da Operação Anaconda – calculava-se, inicialmente, que a operação inteira deveria durar no máximo 72 horas –, a situação se tornara tão difícil e tão insegura que os comandantes aliados foram obrigados a rever suas previsões de uma vitória rápida.
- No quinto dia, foram solicitadas mais 300 tropas americanas.
- No sexto dia, o governo afegão concluiu que seria melhor incluir mais homens às suas forças combatentes, nesse caso mais mil homens.

- No sétimo dia, o combate ainda não havia cessado. E não havia um fim à vista. O secretário de Defesa Rumsfeld explicou a tenacidade do inimigo. Eles estavam "extremamente protegidos", disse ele, e muito "bem abastecidos". Nesse ínterim, os oficiais militares disseram que esperavam o fim do combate para a semana seguinte. Mas repetiram que não fariam quaisquer previsões.

Em 12 de março, grande parte dos inimigos se entrincheirara pelo terreno irregular para fugir do combate. Isso permitiu que as forças americanas, afegãs e aliadas finalmente varressem o vale com pouca resistência. Relataram posteriormente a existência de 517 inimigos feridos, e uma estimativa de mais 250 mortos, mas sem confirmação.[29] (A maioria dos casos fatais foi causada por ataques aéreos.) Quanto aos americanos, houve baixa de 8 homens e 82 foram feridos.

Em 18 de março, o general Tommy Franks declarou o término oficial da Operação Anaconda. Ele a descreveu como "um sucesso total e absoluto".[30] Mas, na época, outras pessoas julgaram a operação de outro modo. Em 10 de março, a revista *Time* declarou que a batalha tinha acabado "mal".[31] E em 24 de março, um artigo publicado no *Los Angeles Times* concluiu que parte do plano da Operação Anaconda fora "reduzido a pedaços – com muitas consequências".[32]

Em outras palavras, muito antes da Guerra do Iraque, a administração Bush ficou manchada pelo que, durante a Guerra do Vietnã, foi chamado de *hiato de credibilidade*: uma diferença entre o que o povo americano ficava sabendo por intermédio de seu governo e aquilo em que, em última análise, realmente acreditavam. Nesse caso, a despeito da avaliação otimista de Franks, ficou evidente com as histórias contadas por aqueles que estavam no local que a Operação Anaconda não saiu de acordo com os planos. Como se constatou mais tarde, houve alguns motivos para o desempenho decepcionante dos militares. Mas até mesmo naquela ocasião, já era amplamente conhecido que o número de combatentes inimigos, em torno de mil, era maior do que o número previsto imediatamente antes da ação. E na época, sabia-se que a resistência, a tenacidade e a predisposição do inimigo para morrer os tornavam aterrorizantes e ferozes. Como consequência, depois de vários dias de combate, os combatentes da Al Qaeda e do Talibã permaneciam no local, não foram eliminados nem desalojados. O sargento-major Frank Grippe, da 10ª Divisão de Montanha, atingido por estilhaços de granada, teve as pernas feridas no primeiro dia e contou: "O quadro apresentado pela Intel foi um pouco diferente do que estava acontecendo no local."[33] Grippe, que se surpreendeu ao encontrar centenas de combatentes inimigos esperando de tocaia, relatou que "eles avançaram sobre nós com morteiros, RPGs (Lança--granadas-foguete, e metralhadoras leves e pesadas. Uma missão de interceptação se transformara em uma força de reconhecimento em um reduto da Al Qaeda. Meus homens matavam pessoas a uma distância de 400 a 500m, mas também houve tiroteios à queima-roupa".[34]

Quase imediatamente na Europa, foi divulgado que a Anaconda enfrentara problemas. Em 10 de março, um documento britânico informava que a operação, que supostamente cercara os combatentes da Al Qaeda e do Talibã em uma área de aproximadamente 60 a 70 milhas quadradas, não foi exatamente o ataque surpresa que deveria ser. Muito pelo contrário: o inimigo estava aguardando, em emboscada. O *Observer* citou vários soldados, alguns dos quais foram atingidos, e todos eles afirmaram ter ficado surpresos com o grande número de combatentes inimigos. Um dos primeiros a ser ferido, por estilhaços de granada nas coxas e nos cotovelos, o especialista militar Robert McCleave, disse que fora atingido a uma distância inferior a 300m. "Um dos soldados que estava conosco recebeu a pior parte da explosão" – continuava. "Ficamos muito feridos. Um de meus soldados me olhou fixamente nos olhos e começou a gritar." Concluiu o *Observer*: "A imagem exibida – principalmente 18 horas depois que as tropas da 10ª Divisão de Montanha foram cercadas – chocou os comandantes americanos, ao verem os soldados feridos obrigados a correr de um local de esconderijo para o outro, sob fogo devastador, enquanto os combatentes inimigos escondidos nas cavernas conseguiram escapar ao bombardeio pesado dos aviões de guerra americanos."[35]

Até mesmo uma das publicações periódicas dos próprios militares não enfeitou o pavão. Certamente, a *Army Magazine* não encontrou o erro. Mas também não evitou relatar, em abril de 2002, que a Operação Anaconda fora "sangrenta e pessoal", uma "batalha acirrada, de armas leves, morteiros e foguetes", em uma área ao sul de Gardez, Afeganistão, chamada Shahi Kot. "A história descrevia os picos das montanhas de até 360km de altura, milhares de cavernas escondidas nas encostas, combate feroz e prolongado, e um inimigo preparado para "lutar até a morte". Também foi citado o general Hagenbeck, que parecia muito entusiasmado, a despeito do desafio que ele admitia ser assustador: "Já que eles querem enviá-los para cá, nós os mataremos aqui. Se forem para outro lugar, iremos com nossos aliados afegãos e com as forças de coalizão e os mataremos aonde forem."[36]

As avaliações subsequentes da Operação Anaconda foram ainda mais críticas do que as emitidas na ocasião. Uma análise publicada em 2004 no *Inside the Pentagon* concluiu que a cadeia de comando "descuidada" pela qual Tommy Franks era diretamente responsável cometeu falhas de combate na Operação Anaconda "quase inevitáveis, desde o início". Houve uma crítica específica sobre a estrutura de comandos em "serpentina", com mecanismos informativos muito complexos para serem entendidos, até mesmo por aqueles que participavam mais diretamente da operação. Com base em pesquisa realizada por um oficial de operações especiais do Exército, de

38 anos, que escrevia uma tese de mestrado, o artigo destacou que, enquanto Hagenbeck era comandante da força-tarefa conjunta, ele mesmo não tinha "controle operacional sobre todas as forças necessárias para executar efetivamente a missão atribuída" por seu superior direto, Mikolashek. Resultado: uma situação em que, após três dias na operação, Hagenbeck considerou-se incapaz de "enfrentar os eventos imprevistos que normalmente ocorrem em combate".[37]

Um estudo criterioso da Operação Anaconda, realizado sob os auspícios da Rand Corporation, foi uma verdadeira condenação. A análise criticou igualmente as "relações de comando definidas com deficiência", o que explicava, em grande parte, por que até mesmo as preparações da Anaconda "haviam desencadeado um péssimo início".[38] Mas a operação foi decepcionante por outros motivos também. Por exemplo, o desempenho da força aérea foi aquém do ideal, pelo simples motivo de que a maioria de seus oficiais cometera o erro de presumir que o trabalho sujo de combate ao terrorismo já havia acabado. Isso contribuiu para que eles "trabalhassem de modo mais relaxado durante as semanas anteriores à Operação Anaconda".[39] E explicava por que, quando a Anaconda estava se desenrolando, muitos membros de sua equipe mais experientes já haviam sido redirecionados para os Estados Unidos, e foram substituídos por membros relativamente iniciantes que, em março de 2002, ainda estavam aprendendo o serviço. Também houve uma falha no serviço de inteligência, principalmente em relação aos números dos combatentes inimigos. Conforme observado, essas estimativas mudavam durante todo o processo de planejamento – motivo pelo qual, um pouco antes de a Operação Anaconda ser acionada, realizou-se, pela última vez, uma contagem cuidadosa. Os resultados dessa revisão final convenceram Hagenbeck e seus comandantes de que o número de combatentes inimigos era baixo, talvez entre 150 e 200 homens. Entretanto, como ficou comprovado, a contagem final estava errada, para lá de errada.

Anos depois, em 2006, até o Exército americano admitiu que a Operação Anaconda transcorreu muito mal desde o início, o que foi "fatal" para o momento do ataque. "Logo se tornou óbvio que o principal esforço inicial sob o controle [do comandante afegão] não ia avançar contra os inimigos tenazes." Além disso, os bombardeios aéreos americanos já previstos, destinados a ajudar os afegãos, foram "deficientemente coordenados e ineficazes, de modo geral". Nesse ínterim, o inimigo entrou com um fogo de morteiros "particularmente eficaz"; estava bem camuflado, entrincheirado em posição de combate com cobertura acima da cabeça; grandes estoques de alimentos e munição; e excelentes postos de observação à frente; tudo isso favorecia, entre outros aspectos, informações importantes sobre onde atacar exatamente as forças da coalizão já adentrando o vale. Em resumo, segundo um relatório preparado por e para o Exército dos

Estados Unidos, "o ataque afegão inicial em terra, liderado pelos americanos falhou, em parte, devido ao fraco apoio aéreo, à falta de artilharia e, o pior de tudo, ao número de inimigos maior e mais agressivo do que o previsto".[40]

Vários anos depois, Tommy Franks e Buster Hagenbeck admitiram pelo menos alguns dos erros de conduta. Em suas memórias, Franks afirmava que o plano da Anaconda era "muito confiável", mas depois confessou que "não houve uma coordenação plena".[41] Hagenbeck foi mais previdente. Cerca de dois anos depois da Operação Anaconda, confirmou que os problemas organizacionais e de comando-e-controle foram responsáveis por grande parte da confusão que perturbou a batalha, principalmente logo no início. E também reconheceu que a falta de coordenação, principalmente com a força aérea, teve seu preço. A cobertura aérea teria sido importantíssima assim que ficou claro que a Anaconda enfrentava problemas. Resumindo: o próprio general Hagenbeck confirmou que, depois de fazer uma retrospectiva, ele teria agido de outra maneira. "Não éramos idiotas", disse ele, "mas não fizemos as perguntas necessárias".[42]

Soldados americanos

Como sempre acontece, os soldados em terra e não os posicionados a milhares de quilômetros de distância são os atingidos mais diretamente pela carga. A Operação Anaconda não foi uma exceção a essa regra.

Dois oficiais

Em 27 de fevereiro de 2006, o secretário de Defesa Donald Rumsfeld anunciou que o presidente George W. Bush indicara o tenente-general Franklin L. Hagenbeck ao cargo de 57º Superintendente da Academia Militar dos Estados Unidos, em West Point. Como parecia confirmar sua carreira militar extraordinariamente bem-sucedida, Hagenbeck desempenhou suas funções de modo quase perfeito – no que diz respeito à liderança e à subordinação. A hierarquia militar é parecida com as outras hierarquias, principalmente quando rigorosamente imposta. Isso significa que aqueles classificados no nível médio – que não estão no topo nem no nível mais inferior – são líderes e seguidores *simultaneamente*.

Durante a Operação Anaconda, Buster Hagenbeck foi o comandante encarregado por quase todas as forças americanas, exceto pelas forças classificadas como Operações Especiais. Não obstante seu título imponente e sua posição importante, ele não estava encarregado, como vimos, do próprio destino. O livro de Naylor ilustra algumas vezes as frustrações de Hagenbeck por suas ordens de marcha, que ocorreram desde o momento em que estava parado durante semanas ao fim, no Uzbequistão, até como e onde suas tropas teriam permissão para ver alguma ação. Em outras palavras, tendo em vista sua patente e posição, é muito fácil considerar Hagenbeck um homem de encargos, um líder, como *o* líder da Operação Anaconda. Mas outra maneira de olhar para esse mesmíssimo homem é vê-lo como um seguidor. Ao vislumbrar Hagenbeck sob essa perspectiva, podemos conhecer outros aspectos dele, como sua capacidade de adaptação (ele migra facilmente de líder para seguidor e vice-versa) e suas habilidades interpessoais (ele consegue gerenciar aqueles que ocupam posições inferiores à dele e insinuar-se junto àqueles em posições superiores à sua).

Até mesmo em sua nova posição como superintendente em West Point, que, com o desenrolar dos acontecimentos, lhe confere um alto grau de autonomia, Hagenbeck precisa se sentir bem diante da deferência e do domínio. É evidente que ele continuará dominando seus subordinados, pelo menos de acordo com a definição mais abrangente do termo *dominar*. Mas ao mesmo tempo, deverá continuar fazendo deferência a seus superiores. Na realidade, as Forças Armadas têm tudo a ver com sinais e símbolos – insígnias e estrelas nos uniformes, todas aquelas saudações e toda aquela posição vertical, com os pés juntos, demonstrando prontidão – que transmitem a ordem hierárquica.

Evidentemente, alguém como Frank Wiercinski também é, ao mesmo tempo, líder e seguidor. Durante a Anaconda, ele foi, por um lado, o comandante da Força-Tarefa Rakkasan; e sob outra perspectiva, ele não tinha opção, a não ser curvar-se para seus superiores, inclusive ao discordar veementemente. Se julgarem necessário, os bons comandantes podem, e às vezes o fazem, discordar fortemente daqueles que estão em posições acima deles. Evidentemente, os coronéis raramente contestam, ou sequer entram em contato com os encarregados de desenvolver a estratégia global, com os generais quatro-estrelas, por exemplo, ou com os secretários de Defesa.[43] Portanto, no que pese que nossa discussão aqui gire em torno de vida e morte, no final das contas, um coronel não teria outra escolha, exceto demonstrar o que era chamado anteriormente de "obediência à autoridade".

Alguns meses depois do término da Anaconda, Wiercinski concedeu uma entrevista sobre a operação, que deixou transparecer sua função dupla como superior e subordinado. Wiercinski afirmou que ele e seus homens se depararam com "muito poder de fogo e muitas surpresas", mas que "partiram imediatamente para cima" do inimigo. Além disso, falou de modo seguro sobre a excelência de seus enquadramentos – por exemplo, os helicópteros Chinook, que eram "muito poderosos, incrivelmente poderosos"; e falou positivamente sobre o plano em geral, o que contrabalançou a "avaliação dos riscos de segurança com a capacidade de combate".

Entretanto, o entrevistador não deixou Wiercinski escapar da situação tão facilmente. Ele perguntou, de modo curto e grosso, sobre "os comentaristas da televisão" que tinham uma "segunda opinião" sobre a missão, principalmente sobre o "fato de você não ter incluído artilharia de campo". É claro que sabemos, a partir do relato de Naylor, que esse era um ponto de muita discórdia, que Wiercinski ficara insatisfeito com a ordem de Franks proibindo o uso do que ele, o coronel, considerava o hardware básico. Na ocasião da entrevista, Wiercinski *deu uma de* bom soldado. Eis sua resposta: "Precisávamos tomar conta daquilo que carregávamos... Muitas pessoas realmente perguntam [por que] não havia muita artilharia. Tenho pensado muito nisso. Não sei onde eu a teria colocado, como seria possível erguê-la, e não sei como a protegeria."[44] Wiercinski efetivamente admitia que, em alguns aspectos, os militares americanos falharam, afirmando a necessidade de melhorar o treinamento de modo a "incluir flexibilidade, engenhosidade". Mas, ao contrário, ele defendeu com unhas e dentes cada aspecto da Operação Anaconda e, implicitamente, as decisões tomadas por seus superiores até o topo da hierarquia. Quando lhe disseram novamente que alguns consideraram a Anaconda um fracasso, ele respondeu: "Eu mesmo li alguns desses artigos. Sinceramente, não entendo a definição de [fracasso] atribuída por eles." E continuou falando que quando solicitou a Hagenbeck mais helicópteros Apache, sua solicitação foi imediatamente aprovada: "63 horas. Mais 16 pássaros na batalha. Pense no que precisava ser feito. O helicóptero tinha de ser desmontado, transportado em um Air Force C-17s, levado ao Afeganistão, remontado. Era assim que as coisas deviam funcionar."

Quatro oficiais subalternos

Os oficiais subalternos (NCOs – NonCommissioned Officers) no Exército americano têm um credo que invoca (1) seu compromisso com o país, (2) seu compromisso em ser bons líderes e (3) seu compromisso em ser bons seguidores.

Parte desse credo é assim:

> *Ninguém é mais profissional do que eu. Sou um oficial subalterno, um líder de soldados. Como um oficial subalterno, entendo que sou um membro de uma respeitada corporação, conhecida como "A Espinha Dorsal do Exército". Eu me orgulho da Corporação dos Oficiais Subalternos e minha conduta será sempre a de propiciar credibilidade à corporação, ao serviço militar e a meu país, independentemente da situação em que me encontre...*
>
> *Todos os soldados têm direito à liderança excepcional; eu proporcionarei essa liderança. Estou certo de que meus soldados e eu sempre colocaremos as necessidades deles acima das nossas...*

Os oficiais de minha unidade terão tempo para cumprir suas obrigações; eles não terão de cumprir as minhas. Conquistarei seu respeito e confiança, assim como a de meus soldados. Serei leal àqueles a quem sirvo, aos superiores, colegas e subordinados.

As descrições a seguir são de quatro NCOs que integravam a Companhia Charlie da 10ª Divisão de Montanha. Elas retratam as primeiras 24 horas da Operação Anaconda, que constituíram o mais violento fragmento da mais aterrorizante batalha travada pelas tropas americanas em uma geração.[45]

Já vimos que o sargento-major em comando Frank Grippe não escondeu o fato de que "o quadro exibido pela Intel foi diferente do que estava acontecendo em terra". Um homem robusto, de 39 anos, que entrou para o Exército dos Estados Unidos 20 anos antes, Grippe lembrou-se de que, um pouco antes de a Operação Anaconda ser acionada, seus homens tinham "um sentimento de exaltação de que estávamos finalmente a caminho e executando as operações ofensivas observáveis nas quais estávamos tão bem treinados".[46] Mas as coisas saíram bem diferentes: depois que ele e seus homens encararam a batalha, aquele "sentimento de exaltação" desapareceu imediatamente.

Cinco dias depois da partida, em 7 de março de 2002, Grippe descreveu a cena para um grupo de repórteres americanos. "O verdadeiro vale no qual estamos cercando o inimigo, a base do vale, é de aproximadamente 263.500 metros. É totalmente circundado por picos de montanha, de até 341 mil metros. O terreno em si era muito irregular, muitos esporões e cristas saindo dos picos." Grippe falou sobre o momento em que sua aeronave aterrissou, quando ele e seus 125 homens aguentaram uma cortina de fogo para a qual simplesmente não estavam preparados. "Depois dos primeiros 10 minutos de combate, acho que a Al Qaeda saiu de suas cavernas e de suas posições bem fortalecidas, e encaramos uma grande quantidade de tiros das montanhas acima de nós. À medida que o dia ia avançando... começamos a receber morteiros, granadas lançadas por foguetes... tiros de metralhadoras pesadas, leves, tiros de armas pequenas, procedentes dos morros acima de nós. Portanto, para você ter uma ideia, estávamos a descoberto. Até mesmo atrás dessa fileira de cristas, ainda existiam cumes de montanha ao norte e ao sul de onde estávamos e o pico situado à nossa frente, onde recebemos uma grande quantidade de tiros. "Embora ferido logo no início, Grippe permaneceu com suas tropas. "Não parti com os feridos e não me esquivei do Afeganistão, como a maioria dos médicos queria que eu fizesse. Eu fiquei aqui. Os ferimentos estavam bem, eu podia andar e fazer algumas coisas. Só precisava me recuperar o bastante, sarar o suficiente para aguentar subir as montanhas com meus homens."[47]

Grippe concedeu outra entrevista sobre a Operação Anaconda, dessa vez para o *NCO Journal*, um ano depois de tudo ter acabado. Na ocasião, ele falou de sua base, em Fort Drum, Nova York, e foi mais ponderado. Falou sobre o companheirismo: "Os comandantes com os quais trabalhei e tenho pensado muito nisso. Todos nós trabalhávamos em conjunto." E comentou sobre a importância de um bom treinamento: treinamento de exercícios de batalha, técnicas de tiro, treinamento para salvar vidas em combate e condicionamento físico. Falou sobre a missão durante a qual seus soldados sofreram – 22 de 86 na posição de Grippe ficaram feridos –, mas que apesar disso, considerou muito importante. "A despeito de toda a sofisticação de nossa corporação de oficiais, da sofisticação da corporação NCO superior, se os NCOs iniciantes e os novatos alistados fracassarem em suas missões, o país será derrotado. Você tem ideia do que aconteceria se não vencêssemos em todas as nossas operações no Afeganistão?"[48]

Um dos soldados do batalhão de Grippe era o sargento da primeira classe Thomas Abbott, 32 anos, pai de quatro filhos. Ele já estivera em combate anteriormente, na sangrenta batalha de Mogadishu, em 1993. Ainda assim, ele estava, como a maioria dos soldados americanos na esteira do 11 de Setembro, "pulsando" pela Operação Anaconda.[49]

Mas Abbott era parecido com Grippe: a palpitação acabara quando ele aterrissara. Mais tarde, ele se lembrou de que, alguns segundos depois de sair da traseira do helicóptero Chinook, ouviu-se um grito: "Chegando!" O fogo inimigo caiu sobre ele e seus camaradas, vindo de uma fileira de espinhaços fortalecida em determinado ponto da montanha. Ao mesmo tempo, levaram tiros de mais de 20 membros da Al Qaeda, vestidos de uniforme preto, que surgiram "como formigas, subindo a cordilheira para oeste".[50] Abbott e seus colegas combatentes se protegeram nas valetas acentuadas e começaram a devolver os tiros em ambas as direções, muitos deles livrando-se, ao longo do caminho, de suas mochilas de 40kg, com alimentos, roupas e acessórios para frio, além de munição extra.

Abbott não foi poupado. Ele fora alvejado. Sua perna direita estava profundamente dilacerada – o que não o impedia de gritar para que seus homens se levantassem e se movessem antes de outra rajada de morteiros. "Se vocês não se levantarem, vão morrer", gritava ele. Ann Scott Tyson, ao escrever para o *Christian Science Monitor*, descreve a cena: "Um soldado olhou para trás estarrecido, entrando em choque. 'Sai dessa!', gritou Abbott. Ele enviava mensagens por rádio, pedindo cobertura, e comandava os feridos enquanto caminhavam e percorriam rapidamente cerca de 100m até a bacia [protetora]. Ao se posicionar no meio da sujeira, incapaz de levar uma arma ao ombro, Abbott sentiu-se indefeso. Pior ainda, mais da metade de seu pelotão estava ferida e ele se culpava. Sua mente divagava, pensando nos filhos e nas palavras de despedida de sua esposa: 'Não banque o herói. Volte para nós.'"[51]

No final de tudo, Abbott partiu em segurança, recordando com orgulho, alguns meses depois, que os americanos "acabaram com eles" – que seus soldados traquejados haviam se recusado a serem atraídos pelo inimigo para uma emboscada mortal.[52] Como observou Tyson com base em suas entrevistas com Abbott e outros, as lições aprendidas com a Operação Anaconda foram sérias: planejamento deficiente, serviço de inteligência aquém das expectativas e os custos dos esforços dos militares americanos para poupar os civis.

A revista *Time* escreveu sobre o sargento chefe Randal Perez, 30 anos, afirmando que "ele não entrou para o exército para ser um herói", mas que na Operação Anaconda, "ele se tornou um herói".[53] Perez e sua esposa acabavam de ter um filho, Ramiro, de 10 semanas, que Perez nunca tinha visto e que não saía de sua mente, mesmo quando ele estava se deslocando para a batalha. Mas, dois anos antes, Perez queria tanto liderar tropas em combate que forçou sua transferência da corporação da intendência do Exército para a infantaria de linha de frente. Abbott tinha um lado mentor, e reconheceu que o entusiasmo e a determinação de Perez mais do que compensavam sua falta de experiência na infantaria.[54] Desse modo, aqui estava ele, Perez, dedicando-se ao que supôs que queria.

Perez desceu com dificuldade a rampa de sua aeronave para o que foi descrito por Mark Thompson, relatando para a *Time*, como o equivalente natural a um estádio gigantesco. Lá, então, estava Perez, vulnerável e exposto como seus colegas soldados, enquanto, das montanhas de 800m de altura que os circundavam nos três lados, os combatentes da Al Qaeda começavam a atirar: a "Operação Anaconda tinha apenas começado – e Perez e seus camaradas já estavam se defendendo".

Foi então, como recordou Grippe posteriormente, que "todo o inferno veio abaixo". Foi quando Abbott e o outro líder do 1º Batalhão foram atingidos – deixando Perez de repente, de um momento para o outro, no comando. Naquela ocasião, nove dos que eram, na ocasião, os 26 homens de Perez já estavam feridos, o que significava que sua tarefa imediata era dobrada: deixá-los em segurança e não arriscar a vida dos que haviam ficado para trás. "Sou o *quarterback* agora", pensou Perez. "Seja qual for minha decisão, certa ou errada, terei de conviver com ela."[55] E ele decidiu fazer duas coisas ao mesmo tempo. Fazia o que podia para cuidar dos homens feridos, enquanto permanecia simultaneamente na ofensiva, disparando na direção dos membros da Al Qaeda com seu rifle M-4. Ele percorria, o dia todo, a fileira de seus homens, verificando se cada um tinha munição suficiente, abastecendo mais munição para os que precisavam, e verificando os feridos, inclusive os de Abbott, seu mentor e superior.

Depois do ocorrido, todos concordaram que Perez fora um herói. Um dos soldados se surpreendeu com o fato de que Perez "quase não demonstrava preocupação com seu corpo. Ele estava de pé e as rajadas de bala voavam ao redor dele, entre suas pernas, e ele não se esquivava. Ele continuava atirando".[56] Grippe, que antes não acreditava muito que um ex-oficial da intendência se tornasse um homem de infantaria, reconhecia abertamente que Perez "mandava chumbo como se fosse um veterano de combate de diversos conflitos armados. Ele simplesmente fez um trabalho espetacular naquele dia". E o capitão Nelson Kraft também concordou – o sargento Perez atuou como um líder experiente de pelotão. "Se eu tivesse de descrever o líder perfeito de pelotão em um cenário de combate, esse seria o sargento Perez."[57]

Perez permaneceu no comando por mais 15 horas antes que ele e o último de seus homens voassem de volta para um local seguro. Seu comportamento na batalha recebeu reconhecimento do Exército dos Estados Unidos: em 18 de março, o general Tommy Franks condecorou-o pessoalmente com a Estrela de Bronze por merecimento. Ao ser entrevistado na ocasião por um repórter da CNN, Perez referiu-se rapidamente à Operação Anaconda como uma "situação *cabeluda*". "Entretanto, continuou ele, "a lembrança do 11 de Setembro nos acende e nos dá motivação para a próxima operação".[58]

Alguns meses depois, Perez resumiu a experiência, lembrando-se de seu período em combate, que, segundo ele, fez dele um homem melhor. "Eu mudei. Fiquei mais atento a tudo. Encarei a vida e a família com mais seriedade, mais paciência. O combate faz você valorizar mais a sua família; você pensa muito na família quando está em guerra. Sua família pode não estar nas trincheiras se esquivando das balas com você, mas ela está sempre presente."[59]

O especialista Eddie Antonio Rivera quase ia passando despercebido até agosto de 2002, quando a revista *Esquire* publicou uma história sobre a Operação Anaconda, na qual Rivera era o personagem principal. Ele foi descrito fisicamente: "Seus cabelos pretos encaracolados, seus olhos castanhos também, seu bigode, uma fina faixa preta que, em um dos cantos, se partia em cerdas emaranhadas." Ele foi descrito profissionalmente: "Em geral, não aparecia no Ellenville High", que, apesar de tudo, formava e reunia o pessoal do exército. E sua vida pessoal também foi descrita: ele tinha uma namorada, Krystal, reservista militar que ele conhecera durante um treinamento, no Texas, para se tornar médico. Krystal era "negra, face arredondada [e] cabelos longos". Ela era uma "moça cujo sorriso derretia até as peças de artilharia", e foi assim que Rivera se apaixonou. Mas veio o 11 de Setembro e Rivera, que na época era o único médico em um dos pelotões da 10ª Divisão de Montanha, disse a Krystal: "Tenho de ir para algum lugar."[60]

E ele partiu – primeiro para o Uzbequistão e depois para o Afeganistão, como parte da Operação Anaconda. Mas como todos os outros nesse pelotão específico, Rivera foi vítima da parte da Anaconda que deu "errado", e foi assim que ele foi apanhado bem no meio de um tiroteio. Em poucos minutos, ele ouviu alguém gritar: "Doutor! Doutor! Doutor!" E em mais alguns minutos, houve uma grande necessidade de alguém com treinamento médico. Os morteiros os perseguiam, Rivera e outro médico corriam e tropeçavam, com mais dois sargentos feridos, para uma zona protegida atrás de uma pequena colina. Rivera começou a atender o primeiro, Abbott, e depois o outro, McCleave. John Sack, que escreveu um artigo para o *Esquire*, descreve a cena:

> *Abbott foi atingido com um pedaço de morteiro ao redor de seu tríceps, e Rivera o tratava de acordo com o manual, enfaixando com Kerlix e dizendo "você está bem", mas era impossível entender o que estava errado com McCleave. Não havia sangue em suas roupas, mas na parte posterior da colina, ele se sentava como se carregasse uma placa dizendo SEM-TETO...*
>
> *'Sargento McCleave', dizia Rivera, "o que há de errado com você?'... 'Onde estou?' 'Sargento McCleave!', gritava Rivera, sacudindo-o com força. Uma baba escorreu pelos lábios de McCleave, e ele disse bem alto: 'Eu... não... sei.'*
>
> *'Sargento McCleave!', falava Abbott, o sargento ferido por estilhaços de granada. 'Diga ao médico o que há de errado com você! Ou você morrerá!'*
>
> *Em seguida, Rivera tirou as luvas de McCleave e disse: 'Tudo bem.' Ele examinou o interceptor de McCleave e disse 'Tudo bem'. Ele cortou as calças de McCleave e nas partes superior e inferior das duas pernas, encontrou dezenas de buracos da mesma rajada indiscriminada de morteiros que atingira Miranda e Abbott. Os estilhaços são dolorosos onde quer que estejam. Diferentemente de uma bala, ele entra incandescente, e começa queimando a pele, o tecido adiposo, músculos e os nervos do rapaz, que, infelizmente, fora alvejado. O estado de choque de McCleave não era, em hipótese alguma, uma exaustão. Ele não conseguia levantar as duas pernas, de modo que Rivera apoiou cada perna sobre seu joelho, como um caibro de 2 × 4 que ele estivesse serrando à medida que, com as mãos, ia envolvendo com o medicamento Kerlix, para evitar que seu bom colega sangrasse até morrer e, em sua tenda, que sua cama de campanha bem ao lado da de Rivera ficasse desocupada.*"[61]

Mais adiante, ao longo do dia, Rivera foi rendido. Seu dia começara às duas da madrugada, e ele não se alimentara desde então e bebera pouquíssima água. Seu rosto estava preto acinzentado pela proximidade de todas as rajadas de morteiro e, em suas mãos, havia o sangue de outras pessoas. "O que estou fazendo aqui?", ele pensava consigo. E depois ele se lembrava do World Trade Center – tão pior do que a Operação Anaconda, tão mais aterrorizante em suas consequências, que ele se acalmava. E começava a rezar, segurando a pequena cruz branca escondida em seu bolso. "Deus, se eu não conseguir sair daqui, tome conta de minha mãe e do meu pai, e cuide de Krystal."

A divisão de Rivera, a 10ª Divisão de Montanha, volta à sua base, nas Montanhas Adirondacks, em abril. Os "mortos-vivos", como dizia Sack, "graças a Rivera", eram, entre outros, Abbott e McCleave. Rivera recebe uma Medalha de Louvor do Exército com a letra *V* de valor e vai para o novo apartamento de Krystal, nos arredores, em Liverpool, Nova York. "Eu te amo", ele diz a Krystal. Mas acrescenta: "Eu amo aqueles rapazes. Tanto que eu poderia ter morrido por eles. Amo até mesmo aqueles rapazes de chapéus de caubói e cintos de fivela grande. Eu não ouço música *country* com eles. Eu não danço dois pra lá, dois pra cá com eles. Mas quando gritam 'Doutor!', saio correndo até eles como se fossem meus irmãos. Exatamente porque eles são."[62]

Fanáticos unidos pela obrigação

Os militares americanos estão sujeitos ao controle civil. Portanto, cada membro dos serviços armados é subordinado a alguém em posição hierarquicamente superior à sua. Até mesmo aqueles posicionados nos níveis mais altos da cadeia de comando são obrigados, em última instância, a obedecer a seus superiores civis. Em termos legais, morais, há exceções a essa regra, principalmente porque os membros das Forças Armadas juram bandeira não para um único indivíduo – para o presidente ou para o secretário de defesa, por exemplo –, mas, sim, para a Constituição. (Eles juram "apoiar e defender a Constituição dos Estados Unidos".) Mas essas exceções são compreendidas tão raramente que desempenham um papel pequeno na vida militar.

Inclusive durante a Guerra do Vietnã, quando diversos oficiais militares das mais altas patentes do país, os chefes-adjuntos do Estado-Maior (JCS – Joint Chiefs of Staff), tinham grandes reservas em relação ao envolvimento americano, optaram por silenciar, em vez de falar.

Ainda que alguns possam argumentar que isso foi uma negligência de suas obrigações, outros, inclusive os próprios generais, devem ter pensado claramente, pelo menos dessa vez, que sua lealdade se devia principalmente ao presidente Lyndon Baines Johnson. Partindo dessa premissa, eles acreditaram que não tinham opção exceto obedecer a seu líder.

O dilema deles foi retratado de modo memorável pelo coronel-adjunto da ativa, H. R. McMaster, para quem ficou claro que o presidente mentira quanto ao grau de envolvimento dos americanos no Vietnã. A despeito disso e do fato de que o pessoal do Congresso é que deveria determinar se "a liberdade e a independência" do Vietnã do Sul compensariam o risco das vidas dos americanos, os JCS apoiaram seu comandante supremo, "fazendo uma maquiagem das próprias estimativas da situação apresentadas por eles".[63] Em outras palavras, diante de uma decisão entre ser leal ao presidente e ser leal ao povo, os JCS escolheram a primeira opção. O coronel McMaster foi censurador, concluindo que os JCS não exerceram efetivamente sua independência intelectual e insistiram "a ponto de renunciar, se necessário, que seu julgamento militar profissional fosse ouvido e recebesse a devida atenção da liderança política".[64]

Isso leva à seguinte questão: por que os chefes não contestaram o comandante supremo? Há vários motivos para isso, inclusive a proibição padrão contra a atividade política por parte de um oficial militar, sua lealdade pessoal e profissional ao presidente dos Estados Unidos (a briga descrita anteriormente entre Harry Truman e Douglas MacArthur advertia sobre os riscos de violar o controle civil) e sua lealdade aos próprios serviços.[65] Por exemplo, o chefe do Estado-Maior do Exército, Harold K. Johnson, decidiu não renunciar porque julgou que seria do melhor interesse do Exército que ele permanecesse na função de liderança. Segundo seu biógrafo, "no decorrer de sua gestão como chefe do Estado-Maior, em algumas ocasiões, ele contemplara renunciar em protesto, mas sempre voltava atrás, concluindo que prestaria melhor serviço se continuasse no cargo".[66] Seja como for, a questão é clara: a cadeia de comando é tão forte que até os oficiais militares das mais altas patentes da nação consideram difícil, se não impossível, opor-se a alguém em posição superior à deles, o comandante supremo.

Evidentemente, a Operação Anaconda não era uma exceção. Parte de uma iniciativa maior, denominada Operação Liberdade Duradoura (*Operation Enduring Freedom* – OEF), destinada à "drenagem dos pântanos" dos terroristas, a Operação Anaconda deveria ser, supostamente, na época, a coisa necessária a ser feita.[67] Lembre-se de que isso ocorreu nos meses imediatamente posteriores ao 11 de Setembro, de modo que a operação foi amplamente considerada certa ao arriscar a vida de alguns para proteger a vida de muitos.[68] Na verdade, a despeito das reservas existentes em relação à Anaconda, não havia foco no fato de a operação em si ser justificada. Isso fica evidente pelo número de soldados aqui descritos, que se baseavam nos ataques ao World Trade Center para sustentar suas convicções de que o que estavam fazendo era certo e pelo interesse do país.

Mas se a missão em si mesma foi justa, pelo menos até onde a maioria dos americanos ficou sabendo, o que se pode dizer de seu planejamento e implementação? Ou seja, é possível acionar uma operação militar teoricamente justa, mas injusta na prática?

Em relação a isso, a divisão do trabalho é supostamente assim. A decisão de comprometer forças para um conflito é tomada pelos líderes políticos. Entretanto, assim que a decisão do comprometimento é tomada, são os líderes militares que se responsabilizam por sua implementação. Os líderes militares, oficiais e oficiais subalternos treinam e disciplinam os que estiverem abaixo deles. Os líderes militares determinam as estratégias e táticas a serem aplicadas e decidem quando e onde pressionar à frente, ou então, descontinuar.[69] Isso lhes confere grande responsabilidade – e lhes atribui um grande fardo. Por quê? Porque as consequências da má liderança em combate podem ser graves, até fatais. E porque, diante da cadeia de comando, devido aos Fanáticos que se submetem a seus superiores, inclusive no calor da batalha, não existe praticamente uma dissidência explícita. As ordens são quase sempre obedecidas, até as ordens ineficientes, independentemente das consequências.

Atualmente, sabemos que o planejamento e a implementação da Operação Anaconda foram deficientes. O serviço de inteligência não foi confiável, havia a "cadeia de comando em serpentina" e a quantidade de tropas e munições foi aquém do necessário.[70] Em consequência, os soldados americanos e os aliados se viram presos em situações para as quais não estavam devidamente preparados. Como resultado, fracassou a missão inicial da Força-Tarefa Conjunta/Combinada para Operações em Montanha (*Combined Joint Task Force Mountain*): livrar as áreas situadas nas imediações e ao redor dos combatentes inimigos.

Também já temos conhecimento de que a Operação Anaconda foi utilizada para ganhar pontos políticos. Eu me refiro principalmente à avaliação maquiada fornecida por Tommy Franks imediatamente depois das repercussões. Até mesmo na época, os observadores mais críticos sabiam muito bem que a Operação Anaconda não foi, em hipótese alguma, o "sucesso total e absoluto" afirmado por Franks, e essa operação foi, na melhor das hipóteses, uma autodecepção, um otimismo descabido que, entre outros aspectos, foi um prenúncio para o que aconteceu no Iraque. Mark Danner tem se referido ao conflito no Iraque como "a Guerra da Imaginação" conduzida com base em falsas esperanças, e não em avaliações práticas do que a "continuidade da ação" viria a significar.[71] De acordo com o próprio depoimento do general Hagenbeck, posteriormente também foi negada à Anaconda as necessárias constatações dos fatos, antes, durante e imediatamente depois.

Independentemente da avaliação da história, os soldados aqui mencionados eram Fanáticos. Alguns se dedicavam profundamente a seus superiores. Todos se dedicavam muito a apoiar e defender a Constituição dos Estados Unidos – e a proteger uns aos outros. Para isso, eles colocavam sua vida à disposição voluntariamente e, em muitos casos, ansiosamente. Fanáticos como Hagenbeck, Wiercinski, Grippe, Abbott, Perez e Rivera estavam todos excitados pela Anaconda. Eles queriam defender e proteger os Estados Unidos da América. Queriam defender as reputações dos soldados que vieram antes deles. Queriam fazer o que se esperava deles, obedecer a seus superiores militares, inclusive quando eles consideravam seus superiores ineficazes. Queriam proteger seus colegas, arriscando as próprias vidas. E mais do que tudo, acima de tudo, desejavam pegar, matar o inimigo responsável pelos ataques em solo americano.

As Forças Armadas americanas dão importância aos superiores que se responsabilizam por seus subordinados. O Corpo de Fuzileiros Navais, por exemplo, deixa claro que, embora os seguidores eficientes aceitem "a necessidade de conformidade", os líderes eficientes tratam seus seguidores "como indivíduos" cuja independência permanece intacta.[72] Além disso, pelo menos oficialmente, os militares reconhecem a tensão existente entre o rigor do comando, por um lado, e a necessidade de um retorno sincero, por outro lado.[73] Mesmo assim, como já constatamos, na prática até os oficiais de alta patente quase sempre se submetem àqueles que estão em posições superiores.

Isso nos leva a mais de meia dúzia de generais que, embora estejam profundamente insatisfeitos com o andamento da Guerra no Iraque, esperaram meses, se não anos, para pedir a cabeça de Rumsfeld.[74] Em termos mais específicos, em parte porque o Código Uniforme de Justiça Militar (*Uniform Code of Military Justice* – UCMJ) prescreve punição por corte marcial para o uso de "termos ofensivos contra o presidente, vice-presidente, Congresso, secretário de Defesa", eles só divulgaram suas verdadeiras opiniões depois que se aposentaram do serviço militar ativo.[75] Isso não quer dizer que tenham perdido a chance de influenciar. Na realidade, a conhecida revolta dos generais aposentados contribuiu para gerar um clima que finalmente inviabilizava a continuidade de Rumsfeld no cargo de secretário de Defesa. Entretanto, no momento em que era mais importante, antes da invasão do Iraque liderada pelos Estados Unidos, dentre os altos oficiais militares, somente o chefe do Estado-Maior do Exército, general Eric Shinseki, disse ao Congresso que, para a operação ser bem-sucedida, seria necessária uma força muito maior. (Por dizer a verdade ao poder, Shinseki foi marginalizado.[76] Ele se aposentou logo depois.)

Quanto às centenas de milhares de soldados mais próximos ao último nível da hierarquia militar, ao se alistarem voluntariamente, eles não têm voz ativa, nenhuma voz ativa, na tomada de decisões estratégicas que poderiam custar suas vidas. Ei-los então, durante os piores momentos da Operação Anaconda: "Quando acuados e cercados por um inimigo muito superior em número e munições, e que lutava com uma ferocidade jamais prevista, o jovem homem da infantaria reagiu ao caos e à confusão com uma coragem que surpreendeu até seus NCOs."[77] São Fanáticos como esses que conferem boa reputação aos seguidores. São Fanáticos como esses, subordinados sem fontes de poder, autoridade e influência, que depositam em seus superiores a obrigação moral de liderar de modo inteligente e eficiente.

Retomada geral

Eu contei a história da Operação Anaconda para dissecar essa operação específica – e para ter acesso às questões levantadas pela Anaconda quanto às relações entre os seguidores e líderes. Evidentemente, os líderes têm uma responsabilidade especial nas situações em que vidas estão em perigo. Dou destaque a James Webb, fuzileiro veterano condecorado da Guerra do Vietnã, ex-secretário da Marinha e, mais recentemente, senador pela Virginia. O senador Webb lembrou-se de que, quando estava na ativa, ele, como a maioria dos soldados, confiava no julgamento dos líderes nacionais. "Devíamos a eles nossa lealdade, como americanos", disse Web, "e nós os honramos". Por sua vez, continuou Webb, nossos líderes "nos deviam um julgamento justo, raciocínio claro, preocupação com nosso bem-estar, uma garantia de que uma ameaça a nosso país corresponderia ao preço que deveríamos pagar ao defendê-lo".[78]

Nessas poucas linhas soltas, Webb descreveu um relacionamento recíproco, no qual seguidores e líderes têm o direito de esperar alguma coisa um do outro. Espera-se que os seguidores, os soldados sejam leais, o que pressupõe estarem preparados para morrer. Por sua vez, espera-se que os líderes sejam tão sensíveis quanto inteligentes, tão éticos quanto eficazes. Acima de tudo, é de se presumir que os líderes, tanto civis quanto militares, devem ponderar cuidadosamente a ameaça à nossa segurança nacional em relação ao preço do sangue e do tesouro.

Entretanto, o que acontece quando as coisas dão errado, quando um ou o outro – seguidores ou líderes – deixa de atender a esse comprometimento? Os membros dos serviços armados costumam obedecer sempre às ordens, mesmo que sejam questionáveis – mas o que dizer a esse respeito em relação aos civis? É evidente que eles têm mais tolerância na prática. Então, a pergunta que eu finalmente faria é: Em assuntos de guerra e paz, se os superiores civis forem seriamente omissos, como, se é que é possível, os subordinados civis devem reagir?

Deixem-me responder à minha própria pergunta, voltando a Colin Powell, secretário de Estado no governo George W. Bush, e a George Tenet, diretor da CIA (Central Intelligence Agency) também no governo George W. Bush. Esses dois homens sabiam, antes da invasão americana ao Iraque, que a questão administrativa que justificava prosseguir era, pelo menos em parte, falsa. Mesmo assim, nenhum dos dois discordou do comandante do Estado-Maior ou sequer contestou junto aos conselheiros mais próximos. Nenhum deles decidiu sair da administração para desafiar o presidente, levando sua contestação diretamente ao povo. De acordo com Maureen Dowd, "se Colin Powell e George Tenet tivessem abandonado a administração em fevereiro de 2003... teriam salvado as vidas e as pernas de todos aqueles bravos rapazes americanos e inocentes iraquianos".[79] Mas eles não saíram, nem contestaram em alto e bom som. Permaneceram em silêncio, colocando sua lealdade ao presidente acima de sua lealdade ao povo. Considere essa atitude uma lição de como *não* se deve obedecer.

PARTE III

Futuros Seguidores

O erro, caro Brutus, não está nas estrelas, mas em nós mesmos, porque somos subordinados.

SHAKESPEARE

CAPÍTULO 9

Valores

Assim como existem bons e maus líderes, muitos dos quais são famosos, também existem bons e maus seguidores, menos conhecidos talvez, mas não menos importantes. A pergunta que nos inquieta é: Como são os bons e os maus seguidores?

Entretanto, primeiramente, lembre-se da definição de *seguidores* atribuída neste livro: *seguidores* são subordinados que têm menos poder, autoridade e influência do que seus superiores, e que, portanto, em geral, mas não invariavelmente, obedecem às normas. A essa altura, é necessário ressaltar que, em uma parte do tempo, os superiores, líderes, são praticamente irrelevantes. Ou seja, uma parte do tempo, os seguidores reagem não exatamente ao que os líderes fazem, mas ao que *deixam de fazer*. Nessas ocasiões, eles simplesmente tomam conta da situação e seguem uns aos outros, e não aqueles em posições superiores às deles.

Espectadores

Como mencionei no capítulo sobre os Espectadores na Alemanha Nazista, praticamente não existe qualquer circunstância em que um Espectador seja descrito de modo lisonjeiro. E diante de circunstâncias extremas, a necessidade de fazer alguma coisa, ao contrário de não fazer nada, é obviamente mais urgente. Como dizia Martin Luther King, "a crueldade entre os homens não é só cometida pelas ações medonhas daqueles que são maus, mas também pela omissão pervertida daqueles que são bons".[1]

Lembro-me de uma história famosa/terrível de Kitty Genovese, assassinada em 1964 em uma rua arborizada nos dois lados, em Kew Gardens, uma área bonita e plácida da Cidade de Nova York. Ao chegar do trabalho à sua casa, tarde da noite, ela caminhou de seu carro até o apartamento, sendo acuada e esfaqueada por um assaltante escondido na escuridão. O ataque durou mais de 30 minutos e foi visto e ouvido por nada menos que 38 "cidadãos respeitáveis e obedientes à lei" – e nenhum deles chamou a polícia. Por quê? Ninguém fez nada porque ninguém mais tomava uma atitude. Não havia um líder – e ninguém fez coisa alguma, a não ser testemunhar.

Depois dessa ocorrência, um homem que queria conversar sobre o que acontecera confessou que ele e a esposa tinham ouvido os gritos de Genovese. Eles foram até a janela "para ver o que estava acontecendo, mas a luz vinda de nosso quarto dificultou a visualização da rua". Então, sua mulher o interrompeu, dizendo: "Eu apaguei a luz e conseguimos ver melhor." Quando foram solicitados a responder por que, diante do que viram e ouviram, não chamaram a polícia, a mulher respondeu: "Eu não sei."[2]

Um dos motivos pelos quais continuamos considerando a história de Kitty Genovese tão empolgante é o fato de o crime ter tido um caráter tão próximo e pessoal. Os americanos se ligam muito na mulher jovem sozinha, brutalmente assassinada, e, de outra forma também, na vizinhança protegida e amistosa onde o assassinato ocorreu. É mais difícil para as pessoas se ligarem em calamidades ocorridas longe de casa, como o colunista do *The New York Times*, Nicholas Kristof, nos fez lembrar pela primeira vez. Kristof escreve há anos sobre o genocídio que ocorre em Darfur. Em toda coluna, ele tem expressado surpresa e desânimo pelo fato de que tão pouco tenha sido feito para cessar a matança; e, em toda coluna, ele insistia, tentava convencer, pedia aos leitores que interviessem de alguma maneira. Eis o que Kristof dizia sobre os maus seguidores: "Talvez o aspecto mais extraordinário de Darfur não seja o fato de que criminosos armados, incluídos na lista de pagamentos dos sudaneses, atirem bebês nas fogueiras, gritando ofensas contra os negros, mas, sim, saber que todos nós só reagimos com olhos de mercadores e sinais de reprovação educados."[3] Evidentemente, ele estava bastante indignado com os Espectadores, com aqueles que sabem sobre o crime e o caos, mas não esboçam reação alguma.

Ao mesmo tempo, Kristof se inspira nos bons seguidores e os admira, principalmente os Ativistas que fazem o possível em relação à matança e à transgressão ocorridas em Darfur, embora não tenham poder, autoridade ou influência. Kristof escreve sobre os esforços da comunidade, como aquele liderado pelos estudantes na Santa Clara University da Califórnia, que replicaram e depois residiram em um minicampo de refugiados, para levantar fundos e chamar a atenção. Ele cita jovens ativistas, como Rachel Koretsky, 13 anos, da Filadélfia, que distribuiu circulares e organizou uma aglutinação de pessoas, no evento que levantou cerca de $14 mil para as vítimas em Darfur; e Tacey Smith, 12 anos, vinda de uma pequena cidade do Oregon, que, após ver o filme "Hotel Rwanda", formou um Clube do Sudão e levantou fundos vendendo ovos, lavando carros e pedindo doações, em vez de presentes de aniversário; e Jason Miller, um estudante de MD/PhD que, em seu tempo livre, tornou-se excelente especialista sobre como os investimentos feitos pelas empresas estrangeiras "patrocinam o genocídio sudanês".[4] Por último, Kristof fornece o tipo de informação que facilita para os leitores tomarem uma atitude, como os endereços da Web, www.savedarfur.org e www.genocideintervention.net.

O progresso em relação a Darfur é glacialmente lento. Ainda assim, diversas pessoas em diferentes lugares têm feito a diferença. As iniciativas das comunidades têm sido muito importantes – destacando aquelas contra a China. A China tem um longo histórico de proteger o governo sudanês contra os esforços das Nações Unidas, no sentido de enviar pacificadores. Mas logo depois, Ativistas comunitários do mundo todo, incluindo finalmente celebridades como Mia Farrow e Steven Spielberg, ao ameaçarem rotular os Jogos Olímpicos de Pequim de 2008 de "Olimpíadas do Genocídio", o governo chinês voltou atrás, pelo menos um pouco. O governo enviou um oficial de alta patente para persuadir o governo sudanês a concordar em aceitar uma Força de Paz das Nações Unidas, o que só aconteceu efetivamente, várias semanas depois. Segundo um editorial do *Boston Globe*, "há indícios de que os oficiais em Pequim estejam começando a entender... não por causa dos outros governos, mas devido a um movimento comunitário com o objetivo de envergonhar a China, caracterizando os jogos de verão de 2008 em Pequim como a Olimpíada do 'genocídio'".[5] No verão de 2007, realmente foi dado "um primeiro passo para salvar Darfur".[6] Um acordo possivelmente revolucionário chegou a enviar para a área uma força pacificadora conjunta das Nações Unidas-União Africana, de 26 mil membros.

O consenso sobre assuntos desse tipo é o seguinte: os bons seguidores estão preparados e predispostos a investir seu dinheiro naquilo em que acreditam. Ao contrário, os maus seguidores não pensam assim. Obviamente, a divisão entre bons e maus seguidores é muito mais complicada do que essa formulação simples poderia sugerir. De fato, alguns seguidores vão em busca daquilo em que acreditam – mas aquilo em que acreditam é moralmente errado. Outros seguidores relutam em levantar e fazer a diferença – mas só porque os riscos dessa atitude são muito elevados. Para conhecer a sabedoria convencional atual, pelo menos nos Estados Unidos, examine mais esses exemplos de Participantes, Ativistas e Fanáticos, todos engajados na vida pública. Isso não quer dizer que concordo com todas as posições assumidas, descritas nas páginas a seguir. Em vez disso, quero dizer que esses seguidores específicos estavam, até certo ponto, insatisfeitos com o *status quo* – e investiram tempo e energia para fazer uma mudança. Juntos, defendem a ideia de que *quando os seguidores fazem alguma coisa, geralmente é melhor do que não fazer nada.*

Participantes

Sabemos que as pessoas comuns estão mais predispostas, hoje mais do que antes, a levantar e fazer a diferença. Sabemos também que, atualmente, elas desejam mais do que nunca assumir responsabilidades diretamente. Mais uma vez, não estou sugerindo que as gerações passadas tenham se omitido. Muito pelo contrário – inúmeras vezes, as pessoas brigaram pelo que acreditaram, de modo a deixar as gerações subsequentes com vergonha. Por exemplo, muitos analistas têm comparado a geração do Vietnã com a geração do Iraque, e consideram a primeira arrojada e emotiva, e a última, distante e desligada.[7] Mesmo assim, o século XXI ainda se encontra no estágio inicial singular – muitas pessoas em muitos lugares querem dar sua opinião publicamente.

Às vezes, as vozes vêm dos oprimidos – de um número cada vez maior de mulheres na África finalmente reagindo contra o que seus líderes têm tolerado por tanto tempo, a mutilação genital; ou as vozes vêm dos gays e lésbicas no Oriente Médio, que não querem mais se conformar com a norma predominante, que é tratá-los como se fossem invisíveis. Nos Estados Unidos, ocorrências desse tipo podem ser detectadas entre os estrangeiros ilegais, cuja luta para integrar-se ao sistema evoluiu para um protesto político poderoso, não obstante a controvérsia de suas reivindicações do que alguns chamam de "anistia".[8] Em 2006, centenas de milhares de pessoas em Los Angeles e em cerca de 68 cidades em todo o país marcharam contra os esforços do Congresso para reprimir as pessoas que entram ilegalmente nos Estados Unidos. Quando tudo havia cessado, os números eram muito altos, aproximadamente meio milhão de pessoas, e os californianos testemunharam a única demonstração realmente expressiva na história do estado. John Cassidy, escrevendo para o *New Yorker*, foi um observador simpático: "Ainda mais surpreendente foi o som de uma comunidade já marginalizada que reconheceu a própria voz... Finalmente, estavam presentes aqui os profissionais de serviços de apoio, empregadas domésticas, lavadores de pratos, babás, trabalhadores do ramo de vestuário, faxineiros de escritório, repositores de mercadorias, ajudantes de garçom, cozinheiros, jardineiros, limpadores de piscinas e colhedores de fruta, que fazem o trabalho que, em geral, os cidadãos americanos não aceitam fazer – pelo menos, com os salários oferecidos."[9]

Nos Estados Unidos e em muitos outros lugares do mundo, encontramos membros de outro grupo anteriormente marginalizado ou até perseguido, tentando fincar sua bandeira: os homossexuais. Veja esses números, todos eles de 2007: uma parada do orgulho gay em São Paulo atraiu cerca de 3 milhões de pessoas; uma parada do orgulho gay em Varsóvia reuniu 20 mil pessoas, a despeito da necessidade de intensa segurança; e uma parada do orgulho gay em Paris recebeu em torno de 700 mil pessoas caminhando, inclusive o prefeito da cidade, um gay assumido, Bertrand Delanoe. Tudo isso sem falar na parada do orgulho gay realizada em Roma, na qual 100 mil participantes foram liderados pelo membro transexual do parlamento, Vladimir Luxuria; ou das 15 mil pessoas que foram às ruas em Tel Aviv, apesar das placas espalhadas nos arredores, com os dizeres "Deus condena a devassidão".[10]

Entretanto, com mais frequência atualmente, os Participantes são pessoas comuns que vieram prestar uma solidariedade tão forte a uma questão que não contava com a presença de seus líderes que eles decidiram tomar uma atitude. Hoje, os defensores dos direitos dos animais, por exemplo, constituem um movimento de massa. Além dos Ativistas e Fanáticos em prol dos direitos dos animais, como Ingrid Newkirk, fundadora da organização não governamental PETA (People for the Ethical Treatment of Animals – Pessoas pelo Tratamento Ético dos Animais), os Participantes do movimento em prol dos direitos dos animais atingiram números incontáveis, principalmente nos Estados Unidos e na Europa. Sua missão: proteger os animais contra a crueldade desnecessária e lhes oferecer um bom tratamento. A evidência de sua enorme influência, cada vez maior, são as mudanças drásticas no setor de produtos alimentícios, com cadeias como o McDonald's e o Burger King impondo diretrizes para seus fornecedores de carne e ovos, inclusive mais água, mais espaço para as aves e ar fresco para as galinhas poedeiras. Em 2007, o Burger King foi ainda mais longe e anunciou que só compraria ovos e carne suína dos fornecedores que não confinassem seus animais em caixotes ou gaiolas.[11] Contestações legais, reivindicando que os animais não sejam mais considerados uma propriedade, também estão avançando. Até bem recentemente, nem se ouvia falar de cursos sobre legislação relativa a animais. Hoje em dia, esses cursos são ministrados em mais da metade de todas as Faculdades de Direito americanas.

De modo semelhante, as pessoas estão tomando para si os problemas relacionados ao meio ambiente. Assustados com o nível de degradação do planeta, cientes de que seus líderes políticos fazem muito pouco, e sempre tarde demais, as instituições não governamentais e pessoas físicas em todo o mundo têm liderado iniciativas, engajando-se, com frequência, em esforços gigantescos para reverter ou, pelo menos, retardar os danos. Um exemplo disso é a organização World Wildlife Fund, que, recentemente, conseguiu um acordo histórico com a Asia Pacific Resources International, uma empresa que, durante anos, vinha destruindo parte "da floresta aluvial de maior biodiversidade do planeta". O objetivo era convencer a empresa Asia Pacific a expandir exponencialmente um parque nacional da Indonésia, indicado recentemente, e incentivá-la a preservar as florestas contra os futuros cortes florestais.[12] Na realidade, a pressão pública no sentido de acionar esses acordos é tão intensa atualmente que ambientalistas e corporações já estão trabalhando em conjunto em "um novo espírito de comprometimento".[13] Em outras palavras, os seguidores têm obrigado os líderes, nas empresas e nos governos, a prestarem atenção. Muitas das maiores e mais conhecidas empresas, como FedEx, Tyson Foods, BP e General Electric, anunciaram que já estão concedendo apoio financeiro. E os CEOs, em número cada vez maior, se gabam de que também estão ansiosos para fazer parte do movimento em prol do verde. O CEO do Wal-Mart, Lee Scott, declarou que está determinado a transformar o maior varejista do mundo na empresa mais ecológica do mundo. Segundo comentários de Scott sobre o fundador da empresa, Sam Walton, que, devo acrescentar, morreu há mais de uma década, "estou certo de que Sam Walton realmente abraçaria os esforços da Wal-Mart no sentido de melhorar a qualidade de vida de nossos clientes e sócios, fazendo o necessário para a sustentabilidade".[14]

Em parte, nossa conscientização em relação ao meio ambiente, recentemente elevada, resulta do trabalho realizado durante décadas por grupos organizados, como o Greenpeace, que foi um dos primeiros a chamar a atenção para questões como aquecimento global, florestas em risco de devastação e águas poluídas. Mas a resposta dos seguidores individuais à ineficácia dos líderes individuais tem surtido impacto muito maior, principalmente nos últimos anos. A afiliação ao Sierra Club aumentou cerca de um terço (para 800 mil) durante o período de quatro anos, iniciado em 2002. O número de americanos que afirmam que se preocupam "significativamente" ou "muito" com o meio ambiente também aumentou, de acordo com as pesquisas, de 62% em 2004 para 77% em 2006. O número de estudantes dedicados a limpar o meio ambiente subiu ainda mais, seus quadros representam uma grande variedade de disciplinas e convicções, "de 3 mil membros da organização Engineers for a Sustainable World (Engenheiros Agrônomos para um Mundo Sustentável), passando pela Evangelical Youth Climate Initiative (Iniciativa da Juventude Evangélica a favor do Clima), até a Net Impact, uma rede de escolas de negócios ecológicas, com 130 filiais".[15] Na realidade, por toda a América, as virtudes da "sustentabilidade" já estão sendo alardeadas em alto e bom som, o que explica o novo interesse por tudo, desde fontes alternativas de combustível até lavagem a seco mais limpa.[16]

É evidente que um dos aspectos que mais me chamam a atenção é que o número de Participantes está aumentando não somente nos Estados Unidos, mas também em países do mundo inteiro. No distante vilarejo de Tamga, os residentes frustrados com a corrupção e com o triste legado de um derramamento de produtos químicos "fizeram algo impensável no Quirgistão há pouco tempo: fizeram um levante".[17] Nos Emirados Árabes Unidos, 800 trabalhadores estrangeiros, a maioria composta por hindus e paquistaneses, fizeram uma caminhada por uma rua principal para protestar contra o tratamento que vinham recebendo. Sua manifestação foi um evento "sem precedentes, por sua dimensão e ampla repercussão, tornando conhecido um submundo ao estilo Dickens de pobreza e exploração, ofuscado por uma cidade reluzente de espigões e hotéis de luxo".[18] No Camboja, 800 das pessoas mais pobres do país fizeram o impensável: deixaram para trás suas colheitas e animais para contar pública e entusiasticamente suas reivindicações e necessidades, que incluíam a "necessidade de liberdade de expressão e direitos democráticos".[19] E em Minsk (capital da Bielorrússia), a esperada vitória esmagadora do presidente Aleksandr Lukashenko, considerado o último ditador da Europa, incentivou milhares de bielorrussos a protestar nas ruas. Esses Participantes específicos estavam preparados para arriscar tudo, até ignorar "o turbilhão de neve e as ameaças oficiais de prisão dos que denunciarem a eleição como uma fraude grosseiramente orquestrada".[20]

Até a França, "que tem forte tradição de contestações violentas e greves com paralisações, amplamente toleradas pela população em geral", estava apreensiva nos últimos anos com o que bem poderia ser descrito como um golpe duplo.[21] Por um lado, estavam os tumultos, os incêndios premeditados e o vandalismo instigado principalmente pelos jovens muçulmanos, furiosos com o que consideravam sua exclusão deliberada da sociedade francesa tradicional. E por outro lado, depois que o governo francês respondeu às demandas dos muçulmanos com uma lei destinada a favorecer um alto desemprego, estavam as reações contrárias. Greves e manifestações explodiram em mais de 250 grandes e pequenas cidades, lideradas por estudantes e sindicatos que se opunham à nova lei, que, certamente, ameaçava seus interesses. Mais de um milhão de pessoas marcharam pelas ruas, e muitas universidades, escolas, correios, bancos, agências do governo e lojas da França foram obrigados a fechar as portas.[22] No final, o presidente Jacques Chirac cedeu à pressão do povo. Ele foi forçado por seus seguidores a revogar a própria lei que ele mesmo defendera, algumas semanas antes.[23]

Ativistas

Sabemos que os Ativistas no setor corporativo influenciaram recentemente os negócios, como de costume. É certo que alguns itens enfrentam resistências à mudança – por exemplo, os salários dos executivos, que continuam lá na estratosfera, a despeito de todas as contestações. Entretanto, os Ativistas acionistas já surtiram efeito; e há provas de que sua determinação para "corroer por dentro" está se intensificando, e não recuando. Por exemplo, os gerentes dos Fundos SRI (Socially Responsible Investment) estão migrando esse tipo de ativismo para um novo nível – alguns já estão provando seu ponto de vista para investir em empresas com péssimos antecedentes, exatamente para influenciar a mudança de dentro para fora. O Green Century Funds, por exemplo, um grupo de Fundos SRI pertencente a grupos ecológicos sem fins lucrativos, usou seu status de acionista para persuadir a Whole Foods a rotular com precisão todos os produtos internos que contivessem ingredientes geneticamente modificados. "O Green Century protocolou várias resoluções de acionistas convocando a empresa a revelar essas informações e, aparentemente, a pressão funcionou."[24] Seus esforços foram, de forma semelhante, eficazes em outras empresas – por exemplo, na Apple Computer. Quando um representante do Green Century sugeriu na reunião anual da empresa o lançamento de um programa gratuito de reciclagem dos iPods obsoletos, a Apple assumiu a dianteira e fez isso.

Hoje em dia, existem Ativistas espalhados pelo mundo inteiro, inclusive, como já mencionado, na Harvard University. O envolvimento profundo do corpo docente é uma questão importantíssima da administração universitária e, na presidência de Lawrence H. Summers, foi tão incomum e indicativo dos tempos em que vivemos que o caso merece exame mais minucioso.

Summers, que se tornou presidente em 2001, não levou muito tempo para alienar os principais membros da comunidade do campus. Seus quadros englobavam pelo menos um membro conhecido do corpo docente do Departamento de Estudos Afro-Americano (African-American Studies Department), Cornel West, que logo saiu de Cambridge para o que ele veio a considerar a grama mais verde de Princeton. Depois de outra série do que poderia ser educadamente descrito como gafes diplomáticas, Summers cometeu seu último grande erro. Em janeiro de 2005, ao falar sobre o motivo pelo qual as mulheres tinham baixa representatividade em ciência e engenharia, sugeriu que parte do problema poderia estar associada às diferenças naturais – isto é, entre homens e mulheres. Em resposta à fúria instantânea lançada sobre ele por estar, no mínimo, politicamente incorreto, Summers pediu desculpas várias vezes, pelo que disse e pelo modo como foi dito. Entretanto, isso foi de pouca ajuda: em alguns dias, os Ativistas na oposição se levantaram contra ele.

Os membros do corpo docente de uma universidade não são, como habitualmente se entende, *seguidores*. Certamente, os membros efetivos do corpo docente de Harvard não têm, em hipótese alguma, qualquer obrigação implícita com o presidente de Harvard. Contudo, quanto ao controle institucional, eles geralmente apoiam as decisões do presidente; e, em geral, em alguns casos, não instigam o correspondente a uma revolução palaciana. Esse caso, porém, foi diferente. Em algumas semanas, 13 mestres atacaram publicamente Summers em uma reunião dos professores. Meses depois, a Faculdade de Artes e Ciências (Faculty of Arts and Sciences) de Harvard aprovou um voto de desconfiança no presidente, dando-lhe o que a maioria considerou a repreensão mais "chocante" e certamente inigualável.[25] Everett Mendelsohn, professor de História da Ciência, declarou que o voto de desconfiança era um sinal do corpo docente para a Harvard Corporation (que tem o poder de contratar e demitir o presidente) que deveria ser "seriamente considerado". J. Lorand Matory, professor de Antropologia e de Estudos Africanos e Afro-Americanos, foi ainda mais incisivo: "A renúncia [de Summers] não é uma alternativa nobre", disse Matory. "Isso tem a ver com seu estilo de gestão. Ele é um ditador autocrata."[26]

Pouco mais de um ano depois de emitir esses comentários sobre as mulheres na área de Ciência e Engenharia, Larry Summers foi efetivamente obrigado a renunciar, e sua permanência na presidência de Harvard foi a mais breve desde a morte de Cornelius Conway Felton no ofício – em 1862. O ano anterior à sua renúncia foi considerado, em termos políticos, o correspondente a um vendaval de aglomerações. O corpo docente de Harvard estava cada vez mais empenhado em fazer discursos públicos, apoiados na época por outros, como um membro da Harvard Corporation e um antigo decano, que declarou para o *Boston Globe* que Summers disse coisas "consideradas aquém de confiáveis".[27] A situação atingiu seu ápice em uma reunião do corpo docente, em fevereiro de 2006. De acordo com um relato contado no *Harvard Magazine*, 15 pessoas discursaram contra Summers, questionando não somente sua competência, como também seu caráter. Apareceu um fantasma – "o fantasma do segundo voto de desconfiança na administração" –, mas nenhuma pessoa presente na sala defendeu Summers.[28]

A notícia da renúncia de Summers foi anunciada no site da universidade em 21 de fevereiro de 2006. A mensagem veio acompanhada por uma carta de Summers, que escreveu que as "desavenças" entre ele e os "segmentos da Faculdade de Artes e Ciência" "inviabilizaram" sua permanência para servir em sua função atual.[29] Nesse ínterim, os Ativistas que derrubaram o presidente comemoravam sua vitória. Segundo palavras do professor Matory: "Eu o admiro pela humildade e dignidade necessárias para abdicar. Diante de sua renúncia, ele merece nosso coleguismo e apoio."[30]

Se os Ativistas em Harvard lhe parecem até certo ponto esotéricos, os Ativistas em outros locais são apenas comunicativos. Na realidade, como aconteceu com os Ativistas que investiram tanto de si mesmos no grupo Voice of the Faithful, cada um deles nos incentiva a participar.

O movimento a favor dos direitos femininos de Uganda é um dos mais antigos na África e um dos mais impressionantes do mundo. Após anos de repressão, o movimento começou a reflorescer no final dos anos 1980, quando as mulheres foram realmente incentivadas pelo governo a manter suas filhas na escola, abrir pequenas empresas e contestar as leis e as práticas que restringiam seus direitos de propriedade, se elas se omitiam a protegê-las contra o estupro e preservavam estatutos de divórcio que favoreciam os homens. Quando a Aids começou a se disseminar, os Ativistas a favor dos direitos femininos redobraram seus esforços. Organizaram marchas contra o estupro, pelas ruas da cidade, e convocavam as mulheres de todo o país a se unir contra os homens abusivos. Na época, "a grande mobilização social em Uganda contra a Aids e a violência sexual alcançou todos os lugares da sociedade, da sala do presidente aos mais distantes vilarejos. Mas esse movimento começou com discussões abertas e sinceras entre amigos, parentes e vizinhos, alguns dos quais se tornaram os formuladores de políticas e Ativistas que construíram a resposta do país à Aids". O progresso contra a doença foi tão alarmante em Uganda que os especialistas não podiam ajudar, mas ficaram impressionados, principalmente pela força das pessoas comuns ao disseminarem novas ideias e informações, para transformar as relações sexuais e mudar o comportamento sexual.[31] Há comprovação melhor da força dos seguidores – do poder das pessoas para fazer diferença?

Os americanos portadores da doença de Alzheimer estão criando outro tipo de movimento de base, destinado a melhorar os serviços e chamar a atenção do público para os quase cinco milhões atingidos pela doença. Eles estão cansados de esperar que seus líderes atendam às suas solicitações e, por conseguinte, resolveram cuidar diretamente dessas questões – e estão fazendo a diferença.[32] Os próprios pacientes, nos primeiros estágios da doença, estão liderando a pressão. Determinados a produzir mudança, eles percorrem incansavelmente o país inteiro, contando suas histórias, discursando para grupos e organizações, dando força a outros grupos de apoio aos pacientes, criando novas redes de relacionamento social e, evidentemente, persuadindo seus líderes, os legisladores estaduais e federais em particular, para chamar sua atenção e obter seu apoio.

Esses são os tipos de grupos de ação política, grupos de defesa e até grupos de apoio que surgem atualmente em todos os lugares. Quando vislumbrados pelo prisma da subordinação, eles são formados apenas por pessoas sem fontes tradicionais de poder, autoridade e influência, tomando uma decisão peculiar, simples e significativa: *a fim de não depender das pessoas responsáveis para resolver a questão.*

Fanáticos

Os Fanáticos dedicam a vida a uma causa, seja ela um indivíduo ou uma ideia. Eles contam com suas convicções e paixões, para orientar, encorajá-los contra todas as probabilidades. Uma parte do tempo, os Fanáticos são membros de grupos, como os soldados que fizeram parte da Operação Anaconda. Mas, em outras ocasiões, os Fanáticos são pessoas que agem sozinhas, meio abioladas pela impetuosidade de sua determinação e dedicação para concretizar uma coisa ou outra, ou para transmitir um ou outro tipo de mensagem.

Eis um exemplo maravilhoso, um homem classificado entre os mais eminentes Fanáticos do século XX: o cientista russo Andrei Sakharov. Embora tenha iniciado sua carreira como um físico nuclear, "Sakharov não somente achou um jeito de se distanciar do sistema totalitário no qual cresceu, como também aprendeu a explorar os pontos fracos desse sistema. Em outras palavras, Sakharov não era apenas um beneficiário do movimento internacional a favor dos direitos humanos, como também um de seus fundadores".[33] Por esses problemas, Sakharov foi preso pelas autoridades soviéticas, enviado para o exílio interno e obrigado a viver, durante seis anos, sob vigilância policial intensa e ininterrupta.

Não raramente, e por motivos sobre os quais só podemos especular, muitos Fanáticos são mulheres. E não raramente, elas se entregam ao Fanatismo por conta de uma tragédia que atingiu seus filhos. Candy Lightner formou o grupo Mothers Against Drunk Driving (MADD – Mães contra Bêbados ao Volante) depois que sua filha de 12 anos, Cari, foi morta por um motorista bêbado. Amilya Antonetti fundou a Soapworks após descobrir que seu filho ficou gravemente doente por causa dos detergentes convencionais de limpeza de casa. Elizabeth Margulies (com o marido) deflagrou uma campanha de relações públicas contra a Aetna, por se recusar a pagar as despesas incorridas com a recuperação de seu filho ainda bebê, portador da Síndrome de Tay-Sachs. Sorrel King liderou um movimento comunitário em prol da segurança nos hospitais depois que sua filha de 18 meses, Josie, morreu em consequência de erro médico no Johns Hopkins Children's Center (Centro para Tratamento Infantil Johns Hopkins), em Baltimore. Quando Johns Hopkins ofereceu apoio financeiro, King solicitou ao hospital que aplicasse uma parte da verba e criasse um programa de segurança para as crianças. Então, ela criou a Josie King Foundation para patrocinar iniciativas a favor da segurança em outros hospitais. Mais recentemente, para atingir os consumidores e os profissionais médicos, King lançou um site, em www.josieking. org, "com seu próprio blog sobre segurança dos pacientes; uma comunidade on-line em que as famílias podem divulgar suas experiências com erros médicos e oferecer apoio emocional; conselhos de especialistas médicos e jurídicos sobre como evitar o erro e como lidar com ele, quando ocorrer; e recursos para os hospitais em busca do progresso em segurança".³⁴

Há também as histórias das guerras. Em Israel, Rachel Ben Dor, cujo filho era soldado no Líbano, fundou a Four Mothers–Leave Lebanon in Peace. Durante anos, seu grupo foi rejeitado, até ridicularizado. Entretanto, finalmente, foi elogiado por ter iniciado o que o *Jerusalem Post* considerou "um dos movimentos de base mais bem-sucedidos na história de Israel".³⁵ A experiência recente nos Estados Unidos é ainda mais reveladora, pois, entre os poucos seguidores que protestavam regularmente contra a Guerra no Iraque, a maioria era formada por mulheres, em especial por algumas mães de alguns soldados convocados a servir. Algumas dessas mulheres eram Ativistas, como Celeste Zappala, da Filadélfia, cofundadora da Gold Star Families for Peace, depois que seu filho foi morto em Bagdá; e Jean Prewitt, de Birmingham, Alabama, cujo filho morreu de modo semelhante, e que recordava: "No primeiro ano, fiquei muito entorpecida e depois me revoltei."³⁶ Mas a Fanática entre eles era Cindy Sheehan, que iniciou um movimento de base, de pequeno porte, mas que, apesar disso, fez muito mais do que outros americanos para contestar o presidente George W. Bush e sua conduta em relação à Guerra no Iraque.

Cindy Sheehan era a mãe do Especialista do Exército Casey A. Sheehan, 24 anos, mecânico de veículos Humvee, morto na Cidade de Sadr em 24 de abril de 2004. Com todo o seu luto no funeral pela morte de Casey, sua revolta foi alimentada durante uma reunião particular entre ela e a família com o presidente George W. Bush, dois meses depois. Conforme descrito por ela mesma, mais adiante, Bush não sabia o nome de seu filho; agiu inadequadamente, como se a reunião fosse uma festa; e a chamou de "Mãe", o que ela considerou uma falta de respeito.³⁷ Algum tempo depois, Sheehan começou a dar entrevistas e a fazer aparições públicas, tudo isso em um esforço para organizar o povo americano contra a guerra. Não tardou para que ela se tornasse o elo de ligação, exatamente como deveria ser, para os que protestavam contra a guerra. Em agosto de 2005, Sheehan foi para Crawford, Texas, a fim de estabelecer o "Camp Casey", um reduto lamacento instalado a alguns quilômetros de distância do rancho que Bush chamava de casa. Cruzes brancas foram fincadas no meio da sujeira, banners cor-de-rosa foram espalhados nas árvores, e flores foram entregues no que, na realidade, era um acampamento permanente, construído para acomodar os protestantes contra a guerra que vinham do país inteiro. A quantidade de pessoas acionadas por Sheehan não era grande, e despertou a ira dos habitantes locais que consideraram uma invasão sua presença e a do circo de profissionais da mídia formado a seu redor. Mas o esforço de Sheehan teve compensação. Uma mulher de Dayton, Ohio, dirigiu durante dois dias até Crawford para estar com ela, só porque ela "queria que Cindy tivesse conhecimento do seu apoio".[38] (Sheehan não parou por aí. Em 2007, ela enfrentou a presidenta da Câmara dos Deputados, Nancy Pelosi, por não tentar criticar o presidente Bush.)

Nos Estados Unidos, entre os Fanáticos mais conhecidos, encontra-se o delator. Os delatores são subordinados empenhados em consertar o que quebrou. A trajetória comum envolve uma tentativa inicial de fazer isso internamente; depois, se o problema persistir, os delatores saem das organizações que os empregam para reclamar em público. O uso da palavra *delator* implica a existência ou a possível existência de algum tipo de retaliação, punição por rebaixar um ou mais superiores, divulgando um erro grave, um julgamento injusto significativo ou uma atividade que é moral ou legalmente antiética.

Os delatores são Fanáticos simplesmente porque os riscos que assumem são altos demais. Alguns estudos indicam que metade a dois terços de todos os delatores perdem seus empregos e que para muitos, os custos são ainda mais elevados. Um especialista em delatores relata que, das várias dúzias de delatores minuciosamente estudados por ele, a maioria perdeu suas casas e muitos perderam suas famílias. Além disso, os casos contra os delatores podem se arrastar durante anos, motivo pelo qual tantos sofrem de depressão e alcoolismo e quase a metade vai à falência.[39]

Algumas histórias sobre delatores são bem conhecidas. O caso do *Challenger*, o ônibus espacial da NASA que explodiu no céu de Cabo Canaveral, 73 segundos depois de seu lançamento, foi terrível por muitos motivos, acima de tudo porque sete astronautas morreram no acidente. Mas houve uma reviravolta na tragédia, pois, como se constatou, dois engenheiros experientes em espaçonaves passaram seis horas do dia anterior reunidos com os oficiais da NASA, pedindo-lhes que adiasse o lançamento porque temiam que o foguete apresentasse mau funcionamento por conta do frio incomum, abaixo do ponto de congelamento. Anos depois, pelo menos um dos dois homens, Roger Boisjoly, engenheiro sênior da Morton Thiokol, ficou arruinado. Ele saiu da Thiokol e, considerando que a América Corporativa não gosta de delatores, batalhou durante anos para encontrar um trabalho digno. "Eu me castiguei durante muito tempo pelo que aconteceu naquela noite", disse Boisjoly. "Talvez não tivesse me esforçado o suficiente. Provavelmente, deveria ter voltado para casa e ligado para o *The New York Times* ou feito algo assim."[40]

Sherron Watkins, que avisou ao CEO da Enron, Kenneth Lay, que a empresa poderia implodir, é outra delatora muito conhecida, embora tivesse se afastado da confusão, fazendo-se passar por boazinha. Na realidade, em 2002, a *Time* indicou Watkins, com duas outras mulheres – Coleen Rowley, que ficou conhecida como a consciência pública do FBI, e Cynthia Cooper, que avisara a quem quisesse ouvir que as coisas na WorldCom iam de mau a pior –, como "Pessoas do Ano". As três tinham histórias semelhantes a serem contadas, inclusive as motivações para expor os erros de suas instituições, o impacto que sofreram quando as atitudes que tomaram vieram a público, e a decepção ao serem condenadas pelo que fizeram, pelo menos por alguns.[41] Fosse ou não Watkins uma *delatora*, no sentido comum da palavra, essa questão gerou pouco debate. Entre outros aspectos, seu protesto foi registrado em uma carta anônima encaminhada a Lay, o que não foi exatamente um "documento escrito longo e clássico de um delator sobre o certo e o errado". Em vez disso, o discurso citava um mix de motivos, como o medo de ser descoberta.[42] Da forma apresentada, a carta de Watkins ao CEO da Enron foi uma advertência extensa e com palavras cuidadosamente escolhidas, "uma profecia fatal sobre o que estava por vir".[43]

As histórias sobre delatores costumam ser interessantes – seguidor contra líder, impotentes contra poderosos, David *versus* Golias. Mas quase sempre elas são tristes – uma lição prática para os seguidores, subordinados, do risco que significa sair por aí sem eira nem beira, principalmente sozinho. Christoph Meili era o antigo vigia noturno no Union Bank of Switzerland, de Zurique, que, em 1997, recuperou da retalhadora os documentos descrevendo as propriedades confiscadas das vítimas do Holocausto – documentos cuja existência fora negada pelos bancos suíços. Por essa situação, Meili foi demitido, investigado pela polícia por violar a lei de confidencialidade bancária e expulso de sua terra natal. Mas sua atitude permitiu que as vítimas do Holocausto e seus herdeiros finalmente recebessem do banco o que lhes era devido, uma indenização de $1,2 bilhão.[44]

O Dr. Peter Post, vice-presidente de marketing na Pfizer, foi cada vez mais isolado pela empresa, por haver criticado publicamente o setor de produtos farmacêuticos quanto ao preço dos medicamentos. Primeiro, seus subordinados simplesmente deixaram de se reportar a ele. Em seguida, seus superiores deixaram de responder às suas ligações. Depois, sua secretária foi remanejada. Logo em seguida, seu escritório foi transferido para um local afastado dos acontecimentos. Depois, negaram-lhe acesso à sua conta de e-mail na Pfizer e ao celular corporativo.[45] Por fim, foi demitido. O caso é complicado, tendo em vista que Post já dera entrada em uma ação contra a Pfizer por um motivo diferente da precificação, o que foi realmente decepcionante. Não obstante, a trajetória é conhecida: marginalização, humilhação e, em uma grande quantidade de casos, o exílio.

Bunnatine Greenhouse, oficial da Comissão de Aquisição e Licitação do Exército, que criticou um grande contrato sem licitação, celebrado com a Halliburton Company para trabalhar no Iraque, foi submetida a uma infâmia semelhante. No início, Greenhouse registrou suas reclamações no âmbito interno.

Quando essa atitude não funcionou, ela foi a público e descreveu o contrato como "o abuso contratual mais espalhafatoso e impróprio que já presenciei".[46] Revoltado e alegando desempenho sofrível, o exército a demoveu, retirando-a do Serviço de Executivo Sênior de elite e remanejando-a para uma função menos expressiva. Greenhouse, que trabalhara com aquisições militares de prestação de serviços durante 20 anos, contratou um advogado que denunciou que ela foi demovida não por causa de sua competência profissional, mas porque o exército prefere "driblar" as rigorosas exigências para aquisições quando "é adequado às suas necessidades".[47]

Os delatores do setor privado se beneficiaram, nos últimos anos, com uma cláusula da Lei Sarbanes-Oxley, que oferece proteção jurídica contra a retaliação feita aos empregados de empresas públicas, se o objeto da suspeita estiver relacionado com fraude corporativa.[48] Entretanto, para aqueles do setor público, a situação piorou. Um relatório do Congresso, datado de 2006, detectou que, apesar da existência da Lei de Proteção contra os Delatores, de 1989, os funcionários federais não dispõem das proteções adequadas.[49] Não obstante, em maio de 2006, a Suprema Corte aplicou redução nas proteções para os funcionários do governo que denunciarem má conduta de outro funcionário público. Em uma decisão de 5 × 4 votos (o que representou uma vitória da administração Bush), os juízes afirmaram que 20 milhões de funcionários públicos não tinham proteção da liberdade de expressão para nada que dissessem em relação às suas funções. Os defensores da legislação argumentaram que ela protegeria os governos em todos os níveis contra os processos frívolos instaurados por funcionários insatisfeitos. Mas os críticos previram que o impacto seria negativo e radical, "desde silenciar os comissários de polícia que temem punição por informar a corrupção ocorrida no departamento" até emudecer os funcionários federais, que, de outra forma, tenderiam a informar uma ameaça feita ao bem-estar público.[50]

As questões relacionadas aos delatores podem dar a impressão de ser triviais, em parte porque alguns delatores são realmente "ardilosos" e, de alguma maneira, marginais em suas instituições.[51] Mas há muito tempo, Fanáticos desse tipo eram simples delatores da verdade, que ousavam desafiar a autoridade, a despeito de uma reação organizacional punitiva, que provavelmente transformaria suas palavras em "um ato de desobediência pessoal e de distúrbio psicológico".[52] Delatores como Jon Oberg – que avisou anos antes de ser amplamente divulgado que as empresas de crédito educativo estavam arrecadando milhões de dólares em pagamentos federais aos quais não tinham direito, só para receber uma ordem de seu supervisor para trabalhar em outra coisa – são equivalentes ao canário na mina de carvão. Quando sua vida profissional chega ao fim, isso confirma nossas piores suspeitas: as organizações modernas não somente deixam de fomentar as virtudes cívicas, como também destroem aqueles que as cultivam.[53] É evidente que, ao obterem êxito, como Oberg finalmente conseguiu, os delatores são transformados e passam de seguidores a líderes.[54]

O que me leva ao último assunto: de todos os diferentes tipos de seguidores, aqueles com mais probabilidade de se tornarem líderes são os Fanáticos. Os Fanáticos são, acima de tudo, orientados para gerar mudança – eles são consumidos por seu comprometimento. Não surpreende que alguns bem-sucedidos se tornem lendas a seu tempo.

Má subordinação

Em geral, os Participantes, Ativistas e Fanáticos discutidos neste capítulo até agora são "bons". Os ambientalistas, por exemplo, e os Ativistas acionistas, além de delatores como Bunnatine Greenhouse, são, em geral, considerados admiráveis por se empenharem, assumirem o problema e, em alguns casos, correrem o risco de falar a verdade para os poderosos e corrigir uma injustiça. Pessoas assim dão o exemplo da boa subordinação. Elas se recusam a permitir que sua falta relativa de poder, autoridade e influência as impeça de fazer algo que consideram que devem fazer.

Mas como sugerido anteriormente, a predisposição de se engajar não é em si mesma "boa". A pergunta é: vontade de se engajar para quê? Com que propósito? Em alguns casos, a resposta é óbvia. Praticamente nenhum de nós consideraria os Fanáticos prontos para morrer por ditadores, como Pol Pot ou Saddam Hussein, ou por líderes de cultos, como Jim Jones ou David Koresh, em qualquer significado convencional do termo *bom*. Mas a maioria dos casos de Participantes, Ativistas e Fanáticos é obviamente mais ambígua do que esses. Voltando a alguns exemplos citados recentemente, para cada defesa dos direitos dos animais, existem muitas outras que consideram a causa mal orientada ou simplesmente uma bobagem. Para cada defesa do direito de os imigrantes ilegais permanecerem nos Estados Unidos, existem inúmeras outras que aprovariam sua deportação.[55] E para cada membro do corpo docente de Harvard que quisesse a renúncia do presidente Summers, haveria outros que sequer se importariam com o fato, de uma forma ou de outra, e outros ainda que torceriam para que ele ficasse. Até os delatores são personagens ambíguos, porque para cada um que elogiamos, permitimos que muitos mais sejam marginalizados ou até punidos por se esforçarem em contestar seus superiores e se desviarem das normas do grupo.

Engajar-se em um grupo ou organização da qual você é membro é nada mais nada menos uma prova de que você está, bem, se empenhando. Aonde isso nos leva? Se Participantes, Ativistas e Fanáticos são em si mesmos neutros, sem valores, como é possível distinguir os bons dos maus seguidores? Evidentemente, não existe uma resposta simples para essa pergunta. Sua opinião está associada ao lugar no qual você está – às suas convicções básicas, a seus valores essenciais e ao que você pensa sobre seu líder e sobre esses seguidores em uma situação específica.

Mesmo assim, da mesma forma como temos alguma noção do que diferencia os bons e maus líderes, devemos ter, de modo semelhante, uma ideia do que separa os bons dos maus líderes. Dois critérios são particularmente aplicáveis: um sobre os meios e o outro sobre os fins. O primeiro critério está relacionado ao nível de envolvimento – algum engajamento é melhor do que nenhum. O segundo critério tem a ver com a motivação – estar motivado pelo interesse público é melhor do que estar motivado pelo interesse próprio. A seguir, você encontrará cinco axiomas inspirados nesses dois critérios:

- Não fazer nada – não participar de modo algum – é ser um mau seguidor.
- Apoiar um líder bom – em termos de ética e eficiência – é ser um bom seguidor.
- Apoiar um mau líder – ineficiente e/ou antiético – é ser um mau seguidor.
- Opor-se a um líder bom – eficiente e ético – é ser um mau seguidor.
- Opor-se a um mau líder – ineficaz e/ou antiético – é ser um bom seguidor.

Em geral, os seguidores desinteressados e inativos são maus seguidores. Eles abrangem os Isolados e Espectadores, que nada fazem para apoiar a boa liderança ou para retardar a má liderança, ou ainda para contribuir de alguma maneira com o grupo ou a organização da qual são membros. O dano resultante da inatividade é, evidentemente, muito maior quando o líder é muito mau – mas, quando isso acontece, em geral, é tarde demais: "Quando Kim Jong II, o Líder Adorado, herdou de seu pai o controle absoluto da Coreia do Norte, o país era uma sociedade em regime de escravidão, na qual somente a casta mais confiável de pessoas estava autorizada a viver em obediência obstinada no Pyongyang, enquanto a maioria dos possíveis inimigos da classe trabalhava até a morte nas minas e nos campos de trabalhos forçados."[56]

Os riscos são mais amenos na vida corporativa. Pelo menos, a vida e a integridade física não estão em risco. Ainda assim, até no local de trabalho, nossa tendência de apoiar os maus líderes, em vez de nos opormos abertamente a eles, permanece forte. Jean Lipman-Blumen argumenta que aturamos os maus líderes porque tememos a possibilidade de "sermos incapazes de derrotar figuras tão fortes sozinhos".[57] Ela destaca que, em geral, os subordinados dizem que não têm ideia de que os outros possam sentir como eles sentem: "Gostaria de saber disso na hora", disse um daqueles que ela entrevistou. "Provavelmente, eu teria ajeitado minhas meias e ido diretamente ao chefe do meu chefe. Ou, no mínimo, teria ido reclamar, acompanhado de outros subordinados. Mas achei que estava completamente sozinho... Então, decidi que era melhor sair."[58]

A propósito, o problema não se restringe, em hipótese alguma, aos subordinados posicionados no nível corporativo médio ou inferior. Lipman-Blumen também escreve sobre os quadros corporativos "totalmente influenciados" pelos líderes corporativos, a despeito da qualidade de seu desempenho. Esses quadros não somente não se metem com os maus líderes, como também aprovam suas propostas e pagam seus salários astronômicos, inclusive quando pessoas estão sendo demitidas e o preço das ações está despencando.[59] Desse modo, o problema do seguidor passivo tem a ver não somente com os subordinados, mas também com aqueles que efetivamente dispõem de algum poder, autoridade e influência.

Eu mesma já escrevi sobre William Aramony, certa vez, o CEO muito admirado da United Way que se desviou bastante dos padrões tradicionais, embora os membros da diretoria fizessem vista grossa. Quase como as diretorias de muitas outras organizações, a de Aramony "estava repleta de executivos, advogados e financistas bem-intencionados mas sobrecarregados, que não tinham tempo nem propensão para exercer uma supervisão eficiente".[60] O mesmo aconteceu na Smithsonian Institution, que precisou apresentar desculpas de ampla repercussão, admitindo que seu quadro de dirigentes "deixou de fazer a supervisão que poderia ter impedido os gastos extravagantes de seu ex-CEO". Essa diretoria específica não estava tão entregue ao CEO, Lawrence M. Small, tendo em vista a existência de um desligamento entre eles: "Os Regentes não costumavam receber, nem exigiam as informações necessárias para respaldar uma deliberação tão vigorosa e uma tomada de decisões bem justificada."[61]

A questão é a seguinte: em geral, os membros de diretorias não são considerados seguidores. Muito pelo contrário: são, em última análise, responsáveis pelo que ocorre na organização na qual eles têm, pelo menos teoricamente, a palavra final. Mas se eles deixarem de fazer o que supostamente deveriam, se não supervisionarem a administração, serão considerados, para todos os fins práticos, Espectadores. Então, no tocante aos seguidores, o silêncio não é ouro e pode significar apenas duas coisas, e nenhuma delas é uma virtude específica. O silêncio indica que os seguidores se retraem ao ponto da ignorância e apatia; ou indica que estão cientes e informados, mas que, por algum motivo, preferem não divulgar. Mencionei anteriormente que o chefe do Estado-Maior do Exército, Harold K. Johnson, sob o governo do então presidente Lyndon Johnson, preferiu permanecer em silêncio a ir a público. Mas considerando sua verdadeira opinião sobre a Guerra do Vietnã, e diante dos resultados, seria justo reavaliar a decisão. Sabemos que o general Johnson agonizava sobre o que fazer, principalmente porque o presidente Johnson continuava se recusando, contra todos os conselhos, a considerar a possibilidade de entrar para a reserva. Mais tarde, um dos subordinados do general se lembrou de que ele dizia que "toda noite volto para casa e me pergunto se deveria renunciar. Eles me pedem para fazer coisas que me apavoram. Mas se eu renunciar, provavelmente eles terão alguém em quem confiar do modo como desejam".[62] Desse modo, o chefe do Estado-Maior do Exército pensou várias vezes em ir a público, pensou em contar ao povo americano que o governo estava praticando uma política que ele considerava um equívoco perigoso – e acabava decidindo várias vezes que não deveria fazer isso.

Seja como for, o mantra agora é diferente, principalmente nos negócios. Os especialistas corporativos atuais insistem que os líderes corporativos de hoje em dia façam seus seguidores falar. Os superiores estão sendo aconselhados a favorecer um ambiente amistoso, no qual os subordinados se sintam livres para dar um retorno sincero. Na realidade, os chefes estão realmente sendo instruídos a se preocupar com os "empregados muito quietos", que concluíram que "o risco de abrirem a boca – a chance de serem ignorados, derrubados ou rotulados como problemáticos – supera os possíveis benefícios". Em resumo, no clima atual, deixar de "solicitar ativamente a participação das pessoas de todos os níveis" da organização é considerado uma má liderança e uma gestão deficiente. Como dizia Jim Grenier, vice-presidente de recursos humanos na Intuit, "isso não tem a ver com uma cultura de consenso. É necessário obter mais participação para se tomar uma decisão melhor. Os empregados sabem que valorizamos muito sua participação, que ouvimos o que dizem e agimos adequadamente".[63]

Evidentemente, a outra maneira de vislumbrar esse mesmíssimo fenômeno é a que estou fazendo aqui: não sob a perspectiva dos superiores encarregados de conseguir que os subordinados falem, mas sob o prisma dos subordinados que não deveriam esperar que seus superiores lhes dessem autorização.

Por conseguinte, há seguidores maus não porque são lentos – muito pelo contrário. Esses seguidores são engajados – com os maus líderes. Como sempre, existe o lado extremado, como nesse cenário pintado por Ian Buruma: "O pior da ditadura é a predisposição das pessoas a acreditarem nas aspirações divinas dos ditadores. As centenas de milhares de homens e mulheres gritando, chorando, rezando, agitando livros, levantando bandeiras em Pequim, Berlim, Moscou ou Pyongyang, admirando seus líderes, não estão fazendo isso apenas porque são obrigadas; muitas delas, talvez a maioria, realmente entram em estado de histeria".[64] Por sua vez, essa loucura, essa doideira contagiante, leva à violência política e às burocracias que as respaldam. De acordo com Hannah Arendt em seu trabalho original sobre a banalidade do mal, o problema do funcionário nazista Adolph Eichmann era exatamente o fato de que "existiam tantos semelhantes a ele, e muitos não eram pervertidos nem sádicos, que eram, e ainda são terrivelmente normais".[65] Mais recentemente, voltamos a testemunhar essa ocorrência, em Ruanda, onde os habitantes Hutu, instruídos por seus líderes a matarem os Tutsis, "aproximaram a tarefa, o máximo possível, de um emprego comum das 9h às 17h".[66] Um dos habitantes admitiu posteriormente que, enquanto a matança continuasse, a vida parecia quase normal. "Cantávamos ao longo do caminho... Conversávamos sobre a boa sorte. Lavávamos com sabão as manchas de sangue de nossas bacias, gostávamos dos aromas das panelas cheias... Nós nos divertíamos a cada grito de 'Piedade!' de alguém que caçávamos. Contávamos e estocávamos nossas mercadorias."[67]

Evidentemente, a maioria dos maus seguidores tem um comportamento menos extremado. Não obstante, por um ou outro motivo de interesse próprio – talvez por algum tipo de recompensa, ou para evitar a punição por terem deixado de cumprir algo –, os seguidores obedecem aos líderes que são, por exemplo, incompetentes ou descontrolados, ou corruptos, ou até mesmo tudo isso junto. Alguns desses seguidores estão muito próximos, enquanto outros participam a distância. Seja como for, eles são facilitadores: *pois os maus líderes dependem do apoio dos maus seguidores.*

Examine o caso de Marion Barry Jr., antigo prefeito de Washington, D.C. Em um livro anterior, descrevi como, apesar de seu vício em sexo, drogas e rock-and-roll, e como, a despeito de sua notável falta de eficácia, Barry foi reeleito para o cargo, nada menos que quatro vezes.[68] Como explicar isso? Barry sobreviveu politicamente porque era protegido, por um lado, pela família, por amigos e sócios pessoais mais próximos, que representavam seus mais importantes dinamizadores. Por outro lado, obviamente ele era apoiado pelos eleitores de Washington, muitos dos quais, assim como ele, eram afro-americanos e preferiam apoiar Barry até o fim de sua carreira política triste e fracassada.

Ou, ainda sobre esse mesmo tema, examine o caso da Enron. Durante os anos de crise, os nomes e os rostos dos maus líderes da Enron, principalmente dos ex-CEOs Kenneth Lay e Jeffrey Skilling, ficaram conhecidos. Mas quantos de nós já prestaram atenção às dezenas de maus seguidores? Estou pensando, por exemplo, em Ben Glisan Jr., ex-tesoureiro da Enron que ajudou a elaborar muitas transações financeiras fraudulentas da empresa. Glisan era um protegido de Andrew Fastow, CFO da Enron, que acabou confessando sua culpa em duas alegações de fraude de transferências eletrônicas e de ações e investimentos, e está cumprindo pena de seis anos de prisão. Não obstante as diretrizes *capengas* de

Fastow, em que ele comandava, Glisan obedecia. Conforme seu depoimento no tribunal, Glisan tinha sérias preocupações: "Comecei a acreditar que a empresa estava entrando em becos financeiros muito graves."[69] Apesar disso, em parte porque Fastow era um superior que lhe dizia o que fazer, e em parte, porque ele conseguia ganhos financeiros, Glisan nunca abriu a boca. Na verdade, ele confirmou mais tarde que, entre os muitos outros benefícios que recebia por apoiar Fastow, estava incluído o retorno de $1 milhão sobre um investimento de $5 mil.[70] A propósito – ironicamente –, Fastow era em si mesmo um mau seguidor. Em suas diversas aparições no tribunal, ele deixou claro que o que desejava, mais do que qualquer outra coisa, era agradar seu chefe, Skilling. Segundo Fastow, "pensei que era um herói para a Enron".[71]

Eis outro exemplo: Wesley H. Colwell, ex-financista executivo da unidade de comercialização de energia no atacado da Enron. Sob o comando de seus vários superiores que, por sua vez, agiam sob as ordens de Skilling, Colwell admitiu ter manipulado ganhos em duas ocasiões distintas. Por quê? Porque os diretores corporativos da Enron deixavam bem claro para seus subordinados que queriam superar as estimativas dos analistas em cada trimestre, o que exigiu que Colwell forjasse os números. E existia também Paula H. Rieker, secretária de diretoria da Enron, que comparecia às reuniões de diretoria para guardar as atas. Anos depois, ao depor no tribunal, Rieker conseguiu lembrar-se de detalhes importantes, como a ordem de Skilling para fazer "mudanças de última hora nos resultados da rentabilidade, de modo que correspondessem às expectativas dos analistas".[72] Ao testemunhar contra Skilling e Lay, Rieker revelou seu papel extremamente covarde: uma má seguidora que, por vontade própria e de olhos bem abertos, obedece aos maus líderes.

Boa subordinação

Os bons seguidores são a antítese dos maus seguidores. De algum modo, os bons seguidores participam nos grupos e nas organizações dos quais são membros: eles fazem alguma coisa, em vez de não fazer nada. Os bons seguidores também apoiam os bons líderes, aqueles que são eficientes e têm ética. E eles se opõem, até onde lhes interessa, aos maus líderes, aqueles que são ineficazes ou não têm ética, ou ambos. Com base nesses parâmetros, nem os Isolados nem os Espectadores são bons seguidores. De modo semelhante, a partir dessa referência, os Participantes, Ativistas e Fanáticos são bons seguidores somente quando apoiam bons líderes e/ou se opõem aos maus.

Duas outras questões, que me remetem às citadas anteriormente. A primeira é que aquilo que os seguidores fazem ou não fazem não depende somente de seus líderes. Todos nós reagimos a diversos estímulos diferentes, dos quais o líder é apenas um deles. Por exemplo, diante do que sabemos sobre o contágio social, os seguidores poderiam decidir se engajar (ou se dissociar) simplesmente porque outros seguidores, principalmente aqueles parecidos com eles, também estão engajados. Muitos estudantes que participaram de protestos antiguerra dos anos 60 e 70 agiram assim muito mais como uma resposta ao que os outros estudantes estavam fazendo do que por qualquer outro motivo. De modo semelhante, muitos daqueles que participaram no movimento moderno em prol dos direitos civis o fizeram não somente porque eram contra a desigualdade social, e porque estavam inspirados em líderes, como Martin Luther King e Malcolm X. Eles também participaram porque queriam fazer parte de uma comunidade estimulante e comprometida com uma causa comum.

A segunda questão remonta à diferença existente entre os *seguidores* e a *subordinação*. Defini *seguidores* como subordinados com menos poder, autoridade e influência do que seus superiores. Da mesma forma, defini *subordinação* como uma relação entre um subordinado e um superior, *assim como* a resposta do primeiro ao segundo. Sendo assim, os valores têm a ver com a subordinação, e não com os seguidores, pois o que os seguidores fazem e não fazem, em resposta ao que os líderes fazem e deixam de fazer, tem implicações normativas.

Em 1988, Robert E. Kelley publicou um artigo na *Harvard Business Review*, intitulado "In Praise of Followers" (Em Louvor aos Seguidores), no qual apresenta uma proposição inovadora para a importância da boa subordinação.[73] Embora não enfatize, como faço aqui, a importância dos fins em oposição aos meios somente, ele argumenta de modo persuasivo sobre o seguidor "eficiente", que é "entusiasmado" e "inteligente" ao "buscar uma meta organizacional". Os seguidores eficientes, segundo Kelley, gerenciam muito bem a si mesmos, comprometem-se com o grupo ou com a organização da qual são membros e são "corajosos, honestos e confiáveis". O livro subsequente de Kelley sobre o assunto (1992), que foi discutido no Capítulo 4 e se chama *O poder dos seguidores*, levantou o mesmo tema, de modo mais expansivo.[74] O argumento principal de Kelley era a importância dos seguidores, não somente a dos líderes. O argumento secundário de Kelley era que os seguidores podem ser mais importantes se forem "exemplares", se participarem ativamente, além de manter, ao mesmo tempo, sua independência, em relação ao líder e ao restante do grupo.[75]

No livro *The Courageous Follower*, também discutido no Capítulo 4, Ira Chaleff levanta mais ou menos as mesmas questões.[76] Ele também escreve principalmente sobre o ambiente de trabalho, e destaca mais o subordinado do que o superior. Chaleff argumenta que os seguidores deveriam estar mais conscientes de seu poder, mais predispostos a participar e mais preparados para contestar aqueles em posições superiores à sua. Certamente, Chaleff, não mais do que Kelley, não tem qualquer intenção de dar uma reviravolta no *status quo*, de fazer os subordinados expressarem sua opinião sem preparar seu discurso, de contestar os superiores em toda oportunidade. Ao contrário: em geral, os dois defendem os seguidores que trabalham a favor de seus líderes, e não contra eles. Não obstante, eles querem dar mais força àqueles com menos recursos, para que, quando chegar o momento, possam contestar e até sair da organização "se a situação transgressora não for corrigida".[77]

Eu poderia encerrar este capítulo sobre valores apresentando uma lista das características e capacidades dos bons seguidores, parecida com todas as outras listas que já temos sobre características e capacidades dos bons líderes. Entretanto, evitarei fazer isso por dois motivos muito simples. Primeiro, em termos ideais, essas listas devem ser específicas de cada situação, pois o que é necessário para ser um bom seguidor (e líder) pode variar nas mais diversas circunstâncias. Segundo, seja como for, esse tipo de lista nos remete àquelas que já conhecemos, que citam as características e capacidades dos bons líderes. Em outras palavras, curiosa e inesperadamente, o que é necessário para ser um bom seguidor tem muito a ver com o que é necessário para ser um bom líder. Assim como os bons líderes, os bons seguidores devem ter conhecimento, força, independência, e assim por diante. E como os bons líderes, os bons seguidores devem ter a capacidade de enfrentar a complexidade, administrar a mudança, ter bom-senso e outras características.

Então, evitarei o óbvio e, em vez disso, encerrarei contando uma história sobre dois homens que eram bons seguidores. Por um lado, eles eram, simultaneamente, líderes, homens de altas posições que, em circunstâncias normais, eram responsáveis e controlavam tudo. Contudo, por outro lado, eles eram subordinados pressionados por seus superiores até uma posição que, finalmente, tornou-se insustentável. O primeiro era Jeffrey M. Johnson, editor do *Los Angeles Times*. E o segundo era Dean Baquet, editor do *Los Angeles Times*. A fase problemática desses dois homens começou no final do verão de 2006, quando Johnson desafiou abertamente seus chefes na Tribune Company, recusando-se a fazer as demissões adicionais – 85 pessoas já haviam sido cortadas – que os chefes insistiam ser necessárias.

Durante algum tempo, a contestação de Johnson foi tolerada, em grande parte porque ele contava com forte apoio dos 400 membros do quadro editorial de 940 membros, que, entre outros aspectos, haviam assinado uma carta a seu favor.[78] Mas a difícil trégua entre ele e aqueles que ocupavam posição superior à dele durou pouco tempo. Em poucas semanas, ele foi obrigado a sair do emprego, punido por se recusar a cumprir ordens. Mesmo assim, Johnson se negou a sair em silêncio. Na realidade, aproveitou o dia e reiterou sua opinião fortemente mantida: "Ainda acredito que vocês precisam fazer um balanço da realidade financeira, que nos obriga a economizar o máximo possível, e que é assim que vocês vão crescer no futuro."[79]

Poucas semanas depois, de modo semelhante, mostraram a porta da rua para Baquet, que apoiara Johnson, mas que, na ausência dele, fora considerado indispensável.[80] Disseram-lhe que sua demissão não estava relacionada com a disputa em si, mas com sua contestação, que fora aberta – o que realmente aconteceu. Um mês antes, durante um discurso em New Orleans, Baquet se excedera a ponto de incentivar os editores do lugar a "repelir" – a rechaçar os proprietários que lhes ordenassem um corte de funcionários da sala de imprensa.[81]

Nem Johnson nem Baquet são seguidores comuns. Ambos ocupavam posições de destaque e tinham muita experiência. E ambos estavam imunes ao triste destino que pode derrubar outras pessoas que apoiam aqueles com mais poder, autoridade e influência do que elas. Ao mesmo tempo, resistiram a seus superiores, correndo um risco considerável e a um custo também expressivo. Além disso, embora a pressão para reduzir custos no ramo de jornais fosse real, eles demonstraram coragem em relação às suas convicções. Portanto, no que pese que, por um lado, eles fossem exemplos de como os bons seguidores podem alcançar maus resultados, por outro lado, deram um exemplo de como os bons seguidores podem realizar um bom trabalho.

CAPÍTULO 10

Transformações

EM TODA A MINHA VIDA PROFISSIONAL, trabalhei na área de liderança. Longe de mim cuspir no prato que comi, para diminuir a importância dos líderes. Mas chegou o momento de expandir o negócio. Chegou a hora de adotar uma abordagem mais expansiva para a liderança, de modo a incluir a subordinação. Não estou argumentando que as duas devam unir-se apenas eventualmente. Estou dizendo que a liderança e a subordinação devem ser consideradas em conjunto – inseparáveis, indivisíveis, inconcebíveis, uma não existe sem a outra.

Por um lado, sugiro algo novo e diferente, tendo em vista que nossa análise de como o poder, a autoridade e a influência são exercidos tem focado o líder e se fixado naqueles que ocupam posições superiores. Mas, por outro lado, para sintetizar liderança e subordinação, líderes e seguidores, seria necessário não mais do que uma progressão natural, pois já sabemos que não há liderança sem subordinação, nem líder sem, pelo menos, um seguidor.

A combinação de subordinação e liderança se destina não somente a ser um exercício intelectual; também existem implicações práticas. Mas para que essa síntese aconteça, são necessárias duas coisas. A primeira é aumentar a conscientização: entender cada vez mais que os seguidores não vêm depois dos líderes, não são apenas seus acessórios, mas uma força, um fenômeno poderoso em si mesmo. A segunda é o ensino complementar da subordinação, como parte do ensino da liderança. Do jeito que está agora, pois toda a nossa atenção e apoio são direcionados a nossos líderes e gerentes, os seguidores não recebem quase nada. Todos os inúmeros livros, vídeos, cursos, aulas, treinamentos, seminários e workshops são voltados para os que *têm* poder, autoridade e influência, e dificilmente algum deles se destina àqueles que *não* os têm. Consequentemente, os seguidores – somos todos seguidores, na maioria, e na maior parte do tempo – não têm muito ímpeto e menos ainda uma ideia de como aproveitar os próprios recursos.

Sabemos que os seguidores são como os líderes: eles são diferentes. Não somente demonstram níveis diferentes de engajamento, como também existem diferenças regionais e culturais, diferenças entre ser um seguidor em um pequeno grupo ou em uma grande organização, diferenças entre ser um seguidor de alta posição na hierarquia e um de baixa posição, e assim por diante. Além disso, as coisas mudam. Ninguém afirmaria que, hoje, as relações entre superiores e subordinados são idênticas às de centenas ou até de milhares de anos atrás.

Entretanto, seria um erro exagerar essas diferenças ao ponto da paralisia. A maioria dos cursos de liderança pode e realmente recebe vários tipos de líderes, dos mais diversos lugares. Na verdade, na John F. Kennedy School of Government da Harvard University, onde leciono, esses cursos estão entre os mais populares e heterogêneos na escola. (Mais de 40% dos alunos da Kennedy School não são americanos.) Desse modo, presumo o mesmo dos seguidores. Pressuponho que todos os tipos de seguidores se mostrem suficientemente semelhantes para que sejam considerados um grupo, ou até mesmo um grupo de interesses. Presumo ainda que o ensino sobre subordinação seria tão rigoroso como exercício intelectual quanto o ensino sobre liderança. Finalmente, presumo que desenvolver bons seguidores é tão importante quanto desenvolver bons líderes.

Quero deixar tudo bem esclarecido: isso nada tem a ver com transformar seguidores em qualquer outra coisa. Não está relacionado a estimular ou capacitar os seguidores a se tornarem líderes. Lembre-se de que defino os seguidores hierarquicamente – então, por definição, eles são subordinados com menos poder, autoridade e influência do que seus superiores. Estou falando, então, de subordinação – que não significa mudar o *nível hierárquico* dos seguidores, mas modificar sua *resposta* ao respectivo nível hierárquico, sua resposta aos respectivos superiores e à situação em questão. Em consequência, este último capítulo apresenta seis premissas extremamente importantes:

- *Os seguidores constituem um grupo* que, embora amorfo, tem membros com interesses em comum.
- No que pese que falte aos seguidores, por definição, autoridade, pelo menos no que diz respeito a seus superiores, *também por definição, eles não têm poder e influência*.
- Os seguidores podem ser *agentes de mudança*.
- Os seguidores devem *apoiar a boa liderança e opor-se à má*.
- Os seguidores que *fazem alguma coisa são, quase sempre, preferidos* em relação àqueles que não contribuem com nada.

- Os seguidores podem gerar mudança, *driblando seus líderes e se unindo a outros seguidores.*

Como já mencionado, os tempos mudam. Entre outros aspectos, a literatura sobre liderança está começando a ganhar terreno – a refletir o fato de que os seguidores têm sua importância. Por exemplo, um artigo publicado no *Leadership Quarterly* sugeriu um modelo para o desenvolvimento do seguidor "autêntico", ainda que fundamentado no desenvolvimento do líder.[1] Por conseguinte, o líder era a causa, e o seguidor, apenas o efeito – mas, mesmo assim, pelo menos os seguidores não foram excluídos da discussão. Outro exemplo, talvez melhor, é um artigo também publicado no *Leadership Quarterly*, que analisa os seguidores em seu próprio direito, independentemente dos líderes. O autor chega à conclusão de que, sob certas circunstâncias, os seguidores são "cada vez mais manipuladores talentosos de si mesmos e das informações".[2] E inclui uma nota de advertência, avisando os líderes de que seus seguidores podem gerar mudanças que eles "podem não ter previsto, não estejam cientes ou que, sequer, compreendam".[3]

Outros materiais preparados para os seguidores, e não para os líderes, abrangem livros como a conhecida obra de Robert Cialdini, *O poder da persuasão* (Rio de Janeiro: Campus/Elsevier, 2006).[4] Cialdini é um psicólogo social que gostaria que as pessoas parassem de dizer "sim" quando, no fundo, querem dizer "não". O livro não discute as relações entre líderes e seguidores. Em vez disso, discorre sobre a "psicologia da conformidade" de modo mais geral e sobre como corrigir o caráter daqueles que prontamente fazem o que as outras pessoas querem que eles façam.

Um dos capítulos versa sobre o que chamo de "resistência à autoridade"; Cialdini enfatiza, assim como eu mesma o faço aqui, que há motivos pelos quais, em geral, aceitamos as hierarquias, inclusive aqueles que nos classificam mais perto do nível inferior, e não superior. Entre outras coisas, aprendemos, desde que nascemos, que há mais probabilidade de que a obediência à autoridade nos traga aquilo de que necessitamos e desejamos do que a resistência a ela. Entretanto, a preocupação de Cialdini é a frequência com que concordamos com as pessoas em posição de autoridade, sem sequer pensar duas vezes sobre essa aquiescência. Por que concordamos de maneira tão estúpida? Bem, mais uma vez, obedecemos porque obedecer é mais fácil do que não obedecer, é muito mais fácil do que empenhar-se, enfrentar a dificuldade e, às vezes, mais fácil do que correr o risco de dizer "não". Não surpreende que Cialdini pareça contribuir muito pouco – ele vai de encontro à natureza humana e recomenda que desenvolvamos uma "conscientização elevada do poder da autoridade", o que, por sua vez, nos permitirá desenvolver uma "abordagem adequadamente protegida" contra as "tentativas de usar a autoridade-influência".[5] Seja como for, o resultado já é bem conhecido: nossa tendência é seguir o caminho mais fácil, concordar, inclusive quando isso pode trazer péssimas consequências.

Voltemos pela última vez ao que se tornou, até certo ponto para minha surpresa, um tema recorrente. Consideramos o relacionamento existente entre líderes e seguidores muito importante – para os líderes. O que quero dizer é que, com base nas provas aqui apresentadas, *os seguidores são mais importantes para os líderes do que os líderes para os seguidores*. Evidentemente, muitos líderes são imensamente importantes para seus seguidores; e muitos não dão a mínima para seus seguidores. Mas acontece que as relações entre seguidor-seguidor são muito mais importantes do que costumamos supor. Na realidade, os líderes são muito secundários nesse contexto.

A literatura sobre psicologia social está repleta de informações sobre como as pessoas comuns influenciam outras pessoas comuns ou, usando o contexto deste livro, como os seguidores influenciam os outros seguidores. Mas quem está interessado em liderança geralmente desconhece o que, em outras áreas de investigação, é considerado significativo: que o que acontece na vida tem pouco ou nada a ver com as pessoas mais poderosas, que ocupam posições mais elevadas na hierarquia, ou com mais influência do que nós. Em "O abate de um elefante", o policial, a figura da autoridade, tornou-se rapidamente uma ferramenta nas mãos alheias. Na Merck, Raymond Gilmartin, o CEO, foi praticamente secundário no agressivo desenvolvimento e marketing do Vioxx. Em Boston, o grupo Voice of the Faithful orientou toda a ação, e não o Cardeal Bernard Law. E após o término da Operação Anaconda, o Especialista Eddie Antonio Rivera deixou bem claro que os mais importantes não eram seus superiores militares mas, sim, seus companheiros, seus pares, seus colegas seguidores: "Gosto tanto desses rapazes que morreria por eles."

De modo semelhante, sabemos da existência de "inúmeras situações sociais e econômicas em que nos influenciamos em nossa tomada de decisão pelo que os outros a nosso redor estão fazendo".[6] Examine a enciclopédia livre Zagat Survey, publicada como uma série surpreendentemente bem-sucedida, lançada em 1979, como uma espécie de passatempo que, atualmente, contém opiniões diversificadas de cerca de 250 mil pessoas no mundo todo, sobre restaurantes, instâncias climáticas etc. Com base unicamente nessas pesquisas, sem quaisquer outras informações de qualquer outra natureza, pessoas como nós decidem onde vão fazer suas refeições e onde vão permanecer. Consideramos isso um comportamento racional – embora esteja associado a um comportamento grupal. Seja como for, o que importa é que não somente os líderes "disparam uma ação grupal", como também os seguidores fazem o mesmo.[7] Além disso, o efeito "contagiante" contribui bastante para explicar não somente o que fazemos, mas também como nos sentimos.

Portanto, nenhum livro sobre liderança deve deixar de citar a importância dos seguidores para outros seguidores. Eu diria ainda mais: eu afirmaria que nenhum livro sobre liderança deveria omitir esse relacionamento. Em outras palavras, há provas de que o exercício da boa liderança e da boa subordinação depende não apenas da natureza da relação entre superiores e subordinados, mas também da natureza do relacionamento entre subordinados e outros subordinados.

Para entender o poder do seguidor – e as limitações decorrentes –, as duas próximas seções apresentarão indicadores práticos que levam em consideração as relações entre líderes-seguidores e entre seguidores-seguidores. Mais uma vez, a ideia não é transformar os seguidores em líderes, mas estimulá-los a participar, apesar de – ou devido a – sua posição de subordinados. Lembre-se de que eles são como nós. Ninguém é sempre um líder ou nunca foi um seguidor.

No local de trabalho

Sabemos muito bem que nos últimos 50 anos as relações entre líderes e seguidores no local de trabalho ficaram mais equilibradas. Os motivos abrangem mudanças culturais, como as que exigem menos deferência à autoridade, inclusive dos filhos em relação a seus pais, e dos alunos, a seus professores. E esses motivos também incluem a revolução da informação, o que, em si, tornou as hierarquias organizacionais mais niveladas. Na realidade, algumas ficaram tão simples que as relações entre líderes e seguidores passaram a fluir melhor (eles trocam de posições); e outras ficaram simples a ponto de sequer existirem líderes (ou seguidores) imediatamente perceptíveis. Esses grupos e organizações têm uma estrutura "sem líderes", para que as pessoas sejam mais felizes e produtivas, à medida que sua autonomia vai aflorando.

Entretanto, os líderes não correm o risco de extinção. O Debian Project é uma comunidade de software de origem aberta com mais de mil membros em 40 países, e um histórico de 9 líderes diferentes ao longo de 13 anos (1993 a 2006). Os membros da comunidade sempre acharam necessário algum tipo de estrutura de controle. Mas mostravam-se relutantes em ter qualquer coisa que, de longe, lembrasse uma hierarquia organizacional tradicional. Desse modo, preferiram o caminho mais longo. Elaboraram uma constituição que definia e descrevia o que significa ser um líder no Debian Project. A constituição do Debian restringe a autoridade posicional, exigindo que os líderes "tomem decisões consistentes" com a opinião da maioria. Também exige que os líderes adotem as mesmas regras aplicáveis aos outros membros – sem privilégios especiais. Finalmente, a constituição exige um sistema de verificações e equilíbrios. O poder para tomar as decisões importantes é dividido entre (mal comparando) o correspondente a um comitê executivo e a uma comissão técnica.[8]

Não obstante uma constituição que praticamente garante que o Debian é controlado por normas democráticas e que seus líderes são cuidadosamente contidos, estes, de alguma maneira, ainda conseguem emergir e supervisionar. Além disso, atingem o topo não somente por conta de suas habilidades técnicas, mas também por causa de suas técnicas de liderança. Em outras palavras, até no Debian, onde esses esforços são desenvolvidos para nivelar o campo de ação, algumas pessoas lideram, enquanto outras obedecem. "O trabalho informal de coordenar os esforços individuais e associá-los às metas da comunidade [é] uma fonte vital de liderança."[9]

O livro escrito por Ori Brafman e Rod Beckstrom, intitulado *Quem está no comando: a estratégia da estrela-do-mar e da aranha* (Rio de Janeiro, Campus/ Elsevier, 2007) segue diretrizes semelhantes.[10] Brafman e Beckstrom consideram o modelo do CEO tradicional obsoleto ou, no mínimo, aquém do ideal, o que, evidentemente, é um fato. Os CEOs convencionais são descritos como se liderassem por comando e controle, como se fossem poderosos e rigorosos, e como se considerassem sua tarefa a maximização dos lucros. O problema é que nenhuma dessas habilidades e capacidades é adequada ao caráter instável de uma empresa.

Entretanto, rejeitar o antigo modelo de liderança não equivale a refutar a liderança também – sobreviver "sem líderes". Na verdade, Brafman e Beckstrom admiram "o catalisador" – que acaba sendo um líder que mudou de nome. Os catalisadores não ocupam necessariamente altas posições na hierarquia – ou seja, eles não são necessariamente superiores, no sentido comum da palavra. Mas grande parte do que fazem – acionar, facilitar e inspirar, por exemplo – acontece tão ao estilo líder que, antes do final do livro, eles são efetivamente descritos como um "tipo de líder".[11] (Este é um exemplo que demonstra que a divisão entre líderes e seguidores é uma linha tênue.)

Quero dizer o seguinte: não obstante as mudanças importantes, as boas intenções e os novos nomes, o que acontece inevitavelmente no local de trabalho, assim como em todos os outros lugares, é que algumas pessoas lideram, enquanto outras obedecem. Até mesmo os locais de trabalho mais deliberadamente democráticos são *informalmente, se não formalmente*, organizados de modo muito certinho. Além disso, em muitas organizações, as hierarquias tradicionais ainda prevalecem. Na maioria dos hospitais-escola, por exemplo, ainda existe uma divisão de trabalho herdada dos velhos tempos. No degrau mais alto da hierarquia hospitalar, encontram-se os médicos que também são os administradores seniores. Imediatamente abaixo deles, estão os médicos experientes que visitam os pacientes, uma ou duas vezes por dia. Um pouco mais abaixo, encontram-se os residentes e internos, que gastam horas incontáveis, sem dormir, dominando a profissão médica. E bem no final dessa hierarquia específica, estão os estudantes de medicina, ainda inibidos, se não proibidos de contestar aqueles em posição superior à deles.[12]

Às vezes, os efeitos da ordem hierárquica são benignos – outras vezes não. A ordem hierárquica pode ser perniciosa. Eis, então, uma pergunta cuja resposta todos nós já sabemos: o simples fato de ser um seguidor, de ser subordinado, influencia nosso bem-estar? A resposta é *sim*, ser seguidor realmente influencia ou pelo menos pode influenciar nossa saúde e bem-estar, e de modo muito intenso.

Analise o conceito da "carência relativa", que envolve uma comparação de nós mesmos com outras pessoas com as quais somos parecidos. Uma pesquisa realizada com 16 mil trabalhadores na Grã-Bretanha detectou que seus "níveis informados de satisfação no emprego tinham menos a ver com... salários do que com o modo como seus salários eram comparados aos dos colaboradores".[13] Além disso, sentir-se relativamente carente, o que nasce do sentimento da impotência relativa, é ruim não somente para nosso bem-estar mental, mas também para nosso bem-estar físico. Outro estudo britânico apurou que os funcionários públicos promovidos a níveis mais altos na hierarquia viviam muito mais do que seus colegas, em posições inferiores. Em termos mais precisos, os servidores públicos do nível médio tinham mais probabilidade do que seus chefes de desenvolver diversas condições possivelmente fatais, inclusive doenças cardíacas, hipertensão, câncer pulmonar e problemas gastrointestinais.[14] Um estudo realizado recentemente nos Estados Unidos chegou a uma conclusão muito parecida, principalmente no que diz respeito aos subordinados obrigados a aguentar superiores miseráveis: "Os empregados presos a uma relação abusiva enfrentam mais exaustão, tensão de trabalho, nervosismo, mau humor e desconfiança."[15]

Embora ninguém perceba totalmente o elo existente entre os sentimentos de carência relativa e a saúde das pessoas, parece que isso tem algo a ver com o estresse. Há provas que respaldam essa hipótese no reino animal, onde são comuns as brigas por status. Por exemplo, Robert Sapolsky, um notável estudante dos babuínos, descobriu que as amostras de sangue coletadas de babuínos de nível inferior na hierarquia apresentavam níveis mais altos de um hormônio associado ao estresse; da mesma forma, os macacos resos dominantes apresentam taxas mais baixas de arteriosclerose do que os macacos classificados mais abaixo na hierarquia social. Resumindo a história: "O nível até o qual a baixa hierarquia é prejudicial para um indivíduo depende provavelmente do número de pessoas no nível mais alto, porque cada pessoa nos níveis superiores está em posição de fazer ameaças, insultos, cobrar obediência ou, em última análise, impor uma violência que gera o estresse. Os indivíduos insultados por seus superiores insultam os que estão imediatamente abaixo deles, gerando uma cascata de ameaças e violência através da qual os indivíduos hierarquicamente inferiores levam o troco, não somente o de seus superiores imediatos, mas o de toda a hierarquia acima deles."[16]

O que fazer? Como conferir poderes a pessoas que se sentem impotentes? Como engajar pessoas que estão dissociadas? Como os seguidores conseguirão fazer alguma coisa, em vez de não fazer nada? Como os seguidores conseguirão apoiar os bons líderes? Como os seguidores conseguirão neutralizar ou, pelo menos, desacelerar os maus líderes?

Devo acrescentar que a importância dessa última questão – como neutralizar ou, pelo menos, desacelerar os maus líderes – é extremamente subestimada. Nosso foco é quase sempre o desenvolvimento da boa liderança; nosso foco é quase não reprimir a má liderança, provavelmente porque é um osso bem duro de roer. Seja como for, sabemos muito bem, até mesmo com base em nossa própria experiência, existem maus líderes em toda parte.[17] Nos anos 1980 e 1990, Robert Kelley realizou pesquisas de ambiente de trabalho, que confirmaram o algo grau de insatisfação dos seguidores. Ele descobriu que menos da metade de todos os líderes inspiram confiança em seus subordinados, dois em cada cinco chefes não têm técnicas de liderança, e apenas um em cada sete superiores foram considerados por seus subordinados um exemplo a ser seguido.[18] Um estudo recente, realizado na Florida State University, confirmou que o conhecido chefe mau pode ser encontrado em todo lugar: quase 40% dos 700 trabalhadores pesquisados afirmaram que seus superiores não cumpriam suas promessas; mais de um terço reclamou que seus chefes não davam importância ao que deveriam; e apenas menos de um terço dos subordinados informou que, no ano anterior, foi submetido por seus superiores a "tratamento silencioso".[19] (A propósito, o problema é generalizado. Em 2006, sete em cada dez americanos estavam convictos ou fortemente convictos de que "há uma crise de liderança nos Estados Unidos hoje em dia".)[20]

Mas a boa notícia é que os subordinados realmente têm algumas cartas na manga, algumas táticas e estratégias profissionais que podem fazer a diferença. Explicando melhor: não quero minimizar, em hipótese alguma, a tarefa, dando a entender que o exercício do poder e da influência, de baixo para cima, é fácil. Como já discutimos, temos excelentes motivos para optar pela segurança, para evitar, em vez de enfrentar, aqueles que têm mais poder, autoridade e influência do que nós. Mesmo assim, sabemos que existe algo que os seguidores podem e devem fazer para seu próprio bem e para o bem comum.

A parte fácil é apoiar os bons líderes, o que exige um pouco mais do que um senso comum e a determinação de embarcar com força total e fazer benfeito. Experimente, por exemplo, desenvolver vários tipos de habilidades profissionais, para ser produtivo e participativo, e para atingir as metas coletivas e individuais.

Na realidade, às vezes apoiamos os bons líderes simplesmente colocando a *mão na massa* diretamente. Eis um exemplo – duas mulheres na Best Buy Company, que mudaram um componente importante da cultura corporativa, mais ou menos por conta própria. O CEO Brad Anderson estimulava a "inovação furtiva de baixo para cima" – então, Cali Ressler e Jody Thompson, lotados em Recursos Humanos, ganharam o dia. O objetivo de Carli e Jody era criar um ambiente de trabalho em que as agendas fixas voariam pela janela, em que todos os funcionários da Best Buy estariam livres para definir os próprios horários, para ir e vir à vontade, desde que seu trabalho fosse executado. O experimento começou "como um ato de guerrilha secreto que, disseminado como um vírus, torna-se uma revolução". Rapidamente, a rotatividade média dos voluntários despencou, a produtividade aumentou, assim como a participação dos empregados.

Como Ressler e Thompson conseguiram isso? Para início de conversa, eles *não* pediram a aprovação de seus superiores. Em vez disso, reuniram-se em particular e elaboraram em silêncio as estratégias para implementar suas ideias em pequenos ensaios-piloto. Assim que perceberam algumas aberturas, avançaram e rapidamente "obtiveram um alto nível de interação social". A princípio, os participantes evitaram falar sobre sua nova autonomia, principalmente para seus superiores, por temerem a perda das regalias. Mas com o tempo, o boato se espalhou, e para níveis de gerenciamento cada vez mais altos. Certamente, as mudanças notáveis desencadeadas por Ressler e Thompson não estavam imunes aos conflitos. Alguns na Best Buy ficaram ressentidos com as mudanças, enquanto outros acharam que não demoraria muito para que um desastre fosse constatado. Na verdade, se o negócio da Best Buy entrar em crise, em algum momento mais adiante, a empresa ainda poderá bater em retirada, rapidamente. A despeito do que aconteça no longo prazo, o que Ressler e Thompson realizaram no curto prazo, sem as armadilhas habituais do poder e da autoridade corporativos, foi "uma reforma radical do ambiente de trabalho".[21]

Evidentemente, nem todos os chefes incentivam a inovação de baixo para cima ou, até mesmo, de cima para baixo. Muitos sequer reagem como esperaríamos, nem diante de nossas melhores intenções. O que fazer, então? Isso pode ser ardiloso, exigindo que os seguidores se tornem estrategistas, aprendendo a *comandar o líder*, ou, então, a *gerenciar o gerente*. (Os dois termos têm sido muito empregados nos últimos anos; é evidente que ambos se esforçaram para evitar aquele palavrão, a palavra *seguidor*.) Comandar o líder/Gerenciar o gerente é considerado uma habilidade de relacionamento que permite que os subordinados influenciem de alguma maneira seus superiores. Certamente, gerenciar o gerente pode ser considerado uma atitude repulsiva, como autopromoção ou manipulação. Entretanto, para os seguidores que almejam se firmar, gerenciar o gerente é o segredo. Segundo Jeffrey Pfeffer, professor na Escola de Negócios da Stanford University, "muitas pessoas acreditam que, se estiverem fazendo um bom trabalho e realizando algo, os chefes têm necessariamente consciência disso, mas eles não têm". Como as únicas pessoas que podem ajudá-lo estão acima de você, isso significa que você precisa "informar a seu chefe suas realizações e buscar um relacionamento, inclusive um momento face a face, bajulação, pedido de conselho". Mesmo que essa insinuação grosseira pareça humilhante, "de que outra maneira" – pergunta Pfeffer – "você se dará bem ao competir com pessoas que têm bem menos inibições?".[22]

A questão é que aqueles com menos poder, autoridade e influência *realmente* têm maneiras de influenciar os mais poderosos. E mais: a questão de como comandar o líder ou gerenciar o gerente – de como ser um seguidor bom e inteligente – está chamando mais atenção do que nunca. Primeiro, os próprios subordinados estão sendo abordados de uma forma nova e diferente, como na publicação *Working Knowledge* da Harvard Business School, que inclui artigos com títulos como "Understand What Motivates Your Boss" (Saiba o que motiva seu chefe) e "Do I Dare Say Something? (Devo ousar dizer alguma coisa?)".[23] Segundo, é muito mais compreensível que os próprios líderes sejam frequentemente seguidores, superiores em papéis de subordinados, como comprova um artigo publicado na *Harvard Business Review*, cujo título é "Surviving Your New CEO" (Sobrevivendo ao Novo CEO).[24] O artigo é claramente direcionado àqueles que atuam na administração de nível superior, aos "executivos" e membros de "equipes experientes", os quais, já que têm um novo chefe, precisarão eles mesmos de orientação sobre como ser bem-sucedido. Não é por acaso que conselhos como "Demonstre boa-vontade" e "Analise o estilo de trabalho [do chefe]" e "Dê o melhor de si" se aplicam bem a todos aqueles classificados em níveis inferiores na hierarquia corporativa. Terceiro, como afirma outro artigo publicado na *Harvard Business Review*, esperamos atualmente algum tipo de reciprocidade dos líderes em relação aos seguidores. Com o título "What Your Leader Expects of You – and What You Should Expect in Return" (O que seu líder espera de você – e o que você espera receber), o artigo traz uma novidade diferente em sua descrição daquilo que os superiores têm o direito de esperar. Mas ele *é* novo e diferente quanto à sua descrição daquilo que os subordinados devem esperar, inclusive dos chefes que "propiciam clareza de orientação", que "definem metas e objetivos" e que "demonstram honestidade e confiabilidade".[25] Quarto, eu não subestimaria o poder da análise de 360º. O simples fato de que alguns subordinados já estejam em posição de avaliar periodicamente seus superiores traz consequências, em alguns casos, efetivamente, e em outros, simbolicamente.

Por fim, os próprios CEOs estão sendo instruídos, de modo muito objetivo, a incentivar seus seguidores a, sim, bem, liderar. Por quê? Porque, de acordo com o *Wall Street Journal*, "os CEOs não podem mudar as empresas sozinhos". Em vez disso, "a mudança terá de partir daqueles que lideram de baixo para cima", mais especificamente dos gerentes que "fazem a mudança do atendimento e controle para uma função de liderança". Os gerentes que estão ansiosos para fazer essa mudança – ou seja, estão ansiosos para se tornar líderes – recebem um conselho que, mais uma vez, é o tipo de conselho que também se aplicaria aos subordinados em praticamente todos os níveis organizacionais: "Tome a decisão de ser um líder" e "Tenha um foco na influência e não no controle" e "Seu organograma mental deve ser horizontal, e não vertical."[26]

Mais uma vez: não subestimo as dificuldades de "comandar o líder" ou de "liderar de baixo para cima" ou, usando o termo aqui empregado, de ser um seguidor. Há riscos associados a um comportamento contrário aos padrões tradicionais. Na realidade, se esse esforço for incompetente, conseguirá "provar pouco mais do que uma atitude de despreocupação, abreviação ou fim de carreira".[27] Mas sob a circunstância certa, as vantagens de ser um subordinado arrojado provavelmente vão superar os custos.

Outra professora na Escola de Negócios da Stanford University, Debra Meyerson, também ensina às pessoas de nível hierárquico médio a mudar as organizações em que trabalham – especificamente, como torná-las hospitaleiras para a maioria, se não para todos os empregados.[28] (Um bom exemplo poderia ser os pais que trabalham fora tentando convencer os empregadores a permitirem horário flexível.) Meyerson identifica cinco estratégias úteis para os *radicais de mau humor* – para os subordinados que despertam um equilíbrio entre a conformidade e a rebelião. As estratégias estão resistindo silenciosamente, transformando ameaças em oportunidades, negociando, alavancando pequenas vitórias e tomando uma ação coletiva.

Resistir silenciosamente significa defender quem você é, mesmo que seja um pouco diferente; destacar suas ideias sem bater de frente com as forças em vigor; e trabalhar nos bastidores, sob controle, para fazer o que você almeja e pretende. Para transformar uma ameaça em uma oportunidade, é necessário usar táticas como desviar e atrasar – mas, evidentemente, no momento certo e do modo certo. As perguntas a serem levantadas antecipadamente são: Este é um bom momento para correr riscos e contestar? Vale a pena começar essa briga? Quais são as chances de alcançar o resultado almejado? A negociação requer uma avaliação objetiva dos interesses dos outros e, se necessário, inserir terceiros para fazer uma mediação. Alavancar pequenas vitórias significa utilizá-las bem e de modo inteligente, para atingir objetivos mais altos, posteriormente. Por fim, existe a ação coletiva – quase sempre, a estratégia mais eficiente dos impotentes contra os poderosos. Falaremos a esse respeito mais adiante, mas, por ora, eis o posicionamento de Meyerson: embora os indivíduos possam gerar uma mudança, e geralmente o fazem, é a ação coletiva que amplia o impacto e aprofunda os benefícios.[29]

Evidentemente, é mais difícil e perigoso ser um bom seguidor quando isso exige interceptar um mau líder: um líder ineficiente ou sem ética, ou ambos. O título de um artigo sobre o assunto adverte sobre os riscos de um motim por parte dos funcionários ("The Perils of an Office Coup") e explica que, mesmo que você ache que o chefe deva ser demitido, "o emprego perdido pode ser o seu".[30] O conselho é adequado – por exemplo, chegou a hora de "revelar quando sua frustração com seu gerente afetar a possibilidade de você fazer seu trabalho" e é bom compartilhar suas ideias, "desde que seus colegas sejam confiáveis". Entretanto, isso faz apenas insinuações sobre a difícil tarefa de combater lideranças ruins no ambiente de trabalho.

Por um bom motivo, os mais diretamente prejudicados, os subordinados no ambiente de trabalho, e não os consultores que olham apenas por fora, tendem a duvidar de sua capacidade de gerar uma mudança. Em uma série informal de diálogos que tive com adultos que trabalham fora de casa, eles relataram que, por mais justificável que fosse a ideia de desafiar um mau líder ou gerente, para eles parecia difícil de acreditar. De acordo com a experiência deles, o interesse pessoal motiva o que acontece no ambiente de trabalho, o que significa que fazemos aquilo que esperam que façamos, aquilo que nos ordenam. Andamos na linha porque é possível que sejamos recompensados por agir assim ou, então, seremos punidos por não agir assim. Ira Chaleff (autor de *The Courageous Follower*) responde a esses questionamentos afirmando que os seguidores costumam "aumentar o risco necessário para assumir uma posição corajosa". E defende a ideia de que embora os subordinados que apoiam seus superiores assumam o risco, também correm risco se não fizerem nada, principalmente se concordarem com o comportamento inadequado da liderança. Por exemplo, pense nos subordinados na Enron, aprisionados por cumplicidade com os superiores; ou, então, os subordinados em Abu Ghraib, aguentando a pressão dos superiores que faziam vista grossa. Além disso, segundo Chaleff, há benefícios em abrir a boca: "Se uma posição for tomada de modo adequado e eficiente, o líder, em geral, mudará sua ideia sobre o seguidor. O seguidor deixará de ser um simples funcionário e se tornará um parceiro convidado a entrar no círculo dos conselheiros de confiança do líder, para avaliar ações em conflito."[31]

Dito isso, certamente os seguidores que contestarem os maus líderes devem acautelar-se, ser espertos e manter um olho fechado e o outro aberto. O que mais exatamente isso exige? Mais especificamente, duas questões. A primeira é a importância do momento certo – quanto mais cedo, tanto melhor. Meu próprio estudo sobre má liderança sugere que se trata de um terreno escorregadio – quanto mais profunda for a raiz, tanto mais difícil será colocar-se de pé.[32] A segunda questão tem a ver com estar bem preparado – bem equipado, bem defendido e bem protegido. Os subordinados que contestarem seus superiores devem reunir provas, contar com aliados e receber um bom aconselhamento. No caso de uma resistência séria, eles devem dirigir-se a uma autoridade superior (se existir) e devem resguardar-se, preservando reservas emocionais e financeiras, e, se necessário, obtendo representação jurídica.

Ao enfrentar um mau líder, no ambiente de trabalho ou em qualquer outro lugar, nenhuma decisão é mais importante do que determinar se você vai fazer isso sozinho ou acompanhado de outras pessoas. Se possível, a ação coletiva é mais eficiente: é muito melhor reunir forças com os colegas seguidores do que fazer o papel do Zorro. Primeiro, é mais seguro. E segundo, há mais probabilidade de dar certo. Repetindo: a única arma mais forte do impotente contra o poderoso é a força dos números. Como observou Jean Lipman-Blumen, ao enfrentar um mau líder, o seguidor corre o risco de ser demitido, persuadido ou aliciado. As coalizões, ao contrário, "são o segredo do sucesso".[33]

Entretanto, ocasionalmente, não é possível fazer coalizões. Às vezes, por motivos pessoais ou institucionais, ir sozinho é, ou parece ser, a única maneira de avançar. Isso nos leva de volta ao delator, a um só seguidor determinado a enfrentar um único líder (ou mais), a despeito do custo. Sabemos que a delação é realmente um ato arriscado. Para impedir que esse ato também seja imprudente, Tom Devine, atual diretor jurídico do Government Accountability Project (Projeto de Responsabilidade do Governo), escreveu um livrinho intitulado *The Whistleblower's Survival Guide: Courage Without Martyrdom*. Ele dá o seguinte conselho aos possíveis delatores: primeiro, antes de você fazer algo que não possa ser desfeito, converse com sua família e com os amigos; segundo, tente fazer seu empregador esboçar uma reação a você, e não o contrário; terceiro, descubra se há outras pessoas também aborrecidas com a transgressão; quarto, antes de fazer uma crítica formalmente aberta ao público, pense se há um modo razoável de permanecer e trabalhar dentro do sistema; quinto, guarde registros precisos do que você fizer e quando fizer; sexto, busque aliados, dentro e fora da organização; e, por fim, consiga um bom advogado.[34]

É bom saber que a maioria dos seguidores tem algumas opções, até mesmo nas situações do ambiente profissional que, aparentemente, podem dar a impressão de uma intimidação. Evidentemente, ir embora é a última opção – é melhor sair quando os custos da permanência superam os benefícios, quando líderes e gerentes induzem ao erro e administram de modo deficiente, permanecendo hostis durante todo o tempo ou simplesmente ignorando nossos interesses. Entretanto, vez ou outra, sair é o último recurso, o que torna mais importante que sejamos ativos e até proativos, em vez de tão-somente reagir.[35]

Uma última observação, uma última reiteração de uma observação que já fiz e com a qual praticamente todo observador de empresa americana na primeira década do século XXI concorda: os grandes chefes são menos importantes do que costumavam ser. Os líderes têm menos poder, autoridade e influência, o que significa que, pelo menos em alguns casos, os seguidores têm mais. Quantas vezes mais ouviremos que, ao contrário do "autoritário e intempestivo" Robert Nardelli, o ex-CEO da Home Depot, seu sucessor, Frank Blake, trouxe novos ares, entoando uma "nova toada do topo". Blake é não somente "simplório, charmoso, sincero, às vezes divertido e frequentemente humilde", como também é, pelo menos quando comparado com seu ambicioso antecessor, modesto. O salário de Blake era de $8,9 milhões, diferentemente do de Nardelli, que era de $39,7 milhões.[36] Mas, evidentemente, isso significa muito mais do que o que aconteceu em uma única empresa. Isso tem a ver com "criar um novo CEO", só por causa de outros, que não lhes deram opção.[37]

Jim McNerney, CEO da Boeing, fala abertamente da necessidade de depender de sua "força de persuasão". Martin Sullivan, que sucedeu o despótico Hank Greenberg na presidência do American International Group (AIG), alega não se importar com o fato de que ele, diferentemente de Greenberg, precise dividir o poder. E Mark Hurd, que sucedeu Carly Fiorina na Hewlett-Packard, nega até mesmo quando tem uma visão. "Não sou um cara de grandes visões", insiste ele. Segundo o antigo repórter do *Wall Street Journal* Alan Murray, eis o resultado: os CEOs, como McNerney, Sullivan e Hurd, "são menos poderosos do que seus antecessores. Eles têm rédeas mais curtas, são mais agradecidos a seus quadros de diretores e mais suscetíveis à influência de diversos profissionais externos – regulamentadores, contadores, procuradores-gerais, gerentes de fundos de hedge, chefes de sindicatos, serviços de aconselhamento por representação, advogados de defesa, fundos de pensão pública e ativistas sem fins lucrativos". Eis o cenário, então – líderes de locais de trabalho que necessitam de um toque de inteligência para que "ninguém se rebele"; que temem demitir trabalhadores "porque nunca foi mais fácil para os trabalhadores americanos ir para a justiça e alegar que foram demitidos injustamente"; e que, apesar de um salário alto, dão a impressão de que não estão felizes. Em 2006, "mais de 28 mil executivos de primeiro escalão perderam seus cargos, saíram ou mudaram de emprego, um aumento de 68% em relação ao ano de 2005".[38]

No cenário público

Obviamente, ser um seguidor na esfera pública é diferente de ser um seguidor no local de trabalho. Entre outros aspectos, no local de trabalho, se não fizermos nada, provavelmente seremos punidos. Ao contrário, na maioria das democracias modernas, não há uma penalidade quando alguém é um Espectador ou um Isolado.

Examine o que aconteceu durante os dois mandatos de George W. Bush. Perto do final de seu segundo mandato, a maior parte dos americanos não aprovava mais o desempenho de Bush como presidente. Mas, na verdade, com raras exceções, aqueles que se opuseram ao presidente – em outubro de 2007, seu índice de aprovação era de apenas 33% – e principalmente à sua conduta em relação à Guerra no Iraque pouco falaram, e fizeram menos ainda. Após concordar com a decisão inicial do presidente no sentido de invadir, um apoio prestigiado em grande escala, o povo americano, assim como o presidente americano, "manteve o curso". Mais objetivamente, apesar das sérias apreensões, o povo obedeceu a seu comando, do início ao fim.

Houve outra opção? O povo americano poderia ter agido de modo diferente? Sim, certamente. Não era necessário apoiá-los ou, sequer, era preciso apoiar em silêncio. Seria possível opor-se abertamente contra o envio de tropas ao Oriente Médio, em primeiro lugar; e depois, em algum momento, ter exigido em alto brado que elas voltassem para casa. Isso sem falar no fato de que, em 2004, teria sido possível eleger outro presidente, um democrata. O que nos leva à seguinte conclusão: ser um bom seguidor implica apoiar ativamente os líderes de sua predileção e opor-se ativamente aos líderes que você não aprecia.

Analisando sob esse prisma, o problema ocorrido no sistema político americano não tem a ver com uma única pessoa, nem com o presidente. Em vez disso, o problema é o alto nível de destacamento político e o baixo nível de engajamento político. "Quase metade (48%) da população adulta pode ser caracterizada como desligada do domínio cívico e político."[39] Não somente quase metade dos eleitores com direito a voto deixa de votar, como também muitos daqueles que vão às urnas estão desinteressados, ou não interessados o suficiente para fazer algo mais do que simplesmente votar para presidente, a cada quatro anos. Na realidade, se especulássemos, seria possível saber que o único motivo mais forte para a perene frustração quanto a esse aspecto é a diferença entre o real e o presumido. Por um lado, a cultura política americana glorifica as virtudes da democracia participativa, o que, presumivelmente, permite e até incentiva o povo a participar ativamente da vida pública. Mas, por outro lado, por diversos motivos, que vão desde estar ocupados até se sentir impotentes, vive-se em uma era em que o ativismo político, no sentido convencional do termo, é escasso. Isso apesar do fato de que, em janeiro de 2007, quando o presidente Bush anunciou que estava enviando mais 21 mil tropas para o Iraque, não mais que um quarto do povo americano aprovava o modo como ele estava administrando o conflito.[40]

Certamente, o nível de participação na eleição presidencial de 2004 foi, em relação aos padrões americanos, relativamente alto (cerca de 60% dos cidadãos com direito a voto compareceram às urnas). Mas o engajamento político, do jeito que está, não passa das urnas de votação. Embora tenha ocorrido, como constatamos, alguma atividade de base refletindo a grande insatisfação principalmente em relação à Guerra no Iraque, a verdade é que, durante essa guerra mais recente, a oposição perdeu a voz. A questão é por quê? Por que nos dias de hoje e na era atual, em que as pessoas no mundo inteiro falam mais frequente e insistentemente do que nunca, a Guerra no Iraque tem sido uma exceção à regra?

Como já mencionado, o motivo para toda essa discrepância é, em geral, atribuído ao recrutamento militar. Em particular, houve um recrutamento durante a Guerra no Vietnã, em que o povo americano obrigou o governo dos Estados Unidos a finalmente suspender, e não há nenhum atualmente. Mesmo assim, essa diferença não parece explicar plenamente até onde os americanos, dessa vez, ignoraram o protesto político em grande escala. O colunista Frank Rich, do *The New York Times*, apresentou uma explicação alternativa, que sugere que, quando estamos diante do computador, nossa presença nas ruas é substituível: "À medida que nosso país afunda cada vez mais no atoleiro... nós, o povo – e isso abrange, sim, você – buscará qualquer escapatória. Na era do Iraque, as válvulas de escape preferidas não são as drogas nem a cultura da droga do Vietnã, mas o passatempo igualmente autogratificante e narcisista (ou menos psicodélico) da Internet. Por que não passar horas destilando veneno apaixonadamente na blogosfera... sobre nosso 'estado de espírito ou o estado da nação ou sobre o bife com fritas servido no novo barzinho do final da rua'?"[41]

Há outro motivo pelo qual os americanos do século XXI são desligados e não engajados politicamente: nós estamos, simples assim, desacostumados. Muitos de nós, principalmente os jovens, têm pouca ou nenhuma experiência de participação no processo político. Além disso, essa experiência não é nem um pouco estimulante. Nos últimos anos, as escolas de ensino médio e as faculdades têm apoiado muito seus estudantes, ao se engajarem na vida da comunidade; mas esse apoio diminui bastante quando eles se envolvem na vida política. Consequentemente, muitos jovens nos dias de hoje se interessam pelo serviço público, e não pela política. Por conseguinte, há mais probabilidade de seu engajamento cívico, e menos chance de seu engajamento político. "Esse novo mix tem privilegiado o engajamento cívico em relação às formas mais tradicionais de participação política, como votar, e tem focado as organizações civis e corporativas do que as instituições governamentais como as arenas centrais de ação pública."[42] Atualmente, há menos probabilidade de os jovens votarem, de se envolverem em campanhas e eleições, entrarem em contato com dirigentes públicos, identificarem-se com um partido político importante ou de serem membros de qualquer tipo de organização explicitamente política. "Também é pouco provável que eles demonstrem interesse por política e assuntos públicos, de acompanharem o desenrolar dessas questões na mídia ou de buscarem conhecimento sobre esses assuntos."[43]

Essa falta de interesse tem sido sustentada ainda mais por um presidente que, apesar de liderar uma nação em guerra, não pediu nem ofereceu o sacrifício da nação, exceto o das Forças Armadas. Como resultado, os jovens de hoje em dia não pensam na subordinação, na cidadania, como obrigações vinculativas de qualquer natureza, inclusive a votação. Nada disso é inconsequente, nem as implicações teóricas do que significa viver em uma democracia participativa carente de ampla participação política, nem as verdadeiras consequências. Na realidade, há provas contundentes de que, se um número maior de americanos mais jovens realmente participasse do processo político, as políticas públicas relacionadas pelo menos a algumas questões – como meio ambiente, tratamento de saúde, imigração e casamento entre pessoas do mesmo sexo – seriam diferentes.[44]

A pesquisa indica que os cidadãos mais ativos, os mais eficientes, são aqueles que participam da vida cívica *e* política. Presumindo que consideramos esse engajamento importante, almejado, a questão é como cultivá-lo. Como cultivar seguidores que participem dos domínios cívico e político, para apoiar quem são e o que fazem, e para rejeitar quem e o que refutam? Sabemos que há mais probabilidade de os adultos participarem da vida pública se o fizerem quando jovens e se tiverem as "motivações, habilidades, recursos e oportunidades para isso".[45] Então, nossa tarefa é fomentar tudo isso por meio de diversas iniciativas, desde o modelo parental até programas escolares formais e informais em todos os níveis, até o acesso por parte das organizações políticas e sem fins lucrativos. Tendo em vista as décadas de declínio da confiança no governo americano, tendo em vista uma cultura em que a depreciação do governo e de seus representantes é considerada bacana e até divertida, pouco nos toca que o engajamento político tenha sido sacrificado, principalmente, mais uma vez, entre os jovens. Mesmo assim, o passado não é necessariamente prenúncio de nada, o que significa que existe um trabalho a ser feito, que deve ser feito.

Os que estão acostumados ao privilégio da participação na vida política tendem a subestimá-la. Mas em algum lugar do mundo, em locais em que a mesma ideia de poder participar politicamente é uma novidade, e as coisas são diferentes. Examine este item, publicado em uma edição de 2006 do *South China Morning*

Post: "Hong Kong já demonstrou a 'força do povo' com centenas de milhares de pessoas marchando nas ruas... O chefe do Executivo, Donald Tsang Yamkuen, percebeu que a atual estrutura governamental precisa evoluir para adaptar-se à nova realidade de uma comunidade engajada. Hong Kong não é mais apenas um modelo de desenvolvimento econômico *laissez-faire*, mas, sim, um caso prova para a transição política pacífica. Quanto à questão da democracia em Hong Kong, o mundo inteiro está vigiando."[46] Considere também este tópico, um artigo intitulado "In Chinese Boomtown, Middle Class Pushes Back", publicado em uma edição de 2006 do *The New York Times*: "Quando os residentes aqui da cidade mais rica [Shenzhen] do sul da China souberam dos planos para construir uma via expressa que cortaria o centro de sua vizinhança congestionada, de classe média, organizaram imediatamente uma campanha para enfrentar a Prefeitura. Ao longo dos dois anos seguintes, conseguiram interromper os trabalhos no segmento mais destrutivo da autopista e exigiram mudanças no projeto para reduzir a poluição da rodovia. Tornou-se um marco nos esforços dos cidadãos ganhar concessões de um governo que, por tradição, nunca aceitou a oposição."[47]

Evidentemente, uma coisa é apoiar um bom líder e opor-se a um mau líder, em uma democracia. Outra coisa é se opor a um mau líder em um sistema menos benigno. Enquanto em um mundo perfeito, os seguidores sempre dão um jeito de resistir, neste mundo imperfeito, é difícil fazer alguma coisa quando o líder é mau, até diabólico.[48]

O filósofo escocês, David Hume, ficou surpreso, se não boquiaberto, com a "submissão implícita com que os homens abrem mão dos próprios sentimentos e paixões, em prol de seus governantes".[49] Desse modo, eis algumas alternativas para fortalecer, reerguer os homens e as mulheres que tão prontamente "desistem de seus sentimentos e paixões a favor de seus governantes".

- Acautele-se ao ser um seguidor.
- Informe-se.
- Participe.
- Seja independente.
- Vigie.
- Prepare-se para analisar a situação, o líder e os outros seguidores.
- Prepare-se para julgar a situação, o líder e os outros seguidores.
- Esteja aberto a alianças e à formação de coalizões.
- Prepare-se para ser diferente.
- Prepare-se para tomar uma posição.
- Prepare-se para se defender.
- Seja leal ao grupo, não a um único indivíduo.

- Conheça a importância do momento oportuno.
- Conheça o terreno escorregadio – os maus líderes que, com o passar do tempo, incorporam-se ainda mais e dificultam sua extirpação.
- Aprenda táticas e estratégias, como cooperar, colaborar, persuadir o adversário e resistir de modo transparente, mas protegido.
- Conheça suas opções.
- Conscientize-se do risco de fazer alguma coisa – e de não fazer nada.
- Esteja atento à sua conduta moral.[50]

Em momento algum, superestime o poder de um seguidor, mas nunca o subestime também. Há momentos, inclusive bem recentes, em que a barragem se rompe, em que a força do seguidor, a força do povo, aumenta tanto que é impossível contê-la. O movimento contra as guerras, em prol dos direitos civis e das mulheres, nos Estados Unidos; o fim do *apartheid* na África do Sul; a queda do Muro de Berlim e a liberação dos países do bloco soviético, como a Polônia, Hungria e Tchecoslováquia, no Leste Europeu; e, evidentemente, a onda de autoexpressão e autorrealização na China – tudo isso procedente da safra mais recente. Como dizia o ganhador do Prêmio Nobel da Paz e escritor tcheco, Václav Havel, "falar a verdade, ser autêntico, rompendo a teia global de mentiras – apesar de tudo, inclusive o risco de alguém poder se sentir contra o mundo todo – é um ato de extraordinária importância política".[51] Também é, com a primeira doce possibilidade de sucesso, um ato de extraordinária eletricidade e alegria. Eis uma descrição do que significou para a Polônia participar dos protestos políticos logo no início, em 1970, quando a União Soviética ainda se encontrava em seu privilegiado e dominado Leste Europeu: "[Experimentei] algo impossível de se descrever. Para saber como sentimos nossa força naquele grupo de pessoas, seria necessário ter vivenciado o momento. Pela primeira vez em nossa vida, tomamos uma posição contra o Estado. Antes, era um tabu, algo totalmente inalcançável... Eu não me senti protestando apenas contra um aumento de preços, embora tenha sido isso que acionou o protesto. Tinha a ver com derrubar pelo menos uma parte de tudo o que odiávamos."[52]

Após repetir várias vezes que os seguidores que fazem alguma coisa são, em geral, preferidos aos seguidores que não fazem nada, e tendo repetido várias vezes que até os aparentemente impotentes não deixam de ter poder e influência, devo finalmente reiterar a importância do objetivo. Tomar uma posição e falar abertamente não é, em si mesmo, algo suficientemente bom. Ser um Participante, um Ativista ou um Fanático não faz por merecer, só por isso, uma condecoração, pois, em relação à boa subordinação, há sempre duas perguntas, e não apenas uma: Algo está sendo feito? E se existe algo sendo feito – qual é a finalidade?

Naquele tempo e agora

Os seguidores sempre foram mais importantes, muito mais do que poderiam afirmar os que são fixados nos líderes. Lembrei-me de William Wilberforce, que, nos livros de história e no recente filme de Michael Apted, "Amazing Grace", recebeu o crédito por ter levado praticamente sozinho os britânicos a abolir o tráfico de escravos. Entretanto, nas últimas décadas, os estudiosos têm interpretado a história da abolição da escravatura britânica de modo um pouco diferente, envolvendo bem mais de que um homem encarando uma boa briga, contra todas as possibilidades. A mudança também foi propiciada pelo seguinte: em 1787 e 1788, não foi por acaso que, na época das Revoluções Americana e Francesa, "um gigantesco movimento de base contra o tráfico de escravos irrompeu na Grã-Bretanha, pegando de surpresa os abolicionistas e os traficantes de escravos também".[53]

Atualmente, os subordinados com menos poder, autoridade e influência do que seus superiores estão se destacando por conta própria, de modo mais consistente e insistente do que nunca. Há comprovações em todo lugar. Eis outro caso: Dubai caminha lentamente para uma reforma trabalhista, não porque os líderes na iniciativa privada e no governo despertaram em determinado dia e decidiram que seriam bons, mas porque acordaram em certo dia e sentiram medo. Tiveram medo da mão de obra estrangeira indócil. "Depois de muitos anos de tumultos trabalhistas inigualáveis, o governo busca a paz com esse exército de migrantes suados, que deixam os cidadãos locais em minoria em seu próprio país", informou o *The New York Times*. Durante anos, foram migrantes como esses, em sua maioria, procedentes da Índia e do Paquistão, que viabilizaram o que se tornou um dos maiores sucessos da construção civil. Mas a maioria era explorada por seus empregadores, presos a um cenário que os críticos comparavam, até recentemente, a trabalhos forçados, quando começaram a impor resistência, abandonando seus empregos aos bandos, bloqueando o tráfego e arrebentando os carros. O resultado foi um atraso na mudança que, atualmente, abrange paradas obrigatórias ao sol do meio-dia, mais benefícios de saúde, melhoria na qualidade de vida e repressão contra os empregadores que tiveram a petulância de suspender o pagamento dos trabalhadores.[54]

Examine mais este exemplo de mudança dos que estão no topo em relação aos que estão abaixo, de natureza bem diferente, mais comum do que a anterior, embora significativa. Dessa vez, o poder e a influência fluem dos especialistas para as massas, dos gigantes da indústria para os consumidores que, anteriormente, não tinham qualquer participação no processo de tomada de decisões. "Inspiradas no sucesso do programa 'American Idol' e na cultura aberta da Internet, as competições baseadas em votos estão proliferando em todos os cantos do mundo do entretenimento."⁵⁵ Fãs, seguidores e pessoas comuns estão sendo solicitadas a avaliar tudo, desde quem ganhará um contrato para gravar ou quem conseguirá produzir um vídeo musical, até quem conseguirá estrelar em um *revival* de "Grease", na Broadway. As pessoas de todo o mundo estão simplesmente menos predispostas do que antigamente a comer com uma colher. E são muito mais capazes do que antes de avaliar através do YouTube, por exemplo, ou do Stickam. A propósito, os fãs-seguidores não são tímidos. Os italianos revoltados com os altos preços dos ingressos, cobrados para ouvir Barbra Streisand cantar ao vivo, consideraram a situação "absurda e vergonhosa". E exigiram que o concerto, programado inicialmente para uma apresentação em local público, mudasse de local (o que realmente aconteceu), uma vez que um localidade pública "não pode ser utilizada para negociações imorais, vergonhosas para um país civilizado".⁵⁶

Nesse ínterim, alguns líderes inteligentes passaram a conhecer a força dos seguidores, de modo intuitivo e intelectual. Quando a Wal-Mart foi atacada, o CEO Lee Scott tomou a decisão de reagir, não revidando, mas, sim, unindo-se àqueles que, de outra forma, poderiam derrubá-lo. "Ele fez contato com seus oponentes, ouviu os líderes de opinião e contratou consultores políticos. Também adotou políticas a favor do meio ambiente, melhorou a cobertura do tratamento de saúde dos empregados e começou a defender políticas, como o aumento do salário mínimo."⁵⁷ De modo semelhante, quando Hillary Clinton anunciou pela primeira vez a intenção de concorrer ao Senado pelo estado de Nova York (1999), sua primeira atitude foi sair em uma "turnê, em busca de opiniões". Ela percorreu todo o estado, não para informar aos possíveis eleitores o que *ela* pensava sobre questões, como educação e tratamento de saúde, mas para perguntar o que *eles* achavam. Quando o senador Clinton anunciou que ela seria candidata à presidência dos Estados Unidos, Hillary tinha tudo na ponta da língua. Então, a primeira coisa que fez foi convidar os eleitores americanos a participarem de uma série de debates ao vivo na Web. Sabendo muito bem que a distância entre líderes e seguidores se afunilara, ela disse: "Então, vamos conversar. Vamos bater um papo, vamos iniciar um diálogo sobre suas ideias e as minhas, porque, ultimamente, a conversa em Washington tem sido um tanto unilateral, vocês não acham?"⁵⁸

Esse distanciamento em relação aos líderes e essa aproximação dos seguidores, com um número cada vez maior de exigências e mais expectativas, representam, em geral, um avanço positivo, além de ser um importante desenvolvimento, que indica que só ter olhos para a liderança, sacrificando a subordinação, é assobiar contra o vento.

Notas

Introdução

1. George Orwell, "Shooting an Elephant" (O abate do elefante), em *New Writing* (Londres: GB, 1936). As citações contidas nesta seção foram extraídas dessa história. Agradeço a Andrew Dover por chamar minha atenção para a história de Orwell. Meus agradecimentos também a Robert E. Kelley, que, na obra *The Power of Followership: How to Create Leaders People Want to Follow and Followers Who Lead Themselves* (Nova York: Doubleday, 1992), indicou o poema de Bertolt Brecht "A Worker Reads History" (Um Trabalhador Lê sobre História). Um fragmento do poema consta na introdução deste livro.
2. Douglas A. Ready e Jay A. Conger, "Why Leadership – Development Efforts Fail", *MIT Sloan Management Review* 44, nº 3 (Primavera de 2003): 83–88.
3. O termo *indústria da liderança* é empregado aqui em relação ao grande negócio que é o ensino da liderança. Mais especificamente, refiro-me a incontáveis escolas, centros, institutos, cursos, oficinas, seminários e especialistas que fornecem atualmente uma forma ou outra de treinamento em liderança e o respectivo desenvolvimento.
4. Kelley, em *O poder dos seguidores* (São Paulo: Editora Siciliano, 1993), foi o primeiro a conferir à influência dos seguidores caráter de legitimidade. Entretanto, entre 1992 e os dias de hoje, o termo e os conceitos que o respaldam receberam pouca atenção.
5. Bernard M. Bass, *Bass & Stogdill's Handbook of Leadership: A Survey of Theory and Research* (Nova York: Free Press, 1990), 11.
6. Para mais discussões sobre esse assunto, consulte Barbara Kellerman, *Bad Leadership: What It Is, How It Happens, Why It Matters* (Boston: Harvard Business School Press, 2004).
7. Nos últimos anos, têm surgido grupos, organizações e redes de relacionamentos que se consideram sem líderes e, portanto, sem seguidores. Para uma discussão sobre a "organização sem líderes", consulte, por exemplo, Ori Brafman e Rod A. Beckstrom, *Quem está no comando? A estratégia da estrela do mar e da aranha* (Rio de Janeiro: Campus/Elsevier, 2007).
8. Jean-Jacques Rousseau, *Contrato social: discurso* (São Paulo, Editora Hemus, 1994), 247.

Capítulo 1

1. Audi de America, 14 de abril de 2004. Para obter mais informações sobre a campanha publicitária "Never Follow" (Nunca Siga), consulte www.google.com, "Audi, 'Never Follow'".
2. Como destacou Max Lerner, a tarefa de igualar "o inconformismo básico dos americanos com a estabilidade necessária à propriedade, ao investimento e às leis" ficou para os fundadores. Consulte *America as a Civilization* (Nova York: Simon & Schuster, 1957), 718.
3. Consulte http://www.labour.org.uk/leadership/tony_blair_resigns.

4. As citações e o tema mais genérico se encontram em Charles C. Mann, "The Founding Sachems", *The New York Times*, 4 de julho de 2005.
5. Bernard Bailyn, *The Ideological Origins of the American Revolution* (Cambridge, MA: Harvard University Press, 1967), 302–304. Este parágrafo e vários outros seguintes também se inspiram em meu livro, *The Political Presidency: Practice of Leadership* (Nova York: Oxford University Press, 1984), Capítulo 1.
6. Bailyn, *The Ideological Origins of the American Revolution*, 304.
7. Ibid., 306.
8. Samuel P. Huntington, *American Politics: The Promise of Disharmony* (Cambridge, MA: Harvard University Press, 1981), 33.
9. Louis Hartz, *The Liberal Tradition in America: An Interpretation of American Political Thought Since the Revolution* (Nova York: Harcourt, Brace, 1955), 111.
10. As citações contidas neste parágrafo foram extraídas de Alexis de Tocqueville, *Democracy in America* (Nova York: Doubleday, 1969), 430.
11. John Gardner, *The Nature of Leadership: Introductory Considerations*, Leadership Papers/1 (Washington, DC: Independent Sector, 1986), 5, 6.
12. O termo é usado por Patsy Baker Blackshear na p. 2 de seu documento não publicado, "The Followership Continuum: A Model for Increasing Organizational Diversity". Para mais informações sobre suas conclusões, consulte um artigo semelhante publicado, intitulado "The Followership Continuum: A Model for Finetuning the Work Force", *Public Manager* 32 (Verão de 2003): 25–30.
13. Michael Useem, *Leading Up: How to Lead Your Boss So You Both Win* (Nova York: Crown, 2001). A citação está na p. 1.
14. O assunto discutido neste parágrafo é esclarecido ainda mais em livros como *Finding Your Voice: Learning to Lead... Anywhere You Want to Make a Difference*, de Larraine R. Matusak (São Francisco: Jossey-Bass, 1997). A mensagem desse livro é parecida com a transmitida habitualmente por instrutores de liderança, dentro e fora dos meios acadêmicos: você também pode ser um líder! Matusak escreve que "você não precisa estar em posição destacada ou ter um título de grande importância, para assumir o papel da liderança" (p. 1). Entretanto, visto por outro prisma, toda a ênfase recai sobre os líderes e sobre a liderança. Não há uma discussão sobre subordinação ou sobre o que significa o bom seguidor.
15. Joseph C. Rost, *Leadership for the Twenty-First Century* (Nova York: Praeger, 1991), p. 107–112.
16. David Collinson, "Rethinking Followership: A PostStructuralist Analysis of Follower Identities", *Leadership Quarterly* 17, nº 2 (abril de 2006): 179.
17. Ninguém escreveu mais vigorosamente sobre as relações de poder que ainda persistem do que Robert Michels. No início do século XX, o jovem sociólogo alemão desenvolveu a "lei de ferro da oligarquia", assunto sobre o qual escreveu ao longo de *Political Parties: A Sociological Study of the Oligarchical Tendencies of Modern Democracy* (Nova York: Free Press, 1962).
18. Joanne Ciulla, "Leadership and the Problem of Bogus Empowerment", em *Ethics: The Heart of Leadership*, ed. Joanne Ciulla (Nova York: Praeger, 1998), 63.
19. Bill George e Peter Sims, *True North: Discover Your Authentic Leadership* (São Francisco: Jossey-Bass, 2007), 176.
20. Rost, *Leadership for the Twenty-First Century*, 109.
21. Citado por Michiko Kakutani, "Styron Visible: Naming the Evils That Humans Do", *The New York Times*, 3 de novembro de 2006.
22. Daniel Jonah Goldhagen, *Hitler's Willing Executioners: Ordinary Germans and the Holocaust* (Nova York: Knopf, 1996).
23. Milton Himmelfarb, "No Hitler, No Holocaust", *Comentário*, março de 1984, 37–43.
24. Ibid., 37.
25. Frase de James R. Meindl. Consulte "The Romance of Leadership as a Follower-Centric Theory: A Social Constructionist Approach", *Leadership Quarterly* 6, nº 3 (1995). Estou empregando o termo de modo um pouco diferente de Meindl, mas também capta bem o que quero dizer.
26. Para obter os primeiros insights sobre as maneiras como as pessoas fazem atribuições causais sobre o comportamento das outras pessoas, consulte a clássica discussão de Fritz Heider sobre "a análise ingênua da ação" em *Psicologia das relações interpessoais* (São Paulo: Pioneira, 1970), principalmente o Capítulo 5.
27. Para uma boa discussão resumida sobre atribuição da liderança, consulte James G. (Jerry) Hunt, "What Is Leadership?" in *The Nature of Leadership*, eds. John Antonakis, Anna T. Cianciolo e Robert J. Sternberg (Thousand Oaks, CA: Sage Publications, 2004), 38, 39. Consulte também R.G. Lord e C.G. Emrich, "Thinking Outside the Box by Looking Inside the Box: Extending the Cognitive Revolution in Leadership Research", *Leadership Quarterly* 11 (2000): 551–579.

28. Este parágrafo foi inspirado livremente em Sonja M. Hunt, "The Role of Leadership in the Construction of Reality", em *Leadership: Multidisciplinary Perspectives*, ed. Barbara Kellerman (Englewood Cliffs, NJ: Prentice-Hall, 1984); consulte principalmente 169–175.
29. Richard Hackman, *Leading Teams: Setting the Stage for Great Performances* (Boston: Harvard Business School Press, 2002), 199, 200.
30. John Byrne, citado em Barbara Kellerman, *Bad Leadership: What It Is, How It Happens, Why It Matters* (Boston: Harvard Business School Press, 2004), 135. O material sobre Dunlap foi extraído do Capítulo 7.
31. Matthew Shifrin, citado em Kellerman, *Bad Leadership*, 135.
32. Ibid., 146.
33. Extraído do texto clássico de Albert O. Hirschman, *Exit, Voice e Loyalty: Responses to Decline in Firms, Organizations and States* (Cambridge, MA: Harvard University Press, 1970), 30.
34. Daniel Goleman, Richard Boyatzis e Annie McKee, *Primal Leadership: Realizing the Power of Emotional Intelligence* (Boston: Harvard Business School Press, 2004), 3.
35. John Kotter, *The Leadership Factor* (Nova York: Free Press, 1988); e Warren Bennis, *On Becoming a Leader* (Reading, MA: Addison-Wesley, 1989).
36. Ronald Heifetz, *Leadership Without Easy Answers* (Cambridge, MA: Harvard University Press, 1994); e James M.Kouzes e Barry Z. Posner, *The Leadership Challenge* (São Francisco: Jossey-Bass, 1995).
37. Rudolph Giuliani, *Leadership* (Nova York: Hyperion, 2002), xii.
38. Para uma discussão sucinta sobre o assunto e para conhecer os nomes dos diversos pesquisadores que o identificaram pela primeira vez, consulte Taly Dvir e Boas Shamir, "Follower Developmental Characteristics as Predicting Transformational Leadership: A Longitudinal Field Study", *Leadership Quarterly* 14 (2003), principalmente as p. 327, 328. Em seu resumo, Dvir e Shamir escrevem: "A literatura sobre liderança tem destacado os efeitos dos líderes e dão muita pouca atenção ao papel dos seguidores na formação do estilo de seus líderes." E citam Gary Yukl, que escreveu anteriormente que "a maioria das pesquisas e teorias sobre liderança favorecem uma definição de liderança que destaca a importância fundamental da influência unilateral por um único líder 'heroico'".
39. Consulte, por exemplo, Mary Parker Follett, "The Giving of Orders", em *Mary Parker Follett: Prophet of Management*, ed. Pauline Graham (Boston: Harvard Business School Press, 1995), 121–140. Consulte também Chester I. Barnard, *The Functions of the Executive* (Cambridge, MA: Harvard University Press, 1938), principalmente o Capítulo 12, que aborda diretamente o relacionamento entre líderes ("executivos").
40. Para obter uma descrição de alguns dos experimentos, aos quais o nome Kurt Lewin estava mais associado, consulte Bernard M. Bass, *Bass & Stogdill's Handbook of Leadership: A Survey of Theory and Research* (Nova York: Free Press, 1990), 415–435.
41. Citado por Alessandra Stanley, "The Darkest Behaviors in the Name of Obedience", *The New York Times*, 1º de junho de 2006.
42. A citação é de Michael Massing. Consulte seu ensaio, intitulado "Trial and Error", *New York Times Book Review*, 17 de outubro de 2004, 17.
43. Erich Fromm, *Escape from Freedom* (Nova York: Holt, 1941).
44. Esse parágrafo se baseia em uma discussão contida em Nevitt Sanford, "Authoritarian Personality in Contemporary Perspective", em *Handbook of Political Psychology*, ed. Jeanne N. Knutson (São Francisco: Jossey-Bass, 1973), 139–170.
45. Theodore Adorno, Elsie Frenkel-Brunswick, Daniel Levinson e Nevitt Sanford, *The Authoritarian Personality* (Nova York: Harper, 1950).
46. Sanford, "Authoritarian Personality in Contemporary Perspective", 153.
47. Até onde diga respeito ao comportamento de domínio e polidez, existem, contudo, algumas diferenças culturais e nacionais. Por exemplo, no Japão, existe a tradição do Bushido, um código de honra, preservado principalmente entre as classes de guerreiros, que exige a modalidade mais rigorosa de obediência aos que se encontram em posição superior de autoridade. Consulte, por exemplo, Inazo Nitobe, *Bushido: The Soul of Japan* (Nova York: Filiquarian Publishing, 2007).
48. Hannah Arendt, *Eichmann in Jerusalem: A Report on the Banality of Evil* (Nova York: Viking Press, 1963).
49. Para obter uma análise e descrição detalhadas dos experimentos, consulte Stanley Milgram, *Obedience to Authority: An Experimental View* (Nova York: Harper & Row, 1974). Consulte também Herbert C. Kelman e V. Lee Hamilton, *Crimes of Obedience: Toward a Social Psychology of Authority and Responsibility* (New Haven, CT: Yale University Press, 1989), 148–156.
50. As citações contidas nesta seção estão em Milgram, *Obedience to Authority*, 1, 2.
51. Ibid., 4.

52. Ibid., 6.
53. Para uma discussão completa dessa síndrome, consulte Philip Zimbardo, *The Lucifer Effect: Understanding How Good People Turn Evil* (Nova York: Random House, 2007).
54. Zbigniew Brzezinski, *Second Chance: Three Presidents and the Crisis of American Superpower* (Nova York: Basic Books, 2007), 201–205.
55. Todas as citações contidas nesta seção foram extraídas do documento de um de meus alunos em Harvard, Dana Savoray. Agradeço a ela por ter fornecido uma história tão real sobre a influência dos seguidores.
56. A maioria das fontes de Savoray se baseia em relatos da imprensa israelense. Por exemplo, Weisglass foi citado em *Haaretz* em 8 de outubro de 2004.
57. David M. Herszenhorn, "In the Garden, Graduates Boo McCain. Kerrey, Too", *The New York Times*, 30 de maio de 2006.
58. Brooks Barnes, Emily Steel e Sarah McBride, "Behind the Fall of Imus, a Digital Brush Fire", *Wall Street Journal*, 13 de abril de 2007.
59. Citado em Weston Kosova, "The Power That Was", *Newsweek*, 23 de abril de 2007, 31.
60. Ibid., 29.
61. As citações sobre essa história são de Julia Preston, "Grass Roots Roared and Immigration Plan Collapsed", *The New York Times*, 10 de junho de 2007.
62. David Henry, Mike France e Louis Lavelle, "The Boss on the Sidelines: How Auditors, Directors e Lawyers Are Asserting Their Power", *BusinessWeek*, 25 de abril de 2005, 88–94.
63. Nanette Byrnes, "The Great CEO Exodus", *BusinessWeek*, 30 de outubro de 2006, 78.
64. Kevin P. Coyne e Edward J. Coyne Sr., "Surviving Your New CEO", *Harvard Business Review*, maio de 2007, 62.
65. Nanette Byrnes e David Kiley, "Hello, You Must Be Going", *BusinessWeek*, 12 de fevereiro de 2007, 30.
66. Geraldine Fabrikant, "One Misstep and They're Out the Door", *The New York Times*, 15 de maio de 2007.

Capítulo 2

1. O título seguinte foi extraído de Van Gosse e Richard Moser, eds., *The World the Sixties Made: Politics and Culture in Recent America* (Filadélfia: Temple University Press, 2003).
2. Embora a condição dos americanos nativos tenha sido muito discutida durante esse mesmo período – por exemplo, lembre-se de que o livro (1971) de Dee Brown, *Enterrem meu coração na curva do rio* (Porto Alegre: Editora L&PM, 2003), foi sucesso instantâneo – parece que esta situação ainda persiste.
3. Todd Gitlin, "Afterword", em *Reassessing the Sixties: Debating the Political and Cultural Legacy*, ed. Stephen Macedo (Nova York: W. W. Norton, 1997), 289.
4. Para mais discussão sobre esse assunto, consulte Richard Moser, "Autoworkers at Lordstown:Workplace Democracy and American Citizenship", em Gosse e Moser, *The World the Sixties Made*, 289–315.
5. Para mais discussão sobre esse assunto, consulte Barbara Epstein, *Political Protest and Cultural Revolution: Nonviolent Direct Action in the 1970s and 1980s* (Berkeley: University of California Press, 1991), Capítulo 2.
6. Para mais discussões sobre esse assunto, consulte Andrew Feffer, "The Land Belongs to the People: Reframing Urban Protest in Post-Sixties Philadelphia", em Gosse and Moser, *The World the Sixties Made*, 67–99.
7. Walter Berns, "The Assault on the Universities: Then and Now", em Macedo, *Reassessing the Sixties*, 157.
8. "The Graduate Poll: Pomp and Circumstances", *Nova York*, 29 de maio de 2006, 17.
9. Epstein, *Political Protest and Cultural Revolution*, 23.
10. Harvey Mansfield, "The Legacy of the Late Sixties", em Macedo, *Reassessing the Sixties*, 21.
11. Stephen Macedo, "Introduction to *Reassessing the Sixties*", em Macedo, *Reassessing the Sixties*, 16.
12. Harlan Cleveland, *Leadership and the Information Revolution* (São Francisco: World Academy of Art and Science, 1997). Publicado com a colaboração com a International Leadership Academy.
13. Ibid., 24.
14. Peter F. Drucker, *The Effective Executive* (Nova York: Harper & Row, 1966).
15. Jonathan D. Glater, "To: Professor@University.edu–Subject: Why It's All About Me", *The New York Times*, 21 de fevereiro de 2005.
16. Consulte James Surowiecki, *The Wisdom of Crowds: Why the Many Are Smarter Than the Few and How Collective Wisdom Shapes Business, Economies, Societies and Nations* (Nova York: Doubleday, 2004).
17. Consulte, por exemplo, Steven Levy e Brad Stone, "The New Wisdom of the Web", *Newsweek*, 3 de abril de 2006, 47–54.

18. Ken Auletta, "Critical Mass", *New Yorker*, 14 de maio de 2007, 82.
19. Eric Denzenhall, conforme citado por Michelle Conlin em "Web Attack", *BusinessWeek*, 16 de abril de 2007, 54.
20. Ibid., 54.
21. Christina Passariello, Keith Johnson e Suzanne Vranica, "A New Force in Advertising–Protest by Email", *Wall Street Journal*, 22 de março de 2007. A história da Dolce & Gabbana e todas as citações contidas neste parágrafo foram extraídas deste artigo.
22. Steve Lohr, "A Cyberfueled Growth Spurt: The Web Upends Old Ideas About the Little Guy's Role", *The New York Times*, 21 de fevereiro de 2006.
23. Para conhecer uma coluna emocionante sobre a condição dos ciberdissidentes da China, consulte Nicholas D. Kristof, "China's Cyberdissidents and the Yahoos at Yahoo", *The New York Times*, 19 de fevereiro de 2006.
24. Nicholas D. Kristof, "In China It's ****** vs. Netizens", *The New York Times*, 20 de junho de 2006. Consulte também Jim Yardley, "A Hundred Cellphones Bloom and Chinese Take to the Streets", *The New York Times*, 25 de abril de 2005.
25. Para mais discussão sobre o assunto, consulte Clive Thompson, "Google's China Problem (And China's Google Problem)", *New York Times Magazine*, 23 de abril de 2006, 64–71; 153–156.
26. Geoffrey A. Fowler, "Chinese Censors of the Web Face 'Hacktivists' Abroad", *Wall Street Journal*, 13 de fevereiro de 2006.
27. Andrew Browne, "Blogger Hits Home by Urging Boycott of Chinese Property", *Wall Street Journal*, 12 de junho de 2006.
28. Howard W. French, "Homeowner Stares Down Wreckers, at Least for a While", *The New York Times*, 27 de março de 2007.
29. Para mais discussão sobre o assunto, consulte Yardley, "A Hundred Cellphones Bloom". Devo acrescentar que nas áreas menos desenvolvidas do mundo, como o Oriente Médio, por exemplo, os bloggers dissidentes passam por muitas dificuldades. Consulte Dan Ephron, "Unwanted Attention: Arab Bloggers Face Government Clampdowns", *Newsweek*, 11 de junho de 2007, 33.
30. Adam Nagourney, "Internet Injects Sweeping Change into U.S. Politics", *The New York Times*, 2 de abril de 2006.
31. Jeff Zeleny e Patrick Healy, "Obama Shows His Strength in a Fund-Raising Feat on a Par with Clinton", *The New York Times*, 5 de abril de 2007.
32. Daren Briscoe, "Net Roots Gets Meta", *Newsweek*, 5 de março de 2007, 39.
33. Steve Stecklow, "Virtual Battle: How a Global Web of Activists Gives Coke Problems in India", *Wall Street Journal*, 7 de junho de 2005.
34. David E. Sanger, Sarah Lyall, Craig S. Smith e Ian Fisher, "It's Hard out There for a Leader in the West", *The New York Times*, 2 de abril de 2006.
35. O caso de Wolfowitz é uma reminiscência do que ocorreu com o diretor do National Hurricane Center, X. William Proenza, alguns meses depois. Mais de 20 dos quase 50 empregados de Proenza assinaram uma carta exigindo sua demissão – e, no prazo de uma semana, ele já tinha saído.
36. Krishna Guha, "The Marathon Man", *Financial Times (Londres)*, 2 de junho de 2007.
37. Jeannine Aversa, "World Bank President Admits 'Mistake' em Helping Friend with Job Transfer", Associated Press, 12 de abril de 2007.
38. Steven R. Weisman, "Wolfowitz Loses Ground in Fight for World Bank Post", *The New York Times*, 27 de abril de 2007.
39. Micheline Maynard, "U. A. W. Facing Tough Choices, Leader Warns", *The New York Times*, 12 de junho de 2006.
40. Kris Maher, "The New Union Worker", *Wall Street Journal*, 27 de setembro de 2005.
41. Para obter mais informações sobre essa argumentação específica, consulte William Pfaff, "The Children's Hour", *New York Review of Books*, 11 de maio de 2006, 40–43.
42. Jeffrey Goldberg, "Selling Wal-Mart", *New Yorker*, 2 de abril de 2007, 35.
43. James Surowiecki, "Board Stiffs", *New Yorker*, 8 de março de 2004, 30.
44. Phyllis Plitch, "Breaking the Code of Silence", *Wall Street Journal*, 10 de abril de 2006.
45. Tom Lauricella, "Independent Directors Strike Back", *Wall Street Journal*, 5 de julho de 2006; Kaja Whitehouse, "Move Over CEO–Here Come the Directors", *Wall Street Journal*, 9 de outubro de 2006; e Joanne S. Lublin, "Ten Ways to Restore Investor Confidence in Compensation: What Boards Can Do to Ease Shareholder Anger Over Pay Packages", *Wall Street Journal*, 9 de abril de 2007. Consulte também Alan Murray, *Revolt in the Boardroom: The New Rules of Corporate Power in America* (Nova York: HarperCollins, 2007).

46. Consulte, por exemplo, a pesquisa sobre o salário dos executivos, "Pay Package: Notes from Recent SEC Filings", *Wall Street Journal*, 10 de abril de 2006.
47. Richard Siklos, "Rebuked, Even Sued, a Board Remains in Place", *The New York Times*, 26 de setembro de 2005.
48. Kaja Whitehouse, "Stiffed Board", *Wall Street Journal*, 9 de abril de 2007.
49. Jennifer Levitz, "Getting the Message", *Wall Street Journal*, 9 de outubro de 2006.
50. Gretchen Morgenson, "Finally, Shareholders Start Acting Like Owners", *The New York Times*, 11 de junho de 2006.
51. Erin White and Aaron O. Patrick, "Shareholders Push for Vote on Executive Pay", *Wall Street Journal*, 26 de fevereiro de 2007.
52. Gretchen Morgenson, "Investors Get a Voice on Pay at Verizon", *The New York Times*, 19 de maio de 2007.
53. Andrew Ross Sorkin, "To Battle, Armed with Shares", *The New York Times*, 4 de janeiro de 2006.
54. Kurt Eichenwald e Alexei Barrionuevo, "Tough Justice for Executives in Enron Era", *The New York Times*, 27 de maio de 2006.
55. Consulte, por exemplo, Rebecca Hamilton e Chad Hazlett, "It's the Genocide, Stupid", *Baltimore Sun*, 18 de junho de 2007.
56. Esse parágrafo se baseou em C. J. Chivers, "Youth Movement Underlies the Opposition in Ukraine", *The New York Times*, 28 de novembro de 2004; e principalmente em Timothy Garton Ash e Timothy Snyder, "The Orange Revolution", *New York Review*, 28 de abril de 2005, 28–31. Não surpreende que a Revolução Laranja tenha tido consequências difíceis. Isso costuma ocorrer com as revoluções. Nesse caso, menos de três anos depois, ocorriam debates acirrados sobre se o Parlamento deveria ser dissolvido e novas eleições, marcadas.
57. Somini Sengupta, "A Tectonic Shift: Nepalese, Often Jaded About Politics, Now Say Enough Is Enough", *The New York Times*, 17 de abril de 2006. Consulte também Samrat Upadhyay, "A King in Check", *The New York Times*, 25 de abril de 2006.
58. Howard W. French, "Riots in a Village in China as Pollution Protest Heats Up", *The New York Times*, 19 de julho de 2005.
59. Joseph Kahn, "Harsh Birth Control Steps Fuel Violence in China", *The New York Times*, 22 de maio de 2007.
60. Zbigniew Brzezinski, *Second Chance: Three Presidents and the Crisis of American Superpower* (Nova York: Basic Books, 2007), 204.
61. Robert E. Kelley, *The Power of Followership: How to Create Leaders People Want to Follow and Followers Who Lead Themselves* (Nova York: Doubleday, 1992); e Ira Chaleff, *The Courageous Follower: Standing Up to and for Our Leaders* (São Francisco: Berrett-Koehler, 1995).
62. S. Alexander Haslam e Michael J. Platow, "The Link Between Leadership and Followership: How Affirming Social Identity Translates Vision into Action", *Personality and Social Psychology Bulletin* 27, nº 11 (2002): 1469–1479.
63. Jane M. Howell e Boas Shamir, "The Role of Followers in the Charismatic Leadership Process: Relationships and Their Consequences", *Academy of Management Review* 30, nº 1 (2005): 96–112.
64. David Collinson, "Rethinking Followership: A Post-Structuralist Analysis of Follower Identities", *Leadership Quarterly* 17, nº 2 (abril de 2006): 179–189.
65. Stever Robbins, "Understand What Motivates Your Boss", *HBS Working Knowledge*, 13 de março de 2006; e Sarah Jane Gilbert, "Do I Dare Say Something?" *HBS Working Knowledge*, 20 de março de 2006.
66. O autor do artigo era Larry Bossidy, ex-CEO da AlliedSignal. Consulte "What Your Leader Expects of You: And What You Should Expect in Return", *Harvard Business Review*, abril de 2007, 58–65.
67. Nannerl Keohane, "On Leadership", *Perspectives on Politics* 3, nº 4 (dezembro de 2005): 705–722.
68. Ellen Byron, "Call Me Mike", *Wall Street Journal*, 27 de março de 2006.
69. Diane Brady, "Charm Offensive: Why America's CEOs Are Suddenly So Eager to Be Loved", *BusinessWeek*, 26 de junho de 2006, 76.
70. Arthur Levitt Jr., "The Imperial CEO Is No More", *Wall Street Journal*, 17 de março de 2005.

Capítulo 3

1. Citado em Jason Epstein, "Mystery in the Heartland", *New York Review of Books*, 7 de outubro de 2004, 8.
2. Frans de Waal, *Our Inner Ape: A Leading Primatologist Explains Why We Are Who We Are* (Nova York: Riverhead Books, 2005), 1.

3. Ibid., 55.
4. L. David Mech, *The Wolf: The Ecology and Behavior of an Endangered Species* (Garden City, NY: Natural History Press, 1970), 68.
5. L. David Mech e Luigi Boitani, eds., *Wolves: Behavior, Ecology e Conservation* (Chicago: University of Chicago Press, 2003), 60.
6. De Waal, *Our Inner Ape*, 59.
7. Ibid., 60.
8. Ibid., 61.
9. Para obter uma discussão sobre a ligação entre os primatas e a autoridade política em particular, consulte Fred H. Willhoite Jr., "Primates and Political Authority", em *Political Leadership: A Source Book*, ed. Barbara Kellerman (Pittsburgh, PA: University of Pittsburgh Press, 1986), 139.
10. Ibid., 156.
11. Robert Michels, *Political Parties: A Sociological Study of the Oligarchal Tendencies of Modern Democracy* (Nova York: Free Press, 1962).
12. Sara Evans, *Personal Politics: The Roots of Women's Liberation in the Civil Rights Movement and the New Left* (Nova York: Vintage Books, 1979), 222-223.
13. Para outras discussões sobre a ligação entre *hardwiring* e o comportamento humano, especificamente quanto à liderança e ao gerenciamento, consulte Nigel Nicholson, *Executive Instinct: Managing the Human Animal in the Information Age* (Nova York: Crown Business, 2000); e Nigel Nicholson, "How Hardwired Is Human Behavior", *Harvard Business Review*, julho-agosto de 1998, 135-147.
14. Richard Hackman, *Leading Teams: Setting the Stage for Great Performances* (Boston: Harvard Business School Press, 2002), 71.
15. Para mais informações sobre a relação existente entre líderes e seguidores, quando os primeiros são, até certo ponto, maus, consulte Barbara Kellerman, *Bad Leadership: What It Is, How It Happens, Why It Matters* (Boston: Harvard Business School Press, 2004); e Jean Lipman-Blumen, *The Allure of Toxic Leaders: Why We Follow Destructive Bosses and Corrupt Politicians – and How We Can Survive Them* (Nova York: Oxford University Press, 2005).
16. Sigmund Freud, "Moses and Monotheism", em *Political Leadership*, ed. Kellerman, 113.
17. Ian Buruma, "The Indiscreet Charm of Tyranny", *New York Review*, 12 de maio de 2005, 37. Para obter um comentário sobre Freud quanto a esse contexto, consulte também Mark Edmundson, "Freud and the Fundamentalist Urge", *The New York Times*, 30 de abril de 2006.
18. Citado em Kellerman, *Bad Leadership*, 123.
19. Citado em Lipman-Blumen, *The Allure of Toxic Leaders*, 87. Consulte também Michael Maccoby sobre transferência. A transferência é um conceito freudiano, ou psicanalítico, que tem origem em uma forte ligação entre o analista e seu analisando. Embora eu conteste que a transferência seja possivelmente relevante para a relação líder/seguidor somente quando essa relação for extraordinariamente forte, Maccoby considera que a transferência é o vínculo emocional entre líderes e seguidores. Para obter outros detalhes, consulte Michael Maccoby, *The Leaders We Need: And What Makes Us Follow* (Boston: Harvard Business School Press, 2007).
20. Lipman-Blumen, *The Allure of Toxic Leaders*, 38-43. Este parágrafo se baseia em percepções de Lipman-Blumen.
21. Vários desses itens foram extraídos de Boas Shamir, em David Collinson, "Rethinking Followership: A Post-Structuralist Analysis of Follower Identities", *Leadership Quarterly* 17, nº 2 (abril de 2006): 183.
22. Jeffrey Kluger, "The New Science of Siblings", *Time*, 10 de julho de 2006, 47.
23. Sigmund Freud, *Group Psychology and the Analysis of the Ego* (Psicologia de Grupo e Análise do Ego – Ed. Imago em uma Coleção de Obras de Freud) (Nova York: W. W. Norton, 1959), 12.
24. Ibid., 76. Para outros detalhes emitidos por Freud sobre esse tema geral, consulte também sua obra, *Civilization and Its Discontents* (Nova York: W.W. Norton, 1961).
25. Extraído de Jared Diamond, "The Religious Success Story", *New York Review of Books*, 7 de novembro de 2002.
26. Consulte, por exemplo, a obra completa de Bernard M. Bass, *Bass & Stogdill's Handbook of Leadership: A Survey of Theory and Research* (Nova York: Free Press, 1990).
27. Richard M. Valelly, "Power Reconsidered: The Workings of Power", em *2006 APSA Annual Meeting Program* (Washington, DC: American Political Science Association, agosto-setembro de 2006), 13.
28. Jane Mansbridge, "Cracking Through Hegemonic Ideology: The Logic of Formal Justice", *Social Justice Research* 18, nº 3 (setembro de 2005): 336.
29. Esse parágrafo se baseia em John Gaventa, *Power and Powerlessness: Quiescence and Rebellion in an Appalachian Valley* (Urbana: University of Illinois Press, 1980), 38.

30. Saul Alinsky, *Rules for Radicals: A Practical Primer for Realistic Radicals* (Nova York: Vintage, 1971), 3.
31. A frase é de Nicholas Kristof. Consulte "Wretched of the Earth", *New York Review of Books*, 31 de maio de 2007, 35.
32. Ibid.
33. Citação em Ann Ruth Willner, *The Spellbinders: Charismatic Political Leadership* (New Haven, CT: Yale University Press, 1984), 23.
34. Ibid.
35. A natureza social da influência dos seguidores (embora o termo *followership* não seja empregado) foi demonstrada em 1971, pelo professor de psicologia Philip Zimbardo e por alguns de seus colegas em Stanford University. Em um cenário simulado de prisão, vários voluntários estudantes, todos americanos ou canadenses do sexo masculino, começaram rapidamente a agir como se a situação fosse real. Aqueles que foram instruídos a desempenhar o papel dos "guardas" tornaram-se violentos e até malvados, enquanto os que desempenharam o papel de "prisioneiros" ficaram aterrorizados e depressivos. Como já mencionado, obedecemos não apenas a nossos líderes, como também a outros seguidores.
36. Timothy Garton Ash, "The Stasi on Our Minds", *New York Review of Books*, 31 de maio de 2007, 4.
37. Para obter explicações sobre por que os estudos de liderança acentuaram o aspecto positivo e praticamente eliminaram o negativo, consulte meu livro, *Bad Leadership*.
38. Geraldine Umugwaneza, "Followers as Supporters of Status Quo: Rwanda's Willing Executioners" (documento não publicado, Kennedy School of Government, Harvard University, Cambridge, MA, 2006). Umugwaneza, um de meus alunos em um curso intitulado "Followership", contava com fontes incluindo Gerard Prunier, *The Rwanda Crisis: History of a Genocide, 1959–1994* (Kampala, Uganda: Fountain Publishers, 1995).
39. Amy Joyce, "Big Bad Boss Tales", *Washington Post*, 29 de maio de 2005.
40. Ibid. Para obter a citação sobre Emett, consulte Bill Buford, "The Taming of the Chef", *New Yorker*, 2 de abril de 2007, 52.
41. Citado em Benedict Carey, "In the Execution Chamber, the Moral Compass Wavers", *The New York Times*, 7 de fevereiro de 2006. Bandura identificou oito mecanismos que as pessoas utilizam para justificar um comportamento imoral, a saber: justificativa moral, rotulagem eufemística, comparação vantajosa, deslocamento da responsabilidade, difusão da responsabilidade, desconsideração ou distorção das consequências, desumanização e culpar a vítima.
42. John R. P. French Jr. e Bertram Raven, "The Bases of Social Power", em *Studies in Social Power*, ed. Dorwin Cartwright (Ann Arbor, MI: Institute for Social Research, 1959).
43. Joseph S. Nye Jr., *Soft Power: The Means to Success in World Politics* (Nova York: Public Affairs, 2004), 2.
44. Para obter uma discussão que seja mais clara na tradição psicanalítica, consulte Abraham Zaleznik e Manfred F. R. Kets de Vries, *Power and the Corporate Mind* (Boston: Houghton Mifflin, 1975). Por exemplo, existe a frase: "Aqui, a fonte potencial de conflito é o equilíbrio alcançado no indivíduo entre suas predisposições para controlar e as figuras de autoridades superpoderosas e, no extremo oposto, seus desejos igualmente fortes de ser dominado e controlado por essas mesmas figuras" (p. 152).
45. Ibid., 146.
46. Para obter um fragmento interessante de comentário histórico sobre a relação entre superiores e subordinados na América corporativista, consulte Abraham Zaleznik, "The Dynamics of Subordinacy", *Harvard Business Review*, maio-junho de 1965, 119–120.
47. Esse parágrafo se baseia, em grande parte, em Isaiah Berlin, "Equality", *Proceedings of the Aristotelian Society* 56 (1955–1956): 301–326.
48. James C. Scott, *Domination and the Arts of Resistance: Hidden Transcripts* (New Haven, CT: Yale University Press, 1990), 23.
49. Ibid., 3.
50. Ibid., 2.
51. Ibid., 227.
52. Para mais informações sobre as diferenças existentes entre os líderes democráticos e autoritários na América corporativista, consulte Bass, *Bass & Stogdill's Handbook of Leadership*, parte V.
53. O trabalho fundamental sobre liderança transacional e transformista é de James MacGregor Burns, *Leadership* (Nova York: Harper & Row, 1978).
54. Ibid., 20.
55. Ibid., 452. Para obter mais informações sobre o impacto das ideias de Burns sobre liderança e gerenciamento no setor corporativo, consulte Marshall Sashkin, "Transformational Leadership Approaches: A Review and Synthesis", em *The Nature of Leadership*, eds. John Antonakis, Anna T. Cianciolo e Robert J. Sternberg (Thousand Oaks, CA: Sage Publications, 2004), 171–196.

56. George C. Homans, *The Human Group* (Londres: Routledge and Kegan Paul, 1951), 246.
57. Citado em Robert Cottrell, "Death Under the Tsar", *New York Review of Books*, 14 de junho de 2007, 42.
58. Dorwin Cartwright e Alvin Zander, eds., *Group Dynamics: Research and Theory* (Nova York: Harper & Row, 1968), 139.
59. Para obter mais informações sobre o que é, ocasionalmente, chamado de efeito contagioso, consulte o livro original e muito importante sobre o assunto, G. Le Bon, *Psicologia das multidões* (Rio de Janeiro: F. Briguiet, 1954; publicado originalmente em 1895), principalmente as p. 486–488.
60. Irving Janis, *Groupthink: Psychological Studies of Policy Decisions and Fiascoes* (Boston: Houghton Mifflin, 1982), vii. Para obter mais informações sobre esse assunto genérico, consulte Richard H. Willis, "Conformity, Independence e Anticonformity", *Human Relations* 18, nº 4 (1965): 373–388.
61. Thomas E. Ricks, *Fiasco: The American Military Adventure in Iraq* (Nova York: Penguin Press, 2006).
62. Bass, *Bass & Stogdill's Handbook of Leadership*, 579.
63. Nannerl Keohane, "On Leadership", *Perspectives on Politics* 3, nº 4 (dezembro de 2005): 715.
64. Group for the Advancement of Psychiatry, *Leaders and Followers: A Psychiatric Perspective on Religious Cults* (Washington, DC: American Psychiatric Press, 1992). As pessoas jovens brancas, idealistas e de classe média que formam a maioria na maior parte dos cultos são geralmente sozinhas e deprimidas, dependentes e carentes de afeto. Os cultos propiciam a seus membros líderes e comunidades fortes, e ambos aparentemente proporcionam, pelo menos durante algum tempo, sensação de autoestima e sentimento de integração.
65. Jane M. Howell e Boas Shamir, "The Role of Followers in the Charismatic Leadership Process: Relationships and their Consequences", *Academy of Management Review* 30, nº 1 (2005): 99. A citação se baseia em descobertas de pesquisas realizadas em processos de liderança carismática, não em processos de liderança em cultos. Mas se aplicam aos últimos também.
66. S. Alexander Haslam e Michael J. Platow, "The Link Between Leadership and Followership: How Affirming Social Identity Translates Vision into Action", *Personality and Social Psychology Bulletin* 27, nº 11 (2001): 1477.
67. Nesse contexto geral, citarei apenas três livros: Robert E. Kelley, *The Power of Followership: How to Create Leaders People Want to Follow and Followers Who Lead Themselves* (Nova York: Doubleday, 1992); Ira Chaleff, *The Courageous Follower: Standing Up to and for Our Leaders* (São Francisco: Berrett-Koehler, 2003); e Lipman-Blumen, *The Allure of Toxic Leaders*.
68. Chaleff, *The Courageous Follower*, xix.

Capítulo 4

1. Francis Bacon, "Of Followers and Friends", fragmento de Robert Kelley, "Followership", em *Encyclopedia of Leadership*, eds. George R. Goethals, Georgia J. Sorenson e James MacGregor Burns (Thousand Oaks, CA: Sage Publications, 2004), vol. 2, 513.
2. Todas as citações desta seção sobre Zaleznik pertencem a Abraham Zaleznik, "The Dynamics of Subordinacy", *Harvard Business Review*, maio-junho de 1965, 118.
3. Abraham Zaleznik e Manfred F. R. Kets de Vries, *Power and the Corporate Mind* (Boston: Houghton Mifflin, 1975), Capítulo 7.
4. Ibid., 145.
5. Ibid.
6. Robert E. Kelley, *The Power of Followership: How to Create Leaders People Want to Follow and Followers Who Lead Themselves* (Nova York: Doubleday, 1992), 1.
7. Ibid., 12.
8. Ibid., 25.
9. Ibid., 26.
10. Para uma discussão sobre as seis primeiras motivações, consulte Kelley, *The Power of Followership*, Capítulo 3; para conhecer uma discussão sobre a sétima, consulte o Capítulo 4.
11. Para uma discussão sobre os cinco estilos de influência dos seguidores, consulte Kelley, *The Power of Followership*, capítulos 5 e 6.
12. Kelley, "Followership", 504–513.
13. Ira Chaleff, *The Courageous Follower: Standing Up to and for Our Leaders* (São Francisco: Berrett-Koehler, 1995; 2nd ed., 2003). Todas as citações aqui contidas foram extraídas da segunda edição.
14. Ibid., 4.
15. Para uma discussão completa sobre os "estilos de subordinação" de Chaleff, consulte Chaleff, *The Courageous Follower*, 38–43.

Notas   249

16. Ibid., xvii.
17. Escrevi um livro sobre esse assunto, intitulado *Reinventing Leadership: Making the Connection Between Politics and Business* (Albany: State University of New York Press, 1999).
18. Para conhecer um livro sobre seguidores que estavam próximos ao topo, aos líderes políticos nesse caso, consulte Jeff Schubert, *Dictatorial CEOs and Their Lieutenants* (Sidney, Austrália: Ocean Publishing, 2006).
19. U.S. Census Bureau, *Current Population Survey*, Washington, DC, novembro de 2004. Outros motivos para não votar incluíam "ocupado demais", doença ou incapacidade física e afins. Mas 10,7% se declararam "não interessados" e outros 9,9% informaram que não se ligavam nos candidatos nem nas questões.
20. O livro de Anthony Downs é *An Economic Theory of Democracy* (1957). Downs foi citado por Louis Menand em "Fractured Franchise", *New Yorker*, 9-16 de julho de 2007, 88. Para mais discussão sobre esse assunto, consulte também Bryan Caplan, *The Myth of the Rational Voter: Why Democracies Choose Bad Politics* (Princeton, NJ: Princeton University Press, 2007).
21. Ruy A. Teixeira, *Why Americans Don't Vote: Turnout Decline in the United States, 1960–1984* (Westport, CT: Greenwood Press, 1987); e Kevin Chen, *Political Alienation and Voting Turnout in the United States, 1960–1988* (São Francisco: Mellon Research University Press, 1992).
22. Chen, *Political Alienation and Voting Turnout*, 173.
23. Ibid., 95.
24. Cliff Zukin, Scott Keeter, Molly Andolina, Krista Jenkins e Michael X. Delli Carpini, *A New Engagement? Political Participation, Civic Life and the Changing American Citizen* (Oxford: Oxford University Press, 2006), 68.
25. Michael X. Delli Carpini, "In Search of Informed Citizens: What Americans Know About Politics and Why It Matters" (documento apresentado na Conferência de Siegenthal sobre Cidadania, Nashville, TN, novembro de 1999). Delli Carpini escreve que "os cidadãos informados são comprovadamente melhores, segundo os padrões da teoria e prática democráticas que respaldam o sistema americano" (p. 35).
26. Zukin et al., *A New Engagement?*, 83.
27. Ibid., 92, figura 4.1.
28. Ibid., 110.
29. Estima-se que, na eleição federal canadense de 2004, apenas 37% das pessoas na faixa etária de 18-24 anos compareceram à votação, enquanto os da faixa etária de 58-67 anos apresentaram pelo menos o dobro de presença na votação. Paul Howe, "Political Knowledge and Electoral Participation in the Netherlands: Comparisons with the Canadian Case", *International Political Science Review* 27, nº 2 (2006): 137.
30. Citado por Lawrence F. Kaplan, "American Idle", *New Republic*, 12 de setembro de 2005, 19.
31. Número da pesquisa citado em Adam Cohen, "Look on the World, Not on Yourself So Much", *The New York Times*, 7 de maio de 2006, 11.
32. Figuras citadas por Norman Ornstein,"Vote–Or Else", *The New York Times*, 10 de agosto de 2006.
33. Esse parágrafo se baseia no artigo opinativo de Ornstein, intitulado "Vote–Or Else".
34. Agradeço a Todd Rogers por expressar sua opinião.
35. Os interessados em Isolados devem consultar John Brehm, *The Phantom Respondents: Opinion Surveys and Political Representation* (Ann Arbor: University of Michigan Press, 1993).
Brehm não diferencia entre Isolados e Espectadores. Entretanto, realmente aborda o problema da ausência de resposta às pesquisas, principalmente no domínio político, contestando que isso distorce os resultados da pesquisa, de modo relevante. Brehm escreve: "Precisamos refletir sobre os problemas da ausência de resposta para a representatividade política, e os termos de *quem* é representado e *que* efeito a não resposta surte sobre a política politics" (p. 185).
36. Barbara Kellerman, *Bad Leadership: What It Is, How It Happens, Why It Matters* (Boston: Harvard Business School Press, 2004), 35–40.

Capítulo 5

1. Hannah Arendt, citado em Wolf Lepenies, *The Seduction of German Culture in German History* (Princeton, NJ: Princeton University Press, 2006), 128. O livro de Jaspers recebeu o título de *Die Schuldfrage* [A questão da culpa].
2. Hermann Cohen, citado em Lepenies, *The Seduction of German Culture*, 149.
3. Frederic Spotts, *Hitler and the Power of Aesthetics* (Woodstock, NY: Overlook Press, 2003), 44.
4. Kurt Luedecke e Leni Riefenstahl são citados por Spotts, *Hitler and the Power of Aesthetics*, 44, 45.
5. William Shirer, citado em Spotts, *Hitler and the Power of Aesthetics*, 49.
6. Ian Kershaw, *Hitler: 1889–1936: Hubris* (Nova York:W.W. Norton, 1998), 187.

7. Lepenies, *The Seduction of German Culture*, 208.
8. Kershaw, *Hitler: 1889–1936: Hubris*, 180.
9. Ibid., 182.
10. Este parágrafo se baseia em Kershaw, *Hitler: 1889–1936: Hubris*, 183.
11. *Mein Kampf* está, evidentemente, repleto de referências antissemitas. O livro foi publicado pela primeira vez na Alemanha, em 1925. Adolph Hitler, *Mein Kampf*, tradutor Ralph Manheim (Boston: Houghton Mifflin, 1972).
12. Inga Clendinnen, *Reading the Holocaust* (Cambridge: Cambridge University Press, 1999), 101. A seção sobre Speer se baseia amplamente em Clendinnen.
13. Citado por Clendinnen, *Reading the Holocaust*, 101. Consulte também Albert Speer, *Inside the Third Reich: Memoirs*, tradutores Richard e Clara Winston (Nova York: Macmillan, 1970). Nas páginas 16–17, Speer explica em detalhes o que reconheceu inicialmente como a "mágica peculiar" de Hitler.
14. Leni Riefenstahl, *Leni Riefenstahl: A Memoir* (Nova York: St. Martin's Press, 1992), 252.
15. Todas as citações contidas neste parágrafo podem ser encontradas em Kershaw, *Hitler: 1889–1936: Hubris*, 277.
16. Robert Gellately, *Backing Hitler: Consent and Coercion in Nazi Germany* (Oxford: Oxford University Press, 2001), 9.
17. Ibid., 15. Este parágrafo se baseia na discussão de Gellately.
18. Ibid., 121.
19. Ian Kershaw, *Hitler: 1936–1945: Nemesis* (Nova York: W. W. Norton, 2000), 183–184.
20. Ibid., 184.
21. Neil J. Mitchell, *Agents of Atrocity: Leaders, Followers e the Violation of Human Rights in Civil War* (Nova York: Palgrave Macmillan, 2004), 5.
22. Benjamin A. Valentino, *Final Solutions: Mass Killing and Genocide in the Twentieth Century* (Ithaca, NY: Cornell University Press, 2004), 33, 34.
23. As citações nesta frase são de Saul Friedlander, citado em Valentino, *Final Solutions*, 34.
24. Ibid., 35.
25. Daniel Jonah Goldhagen, citado em Valentino, *Final Solutions*, 36.
26. Daniel Jonah Goldhagen, *Hitler's Willing Executioners: Ordinary Germans and the Holocaust* (Nova York: Knopf, 1996), 418.
27. Ibid., 355.
28. Christopher R. Browning, *Ordinary Men: Reserve Police Battalion 101 and the Final Solution in Poland* (Nova York: HarperPerennial, 1998).
29. Ibid., 184.
30. As citações contidas neste parágrafo são de Kershaw, *Hitler: 1889–1936: Hubris*, 437.
31. Gellately, *Backing Hitler*, 13.
32. Ibid., 121.
33. Fritz Stern, *Five Germanys I Have Known* (Nova York: Farrar, Straus and Giroux, 2006), 427.
34. Gellately, *Backing Hitler*, 149. Para mais informações sobre o que se soube, ou poderia ser conhecido, na Alemanha durante a guerra, consulte Victor Klemperer, *I Will Bear Witness: A Diary of the Nazi Years, 1933–1941* (Nova York: Random House, 1998).
35. Este parágrafo se baseia em Kershaw, *Hitler: 1936–1945: Nemesis*, 552. O movimento Rosa Branca (White Rose) é lendário na Alemanha e seus membros principais são amplamente considerados heróis. Entre outros testemunhos, houve filmes sobre esse movimento e sobre Sophie Scholl, um de seus membros mais importantes.
36. Citação extraída da última capa de um livro que contém todas as crônicas dessa histórica. Consulte Nathan Stoltzfus, *Resistance of the Heart: Intermarriage and the Rosenstrasse Protest in Nazi Germany* (New Brunswick, NJ: Rutgers University Press, 2001).
37. Ibid., xxv.
38. Ibid., 147.
39. A estimativa de 1 mil consta em Stolzfus, *Resistance of the Heart*, 243.
40. Leopold Gutterer, citado em Stolzfus, *Resistance of the Heart*, 244.
41. Ibid., 272.
42. Browning, *Ordinary Men*, 61.
43. Para obter uma descrição completa deste episódio, consulte Browning, *Ordinary Men*, Capítulo 7.
44. Ibid., 188.
45. Kershaw, *Hitler: 1936–1945: Nemesis*, 659.
46. Ibid., 657.

47. Ibid., 671.
48. Ibid., 754.
49. Kristen Renwick Monroe, *The Hand of Compassion: Portraits of Moral Choice During the Holocaust* (Princeton, NJ: Princeton University Press, 2004), x.
50. Ibid., 23.
51. Ibid., 30.
52. Ibid., 187, 188.
53. Como citado por Günter Grass em um fragmento de seu livro intitulado "How I Spent the War", *New Yorker*, 4 de junho de 2007, 71. As memórias de Grass foram publicadas por Harcourt, Inc., em 2007.
54. Consulte Walter Laqueur, prefácio para Stolzfus, *Resistance of the Heart*, x.
55. Essa figura é citada por Herbert A. Strauss, "Jewish Emigration from Germany: Nazi Policies and Jewish Responses", em *The Nazi Holocaust: Historical Articles on the Destruction of European Jews*, ed. Michael R. Marrus (Westport, CT: Meckler, 1989), v. I, 164.
56. Werner Rosenstock, "Exodus 1933–1939: A Survey of Jewish Emigration from Germany", em *The Nazi Holocaust*, ed. Marrus, 143.
57. Strauss, "Jewish Emigration from Germany", 179.
58. Ibid.
59. Ibid.
60. Essa seção se baseou em Strauss, que descreveu as fases da emigração, como fiz aqui. Seu artigo em *The Nazi Holocaust*, ed. Marrus, encontra-se nas pp. 161–210.
61. Klemperer, *I Will Bear Witness*, 277–278.
62. Victoria J. Barnett, *Bystanders: Conscience and Complicity During the Holocaust* (Westport, CT: Greenwood Press, 1999), 6. Raul Hilberg foi o primeiro a dividir (em 1961) os alemães, durante o Holocausto, em três grupos – agressores, vítimas e espectadores. Consulte seu levantamento fantástico, *The Destruction of the European Jews* (Nova York: Holmes & Meier, 1985) e seus outros trabalhos.
63. Esse parágrafo se baseia em Barnett, *Bystanders*, 6.
64. Ibid., 9.
65. Ervin Staub, citado em Barnett, *Bystanders*, 10.
66. Essa distinção foi feita por Barnett, *Bystanders*.
67. Ibid., 6.
68. The quote is in Barnett, *Bystanders*, 7.
69. Ibid., 17.
70. Ibid., 18, 19.
71. Ibid., 37.
72. Para obter um trabalho definitivo sobre esse assunto, consulte Robert J. Lifton, *The Nazi Doctors: Medical Killing and the Psychology of Genocide* (Nova York: Basic Books, 2000); publicado pela primeira vez em 1986.
73. Ian Buruma, *Murder in Amsterdam: The Death of Theo van Gogh and the Limits of Tolerance* (Nova York: Penguin Press, 2006), 19.
74. Outras citações também são de Buruma, *Murder in Amsterdam*, 74, 238.
75. David Cesarani e Paul A. Levine, "Conclusion", em *Bystanders to the Holocaust: A Reevaluation*, eds. David Cesarani e Paul A. Levine (Londres: Frank Cass, 2002), 269.
76. Tony Kushner, "'Pissing in the Wind?' The Search for Nuance in the Study of Holocaust 'Bystanders'", em *Bystanders to the Holocaust*, eds. Cesarani and Levine, 70.
77. Barnett, *Bystanders*, 46.
78. David S. Wyman, *The Abandonment of the Jews: America and the Holocaust, 1941–1945* (Nova York: Pantheon Books, 1984).
79. Ibid., x–xi.
80. Ibid., 311.
81. Michael J. Cohen, "Churchill and the Jews: The Holocaust", em *The Nazi Holocaust*, ed. Marrus, 346.
82. Gilbert é citado por Cohen, "Churchill and the Jews", 348.
83. Robert N. Rosen defende Roosevelt contra a acusação de que ele tenha sido um Espectador, em seu livro, *Saving the Jews: Franklin D. Roosevelt and the Holocaust* (Nova York: Thunder's Mouth Press, 2006). O debate sobre Auschwitz é discutido de ambos ao lados em Michael J. Neufield e Michael Berenbaum, eds., *The Bombing of Auschwitz: Should the Allies Have Attempted It?* (Nova York: St. Martin's Press, 2000). Consulte também Henry Feingold, "Who Shall Bear Guilt for the Holocaust: The Human Dilemma", em *The Nazi Holocaust*, ed. Marrus, 121–142.
84. Feingold, "Who Shall Bear Guilt for the Holocaust", 131.

85. David Remnick, "The Seventh Day: Why the Six-Day War Is Still Being Fought", *New Yorker*, 28 de março de 2007.
86. Monroe, *The Hand of Compassion*, 260.
87. Stern, *Five Germanys I Have Known*, 240.
88. Consulte Barnett, *Bystanders*, 1–5, para obter sua descrição do que aconteceu em Sonderburg sob as determinações nazistas.
89. Ibid., 3.
90. Ibid.

Capítulo 6

1. Consulte, por exemplo, Peter F. Drucker, *The Effective Executive* (Nova York: Harper & Row, 1966), 3–5.
2. Marcia Angell,"Your Dangerous Drugstore", *New York Review*, 8 de junho de 2006, 38.
3. Ibid.
4. Fran Hawthorne, "Merck at Risk", *Chief Executive (US)*, 1º de junho de 2003, 54–57.
5. Bill George com Peter Sims, *True North: Discover Your Authentic Leadership* (São Francisco: Jossey-Bass, 2007), 165.
6. A informação sobre Gilmartin foi extraída de "Business Biographies", Referência para Empresas, http://www.referenceforbusiness.com/biography/.
7. Ibid.
8. Discurso de Gilmartin na reunião anual dos stockholders, 27 de abril de 2004, http://www.merck.com/newsroom/executive_speeches/042704a.html.
9. "Business Biographies", Referência para Empresas, http://www.referenceforbusiness.com/biography/.
10. Marcia Angell, *The Truth About the Drug Companies: How They Deceive Us and What to Do About It* (Nova York: Random House, 2004), 3.
11. Várias cronologias diferentes respaldam a história de Vioxx. Conto principalmente com a de Robert Steyer, "Vioxx Timeline 1998–2005", TheStreet.com, 22 de agosto de 2005, http://www.thestreet.com/stocks/biotech/10239081.html?pub_tscs. Outros detalhes estão disponíveis no site da Food and Drug Administration (FDA) na Web, "Sequence of Events with VIOXX, since opening of IND", Fda.gov, http://www.fda.gov/ohrms/dockets/ac/05/briefing/2005–4090B1_04_E-FDA-TAB-C.htm; a cronologia oficial da Merck está disponível no site da Merck na Web:"Vioxx® (rofecoxib) Information Center", Merck.com, http://www.merck.com/newsroom/vioxx/. Também existem outras cronologias disponíveis, por exemplo, nos sites da National Public Radio, *New York Times* e *USA Today*.
12. Carolyn Abraham, "The Painful Battle over the 'Wonder': Carolyn Abraham Reports on the Canadian Doctor Who Found Herself Smack in the Middle of the Controversy over Vioxx", *Globe and Mail (Canada)*, 19 de fevereiro de 2005.
13. Ibid.
14. A declaração completa de Raymond Gilmartin pode ser encontrada na seguinte página da Web: http://www.nytimes.com/2004/09/30/business/30WIRE-MERK.html?ex=1254283200&en=84f4ea5ff7fb269d&ei=5090&partner=rssuserland.
15. Esse anúncio específico foi veiculado no *The New York Times* em 12 de novembro de 2004. Ele faz parte de uma campanha publicitária maior, que ocasionalmente exibia anúncios em sete jornais importantes. Consulte "Merck Now Offers Vioxx Defense", *Boston Globe*, 22 de novembro de 2004.
16. Angell, *The Truth About the Drug Companies*, xix.
17. Robert Burton, "How Merck Stacked the Deck", *Salon*, 31 de março de 2005.
18. *The New York Times*, editorial, "Punishment for Merck", 23 de agosto de 2005.
19. *Chicago Tribune*, editorial, "A Sin of Omission", 17 de dezembro de 2005.
20. Peter Kang, "Merck Faces New Vioxx Suits", Forbes.com, 13 de setembro de 2006, http://www.forbes.com/health/2006/09/13/merck-vioxx-kidneys=health=pharmaceuticals-ex_pk_0913merck.html.
21. A partir de 30 de setembro de 2006, a Merck ganhou cinco dos nove casos que foram a julgamento. Robert Cryan, Edward Chancellor e David Vise, "How Deep Do Merck's Wounds Go?", *Wall Street Journal*, 30 de setembro – 1º de outubro de 2006. Em meados de fevereiro de 2007, o apontamento estava assim: nos 18 casos agendados durante todo o ano de 2006, os jurados decidiram a favor da Merck, nove vezes. A empresa perdeu quatro casos e outros cinco receberam baixa dos calendários de primeira instância. Consulte John Simons, "Merck Is on the Mend", *Fortune*, 5 de fevereiro de 2007, 110. Para obter as informações mais recentes, pesquise na Web, onde diversos sites atualizam constantemente reivindicações legais contra a Merck, baseadas na ingestão do Vioxx.

22. De Bloomberg News, "California and the West: Merck Knew of Vioxx Dangers", *Los Angeles Times*, 28 de junho de 2006.
23. Comissão do Senado sobre Finanças, *Withdrawal from the Market of Vioxx Arthritis Pain Medication*, Congressional Quarterly Inc., 18 de novembro de 2004.
24. A partir de então, a Merck desenvolveu um novo medicamento, o Arcoxia, semelhante ao Vioxx. Entretanto, não foi fácil garantir a aprovação do FDA, exatamente por causa de "questões de segurança". Consulte Sarah Rubinstein e Anna Wilde Mathews, "Vioxx Successor Faces FDA Hurdles", *Wall Street Journal*, 4 de abril de 2007.
25. Angell, "Your Dangerous Drugstore", 39.
26. John Abramson, *Overdo$ed America: The Broken Promise of American Medicine* (Nova York: Harper-Collins, 2004), 36.
27. Essa questão foi levantada mais de uma vez. Consulte, por exemplo, Leonard J.Weber, *Profits Before People? Ethical Standards and the Marketing of Prescription Drugs* (Bloomington: Indiana University Press, 2006).
28. Ed Silverman, "Former Merck Scientist Becomes Lightning Rod", *Star-Ledger (Newark)*, 25 de setembro de 2005.
29. Dani Veracity, "Leaked Documents Show Merck Knew of Vioxx Dangers, Yet Hid Them for Years", NewsTarget.com, 6 de agosto de 2005, http://www.newstarget.com/010613.html.
30. Anna Wilde Mathews e Barbara Martinez, "E-Mails Suggest Merck Knew Vioxx's Dangers at Early Stage", *Wall Street Journal*, 1º de novembro de 2004.
31. Anne Belli, "Ex-Merck Scientist's Views on Vioxx Changed", *Knight Ridder Tribune News*, 6 de dezembro de 2005.
32. Citado em Belli, "Ex-Merck Scientist's Views".
33. Silverman, "Former Merck Scientist".
34. Jeff May, "Merck Witness Has Dent in Armor", *Star-Ledger* (Newark), 8 de janeiro de 2006.
35. Citado em May, "Merck Witness Has Dent in Armor".
36. Heather Won Tesoriero e Barbara Martinez, "Top Merck Witness May Become Liability in New Vioxx Trials", *Wall Street Journal*, 12 de dezembro de 2005.
37. May, "Merck Witness Has Dent in Armor".
38. Ibid.
39. Mathews e Martinez, "E-Mails Suggest Merck Knew".
40. Tesoriero e Martinez, "Top Merck Witness".
41. Ibid.
42. John Curran, "Expert: Merck Ignored Vioxx Safety Risks", Associated Press, 17 de setembro de 2005.
43. Anna Wilde Mathews e Barbara Martinez, "E-Mails Suggest Merck Knew Vioxx's Dangers at an Early Stage", *Wall Street Journal*, 1º de novembro de 2004.
44. Ibid.
45. Citado em May, "Merck Witness Has Dent in Armor".
46. Mark Donald, "Deconstructing Vioxx: How Mark Lanier Took on Merck and Won", *Texas Lawyer* 21, nº 26 (29 de agosto de 2005).
47. Esse parágrafo também se baseia em Donald, "Deconstructing Vioxx".
48. Informações procedentes do resumo biográfico de Sherwood, no site do Institute of Medicine of the National Academies, http://www.iom.edu/CMS/3740/4881/10279/10300.aspx. Consulte também informações sobre Sherwood em Informedix, http://03tilt.com/informedix/company_advisors.html.
49. Essa história está disponível em http://www.npr.org/templates/story/story/php?storyId-4696711. A história da NPR é a fonte de referência de todo o material sobre Sherwood.
50. Mathews e Martinez, "E-Mails Suggest Merck Knew".
51. Ibid.
52. Extraído da transcrição completa da difusão da NPR de *All Things Considered*, 9 de junho de 2005.
53. Ibid.
54. Ibid.
55. Todas as citações contidas nesse parágrafo e a citação imediatamente anterior foram extraídas da transcrição de *All Things Considered*, 9 de junho de 2005.
56. As citações contidas neste parágrafo são extraídas da declaração preparada, fornecida por Gurkirpal Singh, MD, à Comissão do Senado sobre Finanças, comandada por Charles Grassley em novembro de 2004.
57. Extraído de um artigo, "Part I: Documents Suggest Merck Tried to Censor Vioxx Critics", publicado no site da NPR na Web, http://www.NPR.org/ e relatado por Snigda Prakash. http://www.npr.org/templates/story/story.php?storyId=4696609 e "Part II: Did Merck Try to Censor Vioxx Critics?" http://www.npr.org/templates/story/story.php?storyId=4696711.

58. Ibid.
59. Associated Press, "Cardiologist Accuses Merck of Misconduct", 5 de dezembro de 2005.
60. Alex Berenson, "Doctor Links Merck Trial to His Demotion", *New York Times*, 10 de dezembro de 2005.
61. Ibid.
62. As descrições de Graham estão contidas em John Simons, "Blowing the Whistle at the FDA", *Fortune*, 24 de janeiro de 2005, 32. A citação é do *Medical News Today*, em referência ao *programa noturno* da rede de TV ABC, "FDA Forced Dr. D. Graham to Blow the Whistle", MedicalNewsToday.com, 24 de novembro de 2004, http://www.medicalnewstoday.com/articles/16846.php.
63. Michael Scherer, "The Side Effects of Truth", *Mother Jones*, maio-junho de 2005.
64. David J. Graham, "Blowing the Whistle on the FDA" *Multinational Monitor* 25, nº 12 (dezembro de 2004): 22.
65. Extraído do testemunho de David J. Graham, MD, MPH, Comissão do Senado sobre Finanças, 18 de novembro de 2004.
66. James Surowiecki apresenta uma diferença interessante entre a autoridade do FDA antes e depois de um medicamento entrar no mercado. Em particular, ele argumenta que "os Estados Unidos não têm um sistema racional para a 'pesquisa pós-entrada no mercado' – a avaliação dos medicamentos depois de sua aprovação". Consulte seu artigo, "A Drug on the Market", *New Yorker*, 25 de junho de 2007, 40.
67. Scherer, "The Side Effects of Truth".
68. Angell, *The Truth About the Drug Companies*, 3.
69. Weber, *Profits Before People?*, 182.
70. Anna Wilde Mathews, "Drug Firms Use Financial Clout to Push Industry Agenda at FDA", *Wall Street Journal*, 1º de setembro de 2006.
71. Barry Meier, "Reviews Cite Flaws at Guidant", *The New York Times*, 21 de março de 2006. Convém observar que o painel foi autorizado por Guidant.
72. Anna Wilde Mathews, "Sequel for Vioxx Critic: Attack on Diabetes Pill", *Wall Street Journal*, 22 de maio de 2007.
73. Todas as citações contidas neste parágrafo são de Max Bazerman e Dolly Chugh, "Decisions Without Blinders", *Harvard Business Review*, janeiro de 2006, 90.
74. A paráfrase é de Alex Berenson, "Merck Inquiry Backs Conduct over Vioxx", *The New York Times*, 7 de setembro de 2006.
75. Consulte John Carreyou e Heather Won Tesoriero, "Merck Vioxx Probe Clears Officials", *Wall Street Journal*, 7 de setembro de 2000; e Berenson, "Merck Inquiry Backs Conduct".
76. Drucker, *The Effective Executive*, 5.
77. Mathews, "Sequel for Vioxx Critic".
78. Consulte, por exemplo, Stephanie Saul e Gardiner Harris, "Diabetes Drug Still Has Risks, Doctors Warn", *The New York Times*, 6 de junho de 2007.
79. Uma supervisora no órgão de segurança de medicamentos do FDA, Dr. Rosemary Johann-Liang, afirmou que, em março de 2006, ela aprovou uma recomendação de um revisor de segurança da agência de que o Avandia (e outro medicamento semelhante, chamado Actos, fabricado por outra empresa) seria obrigado a portar a advertência mais forte "porque apresentava o risco de dilatações incomuns que poderiam ocasionar uma falha cardíaca". Em relação a seus problemas, ela recebeu ordens de seus superiores no sentido de que deveria retirar a aprovação da advertência, perdeu sua autoridade de aprovar tais avaliações e não podia mais supervisionar as revisões de dois medicamentos. Consulte Saul e Harris, "Diabetes Drug Still Has Risks".

Capítulo 7

1. James L. Franklin, "Breaking the Silence: The Church and Sexual Abuse", *Boston Globe*, 22 de novembro de 1992.
2. A. W. Richard Sipe, *Sex, Priests e Power: Anatomy of a Crisis* (Nova York: Brunner-Routledge, 1995), 11, 12.
3. Ibid., 12.
4. Ibid., 26.
5. Todas as citações contidas neste parágrafo são de Franklin, "Breaking the Silence".
6. Laurie Goodstein e Sam Dillon, "Scandal Is Stirring Lay Catholics to Push Church for More Power", *The New York Times*, 10 de novembro de 2002.
7. Margaret R. Miles, prefácio para Sipe, *Sex, Priests e Power*, xi.
8. Jason Berry, *Lead Us Not into Temptation: Catholic Priests and the Sexual Abuse of Children* (Urbana: University of Illinois Press, 2000), 179.

9. James A. Brundage, citado em Berry, *Lead Us Not into Temptation*, 180.
10. Para outra discussão sobre a história do celibato na igreja, antiga e mais recente, consulte Thomas P. Doyle, A.W. Richard Snipe e Patrick J.Wall, *Sex, Priests e Secret Codes: The Catholic Church's 2000-Year Paper Trail of Sexual Abuse* (Los Angeles: Volt Press, 2006).
11. Berry, *Lead Us Not into Temptation*, xii.
12. Ibid.
13. A estimativa foi preparada pelo reverendo Andrew Greeley, na edição de 20 de março de 1993 do *America*, uma revista dos jesuítas. Consulte Berry, *Lead Us Not into Temptation*, x.
14. Berry, *Lead Us Not into Temptation*, xii.
15. Andrew Greeley, prefácio para Berry, *Lead Us Not into Temptation*, xx.
16. Michael Rezendes, "Church Allowed Abuse by Priest for Years: Aware of Geoghan Record, Archdiocese Still Shuttled Him from Parish to Parish", *Boston Globe*, 6 de janeiro de 2002.
17. A Investigative Staff de *Boston Globe*, *Betrayal: The Crisis in the Catholic Church* (Boston: Little, Brown, 2002), 53.
18. Baseado em um artigo sobre a mesma história, incluído no *Globe* um dia depois do primeiro. Também preparado pelo Globe Spotlight Team, "Geoghan Preferred Preying on Poorer Children", *Boston Globe*, 7 de janeiro de 2002.
19. Sacha Pfeiffer e Kevin Cullen, "AG Wants Church to Report Past Sex Abuse", *Boston Globe*, 17 de janeiro de 2002.
20. Ibid.
21. Andrew M. Greeley, *Priests: A Calling in Crisis* (Chicago: University of Chicago Press, 2004), 1.
22. Investigative Staff, *Betrayal*, 33. Todas as citações contidas nesse parágrafo são extraídas da mesma fonte.
23. Ibid., 143.
24. Ibid.
25. Ibid., 147.
26. Cardinal John J. O'Connor, citado em Investigative Staff, *Betrayal*, 148.
27. Michael Novak, "The Boston Disease", *National Review Online*, 13 de dezembro de 2002, http://www.nationalreview.com/novak/novak.
28. Citado em Investigative Staff, *Betrayal*, 153.
29. Ibid., 155.
30. Para um relato mais completo sobre essa reunião, consulte Investigative Staff, *Betrayal*, 154–156.
31. Novak, "The Boston Disease".
32. Investigative Staff, *Betrayal*, 184.
33. Mary Jo Bane, "A Challenge to Lay Catholics", *Boston Globe*, 3 de fevereiro de 2002.
34. Terence Smith, "Challenging the Church", *Online Newshour*, 26 de março de 2002.
35. Citado em Smith, "Challenging the Church".
36. Peter Pollard, "Clerical Abuse: A Case Against Forgiving or Forgetting", *Boston Globe*, 7 de abril de 2002.
37. Investigative Staff, *Betrayal*, 66, 67.
38. *Boston Herald*, editorial, "Shanley Case Shows Legacy of Church Lies", 9 de abril de 2002.
39. Citado em Eileen McNamara, "Reclaiming Their Church", *Boston Globe*, 14 de abril de 2002.
40. Citado em Michael Paulson, "Catholics Drawn to Splinter Group in Wellesley", *Boston Globe*, 1º de maio de 2002. Artigo baseado nos fatos citados neste parágrafo; também contém mais informações sobre a origem da XXX Voice of the Faithful.
41. McNamara, "Reclaiming Their Church".
42. Paulson, "Catholics Drawn to Splinter Group".
43. Ralph Ranalli, "Judge at Center of Geoghan Case Considered a 'Fresh-Air Person'", *Boston Globe*, 8 de maio de 2002.
44. Ibid.
45. Kevin Cullen e Michael Rezendes, "A Grand Jury Is Said to Weigh Case Against Law", *Boston Globe*, 19 de junho de 2002.
46. Mark Jurkowitz, "When 'Two Alien Cultures' Face Off", *Boston Globe*, 28 de julho de 2002.
47. Maggie Mulvihill, "Law Losing His Power Pals: Supporters Are Divided on What His Future Holds", BostonHerald.com, 10 de abril de 2002.
48. Michael Rosenwald, "Law's Supporters Counter Protests Outside the Cathedral", *Boston Globe*, 22 de abril de 2002.
49. Todas as citações contidas neste parágrafo são de Michael Rezendes e Sacha Pfeiffer, "Law Distances Self on Shanley", *Boston Globe*, 30 de maio de 2002.

50. Todas as citações sobre essa reunião são de Michael Paulson, "Activist Group Told to Work 'With and Under' Law", *Boston Globe*, 24 de maio de 2002.
51. Thomas Farragher, "Small Group Has Big Goals", *Boston Globe*, 21 de julho de 2002.
52. Ibid.
53. Em termos gerais, essa citação e o parágrafo se baseiam em Michael Paulson, "Catholic Group to Rate Bishops", *Boston Globe*, 20 de julho de 2002.
54. Essa descrição biográfica resumida e todas as citações do discurso de Post nessa ocasião estão publicadas em BishopAccountability.org, 2004.
55. Eric Convey e Robin Washington, "Laity Get Tough on Law: Petition Urges Pope to Punish Bishops", *Boston Herald*, 22 de julho de 2002.
56. Eric Convey, "Theologians Back Lay Catholics' Bid for Greater Voice", *Boston Herald*, 20 de julho de 2002.
57. Michael Paulson, "Lay Catholics Issue Call to Transform Their Church", *Boston Globe*, 21 de julho de 2002.
58. Ibid.
59. Convey, "Theologians Back Lay Catholics' Bid".
60. Equipe do MassNews, "Is 'Voice of the Faithful' Unfaithful to Catholic Principles?", *Massachusetts News*, 22 de julho de 2002.
61. Investigative Staff, *Betrayal*, 197.
62. Parágrafo baseado em Sacha Pfeiffer e Matt Carroll, "Law to Reject Donations from Voice of the Faithful", *Boston Globe*, 23 de julho de 2002.
63. Sacha Pfeiffer e Stephen Kurkjian, "Catholic Charities Shifts on Lay Group's Fund-raising", *Boston Globe*, 26 de julho de 2002.
64. Paul R. Dokecki, *The Clergy Sexual Abuse Crisis: Reform and Renewal in the Catholic Community* (Washington, DC: Georgetown University Press, 2004), 88. Dokecki inlcui em seu livro uma boa análise do papel do VOTF durante a crise de 2002 na Arquidiocese de Boston. Consulte pp. 83–96.
65. Rod Dreher, "Law Faces the Law", *National Review Online*, 15 de agosto de 2002.
66. *Boston Globe*, editorial, "The Cardinal's Oath", 17 de agosto de 2002.
67. Dokecki, *The Clergy Sexual Abuse Crisis*, 92. Para obter um perfil do Pai Walter Cuenin, consulte Paul Wilkes, "A Priest's Battle for a More Open Church", *New Yorker*, 2 de setembro de 2002.
68. Eric Convey e Robin Washington, "Reilly Says Archdiocese Is Still Holding Out", *Boston Herald*, 23 de outubro de 2002.
69. Matt Carroll, "Judge Warns Archdiocese of Heavy Fines", *Boston Globe*, 31 de outubro de 2002.
70. Dokecki, *The Clergy Sexual Abuse Crisis*, 93.
71. Margery Eagan, "Crackdown on Voice of the Faithful Shows Cardinal's Intolerance", *Boston Herald*, 6 de outubro de 2002.
72. Thomas H. O'Connor, professor emérito na Boston College, citado em Michael Paulson, "Quietly, Cardinal Back in Public Eye After Long Silence", *Boston Globe*, 3 de novembro de 2002.
73. Paulson, "Quietly, Cardinal Back in Public Eye".
74. Tom Mashberg, "Cardinal Apologizes for His Role in Scandal", *Boston Herald*, 4 de novembro de 2002.
75. Extraído do texto dos comentários fornecidos pelo Cardeal Bernard F. Law, no início da Cerimônia na Church of the Holy Cross, em 3 de novembro de 2002. O texto surgiu no *Boston Globe* em 4 de novembro de 2002.
76. As citações e o material contidos neste parágrafo constam em Walter V. Robinson, "Judge Finds Records, Law at Odds", *Boston Globe*, 26 de novembro de 2002.
77. Thomas Farragher e Sacha Pfeiffer, "More Clergy Abuse, Secrecy Cases", *Boston Globe*, 4 de dezembro de 2002.
78. Ibid.
79. Michael Paulson, "A Church Consulteks Healing: Pope Accepts Law's Resignation in Rome", *Boston Globe*, 14 de dezembro de 2002.
80. Cardeal William Keeler, citado em Investigative Staff, *Betrayal*, 215.
81. Rod Dreher, "State of Law", *National Review Online*, 13 de dezembro de 2002.
82. Citado em Dokecki, *The Clergy Sexual Abuse Crisis*, 95.
83. Pam Belluck, "Cardinal Law Says Resigning Was the Best Way to Serve the Church", *The New York Times*, 17 de dezembro de 2002.
84. Francis X. Rocca, "Our Man in Rome", *Boston*, setembro de 2006, http://www.bostonmagazine.com/article/our-man-in-rome. As citações contidas neste parágrafo foram extraídas do artigo.
85. Martin Evans, "Bishop Accused of Hoarding", *Newsday*, 13 de setembro de 2006.

86. Regine Laboissiere, "Catholic Group Calls for Change", *Hartford Courant*, 24 de setembro de 2006.
87. Gillian Flaccus, "L. A. Archdiocese to Pay $660M Over Clergy Abuse", *USA Today*, 16 de julho de 2007.
88. "Financial Disclosure of the Archdiocese of Boston Regarding Settlements and Related Costs", abril de 2006.

Capítulo 8

1. Center for Defense Information, "Terrorism Project", 5 de outubro de 2001.
2. A grafia de nomes, como Al Qaida, varia de um texto para outro. Em geral, empreguei a mesma grafia que Sean Naylor, que escreveu o livro definitivo sobre a Operação Anaconda (consulte a Nota 3).
3. Sean Naylor, *Not a Good Day to Die: The Untold Story of Operation Anaconda* (Nova York: Berkley Books, 2005), 10. Este capítulo se baseia no livro de Naylor, um guia indispensável através do labirinto da Operação Anaconda.
4. Philip Smucker, "How bin Laden Got Away", *Christian Science Monitor*, 4 de março de 2002.
5. "Operation Anaconda: A Day by Day Guide to the First Week of Fighting", *Time*, 10 de março de 2002, http://www.time.com/time/covers/1101020318/popup/.
6. Richard T. Cooper, "The Untold War: Fierce Fight in Afghan Valley Tests U.S. Soldiers and Strategy", *Los Angles Times*, 24 de março de 2002. Este capítulo se baseia no excelente artigo de Cooper.
7. Richard W. Stewart, *Operation Enduring Freedom: The United States Army in Afghanistan*, brochura do Exército dos Estados Unidos, atualizada em 17 de março de 2006.
8. Cooper, "The Untold War".
9. Mark Danner, "Iraq: The War of the Imagination", *New York Review of Books*, 21 de dezembro de 2006.
10. Cooper, "The Untold War".
11. Naylor, *Not a Good Day to Die*, 24.
12. Ibid., 19.
13. Ibid., 47.
14. "10th Mountain Division (Light Infantry)", GlobalSecurity.org, http://www.globalsecurity.org/military/agency/army/10mtn.htm.
15. Este parágrafo se baseia em Naylor, *Not a Good Day to Die*, 12, 13.
16. Robert H. McElroy, com Patrecia Slayden Hollis, "Afghanistan: Fire Support for Operation Anaconda: Interview with Major General Franklin L. Hagenbeck, *Field Artillery*, setembro-outubro de 2002, 7.
17. Naylor, *Not a Good Day to Die*, 53.
18. Ibid., 55.
19. Ibid., 61.
20. Declaração de missão militar da Operação Anaconda, citado em Naylor, *Not a Good Day to Die*, 118.
21. Ibid., 123.
22. Ibid., 130.
23. Ibid., 131.
24. Ibid., 146.
25. Ibid., 180, 181.
26. *Time*, 10 de março de 2002, http://www.time.com/. O relato cotidiano da Operação Anaconda se baseia principalmente nesta fonte.
27. Sean Naylor, "Operation Anaconda" (apresentação no Security Studies Program Seminar (Seminário do Programa de Estudos sobre Segurança), http://web.mit.edu/ssp/seminars/wed_archives_06spring/naylor.htm, 22 de março de 2006).
28. O General Hagenbeck forneceu a informação, posteriormente. Consulte Benjamin S. Lambeth, *Air Power Against Terror:America's Conduct of Operation Enduring Freedom* (Santa Monica, CA: Rand Research, 2005), 191.
29. O número de inimigos mortos como consequência da Anaconda varia. Algumas estimativas eram tão baixas quanto 200 a 300.
30. Wikipedia, "Operation Anaconda", http://www.en.wikipedia.org/wiki/Operation_Anaconda.
31. *Time*, 10 de março de 2002, http://www.time.com/.
32. Cooper, "The Untold War".
33. Citado em Michel Elliott, "Deadly Mission", *Time*, 18 de março de 2002, 34.
34. Ibid.
35. Rory McCarthy e Peter Beaumont, "Battle for Gardez: A Bloody Duel to the Death in Eastern Afghanistan Could Prove a Decisive Turning Point in the War on Terror", *Observer (UK)*, 10 de março de 2002.

36. Todas as citações contidas nesse parágrafo são de *Army Magazine*, "Operation Anaconda: Taking the Fight to the Enemy in Afghanistan", 1º de abril de 2002, http://www.ausa.org/webpub/DeptArmyMagazine.nsf/byid/CCRH-6CCCS3H.
37. Elaine Grossman, "Was Operation Anaconda Ill-Fated from the Start?" *Inside the Pentagon*, Defense and the National Interest, 29 de julho de 2004, http://www.d-n-i.net/.
38. Lambeth, *Air Power Against Terror*, 165.
39. Ibid.
40. Stewart, *Operation Enduring Freedom*, section 43.
41. Citado por Lambeth, *Air Power Against Terror*, 174.
42. As citações contidas no parágrafo encontram-se em Lambeth, *Air Power Against Terror*, nas pp. 166, 217 e 230, respectivamente.
43. Agradeço a Michele Macaloon por dar esta opinião.
44. Todas as citações extraídas desta entrevista encontram-se em Austin Bay, "A Full Report on Operation Anaconda–America's First Battle of the 21st Century. A Complete After Action Interview with Col. Weircinski [sic]", StrategyPage.com, 27 de junho de 2002, http://www.strategypage.com/.
45. Naylor, *Not a Good Day to Die*, 234.
46. Ibid., 229.
47. Transcrição de notícias, Departamento de Defesa dos Estados Unidos, http:/www.defenselink.mil/transcripts/2002/t03072002.
48. O primeiro-sargento Dave Enders e o primeiro-sargento (aposentado) Phil Tegtmeier, "Soldiers Use 'Big Four' Battle Drills to Maintain Combat Edge", *NCO Journal*, janeiro de 2003, 7–10.
49. Ann Scott Tyson, "Anaconda: A War Story", *Christian Science Monitor*, 1º de agosto de 2002.
50. Ibid.
51. Ibid.
52. Gerry Gilmore, "Combat Veterans Recount Grit, Valor, Air Support in Defeating Terror Troops", American Forces Information Service, 23 de outubro de 2002.
53. Mark Thompson, "Sudden Warrior", *Time*, 9 de setembro de 2002, 78.
54. Naylor, *Not a Good Day to Die*, 233.
55. Thompson, "Sudden Warrior".
56. Ibid.
57. Grippe e Kraft são citados em Naylor, *Not a Good Day to Die*, 254–255.
58. Randal Perez, entrevista por Martin Savidge, *CNN Live at Daybreak*, 18 de março de 2002.
59. Citado em Thompson, "Sudden Warrior".
60. Todas as informações e todas as citações sobre Rivera são de John Sack, "Anaconda", *Esquire*, agosto de 2002, 116.
61. Ibid.
62. Ibid.
63. H. R. McMaster, *Dereliction of Duty: Lyndon Johnson, Robert McNamara, the Joint Chiefs of Staff e the Lies That Led to Vietnam* (Nova York: HarperCollins, 1997), 311, 312.
64. Martin L. Cook, *The Moral Warrior: Ethics and Service in the U.S. Military* (Albany: State University of New York Press, 2004), 64.
65. McMaster, *Dereliction of Duty*, 300–334.
66. Lewis Sorley, *Honorable Warrior: General Harold K. Johnson and the Ethics of Command* (Lawrence: University Press of Kansas, 1998), 303.
67. A frase *drenar os pântanos* é de Stewart, *Operation Enduring Freedom*, seção 1.
68. Existe uma vasta literatura sobre o que significa "just war". Para uma discussão resumida sobre o assunto, consulte Cook, *The Moral Warrior*, Capítulo 1.
69. Ibid., 32.
70. Sean Naylor argumenta que a Operação Anaconda deveria ter nos ensinado 10 lições, a saber: (1) conheça seu inimigo; (2) conheça seus amigos; (3) pense duas vezes antes de plugar e tocar; (4) o olho celestial não vê tudo; (5) high tech não é tudo aquilo que se espera; (6) a união tem seus limites; (7) lembre-se dos três princípios de Patton: audácia, audácia e audácia; (8) acredite sempre no cara do local; (9) o treinamento voltado para o combate salva vidas; e (10) "as tropas não o desapontarão". Naylor, "Operation Anaconda".
71. Mark Danner, "Iraq: The War of the Imagination", *New York Review of Books*, 21 de dezembro de 2006, 83.
72. Marinha dos Estados Unidos, Marine Corps University, *User's Guide to Marine Corps Values*", http://www.MATSGFL.USMC.MIL/mATSG%20sECTIONS/training/chapter19.htm.

73. Consulte, por exemplo, o artigo do general Michael J. Jernigan do Corpo de Fuzileiros Navais, "The 'Emperor's New Clothes'Approach to Leadership", em *Military Leadership: In Pursuit of Excellence*, eds. Robert L. Taylor e William E. Rosenbach (Cambridge, MA:Westview Press, 2005), 109–113. Reimpresso da *Marine Corps Gazette*.
74. Consulte, por exemplo, Michael Duffy, "The Revolt of the Generals", *Time*, 16 de abril de 2006; e Evan Thomas e John Barry, "Anatomy of a Revolt", *Newsweek*, 24 de abril de 2006.
75. Para obter mais informações sobre essa motivação, consulte Nathaniel Fick, "General Dissent: When Less Isn't More", *USA Today*, 24 de abril de 2006.
76. O secretário de Defesa Adjunto, Paul Wolfowitz, chamou Shinseki de "totalmente fora de esquadro". Wolfowitz foi citado por, entre outros, Dave Moniz, "Ex-Army Boss: Pentagon Won't Admit Reality in Iraq", *USA Today*, 3 de junho de 2003.
77. Citado por Phillip Carter, "War by Video Conference: How al Qaeda Fought Us to a Draw in the Biggest Battle in Afghanistan", revisão de Naylor, *Not a Good Day to Die*, *Washington Monthly*, julho-agosto de 2005, http://www.washingtonmonthly.com/features/2005/0507.carter.html.
78. Citado por Hendrick Hertzberg,"Webbcast", *New Yorker*, 5 de fevereiro de 2007, 25.
79. Maureen Dowd, "Better Never Than Late", *New York Times*, 2 de maio de 2007. Consulte também o excelente artigo de análise das memórias de George Tenet por Thomas Powers. O livro de Tenet é *At the Center of the Storm: My Years at the CIA* (Nova York: HarperCollins Publishers, 2007). O artigo de Powers é "What Tenet Knew", *New York Review of Books*, 19 de julho de 2007, 70–74.

Capítulo 9

1. Citado pelo presidente George W. Bush no funeral de Coretta Scott King, em 7 de fevereiro de 2006.
2. O caso de Kitty Genovese tornou-se muito conhecido e foi descrito e analisado até agora em inúmeros manuais de ciências sociais. As citações contidas neste parágrafo são de um relato contemporâneo. Consulte Martin Gansberg, "Thirty-Eight Who Saw Murder and Didn't Call the Police", *The New York Times*, 27 de março de 1964.
3. Nicholas D. Kristof, "If Not Now, When?", *The New York Times*, 29 de outubro de 2006.
4. Nicholas D. Kristof, "Heroes of Darfur", *The New York Times*, 7 de maio de 2006; e "Car Washes and Genocide", *The New York Times*, 16 de janeiro de 2007.
5. *Boston Globe*, editorial, "Shaming China on Darfur", também consta no *International Herald Tribune*, 1º de junho de 2007.
6. A frase é um título de um editorial sobre o assunto, *The New York Times*, 3 de agosto de 2007.
7. Consulte, por exemplo, Andrew Rosenthal, "There Is Silence in the Streets: Where Have All the Protesters Gone?", *The New York Times*, 31 de agosto de 2006.
8. Como indicado por Dave Simonson, todo movimento popular ou de protesto almeja seguidores "graduados", de Espectadores a Participantes e de Participantes a Ativistas, e assim por diante.
9. John Cassidy, "Alien Nation", *New Yorker*, 10 de abril de 2006, 25.
10. Rex Wockner, "Pride Around the World" in *The Bottom Line: San Diego*, 20 de julho de 2007, http://www.sdbottomline.com/index1.html.
11. Para mais informações sobre essa questão específica, consulte Kim Severson, "Bringing Moos and Oinks into the Food Debate", *The New York Times*, 25 de julho de 2007. Severson observa que, em uma pesquisa realizada em 2006, com 5.000 pessoas na faixa etária de 13-24 anos, a PETA foi a organização sem fins lucrativos que mais se interessou pelo voluntariado. Severson também comenta sobre o papel desempenhado no movimento sobre os direitos dos animais por meio da tecnologia, por exemplo, e-mails em massa, câmeras facilmente ocultadas e imagens on-line, inclusive imagens desanimadoras, se não chocantes, de matadouros.
12. Steve Stecklow, "Environmentalists, Loggers Near Deal on Asian Rainforest", *Wall Street Journal*, 23 de fevereiro de 2006.
13. Claudia Deutch, "Companies and Critics Try Collaboration", *The New York Times*, 17 de maio de 2006. As histórias dedicadas aos assuntos relatados constituíram uma seção especial do *Times*, seção E.
14. Marc Gunther, "The Green Machine", *Fortune*, 2 de agosto de 2006, 57.
15. Heather Green, "The Greening of America's Campuses", *BusinessWeek*, 9 de abril de 2007, 64.
16. Esse parágrafo se baseia em Jerry Adler, "Going Green", *Newsweek*, 17 de julho de 2006, 42–52.
17. Ethan Wilensky-Lanford, "Political Activism Beginning to Take Hold in Kyrgyzstan", *The New York Times*, 12 de dezembro de 2005.
18. Hassan M. Fattah, "Workers in Arab Emirates Protest e Win", *The New York Times*, 25 de setembro de 2005.

19. Seth Mydans, "Haunted by Past Horrors, Cambodians Speak Out", *The New York Times*, 30 de janeiro de 2006.
20. Steven Lee Myers e C. J. Chivers, "Protesters Charge Fraud in Belarus Presidential Election", *The New York Times*, 20 de março de 2006. Consulte também Steven Lee Myers, "Bringing Down Europe's Last Ex-Soviet Dictator", *New York Times Magazine*, 26 de fevereiro de 2006, http://www.nytimes.com/2006/02/06magazine/26belarus.htm.
21. A citação é de Craig S. Smith, "French Premier Considers Easing Job Law", *The New York Times*, 28 de março de 2006.
22. Elaine Sciolino e Craig S. Smith, "Protests in France over Youth Labor Law Turn Violent", *The New York Times*, 29 de março de 2006.
23. Elaine Sciolino, "Chirac Will Rescind Labor Law That Caused Wide French Riots", *The New York Times*, 11 de abril de 2006.
24. Roddy Scheer, "Money Matters: Boring from Within", *Earth Action Network*, janeiro-fevereiro de 2006.
25. Marcella Bombardieri e David Abel, "Summers Gets Vote of No Confidence", *Boston Globe*, 16 de março de 2005.
26. Ibid.
27. Marcella Bombardieri, "Summers Should Go, Ex-Harvard Dean Says", *Boston Globe*, 16 de fevereiro de 2006.
28. "John Harvard's Journal: A Presidency's Early End", *Harvard Magazine*, maio-junho de 2006, 64.
29. Ibid., 60, 61.
30. Evan H. Jacobs e Anton S. Troianovski, "Summers Resigns", *Harvard Crimson*, 22 de fevereiro de 2006.
31. Esse parágrafo se baseia no excelente artido de Helen Epstein e Julia Kim, "AIDS and the Power of Women", *New York Review of Books*, 15 de fevereiro de 2007, 39-41.
32. Jane Gross, "Living with Alzheimer's", *The New York Times*, 29 de março de 2007.
33. Anne Applebaum, "Hero", *New York Review of Books*, 20 de outubro de 2005, 18.
34. Laura Landro, "Patients, Families Take Up the Cause of Hospital Safety", *Wall Street Journal*, 30 de maio de 2007.
35. Deborah Sontag, "Israel Honors Mothers of Lebanon Withdrawal", *The New York Times*, 3 de junho de 2000.
36. Elisabeth Bumiller, "In the Struggle over the Iraq War, Women Are on the Front Line", *The New York Times*, 29 de agosto de 2005.
37. *The New York Times*, editorial, "One Mother in Crawford", 9 de agosto de 2005.
38. Anne E. Kornblut, "Mother's Grief-Fueled Vigil Becomes Nexus for Antiwar Protesters", *The New York Times*, 13 de agosto de 2005.
39. C. Fred Alford, *Whistleblowers: Broken Lives and Organizational Power* (Ithaca, NY: Cornell University Press, 2001), 19, 20.
40. Mark Hayhurst, "I Knew What Was About to Happen", *Guardian Unlimited*, 23 de janeiro de 2001, http://www.guardian.co.uk/science/2001/jan/23/spaceexploration.g2.
41. Consulte *Time*, "The Interview", 30 de dezembro de 2002, 58.
42. Bethany McLean e Peter Elkind, *The Smartest Guys in the Room: The Amazing Rise and Scandalous Fall of Enron* (Nova York: Portfolio, 2003), 355.
43. Ibid., 355.
44. John Wiener, "Saving History from the Shredder", *Nation*, September 6-13, 1999, 20-24.
45. Alex Berenson, "At Pfizer, the Isolation Increases for a Whistleblower", *The New York Times*, 6 de junho de 2005.
46. Greenhouse é citada em *The New York Times*, editorial, "Banished Whistle-Blowers", 1º de setembro de 2005.
47. Erik Eckholm, "Army Contract Official Critical of Halliburton Pact Is Demoted", *The New York Times*, 29 de agosto de 2005.
48. Judy Greenwald, "Whistleblower Retaliation Claims Challenging Employers", *Business Insurance*, 26 de setembro de 2005, 4.
49. Chris Strohm, "Report Finds Government Whistleblowers Lack Adequate Protections", GovernmentExecutive.com, 10 de janeiro de 2006, http://www.govexec.com/dailyfed/0106/011006c1.htm.
50. Gina Holland, "High Court Trims Whistleblower Rights", Associated Press, 30 de maio de 2006, http://sfgate.com/cgi-bin/article.cgi?f=/n/a/2006/05/30/national/w132119D75.DTL&type=politics.
51. A palavra *quirky* (peculiar) é de Alford, *Whistleblowers*, 31.
52. Ibid., 32.
53. Ibid., 35.

54. Para ler mais sobre Jon Oberg, consulte Sam Dillon, "Whistler-Blower on Student Aid Vindicated", *The New York Times*, 7 de maio de 2007.
55. Em resposta à influência política aparentemente cada vez maior dos imigrantes ilegais, Joseph Turner, com apenas $100 e um computador, formou um grupo que ele chamou de Save Our State (Salve Nosso Estado). Seu objetivo era impedir que a Califórnia se transformasse em um "Esgoto do Terceiro Mundo". Como você esperava, alguns consideram Turner um propagador de ódio. Seja qual for o caso, ele é um Ativista, que luta por uma causa em que acredita. Consulte Miriam Jordan, "In Immigrant Fight, Grass-Roots Groups Boost Their Clout", *Wall Street Journal*, 28 de setembro de 2006.
56. Ian Buruma, "Kimworld", *New Yorker*, 22 de agosto de 2005, 64.
57. Jean Lipman-Blumen, *The Allure of Toxic Leaders: Why We Follow Destructive Bosses and Corrupt Politicians–and How We Can Survive Them* (Nova York: Oxford University Press, 2005), 43.
58. Ibid., 44.
59. Ibid., 174.
60. Barbara Kellerman, *Bad Leadership: What It Is, How It Happens, Why It Matters* (Boston: Harvard Business School Press, 2004), 165.
61. As duas citações sobre os Smithsonianos encontram-se em Robin Pogrebin, "Report Faults Oversight by Smithsonian Regents", *The New York Times*, 19 de junho de 2007. A segundo citação foi extraída de um relatório preparado pelo Smithsoniano.
62. Lewis Sorley, *Honorable Warrior: General Harold K. Johnson and the Ethics of Command* (Lawrence: University Press of Kansas, 1998), 268.
63. Todas as citações contidas nesse parágrafo são de Kelley Holland, "The Silent May Have Something to Say", *The New York Times*, 5 de novembro de 2006.
64. Ian Buruma, "The Indiscreet Charm of Tyranny", *New York Review of Books*, 12 de maio de 2005, 36.
65. Citado por Michael Massing, "Trial and Error", *New York Review of Books*, 17 de outubro de 2004, 17.
66. Ibid.
67. Ibid.
68. Kellerman, *Bad Leadership*, Capítulo 6.
69. John R. Emshwiller, "Lesser Known Enron Executive Is Key Witness", *Wall Street Journal*, 20 de março de 2006.
70. Ibid.
71. Alexei Barrionuevo, "Enron Executive Points a Finger at Former Chiefs", *The New York Times*, 8 de março de 2006.
72. Alexei Barrionuevo, "Data Modified, Jury Is Told", *New York Times*, 22 de fevereiro de 2006.
73. Robert E. Kelley, "In Praise of Followers", *Harvard Business Review*, November–December 1988, 142–148.
74. Robert E. Kelley, *The Power of Followership: How to Create Leaders People Want to Follow and Followers Who Lead Themselves* (Nova York: Doubleday, 1992).
75. Ibid. Consulte principalmente Capítulo 6, 125–147.
76. Ira Chaleff, *The Courageous Follower: Standing Up to and for Our Leaders*, 2ª ed. (São Francisco: Berrett-Koehler, 2003).
77. Ibid., 159.
78. Katharine Q. Seelye e Jennifer Steinhauer, "At Los Angeles Times, a Civil Executive Rebellion", *The New York Times*, 21 de setembro de 2006.
79. Katharine Q. Consultelye, "Los Angeles Times Publisher Is Ousted", *The New York Times*, 6 de outubro de 2006.
80. Katharine Q. Consultelye, "Los Angeles Paper Ousts Top Editor", *The New York Times*, 8 de novembro de 2006.
81. Ibid.

Capítulo 10

1. William Gardner, Bruce Avolio, Fred Luthans, Douglas R. May e Fred Walumba, "Can You Consulte the Real Me? A Self-Based Model of Authentic Leader and Follower Development", *Leadership Quarterly* 16 (2005): 343–372.
2. David Collinson, "Rethinking Followership: A Post-Structuralist Analysis of Follower Identities", *Leadership Quarterly* 17, nº 2 (abril de 2006): 185.
3. Ibid., 186.
4. Robert B. Cialdini, *Influence: The Psychology of Persuasion* (Nova York: William Morrow, 1993).
5. Ibid., 230.

6. Abhijit V. Banerjee, "A Simple Model of Herd Behavior", *Quarterly Journal of Economics*, agosto de 1992, 797.
7. Stephen Worchel, "Come One, Come All: Toward Understanding the Process of Collective Behavior", em *The SAGE Handbook of Social Psychology*, eds. Michael A. Hogg e Joel Cooper (Thousand Oaks, CA: Sage Publications, 2003), 487.
8. As citações e informações relacionadas a Debian são de Siobhan O'Mahony e Fabrizio Ferraro, "Governance in Production Communities" (documento não publicado apresentado no Center for Public Leadership, Cambridge, MA, 2006). Consulte principalmente as p. 17–19.
9. Ibid., 38.
10. Ori Brafman e Rod A. Beckstrom, *The Starfish and the Spider: The Unstoppable Power of Leaderless Organizations* (Nova York: Penguin, 2006).
11. Ibid., 129, 131.
12. Barron H. Lerner, MD, "In a Hospital Hierarchy, Speaking Up Is Hard to Do", *The New York Times*, 17 de abril de 2007.
13. John Cassidy, "Annals of Economics: Relatively Deprived", *New Yorker*, 3 de abril de 2006, 45.
14. Ibid.
15. Entre as descobertas de uma pesquisa de trabalhadores, realizada por pesquisadores na Florida State University. Citado por Brent Kallestad, "Just FYI: Bad Bosses Can Do More Than Annoy", *Houston Chronicle*, 2 de janeiro de 2007.
16. Economista de Princeton, Angus Deaton, citado por Cassidy, "Annals of Economics", 46.
17. Barbara Kellerman, *Bad Leadership: What It Is, How It Happens, Why It Matters* (Boston: Harvard Business School Press, 2004).
18. Robert E. Kelley, *The Power of Followership: How to Create Leaders People Want to Follow and Followers Who Lead Themselves* (Nova York: Doubleday, 1992), 102–105.
19. Dan Fost, "Mangling Managers: Survey Finds Many Workers Mistrust Bosses", *San Francisco Chronicle*, 3 de janeiro de 2007.
20. Todd Pittinsky, Seth Rosenthal, Laura Bacon, L. Matthew Montoya e Weichun Zhu, *National Leadership Index 2006: A National Study of Confidence in Leadership* (Cambridge, MA: Center for Public Leadership, 2006), 4.
21. As citações e o relato contidos no parágrafo são de Michelle Conlin, "Smashing the Clock", *BusinessWeek*, 12 de dezembro de 2006, 60–68.
22. Jared Sandberg, "Working for a Boss Who Only Manages Up Can Be a Real Downer", *Wall Street Journal*, 16 de maio de 2006.
23. Stever Robbins, "Understand What Motivates Your Boss", *HBS Working Knowledge*, 13 de março de 2006; e Sarah Jane Gilbert, "Do I Dare Say Something?" *HBS Working Knowledge*, 20 de março de 2006.
24. Kevin P. Coyne e Edward J. Coyne Sr., "Surviving Your New CEO", *Harvard Business Review*, maio de 2007, 62–69.
25. Larry Bossidy, "What Your Leader Expects of You–and What You Should Expect in Return", *Harvard Business Review*, abril de 2007, 58–65.
26. James Kelly e Scott Nadler, "Leading from Below", *Wall Street Journal*, 3–4 de março de 2007.
27. Michael Useem, *Leading Up: How to Lead Your Boss So You Both Win* (Nova York: Crown, 2001) 1.
28. Debra E. Meyerson, *Tempered Radicals: How People Use Difference to Inspire Change at Work* (Boston: Harvard Business School Press, 2001). Esse parágrafo se baseia no livro de Meyerson.
29. Ibid., 138.
30. Matt Vilano, "The Perils of an Office Coup", *The New York Times*, 25 de junho de 2006.
31. Ira Chaleff, carta ao autor, 12 de março de 2006. Agradeço a Mr. Chaleff por compartilhar seus insights.
32. É difícil superestimar a importância deste assunto. Isso também aconteceu a outras pessoas, como Ira Chaleff e Jean Lipman-Blumen, que destacaram que, em sua dissertação, Tom Peters demonstrou que "até as vitórias pequenas mas consistentes de um líder malvado podem amedrontar os possíveis desafiantes". Em Jean Lipman-Blumen, *The Allure of Toxic Leaders: Why We Follow Destructive Bosses and Corrupt Politicians–and How We Can Survive Them* (Nova York: Oxford University Press, 2005), 212.
33. Ibid., 211.
34. Tom Devine, *The Whistleblower's Survival Guide: Courage Without Martyrdom* (Washington, DC: Fund for Constitutional Government, 1997), 14–25.
35. Para mais informações sobre os desafios enfrentados pelos subordinados ao falar em voz alta para seus superiores, consulte Sarah Jane Gilbert, "Do I Dare Say Something?", *HBS Working Knowledge*, 20 de março de 2006. O artigo de Gilbert se baseou em um documento de trabalho escrito por Amy Edmondson e James Detert.

36. As citações e informações contidas neste parágrafo são de Michael Barbaro, "Apologetic, Home Depot Tries to Move Beyond Nardelli's Shadow", *New York Times*, 25 de maio de 2007; e Joe Nocera, "Speaking Up in Fresh Air at Home Depot", *The New York Times*, 26 de maio de 2007.
37. Alan Murray, "After the Revolt, Creating a New CEO", *Wall Street Journal*, 5–6 de maio de 2007. A menos que indicado de outra forma, as citações e informações contidas neste parágrafo são extraídas do artigo de Murray.
38. A frase *nobody revolts (ninguém se revolta)* é de Joe Nocera, "Running G. E., Comfortable in His Skin", *The New York Times*, 9 de junho de 2007. (O artigo versava sobre Jeffrey Immelt.) A linha sobre o medo de atirar é de Michael Orey, "Fear of Firing", *BusinessWeek*, 23 de abril de 2007, 52. E as informações sobre os XXX assentos precários de CEOs encontram-se em Roger O. Crockett, "At the Head of the Headhunting Pack", *BusinessWeek*, 9 de abril de 2007, 80.
39. Cliff Zukin, Scott Keeter, Molly Andolina, Krista Jenkins e Michael X. Delli Carpini, *A New Engagement? Political Participation, Civic Life e the Changing American Citizen* (Oxford: Oxford University Press, 2006), 188. Para os interessados no assunto geral da participação dos cidadãos, este livro é uma referência importante.
40. Susan Page, "Poll: Bush's New Iraq Strategy Fails to Rally Public Support", *USA Today*, 16 de janeiro de 2007.
41. Frank Rich, "Yes, You Are the Person of the Year!", *The New York Times*, 24 de dezembro de 2006.
42. Zukin et al., *A New Engagement?*, 186.
43. Ibid., 189. Quanto ao interesse, principalmente, dos jovens nas notícias, consulte também Thomas Patterson, "Young People and News", A Report on Joan Shorenstein Center on the Press, Politics and Public Policy, John F. Kennedy School of Government, Harvard University, julho de 2007, http://www.ksg.harvard.edu/presspol/carnegie_knight/young_news_web.pdf.
44. Consulte, por exemplo, Adam Nagourney e Megan Thee, "Young Americans Are Leaning Left, New Poll Finds", *The New York Times*, 27 de junho de 2007.
45. Zukin et al., *A New Engagement?*, 203.
46. Fragmento de um relatório escrito por Thomas Axworthy e Herman Leonard, "Two Simple Mechanisms for Advancing the Democratic Governance of Hong Kong", *South China Morning Post*, 7 de agosto de 2006.
47. Howard W. French, "In Chinese Boomtown, Middle Class Pushes Back", *The New York Times*, 16 de dezembro de 2006.
48. Lipman-Blumen, *The Allure of Toxic Leaders*, 186.
49. Citado por Neil J. Mitchell, *Agents of Atrocity: Leaders, Followers e the Violation of Human Rights in Civil War* (Nova York: Palgrave Macmillan, 2004), 43.
50. Para obter mais informações sobre "as artes da resistência", consulte James C. Scott, *Domination and the Arts of Resistance: Hidden Transcripts* (New Haven, CT: Yale University Press, 1990).
51. Citado por Scott, *Domination and the Arts of Resistance*, 206.
52. Trabalhador polonês e combatente da resistência citado por Scott, *Domination and the Arts of Resistance*, 212.
53. Adam Hochschild, "English Abolition: The Movie", *New York Review of Books*, 14 de junho de 2007, 73.
54. Esse parágrafo se baseia em Jason de Parle, "Fearful of Restive Foreign Labor, Dubai Focuses on Reforms", *The New York Times*, 6 de agosto de 2007.
55. Jeff Leeds, "Democracy Rules e Pop Culture Is Depending on It", *The New York Times*, 2 de fevereiro de 2007.
56. Conforme citado em "Arts, Briefly", compilado por Lawrence van Gelder, em "Italian Groups Protest Streisand Ticket Prices", *The New York Times*, 24 de maio de 2007.
57. Alan Murray, "Behind Nardelli's Abrupt Exit; Executive's Fatal Flaw: Failing to Understand New Demands on CEOs", *Wall Street Journal*, 4 de janeiro de 2007.
58. Citado em "Hillary Clinton Launches White House Bid", CNN.com, 22 de janeiro de 2007, http://www.cnn.com/2007/POLITICS/01/20/clinton.announcement/index.html.

Índice

Abandonment of the Jews, The: America and the Holocaust, 1941–1945 (Wyman), 111
Abbott, Thomas, 184, 185, 186, 188, 190
ABC (American Broadcasting Company), 134
abismo psicológica, 108
Abraham, Joshua, 113
Abramson, John, 123
Abu Ghraib, 230
abuso psicológico, no local de trabalho, 57-58
Academia Militar dos Estados Unidos em West Point, 181
academia, 42, 201–204
Academy of Management Review, 42, 66
ação coletiva, 229-231
acionistas, 21–22, 25-26, 210
Ad Hoc Committee on Housing and Neighborhood Revitalization, 25
Afeganistão. *Consulte também* Operação Anaconda
    condições físicas em, 172–173, 175
    história de, 165–182
    Tora Bora, 167
agentes anti-inflamatórios não esteroidais, 119
agentes de mudança, 160, 221
    mudanças ascendentes, 227
    seguidores como, 86, 115–138, 139–163
AIDS, 204
AIG (American International Group), 21, 232
Al Qaida, 167, 168, 169, 173, 176
Albrecht, Chris, 21
Alemanha, 173
    Povo alemão como Espectadores, 104–109, 113
    sob o nazismo (*consulte* Alemanha nazista)
Alemanha nazista, 14–17, 78, 89–114. *Consulte também* genocídio; Alemanha; Hitler, Adolph; Holocausto
    banalidade do mal em, 15, 57–58, 214
    circunstâncias extremas em, 114
    contexto histórico, 9–10

funções dos seguidores em, 91, 92–103
informações sobre o Holocausto, 90–92
natureza da subordinação em, 55
papel dos Espectadores em, 91–92, 103–113, 116, 195
salvadores em, 102–103, 113
Aleve (naproxen), 119–120, 123, 124
Alexandre, O Grande, 169
Alger, Horatio, 5
Alinsky, Saul, 54
"All Things Considered" (programa de rádio), 129
Allbritton, Joe, 58
Amazing Grace (filme), 238
ambição corporativa, 116, 121
American Broadcasting Company (ABC), 134
American Creed, 4–5
"American Idol" (seriado de televisão), 238
American International Group (AIG), 21, 232
Americanos
    como Espectadores durante o Holocausto, 111
    votando por (*consulte* não votantes; votando)
Americanos Nativos, 4
Americans Against Escalation in Iraq (Americanos contra a Escalada no Iraque), 39
Anderson, Brad, 227
Angell, Marcia, 121, 123
antiga hierarquia, 46
antissemitismo, 90–113
Antonetti, Amilya, 205
anúncio, 28
apoio ao líder, 76–77
    hierarquia militar e, 182, 188
    Suprema Corte, EUA, 209
apoio financeiro, omissão de, 148–152
Apple Computer, 201
"aprendizes", 74
Apted, Michael, 238
Arábia Saudita, 173

Aramony, William, 212
Arendt, Hannah, 15, 90, 214
Aristóteles, 74
Army Commendation Medal, 188
Army Magazine, 178
Arquidiocese Católica de Boston. *Consulte* Igreja Católica Apostólica Romana
Ash, Timothy Garton, 56
Asia Pacific Resources International, 200
"associados", 6
Ataques ao World Trade Center, 51, 175, 188, 189
ataques terroristas de 11/9, 51, 175, 188, 189
Ativistas, 79, 86, 139–163, 238
    ativismo ambiental, 200, 210
    ativismo antiguerra, 39, 206, 216, 234, 237
    ativismo político, 24–26, 233
    católicos indolentes (consulte Voice of the Faithful [VOTF])
    como bons seguidores, 196–197, 201–204, 216
    como recurso ou calamidade para os líderes, 163
    determinação para gerar a mudança, 139–140
    na academia, 201–204
    na Alemanha nazista, 91, 94, 95-96, 106, 109, 113
    nível de envolvimento em, 85–86
    passando de seguidores para líderes, 157–162
    salvadores, 102–103, 113
    stakeholders corporativos, 34–39, 201, 210
Audi, 3
Auschwitz, recusa à bomba por parte dos britânicos, 111
Austrália, 84, 173
Authoritarian Personality, The (Adorno et al.), 15–16
autoridade
    desintegração de, 146–147
    necessidade de, nas relações de poder, 49–50
    obediência aos experimentos de Stanley Milgram, 13-14–16, 43, 48, 56, 108
    obediência nas forças armadas, 181–182
    resistência a (*consulte* resistência à autoridade)
    restrições culturais contra a rebeldia de, 163
    tentativas de influenciar os seguidores, 222
autoritarismo, resistência ao, 40–41, 237
Avandia (medicamento para diabetes), 135, 138

Bacon, Francis, 70
Bad Leadership: What It Is, How It Happens, Why It Matters (Kellerman), xx
Badbossology.com, 58
Baier, Paul, 154
Bailyn, Bernard, 4
"Banalidade do Mal", 15, 57, 214. *Consulte também* Arendt, Hannah
Banco Mundial, xix
Bandura, Albert, 58
Bane, Mary Jo, 148, 161
Baquet, Dean, 217–218
Barnard, Chester, 12, 14
Barry, Marion, Jr., 214
Bartiromo, Maria, 22
Baumgartner, Susan, 130, 136
Beatles, 64
Beckstrom, Rod, 224

bem-estar físico, 225
Ben Dor, Rachel, 206
benefícios coletivos, com a subordinação, 53–56
benefícios para os indivíduos, com a subordinação, 49–52
benefícios sociais da subordinação, 51–52, 56
Bennett, William, 156
Bennis, Warren, 13
Berlusconi, Silvio, 31, 32
Berry, Jason, 143
Best Buy Company, 227
Betrayal: The Crisis in the Catholic Church (repórteres da *Boston Globe*), 147
Bielorrússia, 201
Bin Laden, Osama, 31, 182, 167
Blaine, Barbara, 154
Blair, Tony, 4, 31, 32
Blake, Frank, 232
Blockbuster, 36
bloggers. *Consulte também* Internet na China, 29
    influência do resultado do incidente de Imus, 19–20
    para causas sociais, 206
    quadros de diretores, 21, 35, 212
    revolução da informação e, 28
boa subordinação 215–218
Boeing, 21, 35, 60, 232
Boisjoly, Roger, 207
Bolton, John, 58
Bonhoeffer, Dietrich, 98, 112
bons líderes, 221, 227
bons seguidores
    Ativistas como, 196–197, 201–204, 216
    características de, 217
    Participantes como, 198–201, 216
    preferência por, 221
    Radicais como, 205–210, 216
Boston Globe, 140, 143, 144, 145, 147–148, 149, 152, 154, 156, 157, 161, 197, 203
Boston Herald, 150
Boston Priests Forum, 157
Bowie, David, 3
BP, 200
Brafman, Ori, 224
Bronze Star (Estrela de Bronze), 185
Browning, Christopher, 97, 100
Brzezinski, Zbigniew, 17, 41
Buchanan, Patrick, 156
Buckley, William F., 156
Bultmann, Rudolph, 98
Burger King, 199–200
Burke, Edmund, 104
Burns, James McGregor, 61–62
Buruma, Ian, 51, 109, 213
Bush, George W., xvii, 31, 32, 39, 48, 65, 67, 166, 177, 180, 192, 206, 209, 233
BusinessWeek, 21, 22, 28, 43

Câmara da Cultura (Alemanha nazista), 93
camaradagem, nas forças armadas, 184
"camaradas", 74
Camboja, 110, 201

"Camp Casey", 206
campos de concentração, 106–107
Canadá, 83
capacitação, 7–8, 11–12
caráter sadomasoquista, 14
"carência relativa", 225
Caritas Christi, 156
Cassidy, John, 199
Castro, Fidel, 55
"catalisadores", 224
Catholic Charities, 156, 157
Católicos (leigos). *Consulte também* Igreja Católica Apostólica Romana
    como Ativistas (consulte Voice of the Faithful)
    conservador, respaldo da Lei, 155
    excluídos do domínio da igreja, 141, 154-155
    necessidade de apoio de, 147
    oposição a Hitler, 99
católicos indolentes. *Consulte* Católicos (leigos)
CBS (Columbia Broadcasting System), 84
celibato clerical, 142–143
cenário político. *Consulte também* cidadãos (cidadania)
    "despertar político global", 17–18, 41, 200–201, 235–236
    efeito da Internet sobre, 30
    influência dos cidadãos comuns em, 20–21
    Isolados em, 80–85
    nível de envolvimento, 84–86, 233–234, 235
    subordinação em, xiv
cenários sociais, 16, 108
187º Regimento de Infantaria (Rakkasans), 171–172, 174, 175, 181
Center for Drug Evaluation and Research (FDA), 134
Central Intelligence Agency (CIA), 64, 192
centralização no líder, 16–17, 91, 219
CEOs. *Consulte* diretores executivos
Chaleff, Ira, 42, 68, 76–78, 216, 230
Charter for the Protection of Children and Young People, 154
chefes
    enfraquecendo o poder de, 232
    maus chefes, 11, 58, 226, 227, 230
Cheney, Dick, xvii
Chicago Tribune, 121
China, 24
    Jogos Olímpicos de Pequim de 2008, 197
    questão da democracia de Hong Kong, 236
    resistência ao autoritarismo em, 41–42, 237
    revolução da informação em, 29
Chirac, Jacques, 31, 201
Christian Science Monitor, 184
Churchill, Winston, 111, 111, 112
CIA (Central Intelligence Agency), 64, 192
Cialdini, Robert, 221–222
cidadãos (cidadania)
    ativismo político, 24–26, 233
    envolvimento político, 82–83, 233
    influência no cenário político, 20–21
    nível de envolvimento dos cidadãos, 81–85
    participação na vida política, 235–236
    votando, 84–85, 239
ciência dos irmãos, 52
ciganos, 99

Cisco Systems Inc., 29
Citigroup, 21, 36
Ciulla, Joanne, 7–8
Clamshell Alliance, 25
Cleveland Clinic, 132, 133, 135
Cleveland, Harland, 26–27
Clinton, Hillary, 30, 239
Clinton, William Jefferson, 182
CNBC, 22
coação, como violência praticada no ambiente de trabalho, 58
Coca-Cola Company, 30
Columbia Broadcasting System (CBS), 84
Columbia University, 25, 26
Colwell, Wesley H., 215
Combined Joint Task Force Mountain, 173–174, 190
Comissão de Finanças do Senado, 134
Comissão do Senado sobre Finanças, 122
complexidade da vida moral, 103
complexidade estrutural, tamanho de grupo e, 65
comportamento de primata, 46–47
comunidade, 46, 51, 52, 206
Comunistas, 99, 105
concordância voluntária
    no comportamento antijudeus, 96, 106–108
    motivos para, 49–56, 74
    obtido por líderes, 11–12
Conferência dos Bispos Católicos dos Estados Unidos, 154
conhecimento, 26–30
conscientização, 54, 219
Conseco, 35
"constituintes", 6
contágio social, 213–214, 216, 223
contestações ao líder. *Consulte* resistência à autoridade
contexto
    da Operação Anaconda, 165–167
    de desenvolvimento do Vioxx, 116–118
    de Espectadores na Alemanha nazista, 92, 108
    de subordinação, 78
    de Voice of the Faithful, 140–143
    do Holocausto, assassinato em massa sancionado no, 97-98
    histórico, 9–10, 24–26
    nas relações entre líderes-seguidores, 62–66
contracultura, 24
convicções, subordinação e, 3–13, 210
Cooper, Cynthia, 207
Cooper, Richard, 168
Coreia do Norte, 211
Cornell University, 25
Corpo de Fuzileiros Navais dos Estados Unidos, 190
Corpo de Fuzileiros Navais Reais Britânicos, 173
Courageous Follower, The (Chaleff), 42, 68, 76–78, 216, 230
Crawford, Lester, 134
Crime do colarinho-branco, 37–39
Crise dos Mísseis Cubanos, 64
Cruz Vermelha, 110
Cuenin, Walter, 157
cultos à liderança, 50
cultura corporativa, 35, 43, 223
cultura da desobediência civil, 5–6

"cultura da miséria", 11
"cultura do sigilo", na Igreja Católica, 148, 149–150, 158
Cultura organizacional da Igreja Católica, 143
cultura política, 4–5
cursos sobre liderança, 220

Danner, Mark, 190
Darfur, genocídio em, 110, 196–197
Darwin, Charles, 53
Davis, Gray, xix
de Waal, Frans, 46, 47
Dean, Howard, 30
   10ª Divisão de Montanha, 186
   oficiais subalternos, 182–188
   papel na Operação Anaconda, 171, 173, 174, 175, 178
"declaração moral", 18–19
Declaration of Sentiments, 33
Delanoe, Bertrand, 199
Democracias utópicas, 47
Democracy in America (Tocqueville), 5–6
Demonstração de Osnabrück, 95
denunciantes, 52, 206–210
desaprovação pública dos líderes, 31
desastre do *Challenger*, 207
desculpas por não fazer nada, 90
desengajamento moral, 59
desengajamento, 59, 67–68, 211, 234
desenvolvimento do seguidor "autêntico", 221
desobediência civil, 5–6
"despertar político global", 17–18, 41, 200–201, 235–236
desprendimento político, 80–85, 233, 234–235
Devine, Tom, 231
Dinamarca, 173
diretores executivos (CEOs), 34–38. *Consulte também* CEOs específico
   cada vez mais sitiado, 21–22
   denunciantes e, 207–208
   encorajamento dos seguidores, 229
   intensa investigação de, 37–38
   liderança de comando e controle por, 224
   pagamento de executivos, 35–36, 37, 38, 65–66, 232
   poderes de, 35
"discípulas", 74
disposição de seguidores, 80
dissidência política, 4–5
dissidentes cibernéticos, 29
ditadura. *Consulte* liderança totalitária
divisão entre líderes-seguidores, 42–43, 82–83, 84
"dóceis escavadores", 54
Doença de Tay-Sachs, 205
Dolce & Gabbana, 28–29
Dole, Bob, 171
Domination and the Arts of Resistance (Scott), 61
domínio e submissão, 50–49
   domínio masculino nas relações de poder, 50
   na vida cotidiana, 58
   nas forças armadas, 181
   seguidores submissos, 11, 14–17, 43
Dowd, Maureen, 192

Downs, Anthony, 81
Doyle, C. J., 156
Drucker, Peter, 12, 27, 116, 137
Druyun, Darleen, 58
Dubai, 238–239
Dunlap, Al ("Al Serra Elétrica"), 11
"Dynamics of Subordinacy, The" (Zaleznik), 70–71

Ebbers, Bernard, xviii, 38
educação voltada para a subordinação, 219–220
Edyvean, Walter, 153
Eichmann in Jerusalem (Arendt), 15
Eichmann, Adolph, 15, 214
Eisner, Michael, xix
e-mail, 28–29
Emett, Josh, 58
Emirados Árabes Unidos, 201
empresa, vulnerabilidade dos líderes na, 34–38, 201, 210
Engels, Friedrich, 33
Engenheiros para um Mundo Sustentável, 200
Enron, 35, 214–215, 230
ensino superior. *Consulte* academia
envolvimento. *Consulte também* desengajamento
   cognitivo, em Isolados, 82–83
   de maus seguidores com maus líderes, 213–214
   de Participantes, 115
   na liderança de transformação, 62
   nas relações entre líderes-seguidores, 66–68, 217
   nível de (*consulte* nível de envolvimento)
   político, 82–83, 233–234, 235
equipes, 7, 11
Ernst, Carol, 120, 128, 129
Ernst, Robert, 120, 122
erro de atribuição de líder, 11, 22, 116
erros e julgamentos equivocados
   dos líderes, 176–177
   dos subordinados, 118
Escândalo
   Cobertura do Watergate, 72, 81
   consequência do escândalo da Merck, 135–137
   escândalos corporativos, 36
   tentativas de evitar, por parte da Igreja Católica, 140–141
escândalos corporativos, 36
Escape from Freedom (Fromm), 15
especialistas, vulnerabilidade dos, 138
Espectadores, 79, 86, 89–114
   bons *versus* maus seguidores, 195–198
   como maus seguidores, 196, 197–198, 211, 215–216
   decisão deliberada de permanecer à parte, 89, 114
   importância para os grupos e organizações, 89–90
   não votantes, 81, 82, 85
   nível de envolvimento em, 85–86
   papel na Alemanha nazista (*consulte* Alemanha nazista)
Espectadores individuais, 108
Espectadores institucionais, 109
Espectadores internacionais, 109–113
esquiadores livres, 89–90
estabilidade e segurança, necessidade de, 46–56
Estados Unidos, 226

estilo de liderança autoritária, 14
estilos de subordinação, 69–86
　　nível de envolvimento e, 78–86
　　tipologias formais, 70–78
estrangeiros ilegais, 198–199
estratégia militar, para Operação Anaconda, 168, 172–174, 184, 189
Europa, 4
"eutanásia patrocinada pelo Estado", 109
Evangelical Youth Climate Initiative, 200
Exército dos Estados Unidos, 173, 179, 208
Exército Nacional Afegão, 173
Experimento da Prisão de Stanford, 16

faculdades e universidades, 25–26, 28
Faithful Voice, 157
falência moral de Espectadores, 106–107
Fanáticos, 79, 86, 164–192, 238. *Consulte também* Operação Anaconda
　　como bons seguidores, 205–210, 216
　　denunciantes, 206–210
　　mulheres como, 206
　　na Alemanha nazista, 91, 96, 96, 101, 106, 109, 112
　　nas forças armadas, 164–165, 204
　　nível de envolvimento de, 85–86
　　passando de seguidores para líderes, 210
　　preparados para arriscar a vida, 164–165
Fannie Mae (Federal National Mortgage Association), 21
Farrow, Mia, 197
Fastow, Andrew, 214–215
FBI (Federal Bureau of Investigation), 207
FDA. *Consulte* Food and Drug Administration (FDA)
Federal Bureau of Investigation (FBI), 207
Federal National Mortgage Association (FNMA; Fannie Mae), 21
FedEx, 200
Felton, Cornelius Conway, 203
fenômeno do Führer, 92–97
Fiasco: The American Military Adventure in Iraq (Ricks), 65
Filarmônica de Nova York, 44
Financial Times, 32
Fiorina, Carly, xix, 38, 232
Flynn, Ray, 148
FNMA (Federal National Mortgage Association), 21
Follett, Mary Parker, 12, 14
Food and Drug Administration (FDA), 116, 128, 133
　　dependência de fabricantes de medicamentos para financiar, 134
　　impossibilidade de proteger, 133–134, 138
　　Vioxx e, 119, 120, 123, 125
Força Aérea dos Estados Unidos, 173
forças armadas, 78. *Consulte também* Operação Anaconda
　　como Radicais, 164–191
　　encaminhar implantação de, 173–174
　　organização hierárquica, 164–165, 169–172, 181, 188–191
Forças Especiais dos Estados Unidos, 173
Forças Especiais, U.S., 173
formas secretas de rebelião, 61

Fox, Mary Pat, 161
França, 173, 200–201
Franks, Tommy, 169, 170, 171, 174, 177, 179, 180, 182, 185, 190
Freegate, 29
Freud, Sigmund, 49–50, 53, 74
Friedan, Betty, 33
Fries, James, 129
Fromm, Erich, 15
Fundo Trian, 37
Fundo Voice of Compassion–Boston, 154, 158
Fundos SRI (socially responsible investment), 201

Gallaudet University, 19
Galson, Steven, 134
Gandhi, Mohandas (Mahatma), 55
Gardner, John, 6
Gates, Bill, 10, 38
Gates-Starr, Ellen, 74
General Electric, 38, 60, 200
General Motors, 25, 102, 146
genocídio, 38-39
　　ativismo das classes populares contra, 197
　　em Darfur, 110, 196–197
　　em Ruanda, 57-58, 110, 197, 214
　　na Alemanha (consulte Holocausto)
　　no Camboja, 110
Genovese, Kitty, 196
Geoghan, John J., 144–145, 147, 147, 149, 150, 151, 162
George, Bill, 8
Georgia, "Revolução Rosa" em, 39
Geração X, Isolados em, 82–83
Gerstner, Louis, 137
Gestapo, 99, 104
Gettelfinger, Ron, 34
Gilbert, Alan, 44
Gilbert, Martin, 111
Gilmartin, Raymond V., 117–118, 120, 121, 122, 124, 132, 135, 136, 137, 222
Girardi, Thomas, 122
Gitlin, Todd, 24
Giuliani, Rudolph, 13, 51
GlaxoSmithKline, 118, 135, 138
Glisan, Ben, Jr., 214–215
Global Resistance (Resistência Global), 30
Goebbels, Joseph, 10, 93, 96, 99
Goebbels, Magda, 94
Goering, Hermann, 10, 50, 92, 93
Goldhagen, Daniel Jonah, 9, 96-97
Golding, William, 48
Goleman, Daniel, 12
Google, 29
Gorbachev, Mikhail, 63
Government Accountability Project (GAP — Projeto para a Responsabilidade do Governo), 231
governo
　　decepção com os líderes, 83
　　institucionalização da brutalidade por, 105
　　pensamento coletivo em, 64–65
　　queda da confiança no, 235
　　resistência aos líderes, 38–41
　　seguidores em relação ao, 232–237

Graham, David J., 133-134
Gramsci, Antonio, 54
Grass, Günter, 103-104
Grassfire.org, 20
Grassley, Charles, 131, 134
Grease (peça), 239
Greeley, Andrew, 143
Green Century Funds, 201
Greenberg, Maurice ("Hank"), 21, 232
Greenhouse, Bunnatine, 208, 210
Greenpeace, 200
Gregory VII, papa, 142
Grenier, Jim, 213
Grippe, Frank, 177-178, 182-184, 185, 190
Grupo de defesa do Mal de Alzheimer, 204
grupos coerentes, seguidores em, 64-65
grupos de ação política, 204
grupos de defesa, 20, 28-29, 204
Guerra da Coreia, 72
Guerra do Iraque, 39, 177, 206, 208, 234
Guerra do Vietnã, 24-25, 81, 177, 188, 191
    ativismo contra, recrutamento militar e, 39, 234
    maus seguidores e, 212-213
Guerra Revolucionária, 4
Guidant Corporation, 135

hábito de permanecer, 113
"hackers ativistas", 29
Hackman, Richard, 10
Hagenbeck, Franklin L. ("Buster"), 171, 172, 173-174, 176, 178, 179, 180-181, 190
Halliburton Company, 208
Halutz, Dan, 17
Hamill, Dorothy, 123
Hamilton, Alexander, 5
Hand of Compassion, The: Portraits of Moral Choice During the Holocaust (Monroe), 102
Hariri, Rafik, 40
Harvard Business Review, 42, 70, 71, 72, 135, 216, 229
Harvard Business School, 228
Harvard Corporation, 203
Harvard Magazine, 203
Harvard Medical School, 123
Harvard University
    Ativistas e, 201-203, 210
    John F. Kennedy School of Government, 148, 220
    protestos estudantis, 25
Havel, Václav, 237
hegemonia cultural, 54
Heifetz, Ronald, 13
Hess, Rudoph, 93
Hesse, Hermann, 73
Hewlett-Packard, xix, 38, 232
hierarquia
    de seguidores, xvii-xviii, 46-49, 80, 220
    efeitos da ordem hierárquica, 225
    formal, entre seguidores, 53
    na hierarquia militar, 169-172, 181
    ordem hierárquica informal, 225
    tipologia de seguidores e, 80

hierarquias
    aceitação de, 46-49, 221-222
    Forças Armadas, 164-165, 169-172, 181, 188-191
    modelos centrados nos líderes, 16-17
    na Igreja Católica Apostólica Romana, 141-142, 161
    ordem social propiciada por, 47
    organizacionais, niveladas, 7, 223-224
    respeito demasiado a, 148
    tentativas de contrabalançar, 151
Himmelfarb, Milton, 9
Himmler, Heinrich, 93
Hitler, Adolph, 9-10, 50, 53, 56, 78, 211
    apelo hipnótico de, 91-92, 93
    Espectadores não germânicos como seguidores de, 110
    fenômeno do *Führer*, 92-97
    oposição a, 97-103, 110
    plano secreto de assassinato, 101-102
    poder de, 108
    seguidores de, 10-11, 57-58, 91-114
Hitler's Willing Executioners: Ordinary Germans and the Holocaust (Goldhagen), 96
Hobbes, Thomas, 53, 60
Holanda, 109
Hollinger International, 35
Holocausto, 9-10, 96-113. *Consulte também* genocídio
    Americanos e Britânicos como Espectadores ocasionais, 111-112
    contexto de, assassinato em massa sancionado, 97
    debate sobre, 90
    executado por pequeno segmento da sociedade, 96
    experimentos sobre obediência de Milgram e, 14-16
    roubo de vítimas de, 208
Homans, George, 62-63
Home Box Office, 21
Home Depot, xix, 37, 60, 232
"homem vestido de galinha", 37
homossexuais, 98, 199
Hong Kong, 236
"Hotel Rwanda" (filme), 197
Hull House, 74
Hume, David, 87, 236
Huntington, Samuel, 4
Hurd, Mark, 232
Hussein, Saddam, xviii, 210

IBM, 137
Icahn, Carl, 37
ideal de liberdade, igualdade como, 60
identidade, ação e, 103
Igreja Católica Apostólica Romana, 78, 140-163. *Consulte também* Católicos (leigos)
    abuso sexual por padres da, 140-143
    ações contra VOTF, 153-157
    Cardeal Bernard Law e, 143-147
    "cultura do sigilo", 148, 149-150, 158
    organização hierárquica de, 141-142, 161
    VOTF como investigadores financeiros, 160-161
Igreja Confessional, 108

Igreja Evangélica Alemã, 108
igrejas
   Americanos, esforços antinazistas de, 110-111
   Católico (consulte Católicos [leigos]; Igreja Católica Apostólica Romana)
   como Espectadores, 108
igualitarismo, 48–49
Immelt, Jeff, 60
implementadores, 77, 78
impotência, sensação de, 108
Imus, Don, 19–20
"In Praise of Followers" (Kelley), 216
Índia, 30
Indiana Electrical Workers Union (Sindicato dos Trabalhadores do Setor de Eletricidade de Indiana), 37
individualistas, 77, 78
indústria da liderança, xv, 10, 12-13, 69
indústria de produtos farmacêuticos, 124, 134, 208.
   Consulte também Merck
Infantaria Leve da Princesa Patricia, 173
Influence: The Psychology of Persuasion (Cialdini), 221–222
   Internet e, 28–30
   relações entre líderes-seguidores e, 26–30, 223–224
   revolução da informação
   tecnologia e, 30, 163
influência, 17–22, 30, 221
Inibidores de COX-2, 119
Inside the Pentagon, 178
Integral Systems, 35
intelectuais, 90–91
inteligência militar, 169, 177–178, 179, 184
interesse pessoal dos seguidores, 50–46, 230
interesses comuns dos seguidores, 221
International Committee of the Red Cross (Comitê Internacional da Cruz Vermelha), 111
International Physicians for the Prevention of Nuclear War, 150
Internet
   Ativismo da Internet na Índia, 30
   bloggers, 19–20, 28, 29–30, 206
   como principal meio de publicidade, 28
   não envolvimento político e, 234
   papel no aumento da influência dos seguidores, 20, 26–30
   protestos via e-mail, 28–29
   revolução da informação e, 28–30
   uso nas Revoluções do Veludo, 39
intimidação, em defesa dos líderes, 129–130, 134
investimentos, 201
Isolados, 79, 80–85
   como maus seguidores, 211, 215–216
   não votantes, 85
Israel, 17–19, 112, 199, 206
Israeli Air Force (Força Aérea Israelense), 17–19

JAMA (*Journal of the American Medical Association*), 132
Janis, Irving, 64
Jaspers, Karl, 90
JCPenney, 43

JCS (Joint Chiefs of Staff), 188-189
Jefferson, Thomas, 5
Jenkins, John, 134
Jerusalem Post, 206
Jogos Olímpicos de Pequim de 2008, 197
John F. Kennedy School of Government (Harvard), 148, 220
João Paulo II, papa, 145, 155, 159, 162
Johns Hopkins Children's Center, 205
Johnson, Harold K., 189, 212–213
Johnson, Jeffrey M., 217–218
Johnson, Lyndon Baines, 188, 212–213
Joint Chiefs of Staff (JCS), 188
Jones, Jim, 210
Josie King Foundation, 205
Journal of the American Medical Association (JAMA), 132
Journey to the East (Hesse), 73–74
Judeus. *Consulte também* genocídio; Alemanha; Holocausto
   aquiescência dos alemães para a perseguição dos, 96, 104–108
   casadas com gentios, 98–99, 100, 104
   considerados por alguns Espectadores, 112
   êxodo da Alemanha, 104–105
   indiferença em relação a, 103–113
   intelectual, semelhante aos alemães, 90
   reações às perseguições de, 110
   resgate de, 102–103, 112
Jung, Carl, 74

Kelley, Robert E., 42, 73–76, 216–217, 226
Kennedy, John F., 64, 81
Kennedy, Robert, 81
Kent State University, 25
Keohane, Nannerl, 42, 66
Kerrey, Bob, 19
Kershaw, Ian, 92, 93, 95, 102
Kessler, David, 135
Kets de Vries, Manfred F. R., 71–72
Kim Jong Il, 211
King, Josie, 205
King, Martin Luther, Jr., 33, 81, 165, 195–198, 216
King, Sorrel, 205
Kissinger, Henry, 35
Klemperer, Victor, 106
Koresh, David, 210
Koretsky, Rachel, 197
Kotter, John, 13
Kouzes, James, 13
Kozlowski, Dennis, xviii
Kraft, Nelson, 185
Kristallnacht, 105
Kristof, Nicholas, 196–197
Kuchma, Leonid, xix, 39

La Scala, xix, 44
lacuna da credibilidade, 177
Lanier, Mark, 128
Laqueur, Walter, 104
Law, Bernard, 141–163, 222
   como líder, 143–147
   desculpas por parte de, 148–149, 157–158

dissidência aberta contra, 147, 148, 152–154, 156–157, 161
patrocinadores de, 155, 157
recusa em aceitar a culpa, 153
recusa em aceitar fundos da VOTF, 155, 157
removido do Vaticano, 158–159
sujeito a intimação, 151
testemunho desmentido, 158
Lay, Kenneth, 207, 214, 215
Leadership (Giuliani), 13
Leadership Challenge, The (Kouzes e Posner), 13
Leadership Factor, The (Kotter), 13
Leadership for the Twenty-First Century (Rost), 6
Leadership Quarterly, 42, 221
Leadership Without Easy Answers (Heifetz), 13
Leading Up: How to Lead Your Boss So You Both Win (Useem), 6
"leais", 74
"lei de ferro da oligarquia", 48, 53
Lei de Proteção contra Delatores de 1989, 208–210
Lei de Sarbanes-Oxley de 2002, 38, 208
Leis de Nuremberg, 105
Letters from a Birmingham Jail (King), 33
levantamento de fundos, por VOTF, 154, 155, 156
Líbano, 40
líder(es), 11–13, 24, 213. *Consulte também* seguidor(es);
  apoio para, 76–77, 124–125, 126, 182, 188
  atribuição de eventos a, 10–11
  bons líderes, 221, 227
  carismáticos, 55, 67
  como seguidores, simultaneamente, 181–182, 185, 217–218
  dependência em relação aos subordinados, 124
  desaprovação pública do desempenho, 31
  erros e julgamentos equivocados de, 176–177
  falta de apoio de, 174
  falta de, Espectadores e, 196
  importância dos seguidores para, 222
  intimidação em defesa de, 129–130, 134
  líderes nacionais, 191–192
  maus (consulte maus líderes)
  não especialistas ou inexperientes, 117–118, 137
  necessário em situações de crise, 55
  resistindo (*consulte* resistência à autoridade; riscos de resistência a líderes)
  sentimentos dos seguidores em relação a, 86
  vontade dos seguidores e, xiii–xv
  vulnerabilidade de, 21–22, 31–41
liderança, xv, 15. *Consulte também* subordinação
  bem comum e, 54
  comando e controle, 224
  de transação ou de transformação, 61–62
  democrática, 61–62, 224
  efeito sobre os líderes individuais, 185–186
  incluindo subordinação em, 219
  liderança distribuída, 7, 8, 21
  recompensas de, 50, 46
  romance de, 10–11
  teoria do "grande homem" da liderança, 9–10, 23, 43
  totalitarismo, 15, 49–50, 57–61, 213–214
liderança de comando e controle, 224

liderança de transformação, 61–62
liderança democrática, 13-14, 61–62, 224
liderança distribuída, 7, 8, 21
liderança totalitária
  ditadores, 49–50
  "loucura contagiosa" em, 213–214
  natureza das relações entre líderes-seguidores em, 57–61
liderança transacional, 61–62
líderes carismáticos, 66
  Hitler como (consulte Hitler, Adolph)
  necessário em situações de crise, 55
líderes cult
  Hitler como (*consulte* Hitler, Adolph)
líderes fortes, 11
líderes políticos, decepção com, 83
Liga da Ação Católica, 156
Lightner, Candy, 205
Lightner, Cari, 205
limitações culturais, 163
  denunciantes, 206–210
  na Alemanha nazista, 97, 98–99, 102–103, 112
  nível de envolvimento e, 68
  "preparação psicológica", 229–232
  recusa em obedecer a ordens, 217–218
linha "dura", 59
Linkup, 154
Lipman-Blumen, Jean, 51, 211, 212, 231
literatura sobre liderança, 42
lobos, comportamento coletivo em, 46–47
Local de trabalho
  interesse pessoal dos seguidores em, 50–46, 230
  Isolados em, 85
  mudanças de baixo para cima em, 227
  transformação da subordinação em, 223–232
  tumulto em, 229-230
Lord of the Flies (Golding), 48
Los Angeles Times, 168, 177, 217–218
Lowe's, 37
Lucent Technologies, 38
Luedecke, Kurt, 91
Lukashenko, Aleksandr, 201
Luxuria, Vladimir, 199

MacArthur, Douglas, 72, 189
MacLeish, Roderick, Jr., 151
Macy, William H., 3
MADD (Mothers Against Drunk Driving), 205
Mahler, Gustav, 10
Manifesto Comunista, O (Marx e Engels), 33
Mansfield, Harvey, 26
Mao Tse-tung, 53
Margulies, Elizabeth, 5
Marinha dos Estados Unidos, 173
Marx, Karl, 32, 33
Matory, J. Lorand, 203
maus chefes
  abuso no local de trabalho por, 58, 226
  golpe e, 229-230
  seguidores submissos e, 11
  "tratamento silencioso" por, 226
maus líderes, xx, 211
  ação coletiva contra, 229, 230–231

efeito sobre grupos, 53-54
em combate, consequências de, 189
no local de trabalho (*consulte* maus chefes)
resistência a, 221, 226, 229, 230-231, 236-237
seguidores maus ou submissos e, 11, 213-214
maus seguidores, 210-215
    envolvimento com maus líderes, 213-214
    Espectadores como, 196, 197-198, 211, 215-216
    Isolados como, 211, 215-216
    no setor corporativo, 211, 213, 214-215
Mauthausen, Áustria, 107, 108
Mayer, Ted, 127
McCain, John, 19
McCleave, Robert, 178, 186-188
McDarby, John, 116
McDonald's, 199
McKinnell, Hank, 21
McKinney & Silver, 3
McMaster, H.R., 189
McNerney, James, 60, 232
medo de obedecer, 3-4, 6-9
medo, em Espectadores, 108
Meffan, Robert, 158
Meili, Christoph, 208
Mein Kampf (Hitler), 91, 93
"membros", 6
membros cultos, estudos de, 66-67
Mendelsohn, Everett, 203
Merck, 78, 116-138, 222
    consequência do escândalo do Vioxx, 135-137
    desenvolvimento do Vioxx, 119-123
    informações sobre o caso do Vioxx, 116-118
    perícia dos seguidores, 124, 137-138
    questões de segurança, 123-131
Merck Research Laboratories, 124
Meyerson, Debra, 229
Michels, Robert, 48, 49, 53
Microsoft Corporation, 10, 29, 38
Mikolashek, Paul, 170
Miles, Margaret, 142
Milgram, Stanley, 13-16, 43, 48, 56, 108
milícia afegã, 175, 176
Miller, Jason, 197
Mischlinges, 100
Mística Feminina, A (Friedan), 33
mito da liderança, 73
Mixon, Malachi, 133
modelagem do comportamento, 52
momento oportuno, na resistência dos maus líderes, 230
Monroe, Kristen Renwick, 102-103
Morgenson, Gretchen, 36
Morrison, Briggs, 127
Morrissey, Donna, 153, 157, 158
Morton Thiokol, 207
Moses and Monotheism (Freud), 49-50, 53
Mothers Against Drunk Driving (MADD), 205
motivação para a mudança, 24-25
motivação, subordinação e, 211
Motorola, 69
MoveOn.org, 38
movimento conservador, 26

movimento de abolição britânico, 238
movimento em prol dos direitos civis, 33, 216, 237
movimento em prol dos direitos dos animais, 199-200
movimento em prol dos direitos feministas, 33, 237
    como experimento fracassado no igualitarismo, 48-49
    em Uganda, 204
Movimento Gold Star Families for Peace (Famílias da Estrela Dourada em prol da Paz), 206
movimento internacional dos direitos humanos, 205
Movimento Paz Agora (Four Mothers—Leave Lebanon in Peace), 206
mudança
    ascendente, 24-25, 227
    criada por Ativistas, 139-140, 201-204
    criada por Fanáticos, 205-210
    criada por Participantes, 198-201
    na cultura corporativa, 223
    na dinâmica entre líderes-seguidores, 17-22
Mugabe, Robert, 60
Mulheres
    como Radicais, 206
    desobediência a Hitler, 99-100
    mobilização social contra a violência sexual, 204
    na África, como Participantes, 198
    resistência ao autoritarismo, 40
Muller, James E., 150, 151, 153, 155, 161-162
Murray, Alan, 232
Muti, Riccardo, xix, 43
Myanmar (Birmânia), 40
MySpace, 30

Nabisco, 137
nações democráticas, 110
nações espectadoras, 109-113
Nações Unidas (United Nations — UN), 58
não votantes. *Consulte também* votação
    Espectadores, 81, 82, 85
    Isolados, 80-85
    multas para, na Austrália, 84
    negatividade e alienação em, 83
    pouco envolvimento político e, 233-234, 235
naproxen (Aleve), 119-120, 123, 124
Nardelli, Robert, xix, 37, 60, 231, 232
Nas peles da cebola (Grass), 104
National Aeronautics and Space Administration (NASA), 207
National Broadcasting Company (NBC), 20
National Institute for Occupational Safety and Health, 58
National Management Association, 117
National Ministry for Public Enlightenment (Alemanha nazista), 93
National Public Radio (NPR), 129
natureza "intermediária" de seguir, 56
natureza ideológica da subordinação, 56
Navy SEALs, 173
Naylor, Sean, 170, 172, 174, 175, 181, 182
NBC (National Broadcasting Company), 20
NCO Journal, 184
NCOs (noncommissioned officers), 182-188
NEJM. Consulte New England Journal of Medicine
Nepal, 40

New England Journal of Medicine (*NEJM*), 119, 123, 126, 127, 131, 132, 135
New School, 19
Newkirk, Ingrid, 199
Nightline (noticiário de televisão), 134
Nissen, Steven, 135
nível de envolvimento, 66–68, 78–86, 210–211, 217
    envolvimento político, 233
    Isolados, 80–85
Nixon, Richard, 72
noncommissioned officers (NCOs), 182–188
Northrop Grumman, 36
Noruega, 173
Nova Zelândia, 173
Novak, Michael, 147
NPR (National Public Radio), 129
NumbersUSA, 20
Nye, Joseph, 59

"O abate do elefante" (Orwell), xiii–xv,222
O'Malley, Sean, 141
Obama, Barack, 30
obediência à autoridade, 55-56
Oberg, Jon, 209
Observer, 178
oficiais, militares,
    como líderes e seguidores, 180–182
    noncommissioned officers (NCOs), 182–188
Omar, Muhammad, 167
On Becoming a Leader (Bennis), 13
"On Leadership" (Keohane), 42
Operação Anaconda, 164–192
    cadeia de comando em, 169–172
    execução e fracasso de, 175–180, 189–190
    fase de planejamento de, 167–169
    hierarquia militar, 164–165
    oficiais servindo em, 180–182
    oficiais subalternos servindo em, 182–188, 222
    plano de ataque para, 168, 172–174, 184, 189
    Radicais em, 167–191, 204
    relações entre líderes-seguidores e, 188–191
Operação Liberdade Duradoura, 189
opinião pública, 37–38, 99–100
ordem social, 47–48
Ordinary Men: Reserve Police Battalion 101 and the Final Solution in Poland (Browning), 97
organizações "sem líderes", 224
Ornstein, Norman, 84
Orpheus Chamber Orchestra, 49
orquestras sinfônicas, liderança de, 43–44, 49
Orwell, George, xiii–xv, xx, 10, 222
Our Inner Ape (de Waal), 46
Overdo$ed America: The Broken Promise of American Medicine (Abramson), 123

"padrão" autoritário, 15
pagamento de executivos, 36-37, 65, 232
Paquistão, 169
paradas do orgulho gay, 199
parceiros, 77–78

Participantes, 79, 86, 115–138, 238
    caso da Merck, 116–138
    como bons seguidores, 198–201, 216
    compromisso de, 135–137
    contestadores, 131–134
    importância de, 115–116
    na Alemanha nazista, 91, 95, 96, 96-97, 106, 109, 112
    nível de envolvimento, 85–86, 115
    resistência a líderes, 148
Partido Democrático, 30, 84
Partido Republicano, 30, 84
patrocínio financeiro do FDA por parte dos fabricantes de medicamentos, 134
Pelosi, Nancy, 206
Peltz, Nelson, 37
pensamento coletivo, 64–65, 136
People for the Ethical Treatment of Animals (PETA), 199
Perez, Ramiro, 185
Perez, Randal, 185, 190
Perle, Richard, 35
Personality and Social Psychology Bulletin, 42
PETA (People for the Ethical Treatment of Animals), 199
Pfeffer, Jeffrey, 228
Pfizer, 21, 118, 208
Pilot (jornal), 156
Platão, 51, 74
poder
    de chefes, reduzindo, 232
    de seguidores, 76, 217, 221, 236–237, 239
    falando a verdade para o poder, 60–61, 68, 191
    fluxo para a periferia, 30
    redistribuição de, 33
    tipos de, 59
poder coercivo, 59
poder de "persuasão", 59
poder de recompensa, 59
poder dos especialistas, 59
poder legítimo, 59
poder social, 59
Pol Pot, 210
Politkovskaya, Anna, 63
Pollard, Peter, 149, 162
Polônia, 237
Porter, James, 140, 141, 146, 147
Posner, Barry, 13
possibilidade de desafiar autoridade, 15–16, 163
Post, James, 154, 156, 157, 159, 161
Post, Peter, 208
Powell, Colin, 192
Power and the Corporate Mind (Zaleznik and Kets de Vries), 71–72
Power and the Corporate Mind, 71–72
Power of Followership, The (Kelley), 42, 73–76, 216–217
Prêmio Nobel da Paz, 150
"preparação psicológica", 8–9, 228, 229–230
Prewitt, Jean, 206
Primal Leadership (Goleman), 12
Primeira Guerra Mundial, 95
profissão de médico, 109, 224-225

profissionais do conhecimento, 27, 115–116, 124–130, 136
Projeto Debian, 224
propósito, importância de, 238
proteção contra a liberdade de expressão, 209
protestos contra a guerra, 206, 216, 237
protestos e protestantes. *Consulte também* resistência à autoridade
    ativismo político, 24–26, 233–236
    dissidente religioso e político, 4–5
    "homem vestido de galinha", 37
    petições, 155
    protestos contra a guerra, 206, 216, 237
    protestos de Rosenstrasse, 98–99, 100, 104
    protestos estudantis, 25–26
    resistência silenciosa, 230
Prudential Financial, 38
"psicologia da conformidade", 221
Psicologia do grupo e análise do Ego (Freud), 53
psicologia, 49–50, 53–54, 222
Putin, Vladimir, 41, 63

questões legais
    em direitos dos animais, 200
    em relação aos padres pedófilos, 151–152, 158, 159
Quirguistão, 201

Raines, Franklin, 21
Raines, Howell, xix
Rakkasans (187º Regimento de Infantaria), 171–172, 174, 175, 181
Rand Corporation, 179
Reagan, Ronald, 119, 182, 171
recrutamento militar, 38, 234
recursos, 77, 78
recusa em obedecer a ordens, 217–218
Reicin, Alise, 124, 126–128, 132, 135–136
Reilly, Thomas F., 145, 151–152, 157, 161
Reino Unido
    britânicos como Espectadores durante o Holocausto, 112
    estudos de "carência relativa" em, 225
    movimento de abolição em, 238
    Royal Marines, 173
relações de poder, 3–22. *Consulte também* relações entre líderes-seguidores
    aumentando a divisão em, 23–24
    experimentos sobre obediência, 13–17, 43
    importância de seguidores, 9–13
    medo de obedecer, 6–9
    mudanças na dinâmica entre líderes-seguidores, 17–22
    necessidade de autoridade em, 49–50
relações em grupo, 64–65
relações entre líderes-seguidores, 23–44, 50–68. *Consulte também* relações de poder
    benefícios coletivos para os seguidores, 53–56
    benefícios individuais para os seguidores, 49–52
    em público, 232–237
    importância de seguidores em, 41–44
    importância do contexto em, 62–66
    interesse cada vez maior em, 13
    mudanças dos anos 1960 e, 24–26
    mudanças em, 17–22, 238
    na hierarquia militar, 188–191
    natureza de, 220
    nível de envolvimento, 66–68, 217
    no local de trabalho, 223–232
    problemas de comando e controle, 179, 180
    reciprocidade em, 229
    reduzindo a diferença em, 42–43
    revolução da informação e, 26–30, 223–224
    tendendo para, 228
    tipos de, 57–62
    vulnerabilidade de líderes, 31–41
relações entre seguidores
    em público, 232–237
    no local de trabalho, 223–232
renunciando, como último recurso, 231
resistência à autoridade, 52, 60–61, 86. *Consulte também* protestos e protestantes
    acionistas ativistas, 36, 210
    contestações ao líder, 77, 131–134, 192, 217
    cultura nacional de, 5–6
    desenvolvimento, 221–222
    falta de, 188–192
    maus líderes, 221, 226, 230, 230–231, 236–237
    na China, 41, 237
    na Igreja Católica (consulte Voice of the Faithful)
    nas forças armadas, 100
    no caso da Merck, 131–134
    obrigação de obedecer, 4, 189–189, 192
    oposição a Hitler, 97–103, 110
    "preparação psicológica", 230–232
    possibilidade de contestar a autoridade, 15–17, 163
    quadros de diretores ativistas, 35
    rebelião secreta, 61
    riscos de (consulte riscos de resistência a líderes)
responsabilidade, 68, 100, 108, 113
Ressler, Cali, 227
revista *Esquire*, 186
Revista *Fortune*, 117
Revista *Newsweek*, 20
Revista *Salon*, 121
Revista *Time*, 177, 185, 207
Revolução Americana, 5, 33, 67
"Revolução do Açafrão", 40
Revolução dos Cedros, 40
Revolução Francesa, 33
Revolução Laranja, 39, 40
"Revolução Rosa", 39
"Revoluções do Veludo", 39
Rich, Frank, 234
Ricks, Thomas, 65
Riefenstahl, Leni, 91
Rieker, Paula H., 215
Riggs Bank, 58
riscos de resistência a líderes
Rivera, Eddie Antonio, 186–188, 190, 222
Robertson, Heather, 130
Roehm, Julie, 22
romance da liderança, 10
Roosevelt, Franklin D., 111, 112
"Rosa Branca", 98

Rost, Joseph, 6–7, 8
Rousseau, Jean-Jacques, xix
Rowley, Coleen, 207
Ruanda, genocídio em, 57-58, 110, 197, 214
Rules for Radicals (Alinsky), 54
Rumsfeld, Donald, 32, 168, 177, 180, 191
Rússia, 63–64

"sabedoria das multidões", 28
Sack, John, 186, 188
Sakharov, Andrei, 205
Saks Fifth Avenue, 63
Saks Incorporated, 63
salvadores, na Alemanha nazista, 102–103, 112
Santanello, Nancy, 124, 128, 135–136
Sapolsky, Robert, 225
Schindler, Oskar, 112
Scolnick, Edward, 124–125, 126, 135–136
Scott Paper, 11
Scott, James C., 61
Scott, Lee, 34, 200, 239
Second Lateran Council, 142
seguidor(es), 13-14, 78, 195, 238, 239. *Consulte também* subordinação; líder(es); *tipos específicos de seguidores*
  alienados, 75, 80, 83
  atenção cada vez maior para, 13
  aumento do poder e da influência de, 17–22
  como agentes de mudança, 221, 227
  como líderes, simultaneamente, 181–182, 185, 217–218
  comportamento de, xvii, 52
  "catalisadores", 224
  democrático, 61
  desengajamento de, 67–68
  diferenças entre, 69–70, 79
  especialista, líderes não especialistas e, 137
  estereótipo comum de, 1–9
  estudos de insatisfação entre, 226
  exemplar, 73–74, 75, 76, 216–217
  hierarquia de, xvii–xviii, 80, 220
  hierarquia forma entre, 52
  ímpeto para aproveitar os recursos, 220
  importância de, xvi, 223
  interesse próprio de, 50–46, 230
  intimidação em nome do líder, 128–130, 134
  juntando-se a outros seguidores, 221
  militar (*consulte* Operação Anaconda)
  motivação/manipulação de, 13-14
  mudança no equilíbrio do poder, xix, 238–239
  obrigação de contestar os líderes, 192, 217
  perda de poder de, xv
  poder de, 76, 217, 221, 236–237, 239
  predisposição para mentir, 127
  responsabilidade por eventos, 68
  submisso, 11, 13–17, 43
  subordinação comparada com seguidor, xvii–xviii, 216
  termo considerado insulto, 6–9
  tipologias de, 69–86
seguidores "efetivos", 216

seguidores alienados, 75, 80, 83
seguidores conformistas, 75
seguidores exemplares, 73–74, 75, 76, 216–217
seguidores passivos, 75, 76
seguidores pragmáticos, 75, 76
seguir (obedecer)
  explicação psicológica de, 49–50
  medo de, 3–4, 6–9
  natureza sequencial de, 56
Segunda Guerra Mundial, 9–10, 14, 17, 96
Segunda Intifada (Israel), 17–19
Seguro Aetna, 206
seleção natural, 48
75º Regimento Ranger, 173
Service Employees International Union (Sindicato Nacional dos Trabalhadores Prestadores de Serviços), 37-38
serviço público, 234–235
setor corporativo
  Ativistas em, 34–38, 201, 210
  influência cada vez maior de seguidores em, 21–22
  maus seguidores em, 211, 213, 214–215
setor público. *Consulte também* governo
  denunciantes em, 208–210
  transformação da subordinação em, 232–237
Shakespeare, William, xv, 163
Shanley, Paul, 149, 150, 151, 152, 153, 156, 162
Sharon, Ariel, 18
Sheehan, Casey A., 206
Sheehan, Cindy, 206
Sherwood, Louis, 124, 128–132, 135–137
Shinseki, Eric, 191
Shirer, William, 91
Sierra Club, 200
sigilo da Igreja Católica, 148, 149–150, 158
silêncio, dos maus seguidores
  Alemães como Espectadores, 103–109
  durante a Guerra do Vietnã, 212–213
Sims, Peter, 8
sindicatos trabalhistas, 34–35, 37
Sinfonia "Ressurreição" (Mahler), 10
Singh, Gurkipal, 129, 129–132, 136–137
Síria, 40
situações de crise, 55
Six Flags, 37
Skilling, Jeffrey, 38, 214, 215
Small, Lawrence M., 212
Smith, Tacey, 197
Smithsonian Institution, 212
SNAP (Survivors Network of those Abused by Priests), 154
Snyder, Daniel, 37
Soapworks, 205
Socialistas, 105
Sonderburg, Alemanha, 113
"sonhadores", 74
South China Morning Post, 236
Speer, Albert, 56, 93
Spielberg, Steven, 197
SRI (socially responsible investment) funds, 201
Srivastava, Amit, 30

stakeholders, contestações para as empresas by, 34–38, 201, 210
Stalin, Josef, xviii, 50, 53, 57, 63
Stanford University, 129
Stanton, Elizabeth Cady, 33
Quem está no comando (Brafman e Beckstrom), 224
status, indicações de, 46–47
Stauffenberg, Claus von, 56, 101–102
Stern, Fritz, 98, 113
Stickam, 239
Stillman, M.Thomas, 129
Stonecipher, Harry, 21, 35
Street, Milton, 25
Streisand, Barbra, 239
Strombom, Terry, 130, 136
Styron, William, 8
submissão. *Consulte* domínio e submissão
subordinação, xv–xvi, 9–13. *Consulte também* seguidor(es)
    benefícios coletivos com, 53–56
    benefícios para os indivíduos com, 49–52
    boa subordinação 215–218
    comparação com seguidores 216
    contexto de, 78
    convicções e, 210
    deficiente, lição em, 191–192
    explicações de, 222
    má subordinação, 210–215
    no campo político, xiv
    no setor público, 232–237
    transformação de, 219–239
subordinados, 6. *Consulte também* seguidores
    dependência dos líderes em relação a, 124
    erros e julgamentos equivocados de, 118
    tipologia de, 70–71
subordinados compulsivos, 70, 71
subordinados disfuncionais, 71
subordinados impulsivos, 70, 71
subordinados masoquistas, 70, 71
subordinados que se retiraram, 70, 71. *Consulte também* Isolados
subserviência dos seguidores
    experimentos de Milgram sobre a obediência, 14–16, 43
    maus líderes e, 11, 213–214
Sudan Club, 197
Sullivan, Martin, 232
Summers, Lawrence H., xvi–xvii, 201–204, 210
Sunbeam Corporation, 11
Surowiecki, James, 28
Survivors Network of those Abused by Priests (SNAP), 154
Sweeney, Constance M., 151, 157, 158, 160, 161

Talibã, 182, 167, 168, 169, 169, 176
tamanho do grupo, 63, 65–66
técnica da "dodge ball", 128, 128
tecnologia, 30, 163
tempo, relações entre líderes-seguidores e, 63
Tenet Healthcare, 35
Tenet, George, 192

teólogos
    católicos, 140–163
    resistência a Hitler, 97–98
teoria da atribuição
    erro de atribuição de líder, 11, 22, 116
    romance da liderança e, 10–11
teoria do "grande homem" da liderança, 9–10, 23, 43
3º Batalhão (Canadá), 173
Terceiro Reich. *Consulte* Alemanha nazista
The New York Times, xviii, 20, 31, 36, 51, 121, 196, 207, 234, 236, 238
Thibodeaux, Monique, 20
Thompson, Jody, 227
Thompson, Mark, 185
Thomson, Todd S., 21
Tillich, Paul, 98
Time Warner, 37
tipologias de seguidores, 69–86
Tocqueville, Alexis de, 5–6, 24, 83
Topol, Eric, 132–133
Tora Bora, Afeganistão, 167
transformação da subordinação, xix, 219–239
    em público, 232–237
    no local de trabalho, 223–232
    tempos de mudanças em, 238–239
Trapp, Wilhelm, 100
"tratamento silencioso", por parte dos maus chefes, 226
Tribune Company, 217–218
Trontrell, Anne, 134
True North (George e Sims), 8
Truman, Harry S, 72, 189
tumulto sociopolítico dos anos 1960, 24–25
tumulto trabalhista, 238–239
"tutelados" 74
Tyco, 35
Tyson Foods, 200
Tyson, Ann Scott, 184

UAW (United Automobile Workers), 34
Ucrânia, xix, 39, 40
Uganda, 204
Ullman, Mike, 43
Umugwaneza, Geraldine, 57
União Soviética
    colapso de, 27
    importância da história de, 63–64
    ocupação do Afeganistão, 182
    prisão de Sakharov, 205
Union Bank of Switzerland, 208
United Auto Workers Local 1112, 25
United Mine Workers of America, 54
United Nations Peacekeeping Force, 197
United Way, 212
University of California, Berkeley, 25
Useem, Michael, 6

Vagelos, Roy, 117, 124, 136
Valentino, Benjamin, 96
Vaticano II, 150
Vaticano, 158–159
Verizon Communications, 36, 38
violência praticada no ambiente de trabalho, coação como, 57-58

Vioxx, 116–137
Voice of the Faithful (VOTF), 139–163, 204, 222
    ações de Law como cardeal e, 143–147
    banido da propriedade da igreja, 157, 158
    conflito com a Igreja Católica Apostólica Romana, 153–157
    de seguidores a líderes, 157–162
    formação e atividades de, 147–152
    visão geral da situação, 140–143
votação
    como obrigação social, 84
    não votantes (consulte não votantes)
    programas de *reality* na televisão, 239
VOTF. *Consulte* Voice of the Faithful (VOTF)

Wall Street Journal, 35, 138, 229, 232
Wal-Mart, 22, 34, 120, 200, 239
Walt Disney Company, xix
Walton, Sam, 200
Washington Redskins, 37
Watkins, Sherron, 207
Webb, James, 191–192
Weisglass, Dov, 18
Welch, Jack, 60
Wells Fargo, 36
West, Cornel, 202
Whistleblower's Survival Guide, The: Courage Without Martyrdom (Devine), 231
Whole Foods, 201

Wiercinski, Frank, 171–172, 174, 175, 181–182, 190
Wikipedia, 28
Wilberforce, William, 238
Wolfowitz, Paul, xix, 32, 33
Working Knowledge (Harvard Business School), 42, 228–229
World Bank Group Staff Association, 32
World Bank Group, 32
World Wildlife Fund, 200
WorldCom, 36, 157, 207
Wu Ping, 29
Wyman, David, 111

X, Malcolm, 216

Yahoo!, 29
Yamkuen, Donald Tsang, 236
YouTube, 30, 239

Zagat Survey, LLC, 223
Zaleznik, Abraham, 74
    "The Dynamics of Subordinacy" (A dinâmica da subordinação), 70–71
Zappala, Celeste, 206
Zeitgeist, 33
Zimbábue, 40, 60
Zimbardo, Philip, 16
Zou Tao, 29

Acreditamos que sua resposta nos ajuda a aperfeiçoar continuamente nosso trabalho para atendê-lo(la) melhor e aos outros leitores.
Por favor, preencha o formulário abaixo e envie pelos correios.
Agradecemos sua colaboração.

Seu Nome: _____

Sexo: ☐ Feminino ☐ Masculino   CPF: _____

Endereço: _____

E-mail: _____

Curso ou Profissão: _____

Ano/Período em que estuda: _____

Livro adquirido e autor: _____

Como ficou conhecendo este livro?

☐ Mala direta   ☐ E-mail da Elsevier
☐ Recomendação de amigo   ☐ Anúncio (onde?) _____
☐ Recomendação de seu professor?
☐ Site (qual?) _____   ☐ Resenha jornal ou revista
☐ Evento (qual?) _____   ☐ Outro (qual?) _____

Onde costuma comprar livros?

☐ Internet (qual site?) _____
☐ Livrarias ☐ Feiras e eventos ☐ Mala direta

☐ Quero receber informações e ofertas especiais sobre livros da Elsevier e Parceiros

---

Cartão Resposta
0501200048-7/2003-DR/RJ
Elsevier Editora Ltda
····CORREIOS····

ELSEVIER

SAC | 0800 026 53 40
ELSEVIER | sac@elsevier.com.br

CARTÃO RESPOSTA

Não é necessário selar

O SELO SERÁ PAGO POR
Elsevier Editora Ltda

20299-999 - Rio de Janeiro - RJ

Qual(is) o(s) conteúdo(s) de seu interesse?

Jurídico - ☐ Livros Profissionais ☐ Livros Universitários ☐ OAB ☐ Teoria Geral e Filosofia do Direito

Educação & Referência - ☐ Comportamento ☐ Desenvolvimento Sustentável ☐ Dicionários e Enciclopédias ☐ Divulgação Científica ☐ Educação Familiar ☐ Finanças Pessoais ☐ Idiomas ☐ Interesse Geral ☐ Motivação ☐ Qualidade de Vida ☐ Sociedade e Política

Negócios - ☐ Administração/Gestão Empresarial ☐ Biografias ☐ Carreira e Liderança Empresariais ☐ E-Business ☐ Estratégia ☐ Light Business ☐ Marketing/Vendas ☐ RH/Gestão de Pessoas ☐ Tecnologia

Concursos - ☐ Administração Pública e Orçamento ☐ Ciências ☐ Contabilidade ☐ Dicas e Técnicas de Estudo ☐ Informática ☐ Jurídico Exatas ☐ Língua Estrangeira ☐ Língua Portuguesa ☐ Outros

Universitário - ☐ Administração ☐ Ciências Políticas ☐ Computação ☐ Comunicação ☐ Economia ☐ Engenharia ☐ Estatística ☐ Finanças ☐ Física ☐ História ☐ Psicologia ☐ Relações Internacionais ☐ Turismo

Áreas da Saúde - ☐ Anestesia ☐ Bioética ☐ Cardiologia ☐ Ciências Básicas ☐ Cirurgia ☐ Cirurgia Plástica ☐ Cirurgia Vascular e Endovascular ☐ Dermatologia ☐ Ecocardiologia ☐ Eletrocardiologia ☐ Emergência ☐ Enfermagem ☐ Fisioterapia ☐ Genética Médica ☐ Ginecologia e Obstetrícia ☐ Imunologia Clínica ☐ Medicina Baseada em Evidências ☐ Neurologia ☐ Odontologia ☐ Oftalmologia ☐ Ortopedia ☐ Pediatria ☐ Radiologia ☐ Terapia Intensiva ☐ Urologia ☐ Veterinária

Outras Áreas - _____

Tem algum comentário sobre este livro que deseja compartilhar conosco?

_____

* A informação que você está fornecendo será usada apenas pela Elsevier e não será vendida, alugada ou distribuída por terceiros sem permissão preliminar.
* Para obter mais informações sobre nossos catálogos e livros por favor acesse **www.elsevier.com.br** ou ligue para **0800 026 53 40**.

GRÁFICA Universal
Impressão e acabamento - (21) 3296-9302/3296-9308
atendimento@graficauniversal.com.br / www.graficauniversal.com